군 스트레스 심리학

군에서의 정신건강을 촉진시키기 위한 증거기반 전략

편저자 소개

Amy B. Adler, PhD 미 육군 메디컬 연구소 유럽 팀의 임상연구 심리학자이며 최고 과학담당으로 일하고 있다. 육군 메디컬 연구소의 심리적 회복탄력성 훈련 과장으로 회복탄력성 프로그램을 육군에 무작위로 수차례에 걸쳐 실험했으며, 15년 이상 파병 관련 심리 건강 문제들을 연구해 왔다. NATO 연구 팀에서 미국 대표로 일했을 뿐만 아니라 여러 나라에서 군인 관련 문제에 대한 강의와 자문을 해 왔다. 그녀는 40여 개의 논문을 발표하였고 *Military Life: The Psychology of Serving in Peace and Combat*를 비롯하여 5권의 책을 공동 편집하였다.

Paul D. Bliese, PhD 메릴랜드에 있는 Walter Reed Amy Institute of Research(WRAIR) 군정신과·신경학 센터의 국장이다. 독일 하이델베르크에 있는 육군 메디컬 연구소 유럽 팀의 지휘관으로 근무하였고, WRAIR의 군 정신과 원장으로 있었다. 2005, 2007, 2009년에는 정신건강 자문팀의 일원으로 이라크에 파병한 바 있다(후반 2년은 팀 리더로). 그는 많은 과학적 논문들을 발표하였으며 오픈 소스 통계언어 R을 위한 다단계 라이브러리를 개발, 관리하고 있다. *Journal of Applied Psychology*의 부편집장이었고, 현재는 미 심리학회 회원이며, 미 육군 대령이다.

Carl Andrew Castro, PhD 미 육군 메디컬 연구소의 군사작전 의학연구 프로그램의 국장이며 메릴랜드 데트릭 요새에 있는 군수관리본부의 국장으로, 심리 건강, 회복탄력성, 상해 예방, 환경의학, 심리 건강과 웰빙과 같은 광범위한 연구를 감독하였다. 가장 최근에는 독일 하이델베르크에 있는 미 육군 메디컬 연구소 유럽 팀의 사령관과 군 정신과 원장으로 일했다. 그는 미 육군의 회복탄력성 프로그램인 〈Battlemind Training System〉의 원저자이며 개발자인데, 그의 전략 경험은 보스니아, 코소보, 이라크에서의 근무를 포함하고 있다. 2003, 2006년에 정신건강 자문 팀으로 이라크에 파병되었다(첫 해는 선임 과학 장교로, 다음에는 팀 리더로). 그는 60여 개의 논문들을 발간하였고 *Military Life: The Psychology of Serving in Peace and Combat* 중에서 4권을 공동 편집하였다. 현재 여러 개의 NATO 연구 팀과 다른 국제 활동들을 선도하고 있으며, 미 육군 대령으로 있다.

Deployment Psychology: Evidenced-Based Strategies to Promote Mental Health in the Military
Edited by Amy B. Adler, PhD; Paul D. Bliese, PhD; and Carl Andrew Castro, PhD

Deployment Psychology

군 스트레스 심리학

군에서의 정신건강을 촉진시키기 위한 증거기반 전략

Amy B. Adler, Paul D. Bliese, Carl Andrew Castro 편저
이정원, 강성록, 김완일, 심호규, 이현엽 역

교문사

감사의 글

우리들은 이 책에 공헌한 많은 분들께 감사의 말을 전하고자 합니다. 특히 우리는 Walter Reed 미 육군 연구소에 있는 동료들과 이 책을 함께 작성하는 데 있어서 Charles Hoge와 Dennis McGurk의 도움, Robert Klocko의 기술적 도움에 감사합니다. 이 책의 각 장에 표현된 관점들은 저자들의 관점이며, 미 육군 의무 사령부나 미 국방성의 공식적인 정책이나 입장을 대변하지는 않음을 강조합니다. 우리는 또한 전투 관련 정신건강 이슈를 강조하기 위해 노력하는 수백 명의 군 임상가들과 연구자들의 공헌을 잘 알고 있습니다. 무엇보다 우리는 군인들과 그들 가족의 희생이 있었음을 알고 있습니다.

군 스트레스 심리학 소개

Amy B. Alder, Paul D. Bliese, Carl Andrew Castro

전투는 참전한 사람들의 삶을 변화시킨다. 군인들이 전투에 대해 회상할 때, 그들은 꼭 전투의 치열함에 대해서만 떠올리는 것도 아니고, 전투가 그들의 삶을 얼마나 무너뜨렸는지를 집중적으로 생각하는 것도 아니다. 오히려 군인들은 그들이 어떻게 변화했는지에 대해 회상한다. 필자들은 전투를 경험하고 복귀하는 군인들에게 전투가 그들을 어떻게 변화시켰는지에 대해 글을 쓰게 하였고, 그들이 작성한 수천 개의 글을 수집하였다. 대부분의 글은 당해 연도에 귀향하는 것으로 예정된 군인들에 의해 작성되었다.[1)]

군인들은 자신이 경험한 것을 회상할 때, 그들이 어떻게 변화했는지와 그들이 변화하기 위해 얼마나 노력하고 있는지를 기술하였다. 한 예로, 어떤 군인은 "나는 정서적으로 지쳐 있습니다."라고 기술했다. 다른 군인은 "나의 사고 과정이… 변했습니다."라고 썼다. 또 다른 군인은 다음과 같이 자신의 경험을 장점으로 사용하고 싶어 했다. "내 경험이 나를 더 성장시키는 데 도움이 되었으면 좋겠습니다. 지금까지 삶에서 나

이번 장에서 제시되는 내용은 저자들의 관점에서 제시되는 것이며, 미군이나 Walter Reed 미 육군 연구소, 미 국방부의 공식적인 입장이 아니다. 이번 장은 미국 정부에 의해 고용된 연구진에 의해 공무의 일환으로 작성된 것으로 공유 저작물에 해당한다. 여기에 제시된 어떤 내용도 반드시 미국 정부의 입장을 대변하지 않으며, 저자들이 연구에 참여했다고 해서 이 내용이 공식적인 입장을 제시하는 것도 아니다.

1) 인용문은 Walter Reed 미 육군 연구소(WRAIR)에 의해 수행된 군인 에세이에서 참고하였다. Protocol 1171. "전투파병에 따른 전환전략과 군인 행동건강" 주 연구자 : Amy B. Alder, Paul D. Bliese, WRAIR.

의 행동들은 성공적이지 않습니다. 나는 무례하고 거칠었습니다." 보고서를 통해 군인들은 그들과 관련된 사람들과의 관계에서도 어떤 변화가 있었는지를 보여주었다: "당신은 다른 민간인에게는 당신이 전우들과 이야기하는 방식으로 말하지 않는다는 것을 알아차려야 합니다. 민간인들은 이해하지 못하기 때문이죠."

군 직업은 전문성을 위해 헌신을 필요로 한다. 군인들은 대부분의 직업들에서 갖고 있지 않는 정서적 과업과 씨름해야 한다. 한 군인은 전투현장에서 죽을 수도 있었다는 것을 회상하면서 "나는 죽는 것은 두렵지 않았지만 내가 딸아이의 삶의 일부분이 되지 못하는 건 두려워요."라고 기술했다. 직업적으로 또 다른 현실은 파병으로부터 복귀한 이후인데, 군인들은 언제든 다시 전투현장으로 돌아가기 위해 준비해야 한다는 것이다. 한 군인은 "나는 다른 전투현장으로 계속 파병될 것이고, 나의 책임을 받아들입니다."라고 회상했다. 다른 한 군인은 파병은 삶을 성실하게 살도록 훈련시킴으로써 근본적인 장점을 가질 수 있다고 설명했다.

> 내가 부속지역에 있었을 때 삶은 힘들었지만 좋았다. 시간은 매우 부족했고… 내 자신에 대해 미안함을 느끼게 했다. 나는 순찰을 위해 장비와 내 자신을 준비시키면서 느꼈던 그 고요함을 좋아한다.

전투는 전우와 리더의 죽음과 관련된 상실 및 슬픔과 맞닥뜨리는 것을 의미하며, 어떤 군인은 "우리는 너무 많은 좋은 사람들을 잃었어요."라고 표현했다. 이 상실은 파병기간 동안 형성될 수 있는 깊은 관계를 반영해 준 것이다. 한 군인은 "나는 우리가 군인으로서 가지는 전우애brotherhood와 우정camaraderie을 사랑합니다."라고 썼고, 다른 한 군인은 자신이 얼마나 성숙해졌는지를 썼다. "전투현장에 있을 때 당신은 당신의 친구들과 가족들과 전우들이 얼마나 소중한지 깨닫게 되며… 당신은 삶이 얼마나 소중한지를 깨닫게 될 겁니다."

임상가들, 군 전문가들, 그리고 전투에서 복귀한 사람들과 가깝게 일하거나 살고 있는 누구라도 이러한 관점을 쉽게 인정할 것이다. 이러한 관점들은 오늘날의 자발적인 지원자들의 헌신과 희생, 전문성을 반영한다. 그리고 이러한 다차원적인 현실이 이 책의 각 장을 구성하고 있다.

이 책의 목적

이 책의 목적은 군인들에 대한 증거기반의 지원을 발달시키는 데 있어 군사심리학의 분야로 안내하기 위한 것이다. 많은 심리학적 연구들이 전투로 인한 정신건강의 손실에 대해 연구해 왔는데, 이는 인간의 고통과 관련하여 전투 희생에 대한 경고로 진행된 것이었다. 정신건강 문제를 예방하고 군인의 안녕과 회복탄력성을 향상하기 위한 증거기반의 연구들이 거의 진행되지 않았다는 것은 놀라운 일이다. 이 책은 이러한 부족한 부분을 채우기 위한 것이다. 저자들은 임상심리학자들과 의사, 사회학자들의 관점에서 책을 기술했으며, 주요 초점은 미국과 미군에 맞추어져 있으나, 영국과 캐나다의 관점도 포함되어 있다. 저자들은 임상가 및 연구자들로서 군 복무자들의 정신건강을 위해 연구하는 전문가 집단이다. 연구자들은 증거기반의 개입을 시행하고 발전시키는 목표를 공유하고자 한다.

직업 건강모델의 관점을 사용하면서, 이 책의 각 장은, 군 조직이 개인적인 선별과 훈련, 동료 지지, 리더십, 그리고 조직적인 정책을 통하여 군인들의 정신건강에 미치는 전투의 영향을 조절할 수 있음을 강조한다. 각 장들은 파병기간 동안 군인들의 정신건강을 어떻게 관리할 수 있는지에 대해 임상에 기초한 깊은 성찰을 제공하고, 더불어 서비스 전달 개념의 재정립과 동료의 역할을 제안하고, 귀향이 무엇을 의미하는지를 제시하고 있다. 이 책에서는 군인들을 대상으로 수행한 초기 개입과 정신건강 회복탄력성 훈련에 대한 증거기반 접근을 강조한다. 군 정신건강 분야의 모든 전문가를 통틀어, 저자들은 전투가 군인들과 그들의 가족들에게 미치는 긍정적·부정적인 영향 모두를 다루었다. 각 장들은 또한 군인들과 가족들의 안녕을 증진하고 지원하기 위한 연구 주제들을 제시하고 있다.

구성

이 책은 두 가지 주요 파트로 구성되어 있다. 1부는 '파병상황에서의 회복탄력성'을 다루고 있으며, 그 목적은 파병된 군인과 군 부대를 지원하기 위한 가장 최근의 임상적, 연구적 접근을 강조하기 위한 것이다. 2부는 '파병으로부터의 귀향'을 다루고 있으며, 파병 경험이 파병 이후 군 복무자들에 미치는 다양한 방식을 검토하는 것에 목표를 두고 있다.

1부는 5개의 장으로 구성되어 있다. 1장은 파병으로 인해 증가하는 정신건강 문제를 다루기 위해 군에서 핵심 역할을 담당해 온 주요 공공보건 전략에 대해 개관한다. 2장은 파병환경에서 정신건강 지원이 확장되고 재개념화되어야 하는 방법을 제안한다. 3장은 동료 지지와 리더와 관련하여 영국에서 사용된 접근법의 효용성을 다룬다. 4장은 군 정신건강을 지원하는데 있어 직업적 맥락과 사회집단의 역할에 대해 집중한다. 5장은 파병이 군인가족들에게 어떤 영향을 미치는지에 대해 논의한다. 2부는 귀향에 대해 다룬다. 6장에서는 집으로의 심리적 전환에 대한 개념을 다루는 모델을 제시한다. 7장에서는 파병으로부터 복귀한 군인들을 대상으로 한 대규모의 심리적 평가의 목적과 연구 내용을 검토한다. 8장은 전투에서 육체적으로 다친 군 복무자들에 대한 행동건강의 고려 사항에 대해 다룬다. 9장은 직업적 관점에서 외상 후 스트레스 장애Post-Traumatic Stress Disorder, PTSD에 대한 새로운 개념화를 제안한다. 10장은 참전 제대군인들의 정신건강 문제와 제대군인을 위한 행정부veterans' administration가 타당화된 정신건강 치료를 위한 필요성에 대응해 온 방식을 다룬다.

주요 주제

각 장들은 전투 관련 정신건강 문제들을 다루며, 문제의 범위를 정하고, 이러한 문제들을 다루기 위한 개입 방법을 검토한다. 전체적으로 주요 주제는 다음과 같다. ① 증거기반 개입의 필요성 ② 파병 후 건강을 이해하는 데 있어서 정의를 명확히 하는 것 ③ 파병의 긍정적 측면들.

첫째, 몇몇 유망한 증거기반 개입 방식들이 존재하고 있지만, 각 장들은 저자들의 관점에서 핵심적인 차이점을 강조한다. 군부대나 위험 임무 종사자들, 그리고 그들의 가족들에 대한 개입의 효과성을 검증한 연구는 매우 소수이며, 이러한 현실로 인해 정신건강 전문가들이 필요하다. 예를 들어 2장에서 Warner와 그의 동료들은 외딴 전방 작전기지에서 치료를 수행하는 경우에 전형적인 임상치료가 거의 효과가 없을 때, 전투환경에서 정신건강 개입을 어떻게 진행할 수 있을지에 대한 내용을 다룬다. 이와 반대로 10장에서는 Keane과 공동저자들은 전통적인 치료환경 아래에서 전문가들이 증거기반 치료를 사용하지 않을 수 있다고 언급한다. 그리고 PTSD를 위한 적절한 치료가 있다 할지라도, 최신식의 치료를 제대군인국Veterans Affairs 시스템에 통합할 때 직면하는 중요한 도전이 있다고 강조한다. 그리고 8장에서, Roy와 Francis는 파병 후 치료가 제대군인국 시스템에서 시작되지 않는다고 언급한다. 육체적으로 부상당한 사람들에 대한 정신건강 치료는 군 병원에서 시작되며, 이런 종류의 지원을 안내하는 통제된 무작위적 시행도 없다. 또한 절단되거나 가벼운 외상성 뇌 손상을 입은 군인들을 치료하기 위한 증거기반의 심리적 치료도 존재하지 않는다.

둘째, 몇몇 임상적 정의는 명확해질 필요성이 있다. 예를 들어 가벼운 외상성 뇌손상의 명확한 정의의 중요성이 1, 8, 10장에서 제기된다. 개념적 명확성의 필요성은 9장에서 Castro와 Alder에 의해서도 제시되는데, PTSD에 대한 재개념화를 제안한다. 심각한 위험에 처해 있는 군인들의 경험을 더 정확하게 기술함으로써, 전투 관련 정신건강 분야는 혁신적인 개입의 발전을 촉진하는 의미 있는 진단 기준을 확립할 수 있다.

셋째, 각 장들에서는 비록 전투가 모두에게 영향을 미치지만, 모든 전투 관련 결과가 부정적인 것은 아니라고 지적한다. 귀향은 긍정적이고 개인적 성장의 기회가 될 수 있으며(6장 참조), 가족은 새로운 기술을 발전시키고(5장 참조), 동료들과 리더들은 부대 구성원들에게 의미 있는 지원을 제공하기 위한 기회를 갖게 된다(3장 참조). 이러한 긍정적 측면들을 강조하면서 전투 스트레스에 대한 전통적인 견해를 넘어서서 전투 파병이 개인이나 가족, 부대에게 긍정적 영향과 부정적 영향 모두를 미칠 수 있다는 것을 제시한다.

제2차 세계대전에서 각 나라가 서로 그랬던 것처럼 이 책의 저자들은 어려움에 처한 군인들을 정의하고, 군인들의 정신건강을 유지하며, 심각한 정신건강 문제를 가진 이들을 치료하기 위한 각국의 조언 서비스를 제시한다. 그리고 50여 년 전 각 나라가 그랬던 것처럼, 각 장의 저자들은 전투에 따른 정신건강 문제의 위험성을 제거하기 위해 군대가 단독으로 어떤 선택을 할 수 없다는 점을 언급한다. 대신 군인들의 회복탄력성을 증가시키는 거시적 차원의 프로그램을 설계하는 것에 주요 초점을 맞추고 있다. 그럼에도 불구하고 신속히 정신건강 프로그램을 전달하는 것과 그것의 효율성을 확립하는 것에 있어서의 균형을 잡는 것은 문제로 남아 있다. 이러한 긴급성에도 불구하고 몇 가지 최근 정신건강 기법은 연구에 의한 증거에 기반해서 나왔다. 그것이 타당화된 정신건강 평가를 발전시키고 있든지(4장 참조), 정신건강 문제의 비율을 규명하고 있든지(1장 참조), 아니면 타당한 정신건강 훈련을 새롭게 만들고 있든지 간에 상관없이, 군 정신건강은 증거기반 기법에 관한 새로운 기준을 구축해 왔다. 하지만 이 기준들이 구축되어 있다 해도 군인들과 그들의 가족을 위한 최적의 정신건강 지원을 위해서는 여전히 해야 할 일이 많이 남아 있다.

미군 연구에 초점 맞추기

이 책은 Stouffer의 저작인 4권의 시리즈로 된 "The American Soldier"에서 영감을 받아 쓰여졌는데, 이 "The American Soldier"(예: Stouffer 등, 1949; Stouffer, Suchman, DeVinney, Star, & Williams, 1949)는 제2차 세계대전 중 미군 병사들의 경험과 태도에 관한 자료들을 다루고 있다. 비록 Stouffer의 글에 담긴 깊은 의미를 우리 책에서 다루지는 못했지만 최대한 그의 책에 담겨진 정신을 담아내려고 노력했다. 그래서 군 복무자들이 경험하는 전쟁으로 인한 심리적 영향을 측정하고, 군대에서 직접적으로 일하는 연구자들과 임상가들로부터 제기되는 문제점들을 명확히 하기 위해 군 연구자들과 임상가가 함께 참여하였다.

Walter Reed 미 육군 연구소

이 책이 군 연구에 초점이 맞추어져 있음을 고려해볼 때, 많은 장들은 Walter Reed 미 육군 연구소Walter Reed Army Institute of Research, WRAIR에 의해 수행된 연구들을 다루고 있다. WRAIR는 육군 연구기관으로서 군인들을 대상으로 한 인구통계학적 연구나 측정연구, 정신건강 회복탄력성 훈련 연구들에 대한 주요 자료들을 보유하고 있으며, 특히 이라크와 아프가니스탄 전쟁 초기에 대한 자료들을 보유하고 있다.

오랜 기간 정신건강 연구에 집중해 온 군의 적극성이 있었기에, 이 연구들이 진행될 수 있었고, 이러한 성과물을 얻을 수 있었다. 아프가니스탄과 이라크 전쟁에 앞서, 연구를 위한 기반들이 잘 확립되어 있었고, 평화유지군의 정신건강에 대한 평가(Bartone, Adler & Vaitkus, 1998; Bliese, Halverson, & Schriesheim, 2002; Britt &

Adler, 2003), 빠른 작전속도의 영향(Castro & Adler, 2005; Dolan, Adler, Thomas, & Castro, 2005; Huffman, Adler, Dolan, & Castro, 2005; Thomas, Adler, & Castro, 2005), 리더십과 훈련이 안녕에 미치는 영향(Chen & Bliese, 2002; Jex & Bliese, 1999), 정신건강이 군 복무를 지속시키는 데 미치는 영향(Hoge 등, 2002)을 포함한 다양한 주제에 대해 연구가 진행되었다. 추가적으로 연구 프로그램들은 군 자료에 존재하는 분석적이고 이론적인 이슈들을 다루어 왔다(Bliese, 2000; Bliese & Jex, 2002; Bliese & Hanges, 2004; Bliese, 2006).

활발히 진행되는 연구 프로그램들이 내부의 연구 전통과 과학적 출판물과 함께 가동 중이라는 사실은, 미 육군이 이라크와 아프가니스탄 전쟁에 참전한 군인들을 지원하는 데 노력을 쏟을 수 있도록 도움을 주었다. 연구진들은 군대에서 연구를 수행하는 실제적인 과정들을 잘 이해하고 있었다. 승인 과정을 진행하는 것에서부터 이라크와 아프가니스탄에 파병가는 것, 군 리더들에게 피드백을 제공하는 것부터 파병환경에서의 심리학적·조직학적 변수들을 측정하는 것. 저자들이 판단하기에, 군에서 이런 핵심적인 역량을 유지하는 데 장기적인 투자를 하는 것은 분명히 도움이 된다. 비록 WRAIR 연구에서 도출된 연구결과들이 의학저널이나 심리학 저널, 육군 기술보고서, 군 브리핑에서도 발견될 수 있으나, 이 책에서는 군 연구와 WRAIR 연구에 대한 폭넓은 내용을 제공한다. 더욱이 미국 심리학회는 군대와 직접적으로 연관되어 있는 연구자들에 의해 수행된 대표적인 연구물로서 이 책을 긍정적으로 평가했다.

육군 회복탄력성 프로그램: 전투정신

WRAIR의 주요 업적 중 하나는 전투정신 훈련Battlemind Training이라고 불리는 회복탄력성 훈련 시스템을 개발한 것이다. WRAIR 연구결과에 기초하여 훈련 내용이 개발되었으며, 연구결과, 파병 전 전투정신 훈련과 파병기간 동안의 군인 정신건강 간의 관련성이 있음이 증명되었다(Mental Health Advisory Team V, 2008). 더욱이 파병 후 측정 결과에서도 세 집단의 무작위적 시행에서 효과가 있다고 판명되었다(Adler, Bliese, McGurk, Hoge, & Castro, 2009; Adler, Castro, Bliese, McGurk, & Milliken, 2007; Thomas 등, 2007). 초기에는 전투정신 훈련이 유일한 육군의 회복탄력성 훈련이었으며, 미 육군성 장관의 지시에 의해 전투정신 훈련은 파병 주기 지원 프로그램Deployment Cycle Support Program과 육군 장교 및 부사관 훈련 과정에 통합되었다(미 육군성, 2007).

전투정신 훈련이 있기 전까지, 미국 군대에서는 군인들을 전투에 대해 심리적으로 준비시키는 정신건강 훈련 프로그램이 없었다는 것을 잘 기억할 필요가 있다. 정신건강이 필요한 집단에서 직면하게 되는 이 임무는 결코 쉬운 것이 아니었다. 1년마다 전투에 배치되기 위해 준비하는 3,500명 이상의 군인들로 구성된 여단 전투 팀을 상상해 보라. 전투에 대비한 심리적인 교육을 위해 1시간 동안 이들에게 과연 무슨 말을 해주어야 할 것인가? 저자들이 직면했던 어려움 중의 하나가 바로 이것이었다.

물론 전투정신이 개발되기 전에 몇몇 군인들은 파병에 앞서 정신건강 훈련을 받았다. 그러나 이 훈련은 전투환경에서 실질적으로 필요한 것을 충족시키지 못했고, 특성화되어 있지도 않았으며, 체계적이고 타당화된 방식으로 수행되지도 않았다(예를 들어 McKibben, Britt, Hoge, & Castro, 2009). 일반적으로 정신건강 훈련은 전투에 배치되는 군인들에게 별로 그 가치가 알려지지 않은 스트레스에 대한 이론적인 정보만을 다룬 프레젠테이션 형식의 교육으로 구성되었다. 이러한 프로그램은 가치가 없을 수도 있고, 높은 가치가 있을 수도 있으나, 이를 검증한 연구는 없었다. 그래서 전투정신은 연구기반의 정신건강 훈련을 위한 최초의 체계적인 훈련이었고, 몇 년 후 육군에서는 이를 더욱 확장시켜 종합적인 회복탄력성 훈련 프로그램 안에 포함시켰다.

전투정신 훈련 시스템은 2009년에 육군의 '포괄적 군인 건강Comprehensive Soldier Fitness, CSF' 계획에 포함된 세 개의 프로그램 중 하나로 선정되었다. '포괄적 군인 건강'은 긍정심리학의 원리에 기초하고 있다(Seligman & Csikszentmihalyi, 2000; Cornum, Matthews, & Seligman, 2009; Lester, McBride, Bliese, & Alder, 2009; Novotney, 2009; Peterson, Park, & Castro, 2009; Reivich & Seligman, 2009). 더욱이 온라인으로 회복탄력성에 대한 자기-평가를 실시하고 훈련 모듈을 제공하는 것은 자기 개발을 위해 계획되었으며, 이 프로그램 역시 심도 있는 회복탄력성 훈련을 포함하고 있다. 이 훈련은 다음의 내용을 통합하고 있다. ① 펜실베이니아 대학교 연구팀에서 개발한 훈련을 바탕으로 한 기본적인 회복탄력성 기술(Gillham 등, 2007) ② 수행 향상을 위한 육군 센터Army Center for Enhanced Performance에서 개발한 수행심리학 기법 ③ WRAIR에 의해 개발된 훈련에 기초하여 군대 및 파병에 맞추어진 회복탄력성 기술(즉 전투정신 훈련 내용을 수정한 것).

전투정신 훈련을 이러한 광범위한 영역으로 통합하기 위해서 '전투정신'이란 이름을 '회복탄력성'이란 용어로 변경하였다. 이는 군에서 회복탄력성이 중요한 사안임을 반영해 준다. 비록 이러한 통합된 교육의 효능성을 평가하는 연구들이 현재 진행되고 있으나, 대부분의 앞선 육군 연구들은 전투정신 훈련의 효능성에 초점을 두고 있다. 전투정신 훈련 연구 이전에, 1시간짜리 공공보건 프로그램이 군인들의 회복탄력성에 유의미한 영향을 미칠 수 있다고 제시하는 과학적인 증거가 뒷받침된 연구는 없었다(Sharpley, Fear, Greenberg, Jones, & Wessely, 2007). 그래서 전투정신 훈련은 군인들을 위해 개발된 특화된 육군 프로그램이자 타당화된 조기 개입 방법의 사례로서, 각 장을 저술한 저자들에 의해 반복적으로 인용되고 있다. 이 책에서 전투정신 훈련에 대해 반복적으로 언급하는 것은 미 육군에서 다른 종류의 타당화된 프로그램이 없다는 것을 반영해 주는 것이며, 연구결과들이 군인들의 회복탄력성을 지원하는 공공보건 개입 방식의 장점을 제시하고 있음을 보여주는 것이다.

결론

이 책은 이라크와 아프가니스탄에 파병된 군인들을 지원하기 위해 수행된 행동과학 연구의 넓이와 깊이를 전달하려는 의도를 가지고 있다. 연구결과는 차이들이 있으며, 어떤 프로그램에 대한 효능성 검증을 위해서는 수년이 걸릴 수도 있다. 그러나 전반적으로 정신건강 연구들이 군인들과 그 가족들을 돌보는 데 핵심적인 역할을 해왔으며, 다음과 같은 일들을 제공해 왔다. ① 전투로 인한 정신건강 결과의 사회적 수준의 자각 ② 육군 특정적인 예방적 정신건강 프로그램 ③ 전투환경에서의 정신건강 관리 적용 발전 ④ 전투와 관련된 정신건강 문제의 특성에 대한 이론적·경험적 견해 제공.

이들 각각의 목적은 군 생활에 내재하는 중요한 도전에 직면하는 군인, 군인가족, 군부대를 도와주는 것이다. 군인들은 파병에 대해 심리적으로 위축된 반응을 보일 수 있다. 어떤 한 군인은 다음과 같이 기술했다. "군인들은 터프하고 강하다. 그러나 우리가 실패하거나 통제력을 상실할 때 취할 수 있는 오직 한 가지는 나의 믿음뿐이다." 그리고 회복탄력성을 증명하고, 전우들에게 헌신하며, 개인적인 성장을 이룰 수도 있다. 어떤 한 군인은 15개월의 파병에서 복귀하면서 다음과 같이 썼다.

> 나는 살아 있는 것을 좋아한다. 그리고 만약 전투에서 죽는다면… 그럴 수 있지. 그러나 나는, 내가 살아 있는 동안 할 수 있는 가장 가능성 있는 일은 내 전우를 살아 있게 하는 것이며, 그래서 나는 최선을 다할 것이고, 그것이 내가 줄 수 있는 전부라는 것을 안다.

다른 어떤 군인은 조직적인 관료제도에 대한 좌절에도 불구하고, 파병 경험에 대해 다음과 같이 기록했다.

> 나는 그것이 나를 더욱 멋지고 강한 사람으로 만들어 주었다고 느낀다. 나는 이제 정말 엿 같은 일을 잘 해결해 나갈 수 있다고 생각한다. 내 친구와 가족들과의 관계는 이런 경험으로 인해 더욱더 강해졌다.

참고문헌

Adler, A. B., Bliese, P. B., McGurk, D., Hoge, C. W., & Castro, C. A. (2009). Battlemind Debriefing and Battlemind Training as early interventions with soldiers returning from Iraq: Randomization by platoon. *Journal of Consulting and Clinical Psychology*, 77, 928-940. doi:10.1037/a0016877

Adler, A. B., Castro, C. A., Bliese, P. D., McGurk, D., & Milliken, C. (2007, August). The efficacy of Battlemind Training at 3-6 months postdeployment. In C. A. Castro (Chair), *The Battlemind Training System: Supporting soldiers throughout the deployment cycle*. Symposium conducted at the meeting of the American Psychological Association, San Francisco, CA.

Bartone, P. T., Adler, A. B., & Vaitkus, M. A. (1998). Dimensions of psychological stress in peacekeeping operations. *Military Medicine*, 163, 587-593.

Bliese, P. D. (2000). Within-group agreement, nonindependence, and reliability: Implications for data aggregation and analysis. In K. J. Klein & S. W. Kozlowski (Eds.), *Multilevel theory, research, and methods in organizations* (pp. 349-381). San Francisco, CA: Jossey-Bass.

Bliese, P. D. (2006). Social climates: Drivers of soldier well-being and resilience. In A. B. Adler, C. A. Castro, & T. W. Britt (Eds.), *Military life: The psychology of serving in peace and combat: Vol. 2. Operational Stress* (pp. 213-234). Westport, CT: Praeger.

Bliese, P. D., Halverson, R. R., & Schriesheim, C. A. (2002). Benchmarking multilevel methods on leadership: The articles, the models, the data set. *The Leadership Quarterly*, 13, 3-14. doi:10.1016/S1048-9843(01)00101-1

Bliese, P. D., & Hanges, P. (2004). Being both too liberal and too conservative: The perils of treating grouped data as though they were independent. *Organizational Research Methods*, 7, 400-417. doi:10.1177/1094428104268542

Bliese, P. D., & Jex, S. M. (2002). Incorporating a multilevel perspective into occupational stress research: Theoretical, methodological, and practical implications. *Journal of Occupational Health Psychology*, 7, 265-276. doi:10.1037/1076-8998.7.3.265

Britt, T. W., & Adler, A. B. (2003). *The psychology of the peacekeeper: Lessons from the field*. Westport, CT: Praeger.

Castro, C. A., & Adler, A. B. (2005). Operations tempo (OPTEMPO). *Military Psychology*,

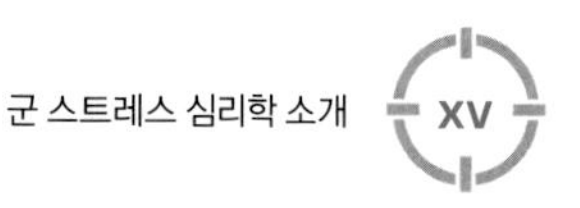

17, 131-136. doi:10.1207/s15327876mp1703_1

Chen, G., & Bliese, P. D. (2002). The role of different levels of leadership in predicting self and collective efficacy: Evidence for discontinuity. *Journal of Applied Psychology*, 87, 549-556. doi:10.1037/0021-9010.87.3.549

Cornum, R., Matthews, M. D., & Seligman, M. E. P. (2009). *Comprehensive soldier fitness: Building resilience in a challenging institutional context*. Manuscript submitted for publication.

Department of the Army. (2007, March). *Deployment Cycle Support (DCS) directive*. Retrieved from http://www.apd.army.mil/pdffiles/ad2007_02.pdf

Dolan, C. A., Adler, A. B., Thomas, J. L., & Castro, C. A. (2005). Operations tempo and soldier health: The moderating effect of wellness behaviors. *Military Psychology*, 17, 157-174. doi:10.1207/s15327876mp1703_3

Gillham, J. E., Reivich, K. J., Freres, D. R., Chaplin, T. M., Shatté, A. J., Samuels, B., . . . Seligman, M. E. P. (2007). School-based prevention of depressive symptoms: A randomized controlled study of the effectiveness and specificity of the Penn Resiliency Program. *Journal of Consulting and Clinical Psychology*, 75, 9-19. doi:10.1037/0022-006X.75.1.9

Hoge, C. W., Castro, C. A., Messer, S. C., McGurk, D., Cotting, D. I., & Koffman, R. L. (2004). Combat duty in Iraq and Afghanistan, mental health problems, and barriers to care. *The New England Journal of Medicine*, 351, 13-22. doi:10.1056/NEJMoa040603

Hoge, C. W., Lesikar, S. E., Guevera, R., Lange, J., Brundage, J. F., Engel, C. C., . . . Orman, D. T. (2002). Mental disorders among U.S. military personnel in the 1990s: Association with high levels of health care utilization and early military attrition. *The American Journal of Psychiatry*, 159, 1576-1583. doi:10.1176/appi.ajp.159.9.1576

Huffman, A. H., Adler, A. B., Dolan, C. A., & Castro, C. A. (2005). The impact of operations tempo on turnover intentions of army personnel. *Military Psychology*, 17, 175-202. doi:10.1207/s15327876mp1703_4

Jex, S. M., & Bliese, P. D. (1999). Efficacy beliefs as a moderator of the impact of work-related stressors: A multi-level study. *Journal of Applied Psychology*, 84, 349-361. doi:10.1037/0021-9010.84.3.349

Lester, P. B., McBride, S. A., Bliese, P. B., & Adler, A. B. (2009). *Bringing science to bear: An empirical assessment of the Comprehensive Soldier Fitness Program*. Manuscript submitted for publication.

McKibben, E. S., Britt, T. W., Hoge, C. W., & Castro, C. A. (2009). Receipt and rated adequacy of stress management training is related to PTSD and other outcomes among Operational Iraqi Freedom Veterans. *Military Psychology*, 21, S68-S81. doi:10.1080/08995600903249172

Mental Health Advisory Team V. (2008). *Mental Health Advisory Team (MHAT) V Operation Iraqi Freedom 06-08: Iraq, Operation Enduring Freedom 8*: Afghanistan. Retrieved from http://www.armymedicine.army.mil/reports/mhat/mhat_v/mhat-v.cfm

Novotney, A. (2009, December). Strong in mind and body. *Monitor on Psychology*, 40, 40-43.

Peterson, C., Park, N., & Castro, C. A. (2009). *Assessment for the U.S. Army Comprehensive Soldier Fitness Program: The global assessment tool*. Manuscript submitted for publication.

Reivich, K., & Seligman, M. E. P. (2009). *Master resilience training in the United States Army*. Manuscript submitted for publication.

Seligman, M. E. P., & Csikszentmihalyi, M. (2000). Positive psychology: An introduction. *American Psychologist*, 55, 5-14. doi:10.1037/0003-066X.55.1.5

Sharpley, J. G., Fear, N. T., Greenberg, N., Jones, M., & Wessely, S. (2007). Predeployment stress briefing: Does it have an effect? Occupational Medicine, 58, 30-34. doi:10.1093/occmed/kqm118

Stouffer, S. A., Lumsdaine, A. A., Williams, R. B., Smith, M. B., Janis, I. L., Star, S. A., & Cottrell, L. S. (1949). *The American soldier: Vol. 2. Combat and its aftermath*. Princeton, NJ: Princeton University Press.

Stouffer, S. A., Suchman, E. A., DeVinney, L. C., Star, S. A., & Williams, R. A. (1949). *The American soldier: Vol. 1. Adjustment during army life*. Princeton, NJ: Princeton University Press.

Thomas, J. L., Adler, A. B., & Castro, C. A. (2005). Measuring operations tempo and relating it to military performance. *Military Psychology*, 17, 137-156. doi:10.1207/s15327876mp1703_2

Thomas, J. L., Castro, C. A., Adler, A. B., Bliese, P. D., McGurk, D., Cox, A., & Hoge, C. W. (2007, August). The efficacy of Battlemind at immediate post deployment reintegration. In C. A. Castro (Chair), *The Battlemind Training System: Supporting soldiers throughout the deployment cycle*. Symposium conducted at the meeting of the American Psychological Association, San Francisco, CA

역자 서문

이번에 《군 스트레스 심리학》이 번역 출간됨을 기쁘게 생각한다. 이 책의 원제는 《파병심리학: 군에서의 정신건강을 촉진시키기 위한 증거기반 전략들(Deployment psychology: Evidence-based strategies to promote mental health in the military)》로, 다소 긴 부제가 붙어 있다. 하지만 《군 스트레스 심리학》이라는 함축된 제목에는 책의 내용을 가장 핵심적으로 보여주되, 우리나라 상황에 맞는 내용을 전달하고자 한 역자들의 고심이 담겨 있다.

이 땅에 전쟁의 포성이 멎은 지도 벌써 오랜 세월이 지났다. 그동안 우리나라는 세계사에서 유래를 찾아보기 어려운 참혹한 전쟁을 겪은 국가이면서도 비약적인 발전을 거듭하여 '도움을 받던 나라'에서 '도움을 주는 나라'로 성장하였다. 그 예로 우리나라는 평화유지군이라는 이름으로 전 세계 분쟁지역에 군대를 파병하고 있다. 그곳의 치안유지나 정전유지의 감시, 사태의 진정이나 재발을 방지하기 위한 평화유지군의 활동으로 인해 파병이라는 단어가 일반인들에게 익숙해졌지만, 파병과 관련하여 군에서의 정신건강의 측면을 다루는 연구는 거의 없다. 비록 직접 전투에 참여하지는 않는다고 해도 파병과 관련된 정신건강 문제를 소홀히 해서는 안 될 것이다.

이 책에서 정의하는 '파병'의 의미는 단지 해당 지역으로 파견하는 것만을 의미하는 협의의 의미를 넘어서서 파병의 준비 단계부터 동원 단계, 파병 단계, 수행 단계, 재배치 단계, 귀향 단계까지 전반적인 과정을 말하고 있다. 각 단계별로 발생하는 정신건

강 문제와 스트레스원을 다루고 있는 것이 이 책의 특징이기도 하다.

독자들은 이 책에서 국내의 다른 책자와 논문에서는 볼 수 없는 파병과 관련된 심리적 문제와 정신건강 문제를 어떻게 관리할 수 있는지에 대해 임상에 기초한 깊은 성찰을 할 수 있으며, 군인들의 안녕과 회복탄력성을 향상시키기 위한 증거기반의 연구들을 만나게 될 것이다. 또한 각 장마다 전투가 군인들과 그 가족에게 어떤 영향을 미치는지에 대한 고찰을 통해 전투 관련 정신건강 문제들과 이러한 문제들을 다루기 위한 개입 방법을 제시하고 있다. 회복탄력성은 최근 우리나라 군에서도 관심을 가지고 접근하고 있음을 볼 때, 전투정신 훈련을 위한 프로그램들은 현실적으로도 시사하는 바가 크다고 하겠다.

이 책은 총 10장으로 구성되어 있다. 1~2장은 육군사관학교 심리학과 이현엽 교수, 3~4장은 공군 보라매리더십센터 상담교수인 심호규 교수, 5~6장은 서울사이버대학교 군경상담학과 이정원 교수, 7~8장은 상지대학교 평화안보·상담심리대학원 상담심리학과 김완일 교수, 9~10장은 육군사관학교 심리학과 강성록 교수가 번역하였다.

아무쪼록 이 책이 한국 내에서 전투 스트레스와 정신건강 문제를 예방하기 위한 전략적 접근에 일조할 수 있기를 기대하며, 끝으로 좋은 책으로 펴내 주신 교문사에 감사드린다.

2014년 10월

역자 일동

| 차례 |

3장 군대 내 정신건강 지원의 최적화: 동료와 리더의 역할

4장 군대에서의 조사기반 예방적 정신건강 돌봄전략

5장 전투파병이 군인가족들에게 미치는 영향

2부 • 파병으로부터의 귀향

6장 전환심리학: 파병 후 가정에의 적응

7장 군대에서의 예방적 정신건강 선별

8장 신체 부상을 당한 군인들의 심리적 회복

XXIII

1부

파병상황에서의 회복탄력성

1장

전투 관련 정신건강 문제를 가진 현역군인 및 제대군인의 공공보건 전략과 치료

1 장

전투 관련 정신건강 문제를 가진 현역군인 및 제대군인의 공공보건 전략과 치료

Charles W. Hoge

"우리는 자주 부정확한 자료들을 다루곤 한다. 요령은 이 자료들을 명료한 사고로 처리하는 것이다."

— Mike Gregg, 역학자, 미 질병관리본부

전시 중 군 복무로 발생하는 정신건강을 평가하기 위한 연구는 종종 파병에서 복귀한 후 수년 또는 수십 년이 지나서야 수행되었다(Jordan 등, 1991; Kang, Mahan, Lee, & Murphy, 2003; Prigerson, Maciejewski, & Rosenheck, 2002). 하지만 미 국방부와 제대군인국veterans affairs은 보건정책을 제시하기 위해 이라크 전쟁(이라크 자유 작전, Operation Iraqi Freedom, OIF)과 아프가니스탄 전쟁(항구적 자유

이 장에서 제시되는 내용은 저자들의 관점에서 제시되는 것이며, 미 육군이나 Walter Reed 미 육군 연구소, 미 국방부의 공식적인 입장이 아니다. 이번 장은 미국 정부에 의해 고용된 연구진에 의해 공무의 일환으로 작성된 것으로 공유 저작물에 해당한다. 여기에 제시된 어떤 내용도 미국 정부의 입장을 필연적으로 대변하지 않으며, 저자들이 연구에 참여했다고 해서 이 내용이 공식적인 입장을 제시하는 것도 아니다.

작전, Operation Enduring Freedom, OEF)시에 군인들의 정신건강 연구를 신속히 진행했다. 이 장에서는 이라크와 아프가니스탄 전쟁에서 도출된 중요한 역학(疫學)적 연구 결과물들을 제시하면서, 전투지대에 배치된 현역군인들과 제대군인들의 정신건강 필요성과 관련된 연구, 정책, 임상적 서비스들을 세부적으로 제시할 것이다. 이러한 전쟁들은 전투가 정신건강에 미치는 영향과 새로운 교육, 예방, 임상적 관리 전략 개발에 대한 중요성을 제시하였으며, 전쟁 관련 정신건강 문제에 대해서는 증거기반의 치료를 실시해야 함을 강조하였다.

베트남 전쟁 이후 미국이 실시한 가장 큰 대규모의 전쟁은 2001년 10월에 개시된 아프가니스탄 전쟁과 2003년 3월에 개시된 이라크 전쟁이다. 파병과 관련된 정신건강 문제가 처음 표면화되어 국가적인 이슈가 되었던 것은 아프가니스탄 전쟁 초기 작전에 투입된 군인들 사이에서의 자살과 살인 문제들 때문이었다(미 의무감醫務監, 2002). 역학적 조사결과 이 문제들은 결혼생활 문제와 더불어 파병과 관련된 높은 직무 스트레스(즉 '작전 속도')와 관련성이 있었다. 이 조사에 기초하여 미국방부는 2003년에 정신건강 문제를 다루고, 심각한 가족 관련 스트레스원으로 인해 귀향하는 군인들을 평가하기 위한 파병 주기 지원 프로그램Deployment Cycle Support Program을 개설하였다. 이 프로그램의 주된 특징은 외상 후 스트레스 장애Post-Traumatic Stress Disorder, PTSD, 우울증, 결혼 및 관계성 문제들을 포함하여 파병과 관련된 건강 문제들을 표준화된 모집단 선별검사population-wide screening로 실시하는 파병 후 건강 평가Post-Deployment Health Assessment, PDHA 시행이었다. PDHA 프로그램은 이라크에서 처음 교대하여 귀향하는 군인들을 대상으로 실시되었으며, 다른 정신건강 검사에 앞서 시행되었다. 이것은 비교적 일반적인 현상으로, 파병 후 선별검사와 같은 현역군인 및 제대군인들에 대한 공공보건 정책은 긴급한 건강 문제를 다루기 위한 필요성 때문에 사전에 시행될 수 있다.

모집단 전체에 대한 건강 전략은 잘 수행된 역학연구들의 영향을 받는다. 역학적 방법론은 한 모집단에서의 질병부담disease burden 한계를 정하고, 예방 및 치료 개입의 중점이 되는 위험요인과 보호요인을 확인하기 위해 사용된다. 역학적 방법론은 또한 모집단 수준에서 시행된 보건정책의 효과성을 평가하고 이를 체계적으로 연구할 수 있는 성과 측정도구를 개발하고 사례 명료화case definitions를 실시하는 데에도 중요하게 활용된다. 이라크 전쟁과 아프가니스탄 전쟁에서의 독특한 특징 중 하나는 전쟁이 진행되면서 파병환경에서의 정신건강 영향을 평가하기 위해 역학적 방법론이 광범위하게 적용되었다는 것과, 연구에서 도출된 결과를 바탕으로 새로운 보건정책을 시행하고자 하는 국방부 고위 지도자들의 의지가 있었다는 것이다.

이라크 전쟁과 아프가니스탄 전쟁에서 사용된 역학적 방법론은 설문조사, 모집단 기반의 선별검사 프로그램 평가, 건강관리 이용성 조사이다. 군인들을 각 샘플로 구성하여 실시한 설문조사는 정신장애의 유병률, 위험요인, 예측요인을 평가하기 위해 사용되었다. 이 설문조사는 모집단의 질병표출 방식에 대한 역학적 분석에 사회적, 조직적, 교육적, 행동적 관점의 전통적 심리평가가 결합되었다. 이러한 평가기법의 통합을 통해 군대에서 응집력과 리더십과 같은 중재 변인이 PTSD와 같은 일반적인 정신장애와 분노, 그리고 비행행동과 같은 군대에서의 행동문제들에 미치는 영향을 분석할 수 있게 되었다. 모집단 기반의 파병 정신건강 선별검사는 정신건강 문제를 완화하기 위한 핵심 전략으로 사용되어 왔다. 또한 역학적 방법론은 교육받은 내용을 이해하고, 효과성을 평가하며, 증상개선에 기여하기 위해 적용되어 왔다. 정신건강 서비스 활용 비율에 관한 연구는 서비스에 대한 접근정도와 치료부담과 관련된 핵심 자료들을 제공해왔으며, 정신건강 자원들이 적절히 배분되도록 하는 데 영향을 미쳤다.

지상전투 연구

이라크 자유 작전과 항구적 자유 작전에서의 정신건강 영향을 연구한 역학적 연구에서 가장 많이 인용된 것은 이라크 지상침투 개시 직전 2003년 초기에 수행된 Walter Reed 미 육군 연구소Army Institute of Research, WRAIR 지상전투 연구이다(Hoge 등, 2004). 이 연구는 아프가니스탄에서 Bragg 기지로 복귀하는 군인들의 자살과 살인 문제 원인을 평가한 2003년 역학적 조언consultation 팀에 의해 제시된 보고서에서 유래했다.

군 심리학자들을 평화 작전부대, 인도적 작전부대, 전투 작전부대에 배치하여 파병 관련 연구의 수행을 위한 투자를 하면서 이라크 자유 작전과 항구적 자유 작전 전에 지상전투 연구를 위한 준비를 하는 데는 시간이 걸렸다. 걸프전쟁(사막의 방패 작전과 폭풍작전) 동안, WRAIR 군 심리연구 팀은 전장에 배치된 군인과 파병 이후 군인들의 심리적 안녕을 평가했다(Gifford, Marlowe, Wright, Bartone, & Martin, 1992). WRAIR 팀은 또한 1989년 파나마 침공 때의 '대의명분 작전'(Kirkland, Ender, Gifford, Wright, & Marlowe, 1996), 1993년 소말리아에서 실시된 '희망 회복 작전'(Gifford, Jackson, & Deshazo, 1993), 1994년 아이티이에서 실시된 '민주정부 복원 작전'(Halverson & Bliese, 1996), 1990년대에 있었던 발칸 전쟁, 즉 크로아티아에서의 '희망제공 작전'(Bartone, Adler, & Vaitkus, 1998), 보스니아에서의 '합동 노력 작전'(Bartone, 1997), 코소보에서의 '합동 가디언 작전'(Castro, Bienvenu, Huffman, & Adler, 2000)에 배치된 부대에서 전장 연구를 수행하였다. 발칸에서의 연구경험은 PDHA를 개발할 때 토대가 되었다. 항구적 자유 작전과 이라크 자유 작전을 위한 부대동원이 시작될 때, WRAIR 연구자들은 포괄적인 연구계획을 수립하고 시행하는 권한을 갖게 되었고, 전투작전이 정신건강에 미치는 영향을 연구하기 위하여 임상가 및 역학연구자들과 함께 종합적인 협력체계를 구성하였다.

지상전투 연구는 이라크와 아프가니스탄 파병 전·중·후에 보병여단 군인들을 대상으로 횡단적 연구로 수행되었다. 이 연구에서는 타당화된 우울증 측정도구, PTSD 측정도구, 기타 정신건강 문제 측정도구들이 사용되었다. 그리고 파병 준비기간 동안 심리학자들에 의해 연구된 전투경험, 부대 응집성, 리더십, 가족 기능에 대한 측정도구도 포함했다. 지상전투 연구에서 한 가지 주목할 만한 특징은 정신건강 관리 활용, 편견, 치료에 대한 장애요소를 측정하는 평가도구를 포함했다는 것이다.

2004년 7월, 이라크와 아프가니스탄에서 철수한 1진 부대 군인들로부터 얻은 결과가 『New England Journal of Medicine』(Hoge 등, 2004)에 발표되었다. 연구결과는 뉴스 매체를 통해 전국으로 전파되었으며, 국회 청문회가 열리게 되었고, 국방부와 제대군인국은 철수하는 군인들이나 제대군인들의 정신건강 서비스 향상을 위한 비용을 증액시켰다. 연구결과에 많은 관심을 보인다는 것은 이제 군 정신건강 관리가 국가적인 중요 우선순위가 되었다는 것을 반영해 주었다. 연구결과에 따르면 이라크에서 철수한 지 3~4개월이 지난 후 전투부대의 12~20%에 해당하는 육군 군인과 해병대가 PTSD 증상을 나타냈다. 이는 배치되기 전 5~9%의 비율을 보였던 것과 비교하여 높은 수치이며, 엄격한 진단 기준(PTSD 체크 기준에서 50이거나 그 이상)에서는 낮은 유병률을, DSM-IV(American Psychiatric Association, 1994)의 진단 기준에 따르면 높은 유병률을 나타냈다. 전체적으로 파병에서 복귀한 지 3~4개월 후 군인들의 16~19%가 PTSD, 우울증, 범불안장애 진단 기준에 해당했다.

이와 같이, 6명 중에 1명꼴로 많은 군인들이 PTSD나 다른 정신건강 문제를 갖고 있다는 내용이 주요 뉴스기사로 보도되었지만, 정신건강 치료에 대한 편견 및 장애 요소와 관련된 세부 연구내용도 기사를 통해 적지 않게 보도되었다. 심각한 정신건강 문제를 갖고 있는 군인들 중 절반 미만의 군인들만이 전문적인 도움을 받고 있었고, 이러한 사실은 의료단체 및 미디어 상에서 군대에서 만연되어 있는 정신건강치료 편견에 대한 활발한 토론을 불러일으켰다. 이러한 토론은 치료에 대한 편견을 줄이고 군인들이 적극적으로 도움을 구하게 하는 모집단 파병 후 훈련을 개발하는 데 도움을 주었다. 편견에 대한 관심이 많아지면서 정신건강 서비스를 확대하기 위한 새로운 노력들이 생겨났다. 이러한 횡단적 연구결과 자료들이 발표된 이후 다른 방법론을 사용한 연구들에서 유사한 수준의 유병률 측정치가 나타났다. 여기에는 파병 후 모집단인구 선별검사 결과, 군인을 대상으로 한 무선전화 조사, 국방부와 제대군인국으로부터 획득한 건강관리 활용 기록, 전투노출을 경험한 군인들에 대한 종단적 연구가 있다(Hoge, Auchterlonie, & Milliken, 2006; Milliken, Auchterlonie, & Hoge, 2007; Seal, Bertenthal, Miner, Sen, & Marmar, 2007; Smith 등, 2008; Tanielian & Jaycox, 2008). 영국 군인들의 정신건강 문제 비율은 더 낮은 것으로 보고되었는데(Hotopf 등, 2006), 이는 영국군대가 전투경험 빈도나 강도가 더 낮은 이라크 남부지역에 위치했기 때문인 것으로 보였다(Hoge & Castro, 2006). 지속적인 연구결과에 따르면, 전투경험의 빈도나 강도가 PTSD 및 기타 정신건강 문제들과 가장 관련성이 높은 요인으로 나타났다.

전투임무로 인한 정신건강 부담이 추가되는 것은 심각한 상태가 되는 것이며, 이는 일반적인 정신건강 문제를 가진 PTSD연구에서 자주 증명되어 왔다(Boscarino, 2004). PTSD는 신경내분비계 조절장애, 자율신경계 조절장애, 세포성 면역 조절장애와 관련 있다(Boscarino, 2004). 지상전투 연구자료를 바탕으로 한 연구에서는 PTSD에서의 양성판별을 받은 군인들이 다른 군인들보다 결근과 의료 진료가 많았으며 신체증상에 대한 비율도 높게 나타났다(Hoge, Terhakopian, Castro, Messer, & Engel, 2007). 이러한 결과는 전투에서 부상당해 나타난 결과와는 독립적인 결과였으며, 통합적인 치료체계들을 향상시키기 위해 국방부가 새로운 프로그램을 개발하는 데 영향을 미쳤다(Engel, 2007).

정신건강 자문 팀

이라크 자유 작전과 항구적 자유 작전에서의 또 다른 독특한 성과는 육군 의무감의 지원을 받아 매년 파병부대의 안녕과 정신건강을 평가했다는 것이다. 동일한 평가방법을 사용하면서, WRAIR연구자들은 이라크와 아프가니스탄에 파병된 보병부대(즉 여단 전투 팀)를 중심으로 작전전역에 정신건강 자문 팀(Mental Health Advisory Team, [MHAT] 2003; MHAT II, 2005; MHAT III, 2006; MHAT IV, 2006;

MHAT V, 2008)을 보냈다. MHAT들은 또한 전장 내에서의 건강 자원 분산배치 여부와 이용 가능성을 평가하였다.

MHAT들에 따르면 여단 전투팀에 배치된 군인들 중 15~20%가 PTSD(작전 환경에서는 급성 스트레스라고 불림)나 우울증 진단 기준에 부합하였고, 결혼한 군인들 중 20%는 파병기간 동안 결혼생활에 대한 문제점으로 보고하였다. 해병 연대 전투팀을 대상으로 파병된 기간을 통제한 후 육군 군인과 비교했을 때 정신건강 문제 유병률이 유사하게 나타났다(MHAT IV, 2006). 또한 다수의 지역에 파병되고, 파병된 기간이 길수록, 베이스캠프에서 멀리 떨어진 곳에서 오랜 시간 임무를 수행할수록, 전투수행의 강도나 빈도가 많을수록 PTSD, 우울증, 결혼문제가 더 높게 나타났다.

주요 군 지휘관들의 요청에 따라 MHAT팀이 실시한 독특한 평가 중 하나는 비전투원들을 학대하거나 이라크 사람들의 소유물을 불필요하게 파괴하는 것을 포함한 전장윤리에 관한 것이었다(MHAT IV, 2006; MHAT V, 2008). 전장윤리 연구는 실제적인 현장연구를 실시하는 기존의 역학적 접근방식을 수정할 필요가 있음을 잘 보여주었다. 과거에는 전장윤리와 관련된 문제들을 평가하지 않았다. 표준화된 방식이 없었다. 그러나 점차 전장윤리에 대한 문제들을 다루어야 한다는 문제점이 제기되었다. 연구결과에 따르면, 정신건강 문제를 가진 군인들은 그렇지 않은 군인들보다 훨씬 더 많은 윤리적인 문제들을 일으킬 가능성이 높은 것으로 나타났다. MHAT의 연구들은 또한 리더십이 갖는 강한 예방적 효과도 증명하였다. 강한 리더십은 높은 사기 및 응집성과 관련성이 있었으며, 정신건강 문제와 윤리적 비행과는 낮은 관련성을 보였다.

MHAT의 연구결과로 인해, 육군은 전투작전 스트레스 관리 교범(미 육군본부, 2006)을 개정하였으며, 이라크와 아프가니스탄에 파병되는 모든 정신건강 전문가들이 전투작전 스트레스 관리 교범 교육을 받도록 하였고, 파병된 환경에 따라 어떤 정신건강 전문가가 적합한지를 결정할 때에도 MHAT자료가 사용되었다. MHAT는 전장에서 정신건강 요원과 군인들 간의 가장 적절한 구성 비율이 1:1,000

이며, 정신건강 요원들의 절반은 전문가 자격을 갖추고 있어야 하고 나머지 절반은 정신건강 관련 기술을 갖추고 있는 것이 좋다고 보았다. 가장 중요한 점은, 이 연구결과로 작전부대에 정신건강 전문가들이 증강되어 배치되었으며, 치료받는 것이 제한되는 외딴 지역에 배치된 부대에서도 정신건강 전문가의 도움을 더욱 용이하게 받을 수 있게 되었다. 지상전투 연구와 함께 MHAT연구결과들은 WRAIR 연구자들에 의해 개발된 전투정신Battlemind이라 불리는 종합적인 육군 정신건강 훈련 프로그램을 발전시키고 정착하는 데 도움을 주었다(Alder, Bliese, McGurk, Hoge, & Castro, 2009). 전투정신은 정신건강 이슈들을 군인들이 생존을 위해 전투에서 발휘하는 능력이나 기술과 같은 맥락으로 구성하였으며, 위험 커뮤니케이션risk communication 및 훈련 전략training strategy으로 편성되어 있다. 이 훈련은 귀향 과정이 정상화되도록 하고, 군인들 스스로 또는 서로서로 전문적인 도움을 받을 수 있는 징후들을 포착하는 방법을 제시해 준다. 한 가지 주요 목적은 정신건강 치료에 대한 편견을 감소시키는 것이다. 전투정신은 2007년에 파병 주기 지원 프로그램의 하나로써 육군 전체에 실시되었으며, PDHA와 파병 후 건강 재평가Post-Deployment Health Reassessment, PDHRA 선별검사 프로그램과 동시에 진행되는 것으로 계획되었다.

파병 후 정신건강 선별검사 프로그램 평가

정신건강 문제에 대한 파병 후 심리적 선별검사Postdeployment mental health screening problem evaluation는 보스니아로 미군을 파병 보낼 때, 1996년 국방부에 의해 처음 요구되었다. 비록 코소보에 미군이 배치될 때에는 이런 요구가 없었지만, 작전지휘관의 지속적인 요청으로 인해 검사를 실시하였고, 보스니아와 코소보에서의 경험은 PDHA프로그램을 개발할 때 많은 도움을 주었다(Wright, Huffman, Adler, & Castro, 2002; Wright, Thoma 등, 2005).

PDHA는 이라크 지상 전쟁이 개시된 지 1개월 후 2003년 4월에 시행되었다. 국방부 전체 정신건강 선별검사를 실시하기에는 근거가 부족해 논란을 일으켰으며(Rona 등, 2005; Wright, Bliese 등., 2005), WRAIR연구자들은 프로그램의 유용성을 평가하기 위해 보스니아와 코소보에서의 이전 선별검사screening를 활용했다.

PDHA프로그램에 대한 핵심 자료를 제공하는 세 가지 연구가 진행되었다. 그 첫 번째 연구에서는 파병에서 복귀한 즉시 실시한 선별검사 반응과 3~4개월 이후 두 번째 선별검사에서의 반응을 비교했다. 연구결과 이 기간 동안 정신건강 문제 비율이 2~5배 증가하였다. 그리고 파병에서 철수한 이후 바로 PDHA선별검사 과정을 진행하는 것은 적절하지 않다는 것을 보여주었다(Bliese, Wright, Adler, Thomas, & Hoge, 2007). 연구자료는 공식적으로 발표되기 전 2005년에 국방부 지도부에 제시되었으며, PDHA프로그램을 확대하고 2차 선별검사인, 파병 후 건강 재평가(PDHRA)를 파병에서 복귀한 후 3~6개월에 추가할 것을 즉시 위임받았다(미 국방차관, 보건업무, 2005).

두 번째 연구에서는 설문조사 결과와 군인들의 원 설문자료 결과를 알지 못하는 전문가들이 구조화된 임상적 면접을 수행하면서 나타난 결과를 서로 비교하면서 PDHA와 PDHRA에 제시된 정신건강 질문들의 타당성을 검증했다(Bliese, Wright, Adler, Hoge, & Prayner, 2005; Bliese 등, 2008). 연구결과 PDHA 질문들의 민감도sensitivity와 특이도specificity는 표준화된 정신건강 선별검사 도구와 비견할 만한 수준이었고, 임상가를 위한 인터뷰 가이드나 점수 채점과 관련된 구체적인 가이드를 제공했다.

세 번째 연구에서는 PDHA와 PDHRA 둘 다 실시한 만 명의 군인을 대상으로 프로그램 평가를 실시했다(Milliken 등, 2007). 연구결과 PDHA 선별검사 결과는 위탁referral 정보, 정신건강 치료 이용, PDHRA 선별검사(PDHA 이후 평균 6개월 이후 실시됨) 자료와 연관되어 있었다. 이 종단적 연구에서 가장 중요한 연구결과 중 하나는 예비reserve 부대에 속한 군인들이 상비active 부대의 군인들보다 PDHRA가 이루어지는 시점에서 신체적, 정신적 건강 문제가 더 높게 나타났다는 것이다. 예비부대와 상비부대 군인들은 파병에서 복귀한 즉시 PDHA로 측정되었을 때는 전투경험과 건강 문제(신체적, 정신적 문제 둘 다)에서 비슷한 비율을 나타냈다. 이 결과는 예비부대와 상비부대의 군인들이 비슷한 수준의 정신적 건강과 회복탄력성을 갖고 있음을 보여준다. 그러나 PDHRA 선별검사가 실시된 시점인 몇 개월이 지난 후에는 현저한 차이가 나타났다. 이런 결과가 발생한 이유는 부대 응집성의 차이나 회복 이후 사회적 지지가 영향을 미쳤을 가능성도 있으나, 보다 신빙성이 있는 설명은 예비부대 군인들이 파병에서 귀향한 후 6개월 보장의 민간보험이 만료되는 것과 관련성이 있다. 이 결과가 발표된 지 얼마 되지 않아, 제대군인국은 이라크 자유 작전과 항구적 자유 작전 제대군인들을 위한 건강보험의 기간을 연장시켰다.

PDHA와 PDHRA를 모두 실시한 군인들에 대한 종단적 연구는 PDHA 프로그램의 효과성을 평가할 수 있는 기회를 제공했다. 연구결과 기대와는 반대로, 선별검사 결과와 위탁 정보, PTSD 증상 개선 간의 직접적인 관련성은 없었다(Milliken 등, 2007). 실제로, PDHA에서 PTSD 증상으로 위탁된 상비부대 군인들 중에 정신건강 치료를 잘 수행하지 못한 군인들이 잘 수행한 군인들보다 6개월이 지난 후 PDHRA에서 더 높은 증상 개선 비율을 나타내기도 했다. 이와 같은 반직관적인 결과가 발생한 이유는 이 연구가 무작위 대조군 연구가 아닌 관측상의 프로그램observational program 평가였기 때문일 수 있다. 한편 이 연구는 모집단 선별검사의 실시, 선별검사 효과성에 대한 평가, PTSD의 치료를 강조하였다.

공공보건과 임상적 도전

파병 후 선별검사의 효능성을 증명하는 데 어려움을 주는 몇 가지 요인들이 있다. 이러한 요인에는 모집단에서 선별검사도구의 낮은 예측치와 PTSD와 연관되어 있는 의학적, 정신적 건강 문제들의 높은 공병(共病)률, PTSD 치료방식의 높지 않은low to moderate 효과성이 있다.

PTSD나 다른 정신장애를 측정하는 가장 좋은 진단도구들도 제한된 민감도와 특이도를 나타내며, 모집단 수준에서 적용될 때 낮은 예측치(50%보다 낮은)를 나타낸다. PTSD로 선별된 군인들의 절반 이상이 그 조건에 해당하지 않는다는 것은 대규모 모집단 수준에서 유병률이 높지 않기 때문에 발생한 결과이다. 표준화된 정신건강 측정도구들을 활용함에 있어, 역학적 접근과 심리측정적 접근이 서로 차이가 난다는 것을 주목할 필요가 있다. 심리측정가들은 다양한 종류의 타당도와 신뢰도에 관심을 기울이는 반면, 역학자들은 관심 있는 집단에 어떤 검사가 유용성을 갖는지를 따져보고 결정하는 실용적인 접근을 취한다. 민감도와 특이도 간의 높은 신뢰도와 타당도, 효과성을 갖는 표준화된 검사도구들은 모집단 수준에서 적용될 때 자주 임상적 유용성이 낮게 나타난다.

PTSD 공병(共病)성 또한 치료적 접근의 전반적인 효과성을 제한시킬 수 있다. PTSD는 알콜 남용 및 우울증과 높은 관련성을 갖고 있으며, 기능성을 손상시킬 수 있는 전투 관련 사회적, 행동적 문제(예를 들어 분노, 공격, 관계성 문제)들과도 연관되어 있다(Hoge 등, 2004; Milliken 등, 2007). PTSD가 신체적 증상, 직무이탈, 높은 의료 진료와 관련성을 나타낸다는 것 이외에도, PTSD는 파병기간 동안 뇌진탕(예를 들어 경미한 외상성 뇌 손상)을 보고하는 군인들 사이에서 지속적인 증상의 근본 원인으로 여겨져 왔다. 뇌진탕 이후 나타나는 증상들이 뇌진탕 그 자체보다 PTSD와 더 강한 관련성을 나타냈다는 것이 두 가지 연구에서 밝혀졌다(Hoge 등, 2008; Schneiderman, Braver, & Kang, 2008)

또 다른 공공보건의 도전사항은 전투 관련 정신건강 문제에 대한 효과적인 치료법을 확인하는 것이다. 2007년, 미 의료원[IOM]은 PTSD를 치료하는 다양한 치료 방법들에 대해 종합적인 평가를 실시했다. 이 보고서에 따르면, 노출치료만이 효과성을 검증할 수 있는 충분한 증거를 갖고 있는 유일한 치료방식이다. 대부분의 노출치료는 실제노출과 심상노출을 함께 사용하는데, 여기서 심상노출은 환자가 자신들이 보이는 반응이나 증상이 감소할 때까지 그들의 사연을 반복해서 이야기하는 과정을 말한다. 심상노출은 환자들이 눈을 감은 채 진행되고, 현재시제로 이야기하며, 치료회기에서 기록된 내용을 들어보는 숙제를 실시하는 것도 포함된다(Foa,

Hembree, & Rothbaum, 2007). IOM위원회는 세로토닌 재흡수 억제제[SSRIs]나 인지구조화, 안구운동 민감 소실 및 재처리 요법, 대처기술 치료, 집단치료 등과 같은 일반적으로 사용되는 심리치료나 정신의학적 치료들의 증거가 부족하다고 보았다. 한 위원은 PTSD치료에서 가장 일반적으로 처방되는 SSRIs의 증거가 부족하다는 것에 동의하지 않았다. 그는 IOM의 결론을 "치료방식들에 대한 증거들이 시사하는 점이 있지만, PTSD를 경험하는 일반적인 집단에서 SSRIs의 효능성을 언급하는 것은 불충분하다. SSRIs는 만성적인 PTSD를 경험하는 남성 제대군인이 주로 구성된 집단에서 효과적이지 않다고 보는 것이 더 적절하다."라고 변경할 것을 요청하였다(IOM, 2007).

IOM의 평가결과가 임상가를 위한 가이드 라인을 제공하기 위해 시행된 것은 아니라는 점을 잘 인식할 필요가 있다. 임상적 실제 가이드 라인(CPGs)은 임상가들이 임상적 결정을 내릴 때 활용할 수 있는 가장 적절한 증거들과 전문가들의 합의된 사항들을 결합하여 제시한다. 임상적 결정은 종종 차선적인 수준에서 이루어져야 한다. 그럼에도 불구하고, IOM보고서는 전투 관련 PTSD 치료법의 양상과 관련된 몇 가지 기본적인 이슈들에 집중한다. 분명히, 노출치료를 포함하여 모든 치료 방식에서 전반적인 효과 크기는 기껏해야 중간 정도이다. 한 가지 예상되는 우려사항은 치료된 환자의 무려 절반에 해당하는 사람들이 계속해서 PTSD진단 기준에 해당하며, 지속적으로 현저한 증상들을 나타낼 수 있다는 것이다.

대부분의 임상적 시도들은 관심 있는 치료방식 중에서 이루어진다(IOM, 2008). 치료의 어떤 요소가 가장 효과적인지를 직접적으로 알아보는 소수의 연구들이 있어 왔다. 예를 들어 매뉴얼 형태의 인지적 재구조화 방식인 인지과정치료[CPT]가 IOM위원회에 의해 충분히 효과성을 입증받은 유일한 인지치료 방식이었다. 그 이유는 글로 쓰는 노출치료 요소를 포함하고 있었기 때문이다(IOM, 2008). 그러나 CPT 창시자의 연구에 따르면 글로 쓰는 노출치료 요소는 단지 인지적 재구조화 방식과 비교하여 추가적인 이점이 없었다(Resick 등, 2008).

주요한 전투 관련 정신건강 문제들을 다루는 양질의 임상적 시도들이 필요하다.

예를 들어 비록 가상현실치료는 뉴스 미디어에서 PTSD의 새로운 노출치료 형태로써 많이 알려져 왔지만 증거기반의 심상 노출치료와의 직접적인 비교는 없었다. 이러한 증거의 부족 때문에, 가상현실치료 기법이 노출치료에 추가적인 도움을 준다고 결론짓지 못하게 된다. 더욱 중요한 것으로, 군인 집단 특히, 최근 파병에서 복귀한 군인들을 대상으로 진행된 연구는 거의 없었다. 따라서 지금까지의 연구내용을 군 집단으로 꼭 일반화할 수 있는 것은 아니다.

치료 고려사항

PTSD 임상적 가이드 라인에서 제시하고 있는 표준적인 치료방식들의 효과성을 검증하는 강한 증거들은 없지만, 임상가들은 전투 관련 정신건강 문제를 겪고 있는 현역군인 및 제대군인들을 어떻게 치료해야 할지 결정해야만 한다. 연구결과에 따르면, 노출치료(즉 실제 및 심상)는 PTSD 치료의 필수적인 요소이다(Hoge, 2010). 그러나 파병 후 PTSD와 다른 정신건강 문제들(특히, 우울증과 물질 사용 장애) 간의 높은 공병률을 고려해 볼 때, 임상가들은 PTSD치료를 위해 제시된 치료법 이외에 다양한 증거기반의 치료들을 사용할 필요가 있다. 이러한 치료방법에는 우울증을 위한 인지행동치료 기법, PTSD와 우울 증상 둘 다에게 처방되는 세로토닌 재흡수 억제제SSRIs나 세로토닌-노에피네피린 재흡수 억제제SNRIs와 같은 약물치료, 생리적 반응을 감소시키기 위한 스트레스 면역훈련들이 있다. 수면 위생교육이나 이미지 트레이닝과 같은 심리치료, 약물개입을 통해 수면방해를 치료하는 것이 중요하다. 우울증과 PTSD 둘 다와 강한 공병성을 갖고 있는 신체 건강 문제들도 성공적인 치료가능성을 증가시키기 위해 다루어져야 한다.

분노, 죄책감, 슬픔은 전투에 참가했던 제대군인들을 위한 치료의 중점에 포함되어 있지 않더라도 성공적인 치료적 결과에 지장을 줄 수 있다. PTSD의 정서적 둔감성과 회피성은 특히 관계성과 직업적 기능을 약화시킬 수 있으며, 임상가들은 죄책감과 슬픔이 이러한 반응의 기저가 될 가능성에 주의를 기울여야 한다. 정신건강 문제들이 가족이나 사회적 기능에 미치는 영향을 최소화하기 위해, 환자의 동의하에 배우자나 다른 가족 구성원들을 치료과정에 포함시켜 전투 관련 반응의 특징을 교육하고, 치료에서 집중해야 하는 영역을 더 잘 이해시킬 수 있다. 축II성격장애와 유사한 방식으로 나타나는 행동적 문제들이 있을 수 있다. 그러나 축II 진단분류는 강한 치료적 라포를 형성하고 유지하는 것과 관련하여, 축II(AxisII)가 가지고 있는 부정적인 시사점과 특징 때문에 조심스럽게 적용되어야 한다. PTSD나 다른 전투 관련 정신건강 문제들을 다루기 위해 효과적인 증거기반 치료를 제공하는 데 많은 장애 요소들이 있다. 심각한 전투 관련 정신건강 문제들이 있는 현역군인나 제대군인들 중에서, 절반보다 좀 덜 되는 인원들만이 치료를 요구하며, 치료를 시작한 많은 사람들도 성공적인 결과 성취를 위한 충분한 치료회기를 갖는 것에 실패한다(Hoge 등, 2004; Tanielian & jaycox, 2008). 장기적인 치료회기를 갖지 못하는 것은 치료를 받는 것에 대한 어려움, 일을 마치고 치료시간에 맞추는 것의 어려움, 효과적인 심리치료가 되기 위해 요구되는 많은 치료회기 때문이다. 이뿐만 아니라 부분적으로 치료에 대한 편견도 관련되어 있다. 생리적 반응성과 회피성이 고조될 경우 치료를 계속해서 이어가는 데 장애가 될 수 있으며, 제대군인들은 민간 정신건강 전문가들에게 자신들의 경험을 이야기하는 것을 꺼려할 수 있다.

현역군인이나 제대군인이 치료를 받기 시작할 때, 지속적인 치료 개입을 위해 치료적 동맹관계를 신속히 형성하는 것이 중요하다. 동맹관계를 향상시키기 위해, 정신건강 전문가들은 군 경험에 대한 이해가 부족한 것을 정직하게 인정해야 한다. 파병경험이 많은 전문가들조차도 치료를 찾는 군인들과 같이 같은 종류의 전투나 같은 종류의 파병 조건을 경험하지 못했을 가능성이 높다. 제대군인들이 경험한 독특한 특성들을 존중해 주는 것은 치료적 관계에서 진정성을 형성하는 중요한 요소이다. 환자들의 증상과 공병 문제의 범위를 고려하여 개별 환자에 맞게 치료계획을 세워야 한다. 조기에 치료적 동맹관계를 형성하는 비결은 전장과 같이 매우 위협적인 상황에서 PTSD증상들이 어떤 적응적인 심리적·신경생물학적인 기저를 가지는지를 알려주는 심리교육을 통해 증상들을 정상 상태normalize로 만드는 것이다. 예를 들어 과각성, 정서적 둔감, 분노는 전투환경에서 필수적인 생존 반응이지만 이 증상들이 귀향한 이후에도 계속 지속되고, 기능적인 일을 수행함에 있어 방해를 일으킨다면 병리적 증상이 되는 것이다. 이러한 이슈들을 강조하는 심리교육은 강한 치료적 관계를 발전시키는 데 도움을 주며 실제 또는 심상 노출치료와 같은 치료 방법들이 어떻게 기능적 손상을 야기시키는 반응들을 감소시킬 수 있는지를 설명해 줄 때도 도움이 된다.

임상가들은 또한 전투 관련 PTSD는 다른 외상과 관련된 PTSD와 비교하여 독특한 특징을 가질 수 있음을 잘 인식해야 한다. 전투 장소에 배치되었던 현역군인 및 제대군인들은 다양한 외상적 사건들에 노출될 수 있으며, 이러한 사건들의 충격강도는 일반 사회 장면에서 잘 경험할 수 없는 정도의 강한 충격일 수 있다. 군인들이 보이는 외상에 대한 반응은 직업적인 임무의 특성 때문에 다른 종류의 외상으로 인해 나타나는 반응과 다르다는 연구결과가 있다(Alder, Wright, Bliese, Eckford, & Hoge, 2008). 군인들은 전투에서 일어나는 사건들에 어떻게 반응해야 하는지를 엄격한 훈련을 통해 배우게 되는데, 이는 경찰이나 소방관들이 훈련 받는 것과 유사하다. 임상가들은 이러한 지식을 활용하여 PTSD를 경험하는 제대군인들에게 직업적 환경에서 정상적으로 발생할 수 있는 있는 여러 증상들 가운데, 그들이 경험하는 증상이 어떻게 나타나고 있는지를 이해시키는 데 도움을 줄 수 있다.

전투 관련 정신건강 치료를 발전시키기 위해서는 엄격한 연구방법론을 사용한 새로운 임상적 연구들이 필요하다. 임상적 연구의 핵심요소는 다음의 내용을 포함한다. ① 외상 경험 이후 즉시 또는 외상을 경험한 이후 초기기간(예를 들어 전투환경에서 귀향한 후 처음 한 달 동안)을 포함하여 PTSD가 진행되는 초기에 증거기반의 개입(약물치료와 심리치료 둘 다)을 평가하는 것 ② 새로운 약물치료학 방법을 개발하고 평가하는 것 ③ 심리치료의 어떤 요소가 가장 효과적인지를 확인하는 연구 ④ 정신약물치료와 심리치료의 결합이 증상개선에 도움이 되는지를 검증하는 것 ⑤ 개인적인 치료방법처럼 효과적인 집단치료 방법을 개발하는 것 ⑥ 보완적이고 대안적인 의료방식(예를 들어 마음챙김 훈련, 침술)과 같은 새로운 치료방법을 개발하고 평가하는 것.

군대에서의 심리학과 정신의학을 위한 역학모델 방향

공공보건 역학은 인구집단에서 나타나는 문제증상을 확인하고, 연구와 치료 개입을 위한 우선순위를 결정하며, 프로그램이나 정책 변화의 영향을 측정하기 위한 목표를 설정하는 데 핵심 역할을 한다. 전쟁으로 인한 정신건강 영향을 이해하기 위해 역학적 접근을 적용한 사례 중에서, 충분한 인구집단 및 부대를 대상으로 한 연구내용이나 프로그램 평가 자료들이 이라크 전쟁이나 아프가니스탄 전쟁 이전에는 없었다. 이라크와 아프가니스탄 전쟁으로부터 도출된 중요한 연구결과 및 발전사항은 다음과 같다. 첫째, 가능한 외상에 노출된 시간에 근접하여 평가가 수행되어야 한다. 이라크와 아프가니스탄 파병 사례에서, 전투현장에 배치된 연구팀들은 전투노출의 특성과 이에 대한 결과를 이해하기 위해 이러한 접근방법을 사용하였다. 둘째, 역학적 연구에서 표준화된 평가도구들을 사용하는 것이 중요하다. 그러나 다른 더 중요한 요소가 없다면, 임상적 유용성은 타당성이나 신뢰성보다 중요하게 고려해야 할 사항이 될 수 있다. 가장 좋은 평가도구조차도 그것이 모집단 수준에서 적용될 때 예측치는 제한적이다. 그리고 전투환경에서의 윤리적 문제나 치료에 대한 장애요소와 같은 의미 있는 문제들을 평가하기 위한 표준화된 도구들이 존재하지 않을 수 있다. 셋째, 연구는 조직적인 정책이나 프로그램과 직접적으로 관련성을 갖는 문제들에 초점을 맞출 필요가 있다. 예를 들어 국방부 데이터베이스로부터 도출된 자료들은 파병 후 건강평가에 대한 효과성을 측정하고, 개선점을 도출하며, 효과적인 개입방법을 수립하기 위한 방안들을 확인하기 위해 사용되어 왔다. 실례로, MHAT는 전장에서 분산 배치된 정신건강 자산들을 평가해 왔고, 적절한 자원 할당과 훈련을 개선하는 역할을 해왔다. 넷째, 역학적 연구는 조직적인 차원에서의 우선순위를 설정하고 새로운 개입방법을 수립하는 데 핵심적 역할을 한다. 이러한 원리들은 향후 군 공공보건 결과의 추후 연구를 위한 모델을 제공해 준다.

참고문헌

Adler,A,B., Bliese,P.B., McGurk,D., Hoge,C.W., Castro,C.A. (2009). Battlemind Debriefing and Battlemind Training as early interventions with soldiers returning from Iraq : Randomized by platoon. *Journal of Consulting and Clinical Psychology, 77*, 928-940. doi : 10.1037/a0016877

Alder,A,B., Wright,K.M., Bliese,P.D., Eckford,R., & Hoge,C.W. (2008). A2 diagnostic criterion for combat-related posttraumatic stress disorder. *Journal of Traumatic Stress, 21*, 301-308. doi : 10.1002/jts.20336

American Psychiatric Association. (1994). *Diagnostic and statistical manual of mental disorders* (4th ed.). Washington, DC : Author

Assistant Secretary of Defence, Health Affairs. (2005, March). *Policy implementation guidance* (Health Affairs Policy 05-011). Retrieved from http://www.ha.osd.mil/ploicies/2005/05-011.pdf

Bartone,P.T. (1997). American IFOR experience : Stressors in the early deployment period. In J.L. Soeters & J.H. Rovers (Eds.) *NL Arms : The Bosnian experience* (pp.133-139). Breda, the Netherlands: Royal Netherlands Military Academy.

Bartone,P.T., Adler,A.B., & Vaitkus,M.A. (1998). Dimensions of psychological stress in peacekeeping operations. *Military Medicine*, 163, 587-593.

Bliese,P.D., Wright,K.M., Adler,A.B., Cabrera,O., Castro,C.A., & Hoge,C.W. (2008). Validating the primary care posttraumatic stress disorder screen and the posttraumatic stress disorder checklis with soldiers returning from combat. *Journal of Consulting and Clinical Psychology*, 76, 272-281. doi:10.1037/0022-006X.76.2.272

Bliese,P.D., Wright,K.M., Adler,A.B., Hoge,C., & Prayner,R. (2005). Postdeployment *psychological screening: Interpreting and scoring DD form 2900*(U.S. Army Medical Research Unit-Euripe [USAMRU-E] Research Report 2005-03). Heidelberg, Germany:USAMRU-E.

Bliese,P.D., Wright,K.M., Adler,A.B., Thomas,J.L., & Hoge,C.W. (2007). Timing of postcombat mental health assessments. *Psychological Services*, 4, 141-148. doi:10.1037/1541-1559.4.3.141

Boscarino,J.A. (2004). Posttraumatic stress disorder and physical illness: Results from clinical and epidemiological studies. *Annals of the New York Academy of*

Sciences, 1032m 141–153. doi:10.1196/annals.1314.011

Castro,C.A., Bienvenu,R., Huffman,A.H., & Adler,A.B. (2000). Soldiers' dimensions and operational readiness in U.S. army forces deployed to Kosovo. *International Review of the Armed Forces Medical Services*, 73, 191–199.

Engel,C.C. (2007, August). *Bringing best practices and research together in primary care to improve soldier-contered care*. Paper presented at the 10th Annual Force Health Protection Conference, Louisville, KY.

Foa,E., Hembree,E., Rothbaum,B. (2007). *Prolonged exposure therapy for PTSD: Emotional processing of traumatic experiences: Therapist guide*. New York, NY: Oxford University Press.

Gifford,R.K., Jackson,J.N., & DeShazo,K.B. (2007). *Report of the human dimensions research team, Operation Restore Hope*. Retrieved from Defense Technical Information Center website: http://handle.dtic.mil/100.2/ADA274340

Gifford,R.K., Marlowe,D.H., Wright,K.M., Bartone,P.T., & Martin,J.A. (1992, December). Unit cohesion in Operation Desert Shield/Storm. *Journal of the U.S. Army Medical Department*, 11–13.

Halverson,R.R., & Bliese,P.D. (1996). Determinants of soldier support for operational uphold democracy. *Armed Forces and Society*, 23, 81–96. doi: 10.1177/0095327X9602300104

Headquarters, Department of the Army. (1996, July). *Combat and operational stress control field manual* 4–02.51 (8–51), Washington, DC: Author

Hoge,C.W. (2010). Once a warrior – *Always a warrior: Navigating the transition from combat to home – Including combat stress, PTSD, and mTBI*. Guilford,CT: GPP Life.

Hoge,C.W., Auchterlonie,J.L., & Milliken,C.S. (2006). Mental health problems, use of mental health services, and attrition from military service after returning from deployment to Iraq or Afghanistan. *JAMA*, 295, 1023–1032. doi: 10.1001/jama.295.9.1023

Hoge.C.W., & Castro,C.A. (2006). Posttraumatic stress disorder in U.K. and U.S. forces deployed to Iraq [Letter to the editor]. The Lancet, 368,837. doi: 10.1016/S0140-6736(06)69315–X

Hoge,C.W., Castro,C.A., Messer,S.C., McGurk,D., Cotting,D.J., & Koffman,R.L. (2004). Combat duty in Iraq and Afghanistan, mental health problems, and barriers to care. The *New England Journal of Medicine*, 351, 13–22. doi: 10.1056/

NEJMoa040603

Hoge,C.W., McGurk,D., Thomas,J., Cox,A., Engel,C.C.& Castro,C.A. (2008). Mild Traumatic brain injury in U.S. soldiers returning from Iraq. *The New England Journal of Medicine*, 358, 453-463. doi: 10.1056/NEJMoa072972

Hoge,C.W, Terhakopian,A., Castro,C.A., Meser,S.C., & Engel,C.C. (2007). Association of posttraumatic stress disorder with somatic symptoms, health visits, and absenteeism among Iraq war veterans. *The American Journal of Psychiatry*, 164, 150-153. doi:10.1176/appi.ajp.164.1.150

Hotopf,M., Hull,L., Fear,N.T., Browne,T., Horn,O., Iversen,A.,....Wessley,S. (2006). The health of U.K. military personnel who deployed to the 2003 Iraq war: A cohort study. *The Lancet, 367*, 1731-1741.doi:10.1016/S0140-6736(06)68662-5

Institute of Medicine. (2008). *Treatment of Posttraumatic stress disorder: An assesment of the evidence*. Washington, DC: National Academies Press.

Jordan,B.K., Schlenger,W.E., Hough,R., Kulka,R.A., Weiss,D., & Fairbank,J.A. (1991). Lifetime and current prevalence of specific psychiatric disorder among Vietnam veterans and controls. *Archives of General Psychiatry, 48*, 207-215.

Kang,H.K., Natelson,B.H., Mahan,C.M., Lee,K., & Murphy,F.M. (2003). Posttraumatic stress disorder and chronic fatigue syndrome-like illness among Gulf war veterans: A population-based survey of 30,000 veterans. *American Journal of Epidemiology*, 157, 141-148. doi:10.1093/aje/kwf187

Kirkland,F.R., Ender,M.G., Gifford,R.K., Wright,K.M., & Marlowe,D.H. (1996). Human dimensions in force projection: Discipline under fire. *Military Review, 76*, 57-64.

Martin,J.A., Vaikus,M.A., Marlowe,D.H., Bartone,P.T., Gifford, R.K., & Wright,K.M. (1992, September/October). Psychological well-being among U.S. soldiers deployed from Germany to the Gulf war. *journal of the U.S. Army Medical Department, 29-34*.

Mental Health Advisory Team. (2003). *Operation Iraqi Freedom(OIF) Mental Health Advisory Team(MHAT) Report*. Retrieved from http://www.armymedicine.army.mil/reports/mhat/mhat/mhat_report.pdf

Mental Health Advisory Team Ⅱ. (2005). *Operation Iraqi Freedom(OIF-11) Mental Health Advisory Team(MHAT) Report*. Retrieved from http://www.armymedicine.army.mil/reports/mhat/mhat_ii/OIF-II_REPORT.pdf

Mental Health Advisory Team Ⅲ. (2006). *Mental Health Advisory Team(MHAT) III Operational Iraqi Freedom 04-06*. Retrieved from http://www.armymedicine.army.

mil /reports/mhat/mhat_iii/MHATⅢ_REPORT_29May2006-Redacted.pdf

Mental Health Advisory Team Ⅳ. (2006). *Mental Health Advisory Team(MHAT) Ⅳ Operational Iraqi Freedom 05-07*. Retrieved from http://www.armymedicine.army.mil /reports/mhat/mhat_iv/MHAT_Ⅳ_REPORT_17NOV06.pdf

Mental Health Advisory Team V. (2008). *Mental Health Advisory Team(MHAT) V Operational Iraqi Freedom 06-08: Iraq, Operation Enduring Freedom 8: Afghanistan*. Retrieved from http://www.armymedicine.army.mil/reports/mhat/mhat_v/MHAT_V_OIFandOEF-Redacted.pdf

Milliken,C.S., Auchterlonie,J.L., & Hoge,C.W. (2007). Longitudinal assessment of mental health problems among active and reserve component soldiers returning from the Iraq war. JAMA, 298, 2141-2148. doi:10.1001/*jama*.298.18.2141

Prigerson,H.G., Maciejewski,P.K., & Rosenheck,R.A. (2002). Population attributable fractions of psychiatric disorders and behavioral outcomes associated with combat exposure among U.S. men. *American Journal of Public Health*, 92, 59-63. doi:10.2105/AJPH.92.1.59

Resick,P.A., Galovski,T.E., O'Brien Uhlmansiek,M., Scher,C.D., Clum,G.A., & Young-Xu,Y. (2008). A randomized clinical trial to dismantle components of cognitive processing therapy for posttraumatic stress disorder in female victims of interpersonal violence. *Journal of Consulting and Clinical Psychology*, 76, 243-258. doi:10.1037/0022-006X.76.2.243

Rona,R.J., Hyams,K.C., & Wessely,S. (2005). Screening for psychological illness in military personnel. *JAMA*, 293, 1257-1260. doi:10.1001/jama.293.10.1257

Schneiderman,A,I., Braver,E.R., & Kang,H.K. (2008). Understanding sequela of injury mechanism and mild traumatic brain injury incurred during the conflicts in Iraq and Afghanistan: Persistent postconcussive symptoms and post-traumatic stress disorder. *American Journal of Epidemiology*, 167, 1446-1452. doi:10.1093/aje/kwn068

Seal,K.H., Bertenthal,D., Miner,C.R., Sen,S., & Marmar,C. (2007). Bringing the war back home: Mental health disorders among 103,788 U.S. veterans returning from Iraq and Afghanistan seen at department of Veterans Affairs facilities. *Archives of Internal Medicine*, 167, 476-482. doi:10.1001/archinte. 167.5.476

Smith,T.C., Ryan,M.A., Wingard,D.E., Slyman,D.J., Sallis,J.F., & Kritz-Silverstein,D. (2008). New onset and persistent symptoms of posttraumatic stress disorder self-reported after deployment and combat exposures : Prospective population-based

U.S. military cohort study. *British Medical Journal*, 336, 366–371. doi:10.1136/bmj.39430.638241.AE

Stretch,R.H., Bliese,P.D., Marlowe,D.H., Wright,K.M., Kundson,K.H., & Hoover,C.H. (1996). Psychological health of Gulf war era military personnel. *Military Medicine*, 161, 257–261.

Stretch,R.H., Marlowe,D.H., Wright,K.M., Bliese,P.D., Kundson,K.H., & Hoover,C.H. (1996). Posttraumatic stress disorder symptoms among Gulf war veterans. *Military Medicine*, 161, 407–410.

Tanielian,T., & Jaycox,L.H. (Eds.). (2008). *Invisible wounds of war : Psychological and cognitive injuries, their consequences, and services to assist recovery*. Santa Monica, CA:RAND Corp.

Terhakopian,A., Sinaii,N., Engel,C.C., Schnurr,P.P., & Hoge,C.W. (2008). Estimating population prevalence of posttraumatic stress disorder: An example using the PTSD checklist. *Journal of Traumatic Stress*, 21, 290–300. doi:10.1002/jts.20341

U.S. Department of Defense. (n.d.) *Enhanced postdeployment health assessment process*(DD Form 2796). Retrieved from http://www.pdhealth.mil/dcs/dd_form_2796.asp

U.S. Surgeon General (Ed.). (2002, October). *Fort Bragg epidemiological consultation report*. Fort Bragg, NC:Author.

Wright,K.M., Bliese,P.D., Adler,A.B., Hoge,C.W., Castro,C.A., & Thomas,J.L. (2005). Screening for psychological illness in the military [Letter to the editor]. *JAMA, 294*, 42–43. doi:10.1001/jama.294.1.42-b

Wright,K.M., Huffman,A.H., Adler,A.B., & Castro,C.A. (2002). Psychological screening program overview. *Military Medicine*, 167, 853–861.

Wright,K.M., Thomas,J.L., Adler,A.B., Ness,J.W., Hoge,C.W., & Castro,C.A. (2005). Psychological screening procedures for deploying U.S. forces. *Military Medicine*, 170, 555–562.

2장

돌봄체계: 파병환경에서의 정신건강 서비스 확장

2장

돌봄체계: 파병환경에서의 정신건강 서비스 확장

Christopher H. Warner, George N. Appenzeller, Jill E. Breitbach,
Angela Mobbs, And Jennifer T. Lange.

전쟁의 심리적 영향은 역사적으로 잘 알려져 왔다. 제1차 세계대전 이후 미군은 전투 스트레스를 치료하고, 군 지휘관에게 정신건강 이슈들과 전쟁이 병사들에게 미치는 영향에 대해 조언해 주기 위해 전방부대에 정신건강 자산을 구축해 왔다. 현재 전투부대 지휘관들은 그들의 정신적 안녕well-being을 포함하여 병사들의 전반적인 건강을 돌봐야 한다.

전투에 배치된 군인들을 관리하는 데 있어, 그리고 그러한 서비스를 제공하는 정신건강 전문가들에게 몇 가지 독특한 도전challenges이 있다. 이번 장에서는 최근의 전장환경과 관련하여 심리적인 문제를 겪는 인원들에 대한 치료와 외상성 사건 관리, 지휘 조언, 예방과 치료 전략들에 대해서 개관할 것이다. 기존에 제시된 문헌을 검토하고, 전투환경에서 정신건강 치료자로서 85개월 이상 근무한 5명의 저자

이 장은 미국 정부에 의해 고용된 연구진에 의해 공무의 일환으로 작성된 것으로 공유 저작물에 해당한다, 여기에 제시된 어떤 내용도 반드시 미국 정부의 입장을 대변하지 않으며, 저자들이 연구에 참여했다고 해서 이 내용이 공식적인 입장을 제시하는 것도 아니다.

들의 의견과 경험을 통합하였으며, 정신건강 지원에 있어 필요한 전체적인 요소들을 상호보완적으로 제시한 돌봄체계CARE framework에 대해서 제시하고자 한다.

전투와 작전 스트레스 반응

파병기간 동안 군인들은 매우 어려운 환경, 이를테면 수면박탈, 피로, 조직적 역동성을 다루는 일, 개인 임무 이외에 수행하는 업무들, 친구나 가족, 지인들과 떨어져 지내는 상황에 처하면서 수없이 많은 육체적, 심리적 스트레스에 직면한다. 군인들은 적응에서 부적응에 이르는 육체적, 심리적 적응의 연속선상에서 이러한 스트레스원들에 대해 반응할 것이다(그림 2.1). 전투작전 스트레스에서의 부적응적 반응에는 두 가지가 있는데, 비행행동과 전투작전 스트레스 반응이 그것이다. 비행행동은 부대규정에 대한 경미한 위반에서부터 육전법의 중대한 위반에 이를 수 있다. 전투작전 스트레스 반응은 '전투나 전쟁 이외의 군사작전과 같은 스트레스 사건에 노출된 군인들의 기대된·예측된·정서적·지적·육체적·행동적 반응'으로 정의된다(미 육군성, 2006). 전투작전 스트레스 통제의 목적은 적응적인 스트레스 반응의 발전을 증진시키고 초기 부적응적 반응을 확인하여 이를 다루는 데 도움을 주기 위한 것이다(미 육군성, 2006).

군인들은 파병으로 인한 신체적인 또는 심리적인 스트레스원들에 대해 *신체적 반응*을 경험할 것이다. 이러한 신체적 반응들은 개인의 내·외적 환경을 변화시키기 위한 신체의 생리적 반응의 결과이다. 전투작전 스트레스의 일반적인 신체적 증상에는 근육통증, 수면장애, 과각성, 감각기관의 이상, 두통이 있다. 군인들은 의료 담당자에게 심리적 반응보다 상대적으로 신체적인 증상을 보고하는 경향이 있다. 따라서 이러한 신체적 증상들이 나타날 때가 개입을 위한 최초의 적절한 시기가 되며, 의료 담당자들은 이러한 적절한 시기들을 잘 포착할 수 있도록 훈련될 필요가 있다.

전투와 작전환경에서의 스트레스 행동

적응적인 스트레스 반응

- 부대 응집성
- 정예의식
- 사명감
- 경각심, 조심성
- 특별한 근력과 지구력
- 고난, 고통, 부상에 대한 - 강한 내성
- 목적의식
- 강한 신념
- 용감한 행위
- 용감함
- 자기 희생

전투와 작전 스트레스 반응

- 과잉 경계심
- 공포, 불안
- 짜증, 분노, 격노
- 슬픔, 자기의심, 죄책감
- 신체적 스트레스 불만
- 부주의, 무심함
- 자신감 부족
- 변덕스런 행동, 감정의 폭발
- 두려움, 공황
- 무관심
- 기술손실
- 손상된 언어능력, 침묵
- 시각·감각·청각 손상
- 힘이 없음, 마비

비행행동 스트레스 행동 및 범죄행동

- 죽은 적군 신체절단
- 적 포로 살인
- 적 비전투원 살인
- 고문, 잔인함
- 아군과의 싸움
- 약물 및 알코올 남용
- 약탈, 강탈, 강간
- 과도한 병원진료 활용
- 책임회피, 꾀병
- 전투거부
- 자해
- 상관 위협/살해
- 무단외출/탈영

장기적 스트레스 반응

- 침투적이고 고통스런 기억(회상)
- 수면문제, 악몽
- 행한 일이나 행하지 않은 일에 대한 죄책감, 사회적 고립, 철수
- 흠칫하거나 놀라는 반응
- 알코올 또는 약물 오용
- 친밀한 사회적 관계에서의 신뢰문제
- 우울

[그림 2.1] **전투와 작전환경에서의 스트레스 행동**

자료 : 야전교범(FM) 4-02.51. 전투 및 작전 스트레스 관리에서 인용, 육군, 2006, Washington, D.C : 육군본부, 육군, 일반공개

파병으로 인한 *정서적 반응*에는 공포, 불안, 짜증, 분노, 슬픔, 무감각, 우울, 죄책감이 포함될 수 있다. 한편 정서적인 반응을 나타내는 데에도 개인차가 있는데, 이러한 개인차로 인해, 동료부대원들과 리더들은 몇 가지 반응들에 대해서는 잘 인내하지 못할 수도 있다. 이와 같은 상황, 즉 개인마다 정서적 반응을 다르게 보일 수 있다는 것을 잘 이해하지 못하는 것은 문제를 더욱 악화시킨다. 왜냐하면 정서적인 반응을 보이는 군인들은 그들의 경험이 다른 동료들에 의해 정상으로 여겨지지 않을 때 더 고립감을 느낄 수 있기 때문이다.

이러한 심리적 반응들은 상대적으로 확인하기가 어렵다. 그 이유는 동료들이 자신을 약한 존재로 인식하지는 않을까 하는 두려움 때문에 자기 자신을 잘 드러내지 않으려고 하기 때문이다.

파병으로 인한 *인지적 반응*에는 사건에 대한 도식적인 구조화와 그에 따른 신념체계가 포함된다. 즉 환경에 대한 신념(예를 들어 세상은 안전하지 않다), 타인에 대한 신념(예를 들어 저들은 나의 안녕에 관심이 없어), 개인에 대한 신념(예를 들어 자기 의심과 무언가를 해야만 한다는 당위적 신념), 잘못된 종교적 신념(예를 들어 나쁜 일은 오직 나쁜 사람에게만 일어난다)이 있다. 군인들은 이러한 인지적 반응들이 그들의 안녕에 어떻게 영향을 미치는지, 그리고 그런 반응들이 세상과 그들 자신에 대한 근본적인 신념을 어떻게 바꾸고 있는지에 대해 잘 이해하지 못한다.

파병으로 인한 *행동적 반응*은 다양한 방식으로 나타나며, 결핍된 행동으로 나타나기도 한다. 일반적인 행동적 반응에는 격앙된 공격적 행동(예를 들어 싸움, 고성), 충동적 행동(예를 들어 알코올 섭취, 돈 소비), 고립적 행동 또는 강박적 행동(예를 들어 확인 행동)이 있다. 이러한 행동들은 처음에는 동료들이나 리더들의 관심을 일으키지만 전투작전 스트레스의 증상으로 인식되지 않는 경우도 있다.

전투작전 스트레스에 대한 개인의 신체적, 정서적, 인지적, 행동적 반응은 많은 요인들에 의해 영향을 받는다. 구체적으로, 각각의 군인은 각각의 잠재적인 스트레스원들에 저마다의 독특한 성격과 생리적, 개인적 요인을 가지고 있다. 이러한 모든 요소들은 회복탄력성을 증가시키든지 아니면 대처 메커니즘의 효과성을 감소시키면서 개인의 스트레스 반응을 매개 또는 중재한다.

게다가 개인의 지각된 지원 네트워크(예를 들어 부대)는 또한 그들의 스트레스 반응을 매개할 수 있다. 최근 전투작전 스트레스 사상자를 예방하는 것에 대한 많은 부분은 Menninger의 연구결과로부터 나왔다. Menninger는 전투에서 전투작전 스트레스 사상자들을 발생시키는 데 영향을 미치는 음식이나 물, 잠과 같은 기본적인 욕구의 부족을 확인하였으며, 고립과 지루함을 느끼는 상황에서 일시적으로 휴식을 제공하지 못하는 것도 영향을 미친다는 것을 증명했다(Menninger, 1948). 또한 부대 응집성과 사기는 전·평시 상황에서 개인의 대처 행동과 부대 임무수행을 하는 데 중요한 역할을 한다(Gal & Johns, 1995; Tischler, 1969). 비록 사기는 조작적으로 정의하기가 어렵지만 부대의 응집성과 자신감, 전반적인 안녕을 나타내는 것으로 여겨진다. 집단구성원들과 잘 어울리지 못해서 생긴 것이든 부적절한 리더십에 의해 생긴 것이든, 낮은 사기는 정신과 진료를 받는 사람들과 깊은 관련성을 갖고 있으며, 파병 초기에 이를 경험하는 경향이 있다(Tischler, 1969). 높은 사기와 강한 부대 응집성은 전투에서 심신이 쇠약해지는 것을 예방하는 가장 중요한 요소 중 하나이다.

더욱이, 전투에 노출된 시간과 전투작전 스트레스 사상자 간에 높은 관련성이 있다는 것은 역사를 통해 잘 알려져 왔다(Appel, 1966; Gal & Johns, 1995; Group for the Advancement of Psychiatry, 1960; Glass, 1966; Mental Health Advisory Team[MHAT] III, 2006; MHAT IV, 2006; MHAT V, 2008; Tischler, 1969). 전장에서의 시간이 정신건강에 미치는 영향은 이라크와 아프가니스탄의 작전에서 많이 보고되었다. 수많은 연구결과에 따르면 파병 6개월 이후부터 전투작전 스트레스 반응이 증가된다(MHAT III, 2006; MHAT IV, 2006; Warner 등, 2007). 6개월 이상 배치된 군인들은 6개월 이하 배치된 군인들보다 급성스트레스, 우울, 불안이 1.5~1.6배 더 나타나기 쉽다는 것이 증명되었다(MHAT III, 2006). 게다가 전투경험이 많을수록 급성스트레스 반응이 높게 나타났다(MHAT IV, 2006). 또한 파병된 횟수와 전투 스트레스 관련 증후군 간에도 관련성이 있다는 연구결과도 있다(MHAT V,

2008). 이는 전투에 노출된 시간과 위험성 정도, 부적응적 스트레스 반응 간에 관련성이 있음을 보여준다. 역사적인 맥락에서 이해하는 것뿐만 아니라 이러한 요인들을 이해하는 것은 최근의 원리들의 적용, 고위험군의 인식, 그리고 예방개입을 위한 체계framework를 제공해 준다.

돌봄체계

돌봄체계는 전장 정신건강 관리의 기초가 되는 4개의 상호보완적인 요소로 구성되어 있다. 조언consultation, 이용성availability, 회복탄력성resiliency 예방 훈련prevention training, 초기개입early intervention이 그것이다. 이 요소들은 다음 단락에서 다루기도 하겠지만, 돌봄의 개념은 행동화 및 프로그램의 진행을 계획하고 평가하는 데 기초를 제공한다. 그 개념들은 표 2.1에 잘 요약되어 있다.

첫 번째 요소는 *조언*이다. 군 정신건강 전문가들은 관련 분야 전문가(주제 전문가)이며, 전장에 있는 의료 관계자와 리더들에게 조언자로서 역할을 수행해야 한다. 지휘관-조언자 관계는 매우 중요하다. 이 관계를 통해 전문가들은 예방 및 회복탄력성 개발 프로그램을 증진시킬 뿐만 아니라 부대의 상태나 문제, 가능한 개입방법들에 대한 의사소통을 통해 전투력에 직접적인 영향을 미칠 수가 있다. 지휘관과의 좋은 관계는 정신건강과 관련된 편견을 줄이고 전반적인 부대 정신건강을 증진하는 데 가장 중요한 수단이 된다. 이러한 조언적 역할은 정신건강에 대한 임상경험이 없거나 기본적인 훈련이 되어 있지 않은 의료적 지도자들에게도 영향을 미친다. 마지막으로, 전장에 있는 다른 치료 제공자들에게 실시하는 조언은 개인적이거나 절차나 정책, 훈련을 통해서 이루어지는데, 이는 정신건강 시스템의 잠재적인 효과성을 매우 증대시킬 것이다.

*이용성*은 단지 진료소를 여는 것만 의미하는 것이 아니고 전장지역에 군 정신건강 전문가가 확실히 있다는 것을 알게 하는 것도 의미한다. 이번 장 후반부에서

더 자세하게 다루겠지만, 정신건강 전문가들은 전장에서 용이하게 활용되어야 하며, 군인들이 편리하게 이용할 수 있어야 하고, 진료소나 베이스 캠프에서 떨어진 지역에서도 이용할 수 있어야 한다. 이 이용성은 충족하기 가장 어려운 요소일 수가 있는데, 그 이유는 군 정신건강 전문가가 넓은 지역에서 유일하게 자격을 갖춘 전문가일 수 있기 때문이다. 이러한 수준의 이용성을 조성하기 위해 정신건강 전문가는 그들의 전문성을 필요로 하는 활동을 하는 동안 기초적인 임상적 작업을 위해 전문가 보조요원이나 초보적인 치료 전문가들을 활용하는 일이 필요할 수 있다.

[표 2.1] **배치기간 동안 정신건강 전문가의 주요 고려 사항 : 돌봄모델 시행**

돌봄 주제	전문가의 효율성을 최대화하기 위한 행동
조언 Consultation	• 부대 지휘관과 좋은 관계를 맺는 것을 우선시하라. • 외모(예를 들어 군복 착용)를 활용하여 신뢰성을 유지하라. • 정신건강 전문가가 무엇을 제공해 줄 수 있는지 지휘관을 교육하라. • 수치를 활용하라-요구사항과 성취결과를 계량화하라. • 부대의 요구, 스케줄, 상황에 따라 개입방법을 수정하라. • 전장순환에 참여하라. • 확인된 모든 문제에 대해서는 행동화할 수 있는 조언을 실시하라. • 추수 평가와 피드백을 수행하라.
회복탄력성 훈련 Resilience training	• 모든 교육에서 편견을 감소시키는 것에 목표를 두어라. • 군인들이 보이는 대부분의 반응들은 정상적인 것임을 인식시켜라. • 지속적인 위협에 대한 적응적인 반응이 무엇인지 알려주라. • 환경에 맞는 심리교육 방법을 발전시켜라. - 토론 형태 활용
초기개입 Early intervention	• PIES를 기억하라, 그러나 다른 스트레스 관련 문제들에 대해서도 준비되어 있어야 한다. • 파병에서 발생하는 정신건강 전문가와 군인들의 관계에서의 예외적인 특성을 인식하라. • 장소와 시간을 할애하여 현장에서의 개입을 균형 있게 실시하라. • 지지받을 수 있는 동료나 친구를 찾아라. • 군인들이 부대로 복귀할 때 회복 프로그램은 바람직하지 않은 영향을 미칠 수 있음을 기억하라. • 한 회기를 위한 임상적 개입을 적용하라, 숙제는 내 주지 않는다. • 어떤 군인들은 단지 어려운 상황을 잘 이겨내는 데 필요한 도움을 구할 수 있음을 기억하라. • 정신건강 기술자, 목사, 부대 의료 요원, 부대 리더들과 함께 일한다는 것을 기억하라. • 무기사용 가능성을 고려하여 자신과 타인에 대한 위협평가를 실시하고, 공격에 대한 반응의 필요성을 검토하라.

※ 참고 : PIES = 근접성proximity, 즉시성immediacy, 기대성expectancy, 단순성simplicity

회복탄력성 및 *예방 훈련*은 배치와 관련된 스트레스원들을 관리하기 위해 대처 기술 훈련을 제공하는 것을 말한다. 회복탄력성 및 예방 훈련의 효과성은 군 정신건강 전문가와 부대 지도부들과의 관계성 및 신용에 따라 직접적인 영향을 받는다. 이 훈련은 교육을 실시하고 심리적인 검사를 하는 것에서 끝나는 것이 아니라, 부대에서 예방 프로그램을 수행하는 지휘관에게 증거가 되는 자료를 제공하고 부대의 전반적인 정신건강 평가도 포함하여 실시해야 한다.

이러한 평가를 통해 잠재적인 쟁점들이 부대의 주요 문제가 되기 전에 이들을 식별할 수 있도록 해주고, 그 쟁점들에 대한 조기개입이 이루어지도록 해줄 것이다. 돌봄개념의 구성요소에서 가장 주목할 만한 측면은 제일선(최전선)에서 정신건강 개입에 대한 접근을 실시하는 조기 정신치료 원리이다. 초기개입은 또한 부대 응집성 이슈들과 예방적 요구 평가를 다루고, 시스템 발전을 촉진하며, 전장에서 전반적인 치료를 수행하면서 파병에 앞서 치료계획을 수립하는 것을 포함한다.

회복탄력성 및 예방 정신건강

군 정신건강 전문가들은 치료뿐 아니라 정신 질병의 예방을 위한 프로그램을 개발하면서 개인의 전체적인 측면에 관심을 가졌다(Bourne, 1970). 이러한 변화는 육군이 예방적인 차원에서 정신의학자를 활용하기 시작한 1944년에 시작되었다. 이는 전투 정신건강 관리의 역할을 단순하게 개인을 배치하는 것에서 한계에 다다른 병사를 어떻게 활용하는지 그리고 정신위생 훈련 프로그램을 어떻게 수행하는지에 대한 방법을 제안하는 것으로 재구성하였다(Appel, 1966). 그래서 생리심리사회적 요소가 행동에 미치는 영향에 대한 이해에 기초하여 1차, 2차, 3차 예방을 제공하는 것으로 군 정신건강 전문가들의 역할이 정립되었다. 예방적 정신의학 효과성은 후에 정신의학 진보 그룹(1960)에 의해 밝혀졌다. 그들은 예방적 군 정신건강 관리가 전투 또는 비전투 상황에서 정서적 어려움에 대한 조기 식별을 가능케

하고, 신속한 외래 치료를 통해 전투 비효율성을 감소시킬 수 있다고 주장했다.

비록 이러한 예방적 접근이 중요한 것으로 인식되지만, 실제적인 이행은 시간적인 제한점과 정신건강 전문가들이 제공하는 것이 무엇이냐에 대한 오해 때문에 문제가 될 수 있다. 시간은 전투환경에서 민감한 요소이며, 예방적 활동을 위해 일정시간을 획득한다는 것은 어려울 수 있다. 그리고 지휘관들은 우선순위를 정해야 한다. 많은 지휘관들과 병사들은 예방이 부대에 미칠 수 있는 영향에 대해 견고한 이해를 갖고 있지 않을 수 있다. 게다가 전문가에 대한 지휘관들의 인식이 어떠냐에 따라 전문가들이 효과적인 프로그램을 수행하기 위한 자신의 능력을 발휘하는 데 도움을 줄 수도 있고, 그 반대가 될 수도 있다. 전문가들은 지휘관들의 우선순위를 충족시키는 일관되고 증거기반의 조언들을 제시할 수 있는 능력을 갖추어야 하며, 지휘관들의 신뢰성이 필수적으로 요구된다. 마지막으로, 정신적인 측면보다는 신체생리적인 측면을 중요시하는 비(non)정신건강 의료 리더들은 정신건강이 기여하는 부분을 수용하지 않을 수 있다. 군 정신건강 전문가와 고위 군의관들의 관계가 매우 중요하다. 이 장교들은 지휘관으로서 동일한 염려를 가지고 있으며, 시간과 우선순위에 대한 염려도 갖고 있다. 그리고 정신건강 개입이 임무 준비를 얼마나 향상시킬 수 있는가에 대한 이해도 부족할 수 있다.

이러한 어려움에도 불구하고, 예방적 활동은 선택사항이 아니며, 군목이나 정신건강 지원을 제공하는 사람들만의 전유물로 남아 있어서는 안 된다. 정신건강 전문가들은 부대 의무요원들과 함께 일해야 하며, 정신건강 사상자를 예방하기 위해 그들이 할 수 있는 일이 무엇인지에 대해 인식시켜야 한다. 이러한 협력적 관계는 모든 부대원들을 대상으로 계속적으로 공식적 검사를 실시함으로써 형성되는 것이 아니라, 리더와 부대 구성원들이 서로 작용하는 것을 통해, 그리고 부대의 주요 행사에 참여함을 통해 전체 구성원의 하나로서 일관된 지각을 갖게 함으로써 형성될 수 있다.

예를 들어 어느 한 부대에서 근무하면서 정신건강 요원들은 이라크에서 1년 동안 40개가 넘는 추도식에 참석했다. 그 정신건강 요원은 일반적으로 이러한 행사에 가장 먼저 도착하고 가장 나중에 자리를 떠났다. 정신건강 요원들은 슬픔을 느끼는 군인으로서 이 추도식에 참가했을 뿐 아니라 부대원들이 고통에 빠져 있을 수 있는 단서들을 관찰할 수 있는 기회로 삼았다. 그들은 모든 부대원이 그들의 근심을 표현하도록 솔직하게 병사들을 대했고, 수면이나 분노, 그리고 그들의 동료 부대원들에 대한 걱정을 하고 있는지에 대해 질문했다. 처음에, 부대 리더들은 그 전문가들에게 특별한 관심을 기울이지 않았다. 그러나 시간이 지나면서 리더들은 이러한 비공적식인 시간들을 통해 누가 추가적인 도움이 필요한지를 알게 되었다.

1차 예방

전투작전 스트레스 관리에서의 *1차 예방 조치*는 군인들이 스트레스원들을 최소화하고 적응적인 스트레스 반응이나 회복탄력성을 증가시키면서 전투작전 스트레스에 대한 반응이 발생하는 것을 예방하기 위해 고안되었다. 이 예방은 다양한 측면의 건강증진을 통해 수행된다. 우리는 두 가지 종류의 주요 예방(심리교육, 전장 순환)을 다루고자 한다. 심리교육과 정신건강 훈련은 서로 차이점이 있다. 훈련은 특정한 기술을 전수하고 그러한 기술을 연습할 수 있는 기회를 제공해 주는 것을 내포하고 있지만, 교육은 지식의 전반적인 전달을 내포하고 있다. 이번 절의 목적은 이 두 가지 개념을 결합하는 것이다.

심리교육 • 정신건강 훈련

대부분의 군부대는 정기적으로 성폭행 예방, 자살예방, 물질남용 예방과 같은 주제에 대해 매년 또는 분기에 한번 1~2시간을 사용하여 교육한다. 육군 의무 부서department는 파병 전후 시행되는 '전투정신 훈련'Battlemind training 이라는 회복탄력성에 기초한 일련의 심리교육을 진행해 왔다. 이 교육은 지금 육군 장병 종합 건강 프로그램의 한 요소로 수정되어 회복탄력성 훈련으로 통합되었다. 군인들의 내적 힘

strength을 구축하고, 스트레스 상황에서 회복탄력성을 증진시키며, 군인들이 이동 시간 동안 그들의 강점을 어떻게 사용할 수 있는지를 가르친다.

파병기간 동안 심리교육은 지속되어야 하지만 내용과 전달방법 측면에서 수정될 필요가 있다. 먼저 심리교육은 군인들이 배치받게 되면서 직면하게 되는 핵심문제, 이를테면 집과 관련된 스트레스, 관계성 실패, 훈련 문제, 전투, 부상 노출, 지속되는 동료 또는 부대에서의 문제에 집중해야 한다. 회기session는 부적응적 스트레스 반응에 대한 조기 인식과 동료 및 리더를 위한 적절한 행동방법, 도움받을 수 있는 가용한 자원들에 대한 접근방법에 초점을 두어야 한다. 현재, 이러한 훈련의 효과성을 보여주는 객관적인 자료는 거의 없다. 그러나 회복탄력성에 근거한 전투정신 훈련의 효과성에 대한 초기연구들은 희망적이며, 저자들의 경험에 기초해 볼 때, 이러한 파병교육은 정신건강 치료에 대한 장애물을 감소시키고, 지원을 받으려는 군인들의 의지를 증가시키는 데 도움을 준다(Alder, Bliese, McGurk, Hoge, & Castro, 2009; Castro, 2009; Castro & Thomas, 2007; MHAT IV, 2006; Warner, Appenzeller, Mullen, Warner, & Greiger, 2008).

전투정신 훈련을 성공적으로 진행하기 위해서는 예방 및 개입을 통한 노력과 함께, 교육을 제공할 때 발생하는 현저한 장애물을 극복해야 한다. 가장 큰 장애물은 우선순위로 인한 시간적 제한이다. 두 번째로, 교육은 달갑지 않은 방해(예를 들어 '임무 외에 내가 해야 하는 추가적인 것')나 쓸모없는 것(예를 들어 '이런 건 필요치 않아')으로 보일 수 있다. 따라서 지휘관들에게 어떤 교육내용이 이루어지는지 명확히 알려주어야 하며, 증거기반의 조언들을 제공해 주는 것도 중요하다. 이때 조언은 대립적이지 않은 방식으로 제시될 필요가 있다. 그 제안내용이 부대 효과성을 증대시키고 임무 수행능력에 얼마나 직접적인 영향을 미치는지를 강조해야 한다. 이러한 제안내용을 설정할 때, 정신건강 전문가의 유연성 확보가 매우 중요하다는 것을 강조해야 하고, 모든 교육은 부대 일정과 조율하여 이루어져야 한다. 부대에서 편리한 시간과 장소에서 심리교육이 제공될 수 있을 때 지휘관의 지지를 얻기가 훨씬 쉽다.

또한 작전지역에서 대부분의 교육은 전통적인 교실교육이 아니다. 교육은 보통 제한된 환경에서 진행되며, 교육방식은 그 환경에 맞춰 구성되어야 한다. 따라서 출력물이나 형식을 갖춘 프레젠테이션, 교실수업과 같은 형식의 방식은 성공적이지 않을 수 있다. 소규모 토의가 선호되며, 정신건강 전문가들은 리더들이나 부대 구성원이 그 훈련을 용이하게 진행할 수 있도록 도와주어야 한다.

가장 생산적이고 수용적인 교육은 '이것은 당신이 지금 당장 할 수 있는 것'이라고 강조하면서, 특정한 주제에 대해 즉각적인 영향을 알려준다. 전문가들은 교육 이후 지휘관들에게 요점을 브리핑해 주어야 한다. 이러한 브리핑은 교육 동안 무엇이 달성되었는지에 중심을 두어야 하며, 부대 정신건강 이슈를 강조하고, 이를 위한 참고조언을 함께 제시해야 한다. 이러한 정보들은 지휘관들이 앞으로의 교육과 자원관리, 프로그램에 대한 지원에 대한 의사결정을 할 때 도움을 준다. 정신건강 전문가들에 의해 확인된 문제들에 대해서는 이에 대응되는 행동적 제안으로 제시될 필요가 있다. 제안은 구체적이고 행동적이어야 한다. 예를 들어 "군인들이 지쳐 있습니다."라고 알려주는 것보다 구체적인 일·휴식 순환 과정이나 수면개입 방법을 제시해야 한다.

이러한 심리교육적 원리를 적용한 교육이 이라크에서 진행되었는데, 비전투원 처리에 대한 윤리적 태도를 다루었다. 무기명 평가에서 전투지역에 있는 군인들의 윤리적 태도가 현저한 수준으로 문제되는 것으로 나타났고(MHAT IV 2006; MHAT V, 2008), 우리는 작전지역에 있는 사단장에게 심리교육 계획을 제안했다. 그 제안에 기초하여, 사단장은 문제가 되는 윤리적 태도를 다루기 위한 교육을 시행할 것을 참모들에게 지시했다. 연쇄 교육Chain teaching이 훈련의 방법으로 선택되었다. 이 방식은 소그룹 토의를 용이하게 하고 편리한 가용시간에 훈련이 진행될 수 있도록 하기 위해 선택되었다. 연쇄 교육은 또한 지도층에게 어떤 주제가 얼마나 중요한가를 강조하며, 리더로 하여금 부대원의 태도를 직접적으로 평가하도록 해준다. 참모들은 요점을 설명하고 토의를 활성화시키기 위해 인기 있는 영화 클립을 사용하면서 교육내용을 발전시켰다. 장군들은 주간회의weekly update에서 공식적으로 교육에 대해 강조했다. 교육이 종료된 이후에 윤리적 태도가 재평가되었고, 그 결과 비윤리적인 태도가 감소했으며, 윤리적 위반을 보고하려는 의사가 증가하였다. 이러한 자료들은 교육을 지속할 수 있는 근거가 되었다(Warner, Appenzeller, Mobbs, & Grieger, 2008).

작전지역에서 교육을 수행할 때 한 가지 고려사항은 파병주기를 고려하여 부대의 상태가 해당 교육을 진행하기에 적절한가를 판단해야 한다. 교육적 내용과 파병주기가 잘 맞지 않아 발생한 사례를 보자. 어느 부대가 PTSD에 관련된 심리교육을 받았는데, 이 교육에는 집으로 돌아가는 것과 가족과 다시 만났을 때 직면하게 되는 이슈들에 대한 토의도 함께 이루어졌다. 귀향하는 부대에게는 적합했겠지만, 이 부대는 귀향하기까지 8개월 이상이 남았었고 부대원들도 훈련에 대해 현저하게 불만족스럽다고 목소리를 냈다. 이런 불일치하는 종류의 교육은 비효율적일 뿐만 아니라 차후 실시하는 교육과 정신건강 전문가들을 불신하게 만든다.

이와 반대로, 그 파병주기에 적합한 심리교육의 한 예로는 부대 의료 관계자나 정신건강 전문가의 의해 '귀향'비디오를 제작하는 것이 있었다. 가족을 만나고 비전투원으로서 기대되는 것과 관련된 교육 자료가 음악 및 비디오 프레젠테이션과 함께 제시되었다. 그 비디오는 부대원들이 파병기간 동안 수행했던 일들을 보여주면서 그들의 희생이 얼마나 대단한 것이었는지를 느낄 수 있도록 제작되었다. 그 비디오는 군인들이 집으로 돌아가기 위해 대기하는 중에 제시되었다. 부대에게 어떤 부담을 추가하는 것 없이 훈련의 한 일종으로 제시했다. 군인들은 그 교육을 즐겼다고 보고했으며, 비디오를 집으로 가져가게 복사해 달라는 수많은 요청이 들어왔다.

전장순환

*전장순환*은 부대 지휘관이 전체적인 부대 상황과 예하 지휘관 및 병사들의 요구사항을 확인하면서 부대를 돌아보는 것을 의미한다. 정신건강 전문가가 예하 부대의 상태와 주요 이슈들을 확인하고, 지휘관 및 병사들로부터 긍정적인 인상을 형

성하기 위한 효과적인 방법은 가능하다면 지휘관이 전장순환을 할 때 같이 동행하는 것이다.

신뢰는 다양한 수준에서 획득될 수 있다. 전문가들은 상대적으로 안전한 큰 제대에서 나와 군인들을 만나기 위해 소규모 전초(前哨)로 가는 것을 통해 지휘관 및 병사들로부터 신뢰를 얻을 수 있다. 그 군인들은 군 정신건강 전문가들이 개인의 위험을 감수하면서까지 자신들의 안녕을 위해 기꺼이 오는 것으로 인식한다. 지휘관들은 멀리 떨어진 곳에서 형식적으로 조언하는 것보다 현장에서의 의견을 더 생생한 것으로 인식한다. 게다가 단순히 지휘관과 동행하는 것만으로도 정신건강 관리가 중요하다는 것을 보여준다. 이런 동행은 간접적으로는 치료에 대한 편견을 줄이고, 정신건강 전문가들을 팀의 일원으로 받아들이게 해준다.

초기개입은 두 가지 방식으로 전장순환 기간 동안에 수행될 수 있다. 현장에서 부대와 직접적인 접촉을 통해 정신건강 전문가는 적용 가능한 정신건강 주제 및 대처 전략과 관련하여 초급 리더들이나 병사들에게 조언하고 상담하고 교육할 수 있다. 군목에 의한 '현장 목회'나 군 정신건강 전문가들에 의한 '현장방문 치료'로 표현되는 것처럼, 군인이 근무하고 있는 지역으로 가는 것은 정신건강 전문가로 하여금 현 상황을 직접적으로 관찰하고 정신건강 인력에 대한 부정적인 견해를 허물 수 있도록 해준다. 현장 방문기간 동안, 전문가들은 병사들이나 초급 리더들을 개별적 또는 단체로 만나면서 현재 상황과 관련하여 '계량봉dipstick'을 갖게 하거나 수면위생, 상실감 다루기, 분노관리와 같은 주제들과 관련된 심리교육을 제공할 수 있을 것이다. 또한 현장방문은 부대에 추가적인 부담을 주지 않고 필요한 평가를 수행하거나 정보를 수집하는 데 유용할 수 있다.

전장순환시 초기개입의 두 번째 형태는 고위 지휘관에게 조언하며, 정신건강의 중요성을 알리는 것이다. 어떤 부대든 방문하는 동안 생활여건, 사기에 대한 관심, 일/휴식 주기, 집단에 속해 어울리지 않으려는 군인, 전체적인 부대 응집성, 리더나 병사들의 의견에 관심을 기울여야 한다. 병사들이나 초급 리더들의 이야기를 듣는 것에 시간을 할애해야 한다. 고위 지휘관에게 문제들을 개선하기 위한 제안과 함께, 이 정보들은 요약보고서 형태로 전달해 주는 것이 좋다. 간단한 보고서 형태의 자료는 판단적이지 않고 사실적이며 정확한 측정치로 제시되어야 하며 단순히 불만내용을 나열해서는 안 된다. 이상적으로는 이러한 환경평가는 주기적으로 수행되는 것이 좋다.

한 예로 이라크에 파병되어 있는 동안, 한 군 정신건강 전문가는 멀리 떨어진 순찰 기지로 전장순환을 실시하는 고위 지휘관과 동행했다. 그 기지에 머무르는 동안 전문가는 편의용품이 일반적으로 부족하고, 발전기는 작동되지 않으며, 가족과 연락하기가 제한되고, 목욕 기구가 없으며, 세탁 서비스가 불충분하다는 것을 기록했다. 그 전문가는 비록 집단 응집성은 좋다고 기록했으나, 집단의 전반적인 사기는 낮다고 적었다. 병사들은 그들이 지휘관심으로부터 잊혀졌다고 느꼈다. 현저한 전투 스트레스 사상자는 없었지만 군 정신건강 전문가는 이러한 환경이 저하된 전투 효과성을 증진시키는 데 방해요소가 되고, 전투작전 스트레스 수준은 높으며, 잠재적인 부적응 행동을 할 가능성이 있다고 보았다. 복귀한 이후, 그 전문가는 이러한 문제들을 개관한 내용을 보고했다. 그 고위 지휘관은 냉장고, 인터넷 서비스, 에어컨, 샤워 기구를 포함하여 많은 문제들을 개선하고 수정할 수 있었다. 두 달 후에 방문했을 때 병사와 리더 모두 사기와 건강, 리더에 대한 신뢰, 전투 효율성이 증가하였다.

앞선 예는 군 정신건강 전문가의 활동 영역을 증대하는 것이 얼마나 중요한지를 잘 보여준다. 군 정신건강 전문가는 엄격한 임상적 또는 치료적 역할만을 고수하는 것보다 자신들의 가용성, 심리교육에 대한 숙달성, 지도층에게 조언하는 것을 통해 훨씬 더 큰 영향력을 가질 수 있다. 그러나 이러한 활동들은 전통적인 임상적 실제나 진보된 정신의학적 활동과 더불어 균형을 이루는 것이 중요하다. 돌봄체계에서 다른 것은 제외하고 한 가지 원리에 집중하는 것은 부대의 전체적인 안녕에 해롭다. 이 균형을 증대시킬 수 있는 한 가지 방법은 자원들과 보조전문가들이 그들의 영역에서 지원을 제공할 수 있도록 도와주고, 정신건강 전문가들은 그들이 할 수 있는 활동들을 수행할 수 있도록 남겨두는 것이다. 전장순환 역시 중요한 정신건강 문제와 관련하여 의무요원들(즉 의무병 및 정신 전문가 둘 다)을 교육하는 것뿐만 아니라 환자들을 조언하면서 의료 전문가와 함께 협력하고 상의하기 위해 활용되어야 한다.

2차 예방

*2차 예방*은 정신건강 문제로 진전될 수 있는 위험을 가진 인원들을 조기에 식별하고, 노출된 이후 더 악화되거나 발전되는 것을 예방하기 위한 개입을 시도하는 것을 포함한다. 이러한 절차들에는 외상성 사건 관리와 같은 개입뿐만 아니라 개인 및 부대 수준에서의 선별검사screening가 같이 수행된다.

개인적 선별

군부대는 군인들이 파병기간 동안 그들의 임무를 잘 수행할 수 있는지 파악하고, 개개인의 조건에 따라 지속적인 의료지원이 가능한지를 확인하기 위해 파병 전 의료 선별검사를 실시한다. 2006년에 미국 국방부는 파병을 위한 최소한의 정신건강 기준을 수립했다. 이 기준은 파병에 적합한 정신건강 기준을 제시하고 있고, 작전지역에서 관리될 수 있는 조건들과 파병기간 동안 어떤 수준에서의 치료가 제공될 수 있는지를 제시한다(Assistant Secretary of Defense, 2006). 정신병과 양극성장애 외에 이 방침에서는 개인이 배치되는 것을 막기 위한 특정한 정신건강 상태를 제시하지 않는다. 그러나 이런 결정은 증상의 심각성과 지원이 필요한 수준에 근거하여 이루어진다. 이 방침의 핵심 내용과 한계가 표 2.2에 요약되어 있다.

파병을 위한 최소한의 정신건강 기준에 적합한지를 결정하기 위해 부대들은 정신건강 선별검사를 그들의 파병 전 의료 선별검사에 통합하여 시행한다. 이 과정을 통해 부대 의료요원들은 정신건강에서 어떤 진단을 받았거나 현재 치료를 진행 중인 군인들, 그리고 향정신성 약물을 복용하고 있는 군인들을 파악하게 된다. 이를 통해 의료팀은 지속적인 치료계획을 설정하고, 파병기간 동안 군인들을 필요한 정신건강 자원들과 연결시키며, 적절한 안전 예방책이 보장되는 방법이 시행되도록 해준다. 예를 들어 진정제라고도 볼 수 있는 벤조디아제핀을 복용하고 있는 군인들은 배치될 수는 있으나 늘 반복적인 일을 하는 본부 기관에서의 임무를 수행하기에는 제한되며, 교전규칙에 대한 빠른 결심을 내려야 하거나 어떤 인원이 적인지, 비전투원인지를 결정하는 임무수행에서도 제한될 수 있다. 게다가 의무요원들은 군인들이 적절한 정신건강 관리를 받아왔는지 확인할 수 있고, 지속적인 후속 관리가 필요한지에 대해 병사들을 관찰할 수 있다. 고향에서와 파병된 곳에서의 관리가 연계되어 이루어질 수 있도록 하는 것은 정신건강 상태가 악화되는 것을 막아주며 군인 및 부대의 안전을 공고히 하는 데 도움을 줄 수 있다.

이러한 절차가 원할하게 수행되지 않을 경우 부대와 군인들에게 불리할 수 있으며, 파병된 곳에서의 정신건강 전문가로 하여금 과도한 시간을 소비하게 할 수 있

[표 2.2] **2006년 11월 '파병을 위한 정신의학적 조건 및 약물에 대한 안내' 핵심 요점**

제한 조건	파병 가능 기준
파병될 수 없는 진단	현재 정신병이나 양극성장애로 치료받고 있는 군인은 파병될 수 없음
축 I 진단 기준	현저하게 지속적인 정신건강 상태(축 I 진단 기준)를 갖고 있는 군인들은 파병 전 최소 3개월 안정된 기간을 가져야 함
약물 감독	리튬이나 밸프로산과 같은 약물제조소의 감독이 필요한 약물을 복용하고 있는 군인은 파병될 수 없음
항(抗)정신성 약물	정신병이나 양극성, 또는 만성적인 불면증 상태를 조절하기 위해 항정신성 약물을 복용하고 있는 군인은 파병될 수 없음
약물 고려 사항	향정신성 약물(예를 들어 짧은 반감기 벤조디아제핀이나 흥분제)의 지속적인 사용은 전장에서 성공적인 기능을 위한 필요성과 약물을 구할 수 있는 능력 및 사용중지 가능성, 남용 가능성 사이에서 균형이 이루어져야 함
향(向)정신성 약물	만약 군인이 3개월 이내의 향정신성 약물을 복용한다면, 이들은 현저한 부작용 없이 개선되고 안정적이며 약물에 대한 내성이 있어야 함

자료 : '파병을 위한 정신의학적 조건 및 약물'에서 인용, 국방부 차관, 2006, Washington, D.C : 국방부, 일반공개

다. 파병 전 선별검사 과정을 적절하게 수행하는 것이 중요하다. 저자들 중의 1명은 어느 부대에 배치되었는데, 그 부대에는 정신건강의 문제로 파병되기 전 군 복무가 어려울 것 같다고 권고된 5명의 병사들이 있었다. 그러나 이 군인들은 파병되었고, 작전지역에 있던 전문가들은 이 사실을 전달받지 못했다. 그 병사들은 작전지역에 도착했고, 치료를 요청했지만 관리의 연계성이 없었고, 작전지역에서의 전문가들은 다시 치료계획을 수립해야 했다. 더욱이 그 병사들 중 2명은 자살을 기도했고, 후송되어야 했다. 치료의 연속성이 수립되어 있고, 치료계획이 정립되어 있어야 했다. 그랬다면 그 2명이 후송될 정도로 문제가 심각해지지 않았을 것이다. 치료의 연계성이 잘 이루어지지 않은 또 다른 예로, 환자들은 전투환경에 적절하지 않거나 처방해줄 수 없는 향정신성 약물이나 리튬을 요구하러 작전지역에 있는 진료소에 오기도 한다. 이런 상황은 병사들이 보다 세밀하게 선별되고 치료계획이 파병 전에 이미 잘 수립된 다른 어떤 사단의 상황과는 대조를 이룰 수 있다. 이 사단은 2만 명이 넘는 군인들이 파병되었는데, 90명 이상의 군인에 대한 치료계획이 수립되어 있었고 이들은 모두 성공적으로 15개월의 파병 임무를 완수했다.

부대 단위 행동적 건강 요구 평가

예방을 위한 한 가지 부가적인 방법은 군 정신건강 제공자가 부대에서 조언을 하는 것이다. 포괄적으로 건강 문제에 관련한 요구사항 평가를 수행할 때 표준화된 도구를 사용하는 것이 좋다. 이에 대한 한 예가 미 육군 부대 행동적 건강 요구 평가Unit Behavioral Health Needs Assessment, UBHNA이다. 표준화된 도구를 사용하여 정신건강 전문가들은 부대원들을 대상으로 현재 정신건강 지원의 요구가 어느 정도인지 파악하고 치료에 대한 장애물에는 무엇이 있는지 파악할 수 있으며, 이와 더불어 사기, 응집성, 스트레스원, 복무자들의 걱정사항들을 조사할 수 있다. 정신건강 조력가는 이 자료를 바탕으로 지휘관에게 부대 상황에 맞는 제안과 명확하고 객관적인 결과물들을 제공할 수 있다. 추가적으로 동일 부대에서 반복 평가될 수 있다면, 그 조사는 시간변화에 따른 경과추이를 알기 위해 사용될 수 있다. 마지막으로 UBHNA는 이라크 자유 작전을 통해 다양한 상태의 부대에서 조사한 상호 비교 가능한 자료들을 가지고 있다(MHAT III, 2006).

외상성 사건 관리

전투와 관련된 외상성 사건들, 이를테면 부대원이 심하게 부상을 당하거나 죽는 것, 적에게 매복당하는 것, 자신의 근처에서 급조 폭발물이나 부비트랩이 터지는 것과 같은 경험들은 전투현장에서 문제 행동을 일으키는 주요 위험요인이 된다(Fontana & Rosenheck, 1988). 외상성 사건 관리Traumatic Event Management, TEM는 잠재적인 외상성 사건이 발생한 이후 정신건강 측면에서 그 사건에 대한 부정적인 영향을 감소시키고 장기적인 부정적 후유증을 예방하는 목적을 가지고 개입하는 것이다.

처음에, TEM과정은 부대 리더의 요청에 의해 수행되며, 목표는 부대가 외상적 경험으로 인한 심리적 영향을 잘 관리할 수 있도록 도와주는 것이다. 군 정신건강 전문가는 먼저 전투작전 스트레스에 대해 즉각적인 정신건강 관리가 필요한지를 알아보기 위한 전반적인 평가를 수행한다. 전반적인 요구평가는 또한 정신건강 제공자가 부대 리더들을 교육하거나 조언할 수 있도록 도와준다. TEM과정은 리더들이 정신건강 관리에 긍정적이라는 인식을 강화할 수 있도록 도와준다. 또한 병사들이 어떻게 자원들에 접근할 수 있는지 교육할 수 있으며, 리더와 병사들에게 잠재적인 외상성 사건에 반응하여 행동하는 것에 대한 조언을 해줄 수 있다.

이에 더해 부대 리더와 함께 군 정신건강 전문가는 심리적 경험보고debriefing를 수행할 것인지 여부와 한다면 언제 시행할지에 대해 결정할 수 있다. 심리적 경험보고는 어떤 모델을 활용하느냐에 따라 다양하다. 일반적으로 외상성 사건에 대한 인식과 그 사건에 대한 인지적 또는 정서적 반응과정과 같은 몇 가지 구조화된 측면을 포함하고 있다. 이러한 시간은 리더 중심이나 사후강평과는 달리 교육받은 정신건강 전문가나 군목들에 의해 진행된다.

경험보고를 위한 다양한 모델이 있다. 대부분의 모델들은 제2차 세계대전 때 Marshall이 역사적인 목적으로 부대 작전에 대한 기록을 남겨놓았고 이러한 작업으로부터 개발되었다(Koshes, Young, & Stokes, 1995). 그러한 초기 회기sessions들은 심리적인 이점을 제공할 목적은 아니었다. 그러나 Marshall은 경험보고 과정 동안 많은 오해들이 그 외상적 사건에 관련된 사람들에 의해 수정되었고, 경험보고는 사회적 지지를 제공하고 전투 스트레스에 대한 반응을 감소시키는 것으로 기록했다(Koshes 등, 1995).

군대에는 경험보고가 전통적으로 있음에도 불구하고, 경험보고에 대한 유용성과 효과성에 대해 군 정신건강 전문가와 일반사회 정신건강 전문가들 사이에 적지 않은 논쟁이 있다. 비록 심리적 경험보고가 군대 갈등 도처에서 사용되고 있지만, 그 효과성은 연구로 잘 보고되지 않고 있다. 전투원을 대상으로 한 심리적 경험보고의 이점에 대한 자료가 많지 않고 위기에 처해 있는 샘플들로부터 획득한 자료도 매우 적다. 그러나 위기에 처한 사람들을 대상으로 한 일반사회연구에서는 심리적 경험보고에 대한 부정적 결과뿐만 아니라 그 이점도 잘 증명되어 왔다(Jacobs, Horne-Moyer, & Jones, 2004; MacDonald, 2003; Mitchell & Mitchell, 2006; Rose, Bisson, Churchill, & Wessely, 2002). 경험보고의 유용성 확인에서 중요한 한 가지 문제는 TEM이 실제로 무엇에 대한 보고인지를 평가하는 것이다. 사실 '경험보고'는 사후강평과 더불어 군대에서 많은 형태로 널리 사용되고 있으며, 미 육군 팀이나 소규모 부대의 예규로 정해져 있다(Koshes 등, 1995). 게다가 경험보고의 모델은 중요사건 경험보고, 중요사건 스트레스 경험보고, 정신과적 경험보고, 역사적 경험보고, 정보 경험보고를 포함해 다양하다. 그래서 TEM의 효과성을 파악하는 데 있어 한 가지 제한점은 정신건강 전문가들 사이에서, 그리고 조직에서 사용하는 데 일관적이고 표준화된 절차protocol가 부족하다는 것이다.

표 2.3은 다양한 모델을 비교한 내용이다.

심리적 경험보고가 갖고 있는 본래적인 문제점, 가령 정의나 표준화, 유용성 검증에 대한 문제에도 불구하고, 군 리더들이 외상성 사건의 영향에 장기적인 위험을 인식해 가고 있고, 병사들을 선제적으로 도와주려고 함에 따라 심리적 경험보고는 정신건강 전문가의 공통적인 조력 업무로 남아 있다. 그래서 모든 군 정신건강 전문가들은 현대의 증거 중심의 실제를 잘 인식하고 있어야 하며, 단지 심리적 경험보고 수준이 아닌 TEM의 모든 측면에서 능숙해져야 한다. 현재, 육군 전투작전 스트레스 관리 교범(4-02.51;2006)은 TEM을 시행하기 위한 표준화된 체계와 주요 구성내용을 제공하고 있으며, 심리적 경험보고의 수행과 그 방식에 대한 결정은 정신건강 전문가가 할 수 있도록 남겨두었다.

경험보고를 하는 방식은 계속 발전하고 있다. 2007년에 육군은 전투정신 심리 경험보고라는 모델을 도입하여 파병된 부대에서 활동하는 모든 정신건강 전문가들에게 교육을 실시했다(Alder, Castro, & McGurk, 2009; MHAT IV, 2006). 이 경험보고 모델은 군 계급과 구조를 고려하여 교육과정 동안 군인들의 강점을 수립할 수 있도록 도와주는 회복탄력성 기반의 교육 원리를 통합하고 있다. 특히 전투 환경에 처해 있는 군인들에게 사용되도록 계획되었으며, 잠재적인 외상성 사건의 영향을 잘 극복할 수 있는 기술을 연마하고 집단의 응집성을 증진시키며, 전장에서 복귀하는 군인들을 준비시키는 것에 초점이 맞추어져 있다. 다른 모든 모델들

[표 2.3] **경험보고 방법들의 국면**

국면	사후 경험보고	중요사건 경험보고	중요사건 스트레스 경험보고	전투정신 심리적 경험보고(전장)
1	목적 및 규칙	소개	소개	소개
2	사건 재구성	연대기적 재구성	사실	사건
3	사건에 대한 집단 의견	인지-정서적 반응	생각	반응
4	사고와 감정		반응	
5	정서적 타당화	증상	증상	자신 및 친구 도움
6	희생양 예방	교육	교육	
7	증상	마무리	재입소	전투정신(회복탄력성) 집중
8	학습된 교훈			

자료 : '시간 중심의 전투정신 심리적 경험보고 : 전투에서의 집단적 수준의 조기개입'에서 인용, A. B. Adler, C. A. Castro, & D. McGurk, 2009, Military Medicine, 174, pp.21-28.

은 외상성 사건이 발생한 이후에 시행되도록 계획되어 있는 반면에, 전투정신 심리 경험보고는 전형적인 사건 중심 방식과, 몇 개월 동안 발생할 수 있는 주요 외상성 사건을 검토하기 위해 규칙적인 시간 간격으로 실시하는 시간 중심 방식을 둘 다 가지고 있다. 이 교육과정 동안 모든 군인들은 파병 전에 전투정신(예를 들어 회복 탄력성)의 원리들을 배우며, 동료들을 돌보는 것에 대한 중요성을 인식하게 된다.

다른 경험보고 방법처럼, 이러한 교육과정에 대한 효과성은 아직 연구 중이다. 그러나 파병된 지 12개월 후에 전투정신 경험보고가 무선으로 할당된 한 집단에게 바로 적용해본 결과, 이 기술은 전통적인 파병 후 스트레스 교육과 비교해 보았을 때, 시간이 경과함에 따라 정신건강 증상이 감소하는 데 효과적이었음이 증명되었다(Alder, Bliese 등, 2009). 게다가 우리는 배치된 기간 동안 200개가 넘는 전투정신 심리 경험보고를 수행하고 있는데, 다른 모델과 비교하여 이 교육과정 동안 훨씬 높은 참여수준을 보였다. 우리는 또한 그 경험보고에 대해 지휘관들의 만족 수준이 증가하였고, 그 과정에 참여한 군인들 사이에서 의사소통과 응집성이 증대되었으며, 전장심리 원리에 대한 이해가 향상되었음을 확인하였다. 긍정적인 측면들이 이라크에서 수행된 MHAT V 보고서에 체계적으로 잘 기록되어 있다(MHAT V, 2008).

3차 예방

전투작전 스트레스에 대한 반응을 잘 치료하지 않는다면 부대가 임무를 완수하기 위한 능력에 현저한 영향을 받을 것이다. 2005년 이라크 자유 작전에 파병되어 있는 동안 어느 사단의 정신건강 전문가 팀의 활동보고에 따르면, 1년 안에 5명의 전문가들은 2만 5,000명의 군인 중에 5,000명 이상을 적어도 한 번 임상현장에서 보았다고 한다. 이들의 첫 번째 임상진료 중 거의 1/3(29.8%)은 이미 가지고 있는 정신건강 장애였고, 전투작전 스트레스에 대한 반응으로 인한 인원이 나머지였다(Warner 등, 2007). 관계의 실패나 재정 문제와 같은 집과 관련된 스트레스원들이 전투작전 스트레스를 일으키는 가장 큰 요소였고, 전투경험이 두 번째로 높은 원인이었다.

추가적으로 이미 가지고 있던 정신건강 장애 중 가장 많았던 두 가지는 범불안장애Generalized Anxiety Disorder, GAD와 주요 우울장애Major Depressive Disorder, MDD였다. 범불안장애는 이미 가지고 있는 정신건강 문제 중 42.4%를 차지했으며, 전장지역 전체 임상적 문제에서는 12.6%를 차지했다. 주요 우울장애는 범불안장애의 경우처럼 각각 33.4%, 10%를 차지했다(Warner 등, 2007). 이러한 비율을 고려할 때, 조기 정신치료forward psychiatry는 전통적인 전투작전 스트레스를 포함시켜야 할 뿐만 아니라 이와 더불어 이미 가지고 있다가 파병으로 인해 더욱 악화된 병리적인 정신과적 문제들을 치료하기 위한 조기개입 전략도 포함시켜야 한다.

조기 정신치료

오늘날 사용되고 있는 전투작전 스트레스 관리의 주요 원리는 Thomas W. Salmon에 의해 최초 개발된 원리를 지속적으로 사용하고 있다. 일반적으로 PIES(근접성proximity, 즉시성immediacy, 기대성expectancy, 단순성simplicity)로 불리는 이 원리들은 20세기 동안 발전해 왔고, 지금은 *조기 정신치료*로 알려져 있다(Jones & Wessely, 2003).

*근접성*은 정신과적 사상자가 부대 응집성과 개인의 유대관계를 유지하기 위해 가능한 자신이 속한 부대에 근접하여 치료받는 것을 말한다. 전투지대에서 군 정신건강 전문가가 직면하는 한 가지 문제는 정신 전문가가 자유롭게 활동하는 문제와 멀리 떨어진 부대로 이동하면서 안전을 고려하며 원거리 치료를 실시하는 두 문제 간의 균형을 유지하는 것이다. 즉 전문가들은 비록 넓은 지역을 가로질러 이동하는 것이 근접성의 원리를 고수하는 데 방해가 될 수 있는 수송문제와 안전문

제를 갖고 있을지라도 원거리에 있는 부대에서도 활용될 수 있어야 한다. 2007년에 미 육군은 점진적으로 여단에 행동건강담당 장교들(예를 들어 사회복지사와 심리학자)을 배치하였는데, 이는 근접성의 원리를 용이하게 했을 뿐 아니라 군인들이 부대에 배치된 전문가들로부터 관리받을 수 있는 기회를 증가시켰다.

근접성의 원리는 다른 갈등상황에서도 관측되어 왔다. 예를 들어 욤키프르 전쟁과 레바논 전쟁에서 이스라엘 연구자들은 경미한 전투작전 스트레스 부상을 가진 군인들의 후송은 그들의 예후를 더 악화시켰고, 회복을 더 복잡하게 만들었다고 기록했다(Belenky, Tyner, & Sodetz, 1983). 구체적으로, 후송된 군인들은 전장에 있는 그들의 부대에 재배치되는 시간이 가까워짐에 따라 신체적·심리적 증상들을 더욱 보고하였다. 이러한 결과는 조기 치료의 중요성을 나타낸다. 이와 대조적으로, 소속부대로 복귀할 수 없을 정도로 심하게 전투작전 스트레스 부상을 가진 군인들은 소속부대 지원 단체의 도움 없이 귀향하기 어려운 상황에 대처하기 위하여 조기 정신건강 개입을 요구한다(Jones, 1995).

*즉시성*은 정신과적 사상자에게 조기개입을 하면서 그들이 가능한 빨리 치료되는 것을 말한다. 전장지역 전반에 정신건강 전문가들을 소규모 팀으로 분산 지원하는 것은 치료에 대한 접근을 쉽게 해주고, 빠른 이용이 가능하게 만들어준다. 게다가 만약 군 정신건강 전문가가 전장순환이나 심리교육을 통해 부대 리더들과 신뢰관계를 쌓았다면 리더들은 정신건강 전문가들의 임무에 대해 잘 이해할 것이고, 군인들은 더 빠르게 관리받을 수 있게 된다.

*기대성*은 '건강을 처방하는 것'을 의미하며, 부대로 복귀하는 것에 대한 군인들의 기대를 촉진시켜 주는 것이다. 본질적으로, 정신건강 전문가는 치료목표가 군인들이 전투임무를 수행하기 위해 복귀하는 것이라고 초기에 확실히 해둘 필요가 있다. 이 원리는 군인들이 일단 자신들을 '부상당한 환자'라고 인식하고, 자신들의 역할과 기대되는 성과에 대해 인지적인 전환을 한다는 점에서 매우 중요하다. 그래서 그들을 부대에 속해 있을 때의 계급으로 언급해 주고 사상자나 환자와 같은 용어는 삼가는 것이 중요하다.

이 원리의 중요성이 제1차 세계대전에서 나타났다. 그 당시 전투작전 스트레스 증상을 가진 군인들을 전쟁신경증을 동반한 병으로 진단했다. 이러한 명명은 전투로부터 명예롭게 후송되어지는 것으로 여겨졌다. 그 결과 전쟁신경증은 전장에서 벗어나 후송되길 바라는 수많은 병사들에게서 '전염병'과 같이 퍼지게 되었다(Jones, 1995). 정신질병으로 인한 후송은 부대를 떠나는 것을 정당화하는 자기합리화를 증가시킬 수 있다는 주장이 제기되어 왔다. 이런 생각은 군인들의 회복기회를 감소시킨다(미 육군성, 1994). 그래서 군인들을 치료하고 부대의 지도부들을 조력하면서 부대와 임무에 대한 군인들의 가치를 강조하고 증진시키는 일은 부대로의 복귀를 장려하게 만드는 소속감과 기틀을 촉진시킨다. 임무를 완수함으로써 얻게 되는 성취감은 심리적으로 이득이 되고, 차후 파병환경에서의 적응을 잘 하도록 도와줄 것이다.

*단순성*은 어떤 심각한 수준의 정신질환을 의미하는 것보다 군인들의 경험에 대한 정상성을 강조하기 위해 치료하는 것을 말한다(Jones, 1995). 예를 들어 치료는 다음과 같은 다섯 가지로 구성될 수 있다. 즉 ① 극단적인 스트레스로부터 휴식 ② 영양분의 재충족 ③ 직무활동을 통한 자신감 회복 ④ 군인들이 괜찮아질 것이라는 확신 ⑤ 임무로의 복귀이다. 2008년에 미 육군은 재기억을 의미하는 여섯 번째 요소를 추가하였다. 전투지에서는 모든 군인들이 그들의 손끝 하나에 엄청난 힘을 가지고 있기 때문에, 군 정신건강 전문가들은 전투작전 스트레스 사상자들의 잠재적인 위협 행동의 위험을 잘 알고 있어야 한다. 전문가들은 군인들이 교전규칙을 준수하고 명예롭게 복무를 해야 한다는 것을 상기시켜야 한다. 단순성 원리의 하나로써, 군 정신건강 전문가들은 부가적인 안전 조치, 가령 무기사용 제한이나 부대에서의 관찰(즉 위기의 순간이 지나갈 때까지 다른 부대원이 관찰하는 것) 같은 조치가 필요한지를 결정하기 위해 잠재적인 위협행동에 대한 위험평가를 실시해야 한다.

앞서 제시한 원리들은 널리 수용되고 있음에도 불구하고, 장기적인 성과와 관련하여 조기 정신치료의 영향을 평가하기 위한 연구는 많이 진행되지 않았다(Jones

& Wessely, 2003). 어떤 비판가들은 정신치료를 받았지만 전투 스트레스가 재발되는 비율이 다양하다는 점과 증상을 가진 어떤 군인들은 정신과적 치료에도 불구하고 결국 후송된다는 것을 지적해 왔다(Jones & Wessely, 2003). 차후 연구에서는 조기 정신치료에 대한 단기 및 장기 효과성을 연구할 필요가 있다. 조기 정신치료 원리는 조기개입의 요소뿐 아니라 전장에서의 정신건강 개입의 주춧돌 역할을 한다. 긴급한 상황이 진행되는 강렬한 전투지대에서 이러한 개입은 유일하게 제공되는 것일 수 있다. 그러나 전장theater이 무르익거나 추가적인 정신건강 자원이 가용해짐에 따라 추가적인 개입은 제공되는 치료에 통합되어야 한다.

전장에서의 심리치료

돌봄체계의 모든 측면이 균형을 갖출 때 전장에서 치료가 용이해진다. 더욱이 전장에서 수행되는 치료적 접근은 파병환경에 내재하는 제한점을 고려하여 수정될 필요가 있다. 이번 섹션section에서는 파병환경에서 가장 적절하게 적용될 수 있는 심리치료 개입과 파병환경에서의 심리치료에 대한 한계점을 다룬다.

논란의 여지가 있지만, 가장 큰 제한점은 시간이다. 전문가들은 멀리 떨어진 부대에서 활동하고 지휘조언을 위해 이동해야 한다는 점을 고려하여 자신들의 가용성과 함께 부대에서 요구하는 임무수행 및 심리치료를 병행해야 한다. 배치된 곳에서, 대부분의 군 정신건강 전문가들은 일주일에 7일, 하루 24시간 대기하며, 이동 스케줄로 인해 진료소에서 시간적인 제한점을 갖는다. 또한 적과의 접촉과 외상성 사건의 위험이 지속되고 있는 것은 군인과 전문가 둘 다에게 스케줄에 따라 행동할 수 없도록 만들 수 있다.

그래서 군 장병들에게 스케줄에 따른 치료를 시행하는 것은 어려우며, 단기치료 형식을 이용하는 능력이 매우 중요하다. 따라서 단회기 치료모델을 적용하는 것이 종종 도움이 된다. 즉 치료자는 개입할 수 있는 부가적인 시간을 가질 수 있을 것이라 생각해서는 안 된다. 그들은 발생할 수 있는 문제들을 우선순위를 부과하여 가장 즉각적이고 도움이 되는 변화를 제공해 줄 수 있는 개입에 초점을 두어야 한다. 예를 들어 우리는 고립감이나 동료들과의 갈등과 같은 감정 문제들을 다루기에 앞서, 가장 기본적인 생존요구인 수면을 제공하거나 군인들이 적절히 자기관리(예를 들어 영양분)를 할 수 있도록 하는 것이 도움이 된다는 것을 발견했다.

우리들은 해결중심치료나 인지행동치료, 인지과정치료에서와 같이 그러한 단기 개입을 통해 성공적으로 치료했던 경험이 있다. 한편 파병환경에서의 치료 효과성에 대한 연구는 부족하며, 전통적인 치료에 대한 수정이 필요하다는 것에 주목해야 한다. 다음에 제시될 치료에서의 수정내용은 우리들이 경험한 내용에 근거하여 발전시킨 것이다. 예를 들어 특정 치료는 장기적 목표에 대한 재초점화, 부적응적 신념에 직면하기와 같은 기법을 통해 군인들의 정신적 안녕에 즉각적으로 도움을 줄 수 있어 보인다. 비록 이러한 치료들의 기본적인 골격은 전통적인 방법에서 변경되지 않았지만, 각 방법에서의 치료적 변화를 위한 방법은 과제를 내주는 것에서 더 즉각적인 설명과 적용을 하는 것으로 변화되었다. 일반적으로, 회기 내 과제 완성을 실시하게 하는 이러한 치료법들은 다음 치료회기가 불투명한 스케줄을 고려할 때 효과적이다. 많은 파병환경은 기본적인 필수품과 비밀보장, 시간과 안전이 제한적이기 때문에 일부 '과제'를 통한 개입은 도움이 되지 않는다. 그러나 좀 더 안정적인 환경(즉 군인과 치료자가 정기적으로 지역을 이탈하지 않음)에서 군인을 치료하는 치료자들에게는 전통적이고 단기적이지 않는 심리치료가 더 적절할 것이다.

파병기간 동안 공통적인 치료 주제는 사별, 관계성이며, 분노나 공격성, 불안과 공황, 급성 스트레스와 외상 후 스트레스 증상을 포함한 다양한 반응에 대한 치료를 실시한다. 다음은 파병환경이 본래적으로 가지고 있는 몇 가지 구별되는 특징을 제시하면서, 이런 주제들을 다루는 방향을 제시한다.

먼저, 개인적 요구와 갈등을 유발시킬 수 있는 개인 및 부대의 전투 준비태세를 유지하는 것이다. 파병기간 동안 개인의 정체감은 더 집단적인 정체감으로 변한다.

그 결과, 군인들은 자신들의 스트레스나 도움을 구하는 것이 부대 임무에서 벗어나는 것으로 이해하고, 분노와 같은 개인적인 문제들에 대한 치료를 받는 것을 꺼릴 수 있다. 그들은 또한 집에서의 삶으로부터 파병된 삶을 분리하여 구분하려고 하기 때문에 집과 관련된 문제나 관계성 문제들을 다루는 데 어려움을 겪을 수 있다. 이러한 구분화는 군인들이 생존을 위해 즉각적인 위협을 극복하는 데는 도움을 주지만, 그 결과 집과 관련된 이슈들은 무시될 수 있다. 이는 지지받을 수 있는 자원을 잃어버리게 될 뿐 아니라 다른 스트레스원을 유발시킬 수도 있다.

더욱이, 군인들은 전투 상황 속에서의 그들의 생명에 대해 부정적 관점을 가지고 있어 이러한 현실은 행동건강 전문가들이 군인들을 도울 때 인지적 왜곡을 알아내기보다 고통을 견디는 방향에 초점을 맞추게 한다. 예를 들어 전방 작전 기지에서 출발하여 정기적으로 위험한 길로 순찰을 할 때는 불안이나 과각성이 얼마든지 일어날 수 있다. 그래서 치료를 할 때에는 상황이 위험하다는 신념을 변화시키는 것에는 덜 중점을 두게 된다. 왜냐하면 실제로 그 상황은 위험하기 때문이다. 그리고 영양분 섭취나 육체적 활동, 수면을 통해 어떻게 하면 불안에서 발생한 에너지를 전투 효과성을 증진하는 것으로 전달시킬 수 있을지에 대해 중점을 둔다. 행동건강 전문가들은 파병환경에서의 건강한 행동은 주둔지 환경에서의 건강개념과 다를 수 있기 때문에 '부적응'을 어떻게 정의할 것인지에 대해 세심하게 고민해야 한다.

가족이나 아이들과 떨어져 지낸다는 측면에서, 관계성 스트레스에 목표를 둔 집단 회기도 도움이 될 수 있다. 이러한 집단은 종종 가족구성원들과의 효과적이고 자신감 있는 의사소통을 확립하는 것과 사랑하는 사람과 헤어져 있는 것에 대한 슬픔을 관리하는 데 초점을 둔다. 분노나 우울, 불안을 다루기 위한 기분 관리 집단도 유용할 수 있다. 이들 집단의 목적은 파병주기가 개인의 기분에 미치는 영향을 이해하여 효과적인 증상관리 방법이나 행동(예를 들어 상급자에 대한 분노를 다루기 위한 자기 주장성 훈련)을 찾는 것이다.

건강한 심리적 관심사focus를 통합하는 집단도 유용할 수 있다. 이러한 집단들은 파병환경에서 수면위생을 정립하는 것, 기존부터 갖고 있는 조건들의 영향을 감소시키는 것, 적절한 자기 관리를 유지하는 것, 건강한 습관을 정립하는 것에 집중한다. 이러한 건강 관련 행동들은 소음의 수준이나 부대의 일/휴식 주기, 본래적으로 존재하는 안전에 대한 위험을 고려한다면 매우 힘든 과정이 될 수 있다. 그러나 집단은 군인들이 금연과 같은 건강한 삶의 변화를 만들기 위한 시간을 사용하도록 도와줄 수 있다.

사별 집단은 동료를 잃었거나 슬픔으로 인해 도움이 필요한 군인들에게 유용할 수 있다. 많은 젊은 군인들은 이전에 사랑하는 누군가를 상실한 경험이 없으며 종종 '어떻게 슬퍼해야 하는지'에 대한 준거틀이 없기 때문이다.

파병환경에서 우리들은 여기에 제시된 각각의 집단들을 대상으로 심리치료를 진행하였다. 비록 얼마나 참석할지를 예측하는 것이 어렵다는 것을 고려할 때 대체로 개방적이기는 하지만, 진행 중인 집단은 새로운 구성원에 개방적이기도 하고 제한적이기도 했다. 집단들은 서로 독립적인 것이 좋다. 즉 집단들이 시간에 따라 집단 구성원이 변화하는 것에 적응하기 위해서는 반복적으로 진행되는 심리교육에 의존하지 않아야 한다.

파병 스트레스에 반응하는 생리적 증상과 심리적 증상이 많이 중첩되는 것을 생각해 보면 스트레스에 대한 신체적 반응에 치료목표를 두는 것은 매우 유용할 수 있다. 대다수의 군인이 일상적으로 위험이 높은 상황에 노출되어 있고, 각성상태가 지속되며, 개인의 정신건강 및 신체가 현저하게 소모되는 것을 고려할 때, 이는 두드러진 특징이 된다. 그래서 이완훈련이나 심호흡, 점진적인 근육이완, 심상기법과 같은 기술이 유용할 수 있다. 이러한 기술을 가르치면서 전문가들은 군인들이 상대적으로 덜 위협적인 기회들을 활용하여 이완되며 신체적으로 긴장을 풀 수 있도록 도와준다.

이러한 기술들은 각성 수준과 불안 수준이 부적응 수준이 되어 직무를 효과적으로 수행하기 어려운 군인들을 도울 때 유용하다. 예를 들어 갑작스런 공격을 당한 한 군인은 육체적인 부상은 당하지 않았지만 현저한 불안감이 발생하였다. 그는 순찰을 위해 전진 기지로 떠나야 할 때마다 공황증상을 보였다. 하지만 심호흡과 심상기법을 통해 그는 자신의 불안을 조절할 수 있었고 군인으로서의 정체감, 그리고 다른 부대원 및 지휘관으로부터의 신뢰감을 견지하면서 자신감을 가지고 그의 순찰 임무를 효과적으로 수행하였다.

마지막으로 몇몇 군 정신건강 전문가들은 생리적 증상의 감소를 도와주기 위해 바이오피드백 장치를 활용했다. 바이오피드백 훈련은 군인들이 컴퓨터를 활용하여 자신들의 마음과 신체가 어떻게 연결되어 있는지, 그리고 마음을 통제하는 것이 어떻게 생리적인 스트레스를 감소시킬 수 있는지를 배우도록 도와준다. 한편 환경적 요소가 전자장비에 미치는 영향(예를 들어 모래나 먼지의 영향)이나 전자장비를 사용함에 있어 제한점(예를 들어 전기 전환장치 사용, 전원공급의 어려움)으로 인해 파병환경에서 전자장비를 사용하지 못할 때가 있음을 잘 숙지하고 있어야 한다.

전장에서의 약물 관리

파병환경에서의 약물 처방에는 많은 요소가 영향을 미친다. 전문가들은 약물복용을 시작한 인원들에 대한 추적관리를 해야 하며, 재공급이 가능한지도 확인해야 한다. 전장환경에서 정신과적 약물을 처방하는 방법은 군인들이 정신건강 서비스를 잘 이용할 수 있는지와 군인들에 대한 신뢰성, 약물 서비스에 대한 접근성을 포함한 몇 가지 요소에 따라 결정된다. 예를 들어 이라크에서의 교훈을 들어보면, 약물처방은 군인들에게 병으로 제공할 수도 있고, 지역 응급진료소나 약국에서 제공하는 한회 분량의 복용량을 제공할 수도 있으며, 아니면 환자가 지역 응급진료소나 약국, 병원에서 받아온 처방전을 제공하는 것도 있다. 일반적으로, 약물복용에 대한 추적을 위해 군인들에 1개월 분량 이상의 약물을 제공해서는 안 된다.

임상가들은 그들이 부대에 안전하고 효과적으로 제공할 수 있는 서비스의 정도를 결정해야 한다. 전문가들은 이들의 지원 정도와 역량, 상황의 한계점을 잘 고려하여 전장에서 치료할지, 주기지로 군인을 복귀시킬 것인지, 아니면 스케줄에 따라 집으로 복귀할 때까지 치료를 연기할지 결정해야 한다. 치료를 계속 진행할 것인지 아니면 후송을 보낼 것인지는 약물의 가용여부와 증상의 심각성, 치료에 대한 군인의 초기반응, 증상의 심각성이 주어진 임무를 수행하는 것에 미치는 방해 정도, 그리고 그 군인에게 기대되는 의무와 책임 정도에 따라 결정된다.

전장에서의 배치와 회복

정신건강 전문가는 배치disposition에 대해서는 거의 선택사항이 없다. 다수의 군인들은 지역별로 치료를 받으며, 만약 그들의 부대에서 멀리 떨어져 밤을 보내야 한다면 그 지역 의료 진료소에서 치료를 받을 것이다. 안전상의 위험에 대한 염려를 보이는 군인들은 부대의 관리를 받을 것이다. 더 현저한 증상을 나타내거나, 72시간 내에 증상해결이 시작되지 않는 군인들은 회복센터로 보내질 수 있다. 회복센터는 전장지역 내에 위치하지만 부대와 전방에서는 멀리 떨어져 위치한다. 여기서 군인들은 일주일 동안 집중적인 외래 치료를 받을 수 있다. 회복센터에서 치료받는 다수의 군인들은 다시 자신의 직무로 복귀하지만, 증상이 지속되는 군인들은 더 나은 치료를 위해 전장으로부터 후송되어 주기지로 돌아간다. 파병환경에서 입원환자로 치료받는 경우는 거의 없으며, 있어도 극히 적다는 것에 주목할 필요가 있다.

이라크와 아프가니스탄 작전에서 관찰된 문제 중 하나는 후송이 개인의 회복에 미치는 영향이다. 구체적으로 말하면 군인들이 전장에서 후송되었을 때, 그들은 자신의 부대와 지정학적으로 분리되어 있을 뿐만 아니라 정서적으로도 분리되었다는 느낌을 가졌다. 이 분리감은 배치되는 것에 대한 무력감(예를 들어 '나는 부대로 돌아갈 수 없어… 내가 할 수 있는 것은 아무것도 없어')과 개인적인 실패감(예를 들어 '내가 부대를 실망시켰어')을 갖게 만든다. 지각된 고립감은 사기에 손상을 줄 수 있고, 조기에 심리치료가 시작되었더라도 회복에 부정적인 영향을 미칠 수 있다. 그래서 부대들은 부대원이 이미 전장에서 후송되었더라도 부대의 응집성과 구제활동을 통해 후송된 군인들의 회복을 촉진할 수 있는 적극적인 역할을 해야 한다. 다행히 전화연락이나 전자메일, 비디오 화상회의와 같은 기술의 진보로 지속적인 관계형성이 가능해졌다.

요약

군 정신건강 관리는 제1차 세계대전 당시 Salmon이 최초로 조기 정신치료 원리를 제시하면서 크게 발전해 왔다. 전투작전 스트레스 팀의 수립과 함께 지휘관의 조언자로서, 정신건강 전문가의 역할과 예방업무에 대한 관심이 증대되었다. 이 장에서 다룬 돌봄모델은 파병된 군 정신건강 전문가에게 그들의 노력을 체계화할 수 있는 구조를 제공한다. 군 정신건강 전문가는 그들이 갖추고 있는 예방 및 회복탄력성 개발 기술을 마음대로 사용하는 데 능통해야 하며, 배치된 군인들을 지원하기 위한 조력가로서 부대 지휘관과 적극적으로 관계를 형성해야 한다. 동시에 비록 부대가 점진적으로 회복되고 있더라도 전투작전 스트레스 사상자는 지속적으로 발생할 것이라는 점을 잘 인식해야 한다. 그러므로 임무로의 복귀를 목표로 한 조기개입과 조기 치료메커니즘은 지속적으로 필요하다.

정신건강 전문가가 알아야 할 위험 및 윤리적 고려 사항

배치된 정신건강 전문가의 역할을 수행하는 것은 일반적인 의사-환자의 만남과 다르다. 전투환경에서 정신건강 치료를 제공하는 독특한 상황은 때때로 개인적 위험과 윤리적인 문제, 곤란한 상황을 발생시킬 수 있다.

개인적 안전

전투현장에서 활동하는 정신건강 전문가는 때때로 비전투 상황에서 대부분의 전문가들이 경험하는 것을 뛰어넘는 개인적인 위험을 요구하는 독특한 역할을 수행한다. 전문가가 적 공격의 대상이 될 수 있는 지역으로 이동하는 것과 위험이 수반되는 항공기 이용을 요청받는 일이 자주 있다. 비록 군인들과 부대의 필요를 위해 개인의 안전을 제쳐놓는 것은 신용과 신뢰성을 얻게 해주지만, 이는 바른 판단으로 적절히 조절해야 한다. '관람'하기 위한 목적이나 쓸데없는 위험에 처해 보려는 충동은 억제되어야 한다. 이러한 충동은 일에 대한 열정과 외국에 대한 호기심, 모험정신, 영웅이 되거나 '전쟁 체험기'를 축적하려는 욕구, 또는 전투와 여행에 내재되어 있는 진짜 위험에 대한 부정denial의 결합에 기인할 수 있다. 대부분의 경우에 정신건강 전문가는 부대에서 정신건강 관리를 위해 믿을 수 있는 유일한 원천이다. 누군가의 부상이나 죽음은 부대 전반에 부정적인 영향을 주기 때문에, 전문가는 적합한 안전장비를 갖추어야 하며, 어떻게 그것을 사용하는지를 알아야 한다. 전문가들은 충분히 훈련되어야 하며, 어떤 임무보다도 위급상황에서 해야 할 행동요령을 잘 연습해야 한다. 제한된 인적 자원(즉 정신건강 전문가)을 안전하게 유지해야 하는 책임감과 전장에 있는 부대를 돌보아야 하는 요구사항이 균형을 이루어야만 한다.

환자 안전

배치된 환경에서 위험에 처한 환자의 안전을 측정하는 것은 집에서 안전을 측정하는 것과 다르다. 먼저 환자들이 전투지대에 있고 적의 공격에 대응하기 위해 준비해야 하기 때문에 군인들은 항상 자동 무기와 탄약으로 무장되어 있다. 몇몇 연구에 따르면 사람들이 정신건강 문제를 갖고 있든 그렇지 않든 무기에 대한 접근이 쉬울수록 더 높은 자살시행의 위험에 처하게 된다(Kellermann 등, 1992;

Marzuk 등, 1992). 정신건강을 위한 접촉을 가질 때는 무기에 즉각적으로 접근할 수 있는지 없는지를 반드시 파악하고 있어야 하며, 군 정신건강 전문가가 군인들과 만날 때 그들의 무장을 해제해야 하는지에 대한 결정을 내려야 할 필요가 있다. 회의 상담 동안 환자와 전문가 둘 다 무장하는 것은 강한 분노나 살인 충동 또는 자살 충동이 있는 군인을 다루어야 할 때 매우 위험한 상황으로 이어질 수 있다.

무기가 필요하지 않을 것 같은 안전한 지역으로 군인을 후송하는 것은 위험하거나 충동 통제력이 낮은 군인들을 위한 하나의 개입방법이 된다. 또 다른 개입방법은 그들의 무기를 압수하거나 발사장치를 제거하는 것이다. 그러나 무기를 치우는 것은 군인들이 경험하는 비난(군인은 총을 절대 타인에게 양도해서는 안됨)과 적의 공격으로부터 자신을 방어할 수 없다는 위협감 때문에 쉽지 않다. 안전을 가장 최우선적으로 고려해야 할 사항임에는 틀림없으나, 무장하지 않는 것 또한 중요한 이슈가 된다.

정신건강 전문가들은 군인들의 지위를 넘어서서 직접적인 권위를 행해서는 안되며, 적합한 관계 속에서 지휘관에게 조언을 실시해야 함을 명확히 이해하고 있어야 한다. 정신건강 전문가들은 자살기도 환자들의 무장을 해제하거나 맡아두지 않는다. 대신에 군인들의 안전을 유지하기 위해 부대와 동맹관계를 맺어야 한다. 제안내용을 작성하면서, 정신건강 전문가들은 부대 리더들이 한계와 지지의 적절한 균형을 유지하도록 돕기 위해 그들과 함께 일할 수 있다. 전문가들은 또한 리더들이 임상적 지지를 필요로 할 수 있다는 사실을 다루어야 한다.

입원 정신치료를 요하는 환자를 위해 다른 해결책들이 제시될 필요가 있다. 미국에서 알려져 있기로, 입원환자 정신치료는 전투전장에서 존재하지 않는다. 입원환자 치료 침대는 매우 적으며, 돌보는 사람이 있는 의료병동에 있는 침대이다. 회복 프로그램은 군인들로 하여금 기지에서 일반적으로 완전히 감독을 받거나 통제되지 않고 생활하면서 하루나 단기 입원 장면에서 치료적 환경을 제공한다. 자살이나 타살 시도를 한 군인들은 일시적으로 그 직접적인 환경에서 벗어나 있는 것으로 해결되지 않는다. 요약하면 전투지역에서 치료적 선택을 다양하게 제시하기에는 제한적이며, 창의적인 해결과 융통성이 있는 치료계획이 필요하다.

이중 임무

배치되어 있는 동안 군 정신건강 전문가들은 부대와 병사환자, 양자의 니즈를 동시에 다루어야 하는 상황을 빈번하게 맞이한다. 이 두 가지 책임감을 이중임무라고 부른다. 때때로 단지 '환자'만 부대에 있고, 정체감이 있는 개인은 없다. 다른 사례로 군인들은 환자로 정의되고, 정신건강 전문가들은 그들을 치료할 책임을 가지며, 동시에 군에서 취해야 할 가장 좋은 행동은 무엇인지를 지휘관에게 조언한다. 대부분 이 두 가지는 겹치는 경우가 많다. 군인에게 좋은 것은 부대에게도 좋은 것이 된다. 그러나 상호 이득이 되는 행동이 항상 존재하는 것은 아니다. 예를 들어 한 군인이 정신건강 전문가에게 자신은 "더 이상 견딜 수 없으며 무단이탈 중"이라고 고백했을 때, 전문가는 환자와 부대에게 있어 상대적인 위험과 이점은 무엇인지를 검토해야 한다. 군인이 정신건강 전문가에게 전쟁 범죄를 보고하는 사례도 있다. 이러한 상황에서는 그 군인에게 정서적인 갈등도 있지만 부대 안에서의 리더십 문제도 있을 수 있다.

어떤 군인에 대한 치료나 임무 제한, 분리나 후송에 대한 조언을 준비할 때 정신건강 전문가는 그 당사자가 전투환경에서 담당했던 직무를 수행하는 능력에 대해 잘 숙지하고 있어야 한다. 이러한 평가는 그 군인이 전투의 심리적 영향으로 인해 고통받고 있는 경우에는 더 어려워진다. 정신건강 전문가는 부대의 임무나 현재 상태를 잘 인식해야 하며, 지휘관이 그 군인을 전투현장으로부터 벗어나게 해야 한다는 것을 조언할 적절한 시간을 정해야 하는데, 이는 쉬운 일은 아니다. 이러한 상황은 윤리적인 문제와 같이 세밀하게 평가되어야 하며 유일하게 정해진 답은 없다. 동료나 선배 정신건강 전문가들과 함께 토의하는 것이 좋으며, 이런 이슈들을 진행하거나 행동방침을 정하는 데 도움이 될 수 있다.

비밀보장

전투현장에 있는 군인들은 사생활에 대한 낮은 기대감을 갖고 있다. 지휘관이 자신의 진단내용이나 치료 후의 경과, 치료계획, 임무 제한점에 대해 알 권리가 있다는 것을 고려해볼 때, 이러한 낮은 기대감을 갖는 것은 현실적이기도 하다. 그러나 이러한 간결한 이슈들을 넘어, 정신건강 전문가들은 다른 세부내용에 대해서는 이야기해서는 안 된다. 이와 대조적으로 지휘관에게는 그러한 제한이 없으며, 정신건강 전문가에게 그 군인의 직무능력이나 동료 및 상급자와의 관계, 이전 상담내용을 포함하여 다양한 정보를 제공할 수 있다. 적대관계가 아닌 팀에서의 파트너로 인식된다면 정신건강 전문가와 지휘관 사이의 조력관계는 그 관심이 되는 군인뿐 아니라 두 부류에게도 각각 이득이 된다.

비록 지휘관은 치료와 관련된 일부 세부사항을 알 권리가 있지만, 정신건강 전문가는 반드시 어떤 정보를 제공하기 위해 모든 환자들의 지휘관을 만날 필요는 없다. 만약 어느 군인이 직무를 수행하는 데 지장이 없는 경미한 증상을 가지고 있다면 지휘관을 만나지 않아도 된다. 그러나 부대나 임무, 당사자에게 위험이 될 것 같으면 그 전문가는 지휘관이 환자의 안전이나 지속적인 치료에 대해 이해하고, 부대의 안전이나 임무 수행 효과성을 판단할 수 있도록 그 문제를 인식시킬 책임이 있다. 그리고 임무수행에 영향을 줄 수 있는 약물치료를 시작한다는 것을 지휘관이 인식할 수 있도록 알려주어야 한다.

관계의 경계

정신건강 전문가가 다른 군인들과 소규모 집단에서 함께 생활하고 일할 때, 그리고 그들의 정신건강 역시 전문가들의 책임에 포함될 때, 이중관계에 대한 이슈들이 자주 발생한다. 전문가들은 이러한 이슈들을 비환자nonpatient와 잠재적인 환자potential patient로 분류하여 해결해 갈 수 있다. 앞으로 환자로까지 심각해지지 않을 것 같은 비교적 안정적인 군인들에게는 사회적 관계성을 향상시키는 치료가 필요하다. 아마도 전문가들이 직면하는 가장 까다로운 문제 중 하나는 침대를 같이 쓰는 동료나 운동 파트너, 또는 친구로 대해 왔던 비환자 군인들이 정신건강 치료가 필요해질 때 발생한다. 만약 이들을 위탁할 다른 정신건강 전문가가 없다면 사회적 관계는 변하게 되고 전문가와 그 환자가 된 군인, 둘 다에게 난처한 상황이 된다. 게다가 간혹 정신건강 전문가의 상급자가 치료를 받고 싶어 하는 경우도 있다. 상황에 따라 그 사람을 위탁할 다른 전문가가 없을 수 있고, 치료를 받는 것이 상급자의 관심사일 뿐만 아니라 부대 전체의 가장 큰 관심사가 될 수 있다. 이처럼 이중관계에서 치료를 시작할 때, 치료적 관계와 사회적 관계는 분리되어져야 한다는 점이 명확히 다루어져야 한다.

마지막으로 많은 전문가들은 소규모 인원이 있는 상대적으로 원거리 지역 부대에 배치될 수 있다. 가능할 때마다 군 정신건강 전문가는 할애할 수 있는 특정한 시간과 치료회기를 위한 장소를 확인해야 한다. 비록 그 회기들이 공식적인 장소와 시간에 진행되지 않더라도, 군인들과 치료적 관계로서 회기를 갖는다는 경계를 정하기 위해 필요하다. 이런 종류의 회기는 이용성 원리가 적용된 것이라기보다 사회적 만남과 치료적 만남을 서로 구분 짓는 중요성을 강조한 것이라고 할 수 있다. 치료를 시작할 때, 전문가는 그 군인들과 함께 어떻게 두 부류의 사람들이 식당에서, 체육관에서, 일반적인 삶의 공간에서 서로 만나고, 일상적인 상호교류를 지속할 것인지를 토의해야 한다. 비임상적 장면에서 어떻게 서로 인사하고 싶은지, 비응급 상황 질문과 관심에 대해서는 언제 문의하는 것이 좋은지, 그리고 이런 것들을 할 것인가, 말 것인가가 토의에서 다루어져야 한다. 만약 토의하지 않는다면 이러한 관계적 경계는 정신건강 전문가와 그 군인들 간의 치료적 관계에 부정적으로 영향을 미칠 수 있다. 만약 어떤 문제들이 짧은 만남을 통해 해결될 수 없는 것이라면 더 깊은 치료를 위해 간단히 그 문제에 대해 경청하고, 적당한 시간과 장소를 정하는 것으로 정신건강 지원을 실시할 수 있다.

전문가들의 회복탄력성

군인들이 전투나 배치상태에 노출되는 것과 마찬가지로 의료 전문가들도 스트레스와 관련된 질병이나 피로를 경험한다. 적절한 일·휴식 주기와 수면 습관, 영양분 섭취, 규칙적인 운동, 영적 필요의 충족, 스트레스 감소활동, 사랑하는 사람과의 만남과 같은 관리가 진행되어야 한다. 전문가들은 15개월까지 지속될 수 있는 파병 전 기간 동안 근무한다는 것을 잘 인식해야 한다. 지속적으로 일을 하려는 충동은 피해야 하며, 적절한 경계선이 유지되어야 한다. 식사나 수면, 샤워를 하거나 환자들과 같은 장소에서 일할 때, 이러한 균형을 유지하기란 어려울 수 있다.

많은 경우, 정신건강 전문가들은 파병된 부대에 위치하면서 고향에서의 지지 네트워크를 유지하지 않거나 새로운 부대 내에서 관계형성을 발전시키려는 시간을 갖지 않을 수 있다. 전문가들은 자신이 속한 부대 군인과 의료, 두 부류의 사람 모두와 멘토나 동료 관계성을 가져야 하며, 다른 부대나 상급부대와의 네트워크도 유지해야 한다. 군인으로서, 개인으로서 좋은 점은 스트레스를 받을 때 동료로부터 정서적인 지지를 받는 것이다. 규칙적으로 친구를 만나 식사하고 운동하며, 재미를 즐기는 것은 파병기간 동안 전문가들의 삶의 질을 현격하게 향상시켜 줄 수 있다. 더욱이 파병 오지 않은 친구나 가족, 멘토들과 좋은 관계를 지속적으로 갖는 것은 지지를 계속해서 받을 수 있으며, 객관적인 의견을 갖도록 도와준다.

억류자 관리

대부분 배치된 군 정신건강 전문가들은 억류자들과 접촉할 기회가 많지 않다. 일반적으로 접촉할 수 있는 한 가지 경우는 억류자들이 이상한 행동을 보인다거나 자살 또는 타살 사고가 났을 때이다. 이러한 경우, 전문가들은 안전평가를 실시하여 어떤 적절한 수단을 제공할지를 결정하게 된다. 또한 억류자의 안전관리를 위하여 가용한 장비와 기구들은 무엇이 있는지 확인한다. 만약 없다면, 필요한 것들이 무엇이 있는지 기록해야 하며, 적절한 기관으로 이송할 수도 있다. 이러한 후송은 언어적인 장벽 때문에 어려워질 수 있으며, 요구되는 평가는 통역을 통해 수행된다. 또한 문화적 차이가 있고, 정신건강 전문가와 억류자들 간의 신뢰의 부족도 있다.

어떤 경우에는 억류자들에 대한 의료적 지원을 최우선 임무로 하는 병원에서 근무하는 군 정신건강 전문가가 있다. 이러한 과업을 수행하기에 앞서, 전문가들은 억류자들과 상호접촉하고 이들을 관리하기 위한 특화된 교육을 받는다. 또 다른 한 가지 문제는 보호요원으로 근무하는 군인들을 관리하는 것이다. 보호요원으로 일하는 것은 스트레스가 되며, 구금 장소에 배치된 정신건강 전문가는 그 군인들이 적응적 반응을 발전시킬 수 있도록 도와준다. 즉각적인 도움을 받을 수 있다는 것을 확신시켜 주며, 전투작전 스트레스로 인한 어려움을 경험하고 있는 인원들을 찾아보고, 구금 장소 보호요원을 확인하기 위해 부대의 전체지역을 자주 돌아봄으로써 이런 인원들을 식별할 수 있고 도움을 줄 수 있다. 많은 비의료적 군인들이 군 정신건강 전문가들의 능력이나 한계, 활동 영역에 대해 잘 알지 못할 수 있다. 때때로 전문가들은 억류자에 대한 심문에 참가하거나 검토해 달라는 요청을 받을 수 있다. 또한 심문할 때 사용하기 위해 환자(억류자)를 만나면서 획득한 정보를 달라고 요청받기도 한다. 이때 정신건강 전문가는 이와 같은 요청을 거절해야 하며 확실한 경계선을 그어야 한다. 정신건강 전문가는 정신건강 참모들과 지도부들에게 자신들은 이러한 활동에 참여할 수 없으며, 미국 심리학회와 미국 정신건강 의학회에서 이와 같은 행위를 하지 말 것을 규정화했음을 이해시킬 필요가 있다(American Psychiatric Association, 2006; Behnke, 2006).

향후 방향

군 정신건강 전문가들은 지휘관들에게 그들의 부하들에 대한 건강과 치료에 대해 유일하고 핵심적인 사항들을 제공해 준다. 이 조언은 높은 스트레스 상황에 처해 있는 환자들에 대한 직접적인 관리사항을 제공해 줄 뿐만 아니라 심리적 사상자들을 예방하는 데도 중요한 역할을 한다. 그러나 조기 정신치료 원리의 효과성과 장기적인 영향력에 대해서는 아직 잘 밝혀지지 않았다. 조기 정신치료의 전반적인 효과성을 알아보는 연구들이 진행되어야 한다. 이러한 연구들은 파병순환주기를 통틀어 군인들의 정신건강 상태에 대해 조사해야 하며, 이전에 가지고 있던 심리적 상태가 전투현장에서의 군인들의 정신건강에 미치는 영향에 대해서도 연구해야 한다. 또한 육군의 회복탄력성 기반 전투정신 훈련 프로그램Battlemind training program이나 전문 회복탄력성 지도자 프로그램과 같은 회복탄력성 훈련의 효과성도 검증해야 한다. 마지막으로 조언, 이용성, 회복탄력성 훈련, 초기개입으로 구성된 돌봄체계와 같은 전반적인 범위를 아우르는 모델들이 개발되어야 한다. 훈련 프로그램과 정책, 연구의 내용은 전투지대에서의 정신건강 전문가들의 효율성을 최적화하기 위해 돌봄모델의 각기 다른 측면들에 목표를 두어야 한다.

참고문헌

Adler,A,B., Bliese,P.B., McGurk,D., Hoge,C.W., Castro,C.A. (2009). Battlemind Debriefing and Battlemind Training as early interventions with soldiers returning from Iraq : Randomized by platoon. *Journal of Consulting and Clinical Psychology, 77*, 928-940. doi : 10.1037/a0016877

Alder,A,B., Castro,C.A., & McGurk,D. (2009). Time-driven Battlemind Psychological Debriefing:A group-level early intervention in combat. *Military Medicine*, 174, 21-28.

American Psychiatric Association. (2006). Position Statement on detainee interrogation. *Psychiatric News*, 41, 10.

Appel,J.W. (1996). Preventive psychiatry in neuropsychiatry. In A.J.Glass & R.J.Bernucci (Eds.)., *World War II*(pp.373-416). Washington, DC:Office of the Surgeon General.

Assistant Secretary of Defence. (2006). *Policy guidance for deployment limiting psychiatric conditions and medications*. Washington, DC:Department of Defense.

Behnke,S. (2006). Ethics and interrogations:Comparing and contrasting the American psychological, American medical, and American psychiatric association positions. *Monitor on Psychology*, 37, 66.

Belenky,G.L., Tyner,C.F., & Sodetz,F.J. (1983). *Israeli battle shock casualties: 1973 and 1982* (WRAIR NP-83-4). Washington, DC:Walter Reed Army Institute of Research.

Bourne,P.G. (1970). Military psychiatry and the Vietnam experience. *The American journal of Psychiatry*, 127, 481-488.

Castro,C.A., & Thomas,J.L.(Chairs). (2007, August). *The Battlemind Training System: Supporting solders throughout the deployment cycle*. Symposium conducted at the meeting of the American Psychological Association, San Francisco, CA.

Department of the Army. (1994). Field manual 8-51. *Combat stress control in a theater of operation, tactics, techniques, and procedures*, Washington, DC:Headquarters, Department of the Army.

Department of the Army. (2006). *Field Manual 4-02.51. Combat and operational stress control*. Washinton, DC:Headquarter, Department of the Army.

Fontana,A., & Rosenheck,R. (1998). Psychological benefits and liabilities of traumatic exposure in a war zone. *Journal of Traumatic Stress*, 11, 485-503, doi:10.1023/A:1024452612412

Gal,R., & Jones,F.D. (1995). A psychological model of combat stress. In F.D.Jones, L.R.Sparacino, V.L.Wilcox, J.M.Rothberg, & J.W.Stokes (Eds.), *War psychiatry* (pp.133-148). Washington, DC: Office of the Surgeon General-Borden Institute.

Glass,A.J. (1996). Lessons learned in preventive psychiatry. In A.J.Glass & R.J.Bernucci (Eds.), *Neuropsychiatry in World War II* (pp.989-1027). Washington, DC: Office of the Surgeon General.

Jacobs,J., Horne-Moyer,H.L., & Jones,R. (2004). The effectiveness of critical incident stress debriefing with primary and secondary trauma victims. *International Journal of Emergency Mental Health*, 6, 5-14.

Jones,E., & Wessly,S. (2003). 'Forward psychiatry' in the military: Its origins and effectiveness. *Journal of Traumatic Stress*, 16, 411-419, doi:10.1023/A:1024426321072

Jones,F.D. (1995). Psychiatric lessons of war. In F.D.Jones, L.R.Sparacino, V.L.Wicox, J.M.Rothberg, & J.W.Stokes (Eds.), *War psychiatry* (pp. 1-33). Washington, DC: Office of the Suregeon General-Borden Institute.

Kellermann,A.L., Rivara,F.P., Somes,G., Reay,D.T., Franciso,J., Gillentine Banton,J., ...Hackman,B.B. (1992). Suicide in the home in relation to gun ownership. *The New England Journal of Medicine*, 327, 467-472.

Koshes,R.J., Young,S.A., & Stokes,J.W. (1995). Debriefing following combat. In

F.D.Jones, L.R.Sparacino, V.L.Wilcox, J.M.Rothberg, & J.W.Stokes (Eds.), *War psychiatry* (pp.271–290). Washington, DC: Office of the Surgeon General–Borden Institute.

MacDonald,C.M. (2003). Evaluation of stress debriefing intervention with military populations. *Military Medicine*, 168, 961–968.

Marzuk,P.M., Leon,A.C., Tardiff,K., Morgan,E.B., Stafic,M., & Mann,J.J (1992). The effect of access to lethal methods of injury on suicide rates. *Archives of General Psychiatry*, 49, 451–458.

Manninger,W.C. (1948). *Psychiatry in a troubled world*. New York, NY: MacMillion.

Mental Health Advisory Team Ⅲ. (2006). *Mental Health Advisory Team(MHAT) Ⅲ Operational Iraqi Freedom 04–06*. Washington. DC: Office of the Surgeon General

Mental Health Advisory Team Ⅳ. (2006). *Mental Health Advisory Team(MHAT) Ⅳ Operational Iraqi Freedom 05–07.* Washington. DC: Office of the Surgeon General

Mental Health Advisory Team V. (2008). *Mental Health Advisory Team(MHAT) V Operational Iraqi Freedom 06–08: Iraq, Operation Enduring Freedom 8: Afghanistan. Washington*. DC: Office of the Surgeon General

Mitchell,S.G., & Mitchell,J.T. (2006). Caplan, community, and critical incident stress management. *International journal of Emergency Mental Health, 8*, 5–14.

Rose,S., Bisson,J., Churchill,R., & Wessely,S. (2002). Psychological debriefing for preventing posttraumatic stress disorder (PTSD). *Cochrane Database of Systematic Reviews, 2,* Retrieved from http://www2.cochrane.org/reviews/en/ab000560.html

Tischler,G.L. (1969). Patterns of psychiatric attrition and of behavior in a combat zone. In P.G.bourne (Ed.). *Psychology and physiology of stress* (pp.19–44). New York, NY: Academic Press.

Warner,C.H., Appenzeller,G.N., Mobbs,A., & Grieger,T. (2008, August). *Effectiveness of battlefield ethics chain teaching*. Paper presented at the U.S. Army Force Health Protection Conference, Albuquerque, NM.

Warner,C.H., Appenzeller,G.N., Mullen,K., Warner,C.M., & Grieger,T. (2008). Soldier attitudes towards mental health screening and seeking care upon return. *Military Medicine*, 173, 563–569.

Warner,C.H., Breitbach,J.E., Appenzeller,G.N., Yates,V.D., Greiger,T., & Webster,W.G. (2007). Division mental health: Its role in the new brigade combat team structure: PartⅠ. Predeployment and deployment. *Military Medicine, 172*, 907–911.

3장

군대 내 정신건강 지원의 최적화

동료와 리더의 역할

3장

군대 내 정신건강 지원의 최적화

동료와 리더의 역할

Neil Greenberg And Norman Jones

"어이, 후트, 왜 이런 일을 하는 거야? 왜? 전쟁이 그렇게 좋아? 이렇게 물어보면 난 그냥 대답을 안 해 버려요. 왜냐고요? 어차피 말해도 모를 테니까. 우리가 왜 이 일을 하는지 다른 사람들은 절대 이해 못 해요. 옆에 있는 전우를 위해서라는 것, 그 사람들은 절대 이해 못 해요. 결국 그겁니다. 내 전우를 위해서 싸우는 거죠."

— 미 육군 소속 군인, 모가디슈, 소말리아, 1993

군인들은 위험한 임무를 수행해야 하고, 그 임무를 위해 매우 위험한 곳에 투입되는 경우도 많다. 이렇게 이들은 위험한 임무를 수행하면서 외상적 자극에 노출되는 상황에 처하게 된다. 국내에서 복무하는 경우에는 가족이나 친구 등 다양한

이 장은 미국 정부에 의해 고용된 연구진에 의해 공무의 일환으로 작성된 것으로 공유 저작물에 해당한다, 여기에 제시된 어떤 내용도 반드시 미국 정부의 입장을 대변하지 않으며, 저자들이 연구에 참여했다고 해서 이 내용이 공식적인 입장을 제시하는 것도 아니다.

곳에서 지원을 받을 수 있지만, 작전 수행 중인 경우 그러한 지원을 받는 것이 어려운 것을 넘어 때로는 아예 불가능해지기도 한다. 나아가, 의료진, 군목 등의 돌봄 전문가caring professional나 정신건강 전문가mental health provider가 전장지역에 위치할 가능성이 높은 것은 사실이지만, 그러한 자원 자체가 제한되어 있거나 전술적 상황 및 지리적 제약으로 인해 접근이 어려워지는 경우가 많다. 이를 고려해 볼 때, 파병 중 정신건강 지원의 요구는 증가하지만, 그러한 지원을 제공하는 것에 대한 어려움도 증가하여 이들 사이에 불일치가 발생한다.

군에 입대하는 사람이라면 자신이 작전임무로 인해 신체 상해를 입을 위험에 처하게 될 것이라는 점이나 고국에서 멀리 떨어진 지역에서 신체적으로 고된 임무를 수행해야 할 요구를 받게 될 것이라는 점에 대해 최소한 어느 정도 이해를 갖춘 상태에서 입대하게 된다. 사실, 자기 자신에 도전하거나 혼란을 자기 직무의 일부로서 받아들이는 것은 상당수의 군인이 군에 입대하게 된 이유이기도 하다. 하지만 바로 그 요인들 때문에 많은 수의 군인이 입대시 예상했던 것보다 더 일찍 제대하기도 한다. 다른 고위험 직업에 종사하는 이들과는 달리, 군인은 일단 입대를 하고 점선 위에 서명을 하고 나면 자신의 자율과 선택권 중 상당 부분을 잃게 된다. 따라서 피고용인을 위험한 상황에 처하게 하는 것이 예상되는 조직이라면 모두 그 피고용인에 대한 돌봄의 의무를 지니지만, 그중에서도 군 리더는 그러한 다른 조직의 관리자들에 비해서 자기 부하들에 대해 훨씬 더 높은 수준의 의무를 가진다고 할 수 있다. 군인의 경우 고도로 위험한 임무를 거부할 기회가 제한되어 있다는 점을 생각해볼 때, 군인들의 심리적 건강은 모든 각급 리더에게 핵심적인 임무 목표가 된다. 이 점을 다음과 같은 도덕적 비례 원칙으로 요약해 볼 수 있겠다. "자신을 위해 일하는 사람에게 더 많은 것을 요구할수록, 그들에게 더 많은 것을 줄 책임이 있다."

이 장에서는 군 리더가 부하들에 대한 돌봄의 의무를 수행하는 방식에 영향을 미치는 관련 쟁점에 대하여 개괄하도록 한다. 이 장에서는 심리적 상해의 관리에 있어 주로 예방적인 접근방식을 취할 것이다. 효과적인 리더의 제1목표는 심리적 위협요소를 지속적으로 평가하고, 가능한 경우 그 요소를 완화하는 것이 되어야 한다. 또한 책임감이 있는 리더라면 효과적인 초기개입을 필요로 하는 군인들에게 그러한 개입이 반드시 제공되도록 해야 한다. 그리고 우리들은 이러한 리더십을 이루어내는 최선의 방법은, 최소한 작전 상황에서는, 동료에 의한 지지가 활성화되는 환경을 조성하는 것이라고 본다. 이 장은 효과적인 사회적 지지의 제공 및 그러한 지원을 최적화할 수 있는 혁신적인 방법의 이론적 측면에 대하여 다룬다. 특히 우리들이 개발한 영국의 초기 개입 모형인 외상 위험 관리Trauma Risk Management, TRiM에 대하여 논할 것이다. 우리들은 또한 전투정신Battlemind이라는 심리적·행동적 개념에 초점을 맞춘 미군의 회복탄력성 개입 프로그램에 대해서 다룰 것이다. 심리 의료 전문가들이 정신적으로 문제를 겪는 군인들을 치료하고 리더를 뒷받침하는 데 있어 일정한 역할을 담당해 왔다는 점에 대해 우리들은 찬성하는 입장이지만, 영국군을 포함한 대부분의 군대에서는 장병들의 심리적 복지는 일차적으로 지휘부와 리더들의 책임에 속한다. 따라서 이 장에서는, 가능한 모든 경우에, 군의 지휘 계통은 외상적 사건으로 고통을 겪고 있는 군인들에게 필요한 것을 제공하고, 이들을 지원하기 위한 의료·정신의료 서비스를 제공할 책임을 진다는 점을 주장하고자 한다. 이를 통해 우리들이 주장하고자 하는 바는, 군 의료 서비스가 아무리 좋은 자원과 실력과 전문성을 갖춘다 하더라도, 부대의 리더가 자기 부대가 겪는 심리적 고통에 대하여 올바른 접근법을 취하지 않으면 - 특히 낙인효과(stigma)를 최소화하지 않으면 - 어떠한 정신건강 지원도 효과를 거두지 못할 것이라는 점이다.

사회적 지지

*사회적 지지*social support라는 용어는 사회학 연구자 및 정신의학 연구자들이 널리 쓰고 있는 용어이다. 사회적 지지라 함은 한 사람을 다른 사람에게 연결시키는 여러 핵심요소에 대한 구성개념을 의미한다. 사회적 지지에 대한 연구는 민간인 집

단뿐만 아니라 군인 집단을 대상으로도 수행되었지만, 군인을 대상으로 한 연구의 경우 사회적 지지를 *부대 응집력*unit cohesion이라는 용어로 대체하거나(Baqrtone, Ursano, Wright & Ingraham, 1989) '사기 morale'라는 더 넓은 범위의 구성개념에 포함하여 논의하는 경우가 대부분이다(Grinker & Spiegel, 1945). 이 두 가지 개념 모두 사회적 지지와 밀접한 관련을 맺고 있다(Siebold, 2007).

사회적 지지: 일반 개념

군 조직은 외부에 모습이 잘 드러나지 않는, 그리고 어떤 면에서는 독특함을 지닌 사회적 구성체social construct이다. 군인은 일반인이 사용하는 일상적인 언어와 다른 언어를 사용하며, 일반 사회의 대다수 인원들의 행동방식에서 찾아볼 수 없는 다른 행동패턴을 많은 분야에서 보여 왔다. 예를 들어 대부분의 군대에서는 높은 수준의 체력을 유지할 것을 요구하고, 명령에는 불문곡직(不問曲直)하고 기꺼이 복종할 것을 요구하며, 갈등 상황을 견뎌내고, 때에 따라서는 목숨이 위협받는 상황까지 감내할 것을 요구한다. 일반 사회의 대부분 영역은 물론 이와 같지 않다. 군대문화 속으로 사회화되는 과정에서, 군인들은 임무 완수를 위해 전우에게 의지하는 방법과 전우를 위하는 방법을 배우게 된다.

군대 사회화 과정은 신병들에게 향후 군인으로서 복무하는 동안 - 그리고 대부분의 경우 전장지역을 벗어난 이후에도 - 계속될 군대만의 문화와 생활양식을 주입하는 것을 목적으로 하는 기초 군사훈련으로 시작한다(McGurk, Cotting, Britt & Adler, 2006). 사회적 지지가 있는 환경이라면 어느 곳에서나 사회화가 핵심요소가 된다. 사회화가 가지는 이점에 대해서는 사회과학자들이 먼저 주목하였는데, 그중 Durkheim(1951)은 사회적 연결고리가 적은 사람일수록 자살하는 경우가 더 많다는 점을 발견했다. 다행스럽게도 자살은 대부분의 군대 내에서 흔치 않은 사건이기는 하지만, 많은 연구에서 사회적 접촉이 군인 집단과 비군인 집단 모두에게 심리적 이점을 제공하고 있음을 보여주었다(Lerner, Kertes & Zilber, 2005; Orsillo, Roemer, Litz, Ehlich & Friedman, 1998; Thomas & Znaniecki, 1920). 실제로 다수의 연구 논문에 따르면 사회적 지지의 부재가 신체적 질병과 정신적 질병의 유병률과 사망률을 높이는 데 있어 - 측정은 힘들지만 - 매우 중요한 위험요인이다(Berkman & Syme, 1979; Helgeson, Cohen & Fritz, 1998; House, Robbins & Metzner, 1982; Reifman, 1995).

이 점을 고려해 볼 때, 군대 내에서 사회화 과정을 촉진하는 것이 신체적이고 심리적인 건강을 증진하는 데 있어 상당한 도움이 되리라는 것을 알 수 있다. 하지만 사회화 과정을 촉진하기 위해서는 두 가지 차원에서의 계획수립이 요구된다. 첫째, 군대문화의 교육과정에 사회화라는 정식 목표를 명시적으로 포함시켜야 한다. 둘째, 훈련 중이나 작전 전개 중, 리더는 작전의 흐름이 급박할지라도 사회화를 위한 교육을 정식으로 계획하여야 한다.

다만 사회적 지지가 미치는 영향이 건강에 이롭기만 한 것은 아니다. 군대 내 정신건강 지원활동 설계를 담당하는 이들은 사회적 지지의 적용이 오히려 질병의 원인이 될 수도 있음을 언제나 인지하여야 한다. 위에 언급한 대로 많은 연구자들이 사회화가 가지는 이점을 밝힌 반면, 다른 연구자들은 과도하게 사회적인 환경은 양호한 기능 수행과 복지 증대로 이어지지 못할 수도 있다는 주장을 펼쳤다(Cohen & Wills, 1985; Schwarzer & Leppin, 1989). 나아가 Beehr, Bennett 및 Bowling(2007)은 사회적 지지의 제반 요소 중 몇 가지는 군대 외적인 환경에서는 정신건강에 해가 될 수 있다고 밝히면서 그 이유를 세 가지로 설명했다. 첫째, 사회적 지지를 제공하는 사람들과의 사회적 상호작용을 통해 오히려 직장에서 힘든 점에 대해서만 생각하게 될 수 있고, 이 경우 불안이 줄어들기보다 더욱 커질 수 있다. 둘째, 다른 사람들로부터의 도움은, 의도한 바는 아닐지라도 도움을 받는 개인으로 하여금 자신이 능력이 부족하다고 느끼게 만듦으로써 그 개인의 자아개념에 해악을 가져올 수 있다. 이 점을 군대 상황으로 설명해보면 자신이 과제를 잘 수행하지 못하여 동료가 자기 대신 그 과제를 떠맡는 경우, 또는 리더나 초급장교가 내린 명령을 번복하는 경우를 들 수 있다. '내가 이 일을 더 잘 알고, 임무의 성공을 간절히 원한다'는 이유로 말이다. 마지막으로 Beehr 등은 자신이 부탁하거나 원하지 않았는데도 타인이 도움을 주는 경우, 그 이유와는 상관없이 도움을 받는 사람의 정신건강에 악영향을 미칠 수 있음을 주장하고 있다.

사회적이거나 환경적 상호작용과 그것이 개인 심리에 미치는 영향을 보여주는 예를 '*정서표현*expressed emotion'이라는 개념 속에서 찾아볼 수 있다. 정서표현에 대해서는 많은 연구가 이루어졌다. 기존 연구는 대부분 정신분열증과 같이 심각한 정신건강 문제에 미치는 영향이라는 맥락에서 이루어졌다(Flanagan, 1998; Leff, 1994). 하지만 이러한 연구결과는 군대 상황과 관련성을 지닐 수도 있다. 정서표현이 대인관계에서 미치는 악영향 중 하나는 바로 과잉간섭이다. 이 점에 대해서는 Beehr 등(2007)도 입장을 같이하고 있다고 볼 수 있는데, Beehr 등은 도움받는 사람이 원하지 않은 도움을 그 사람의 능력 부족에 초점을 맞추는 방식으로 제공하는 경우에 대해서 논하고 있다. 이에 따르면 리더와 동료들은 유용한 충고나 도움을 주려고 한 것임에도, 그 충고와 도움을 받는 사람에게는 심리적 건강의 악화라는 결과로 이어질 수 있는 것이다(Leff, 1994). 이러한 과잉간섭은 정신건강이 약하거나 정서적 경계가 약한 사람에게 특히 부정적인 영향을 미치는 것으로 이해되고 있다. 하지만, 이러한 개념은 동시에 사회적 결속력이 강한 집단이 어려움을 겪는 구성원에게 적절한 수준의 정서적 지원을 제공해 주는 데 있어 겪을 수 있는 어려움을 잘 보여준다. 이를 고려해 볼 때, 정서적 어려움을 겪을 가능성이 있는 해군, 육군, 공군 병사를 그저 동료 병사들 옆에 둔 다음에 그 병사가 이를 통해 나아지기를 기대하는 것은 리더로서 적절치 못하다. 사회적 지지를 제공하는 방식에 대한 깊은 고민이 필요한 것이다.

우리들의 주장은, 동료 장병들을 통해 이루어지는 프로그램은 세심한 계획과 실행을 거칠 때에만 해당 병사의 정신건강과 일반 기능 수행에 이로운 효과를 가져다줄 수 있다는 것이다. 이는 곧 그러한 프로그램의 일환으로 사회적 지지를 제공하는 사람들은 그 역할을 완수할 수 있는 능력을 갖추어야 함을 의미한다. 아무나 할 수 있는 일이 아닌 것이다. 예를 들어 이 장에서 나중에 설명할 영국의 TRiM 프로그램은 훈련을 받은 동료가 문제 군인의 정신 상태를 감정하는 방식을 기초로 한다. 우리들의 경험에 따르면 특정 군인, 특히 '인간 중심'의 태도를 지니지 않은 군인의 경우 TRiM에서의 역할을 성공적으로 수행하지 못하는 것으로 나타났다. TRiM에 따른 정신감정을 효과적으로 수행하기 위해서는 차분히 다른 사람의 말을 듣는 능력, 말하는 내용에 계속 집중할 수 있는 능력, 그리고 비언어적 신호를 짚어낼 수 있는 능력이 필요하다. 나아가 TRiM 면접을 효과적으로 수행하기 위해서는 해당 군인이 쓰는 언어로 말하고, 재외상과 같은 부정적 영향의 가능성을 예방하는 것이 필요하다. 특히 재외상의 경우에는 심리적 경험보고psychological debriefing 이후에 성과가 낮아지는 이유 중 하나로 지목을 받은 바 있다(Sijbrandij, Olffm, Reitsma, Carlier & Gersons, 2006). 이렇듯 동료와 리더로부터의 사회적 지지는 많은 경우 도움이 되지만 그러한 지원의 효과를 극대화하기 위해서는 이에 대한 구체적인 고려와 계획이 필요하다.

구조적인 사회적 지지와 기능적인 사회적 지지

사회적 지지의 개념화는 크게 두 가지 방향으로 이루어졌다. 구조적인 지원과 기능적인 지원으로 이루어졌다. 이 두 가지 모델을 바탕으로 사회적 지지의 작용 방식에 대한 두 가지 가설이 세워졌다. 이 절에서는 두 가지 모델의 기초 원리에 대해 설명하고 이것이 군대에 어떻게 적용되는지에 대해 살피도록 한다.

*구조적 지지*란 사회적 연결고리가 존재함을 의미하며 이는 보통 결혼, 가족, 교회, 그리고 기타 집단의 네 가지 범주로 구분된다(McNally & Newman, 1999). 군대의 경우 대부분의 주된 사회적 연결고리는 다른 부대원들과의 사이에서 형성되며, 이러한 연결고리는 기타 집단으로 분류할 수 있다. 하지만 군대 전체를 자기 가족으로 여기는 군인의 수도 상당한데, 특히 좋지 않은 아동기를 경험한 젊은 군인들이 여기에 해당한다(Iversen 등, 2007). McNally와 Newman(1999)의 연구에 따르면 어떠한 이들에게는 종교인도 중요한 사회적 지지의 원천이 되며, 작전 중에 배우자와 전화, 우편 또는 이메일로 주고받는 간접적인 의사소통도 많은 이들에게 중요한 사회적 지지의 원천이 된다. 사회적 연결고리의 존재를 강조하는 구조적 지

지 모델은 여러 종단 연구longitudinal studies를 통해 검증된 바 있다(Berkman & Syme, 1979).

사회적 지지에 대한 구조적 접근에서는 이렇듯 구성원의 인지, 정서, 행동, 심지어 생물학적 반응에도 영향을 줄 수 있는 공동의 가치나 신념을 지닌 집단에 대한 귀속에 대하여 논하게 된다. 가족이든, 경찰이든, 대대이든, 지원 중대 내 중화기 반이든 간에 상관없이, 그 안에 속한 구성원은 모두 상호작용을 하게 되며, 정도의 차이는 있지만 모두 그 집단의 규범을 만들어내고, 그에 기여하고, 또한 그에 순응하게 된다. 이러한 과정이 성공적으로 이루어질 경우 구성원은 귀속감을 지니게 된다. 자아존중감의 고양과 집단 규범에 대한 순응은 개인의 건강에도 영향을 미친다. 반대로 집단 내 다른 구성원과의 통합에 실패하는 경우 그 집단과 해당 개인 모두의 심리적 건강에 해가 될 수 있다(Loo, Lim, Koff, Morton & Kiang, 2007).

구조적 모델을 바탕으로 이른바 *주효과 가설*main effect hypothesis이 세워졌는데, 이 가설에 따르면 특정인이 스트레스의 영향을 받고 있는지의 여부와 상관없이 사회적 지지는 긍정적인 영향을 미친다고 한다(Cohen & Wills, 1985). 그 결과, 사회적 지지가 건강에 미치는 긍정적인 영향은 갈등상황 이후에만 의미를 지니는 것은 아니다. 사회적 접촉망에 진입하는 것은 사람들이 운동하는 방식, 먹는 음식, 그리고 그 밖에 흡연이나 약물 사용 등 건강에 관련된 행동에 영향을 미칠 수 있다. 작전수행 중에도, 각 군인이 속한 집단이 무엇인지에 따라 임무를 수행하는 방식에 영향을 받을 수 있다.

다른 연구를 살펴보면 사회 네트워크에 참여함으로써 심리적 절망감despair이 감소하고(Thoits, 1985), 자신을 더 잘 돌보아야겠다는 동기부여를 받게 된다는 연구결과가 있다(van Dam 등, 2005). 나아가 한 개인이 속하는 사회 네트워크가 그 사람의 신경내분비 및 면역체계에 미치는 영향을 증명하기도 했다(Cohen, Clark, & Sherrod, 1986; Uchino, Cacioppo, & Kiecolt-Glaser, 1996). 주효과 가설을 따른다면 접근 가능한 지원을 수월하게 제공하고 스트레스원에 선제적으로 대처하는 기풍을 지닌 군대와 같은 집단에 속하게 되는 것은 그 자체만으로도 갈등상황에 직면해서 정신건강 문제를 경험할 가능성을 줄여줄 수 있다. 아래에서 설명하겠지만, TRiM 모델과 전투정신 시스템 모두 군인으로 하여금 작전 전개 중에, 그리고 고국에 돌아와 병영에 머무를 때, 자기 자신이 심리적으로 필요로 하는 것이 무엇인지를 파악할 수 있도록 하는 것을 목적으로 하는 선제적 모델proactive model이다.

다만 구조적 지지 모델은 자신이 이용할 수 있는 지원에 대한 수용자의 주관적 평가를 고려하지 않는다. 더불어 특정 개인이 자기 소대와 같이 자신을 지지해 줄 수 있는 네트워크에 들어갈 수 있다 하더라도 역기능적인 인간관계나 까다로운 개인 특성 및 성격으로 인해 그 집단에 대한 귀속으로부터 이점을 얻지 못할 수도 있다(McNally & Newman, 1999).

사회적 지지를 바라보는 보다 더 직관적인 방식은 구조적 접근이 아닌 기능적 접근방식을 취하는 것이다. 즉 단순히 사회적 지지가 존재하는가를 따지는 것이 아니라 그것이 어떠한 기능을 지니는가를 살피는 것이다. 예를 들어 군부대 내에서는 다른 부대원들 전부와 '어울리지gel' 않아도, 좋은 동료 몇 명만 있으면 사회적 지지에 대한 필요를 충족하는 데 충분할 수 있다. 기본적으로 *기능적 지지 모델*functional support model은 지원이 단순히 존재하는가의 여부가 아니라, 그 지원이 개인이 특정 시점에 필요로 하는 것을 줄 수 있는지의 여부에 주목한다. 그러한 기능으로는 정서에 초점을 맞춘 대처에 대한 조력, 관련 정보의 제공, 문제해결 지원 등을 들 수 있다. 따라서 이 모델은 사회적 지지란 겉으로 드러나거나 잠재된 필요의 충족이라는 방향으로 작용한다는 것을 가정하고 있다. 충족하지 못할 경우 불안 증상이 악화되고, 충족될 경우에는 증상 완화로 이어지는 필요를 충족하는 것이 사회적 지지의 역할인 것이다. 군대에는 여러 규칙과 규제가 상당량 존재하고, 이를 어길 경우 그 개인뿐만 아니라 조직 전체에 심각한 결과가 생길 수 있다는 점을 생각하면, 기능적 지원이 불안을 완화해 준다는 점을 쉽게 이해할 수 있다. 자신을 지원해 주는 동료나 리더로부터 정보를 얻을 수 있는 경우, 해당 군인은 추가 수당이나 휴가를 얻을 요건이 된다는 등의 유익한 정보를 얻을 수 있다.

기능적 지원은 소위 *스트레스 완화 가설*stress buffering hypothesis과 관련이 있다. 이 가설을 처음 제안한 것은 1970년대 중반의 사회과학자인 John Cassel과 Sydney Cobb이다. 이들은 강한 사회적 연결고리를 지닌 사람은 스트레스를 주는 사건에 노출되어 받게 되는 부정적인 영향에 대한 보호를 받게 된다는 점을 밝혀냈다(Cassel, 1976; Cobb, 1976). 이들이 세운 가설은, 정신장애를 유발하고 신체장애를 유발할 확률이 높은 스트레스원의 영향을 받은 사람이 가지는 특징은, 그 사람을 둘러싼 사회적 환경으로부터의 피드백이 잘 이루어지지 않고 있거나 아예 존재하지 않는다는 것이다. 반대로 자신에게 남들이 기대하는 것이 무엇인지를 알고 있고, 임무 수행을 위한 지원과 조력을 쉽게 구할 수 있는 사람에게는 이러한 스트레스원의 영향력이 약해지거나 아예 없어진다. 나아가 스트레스 완화 가설은 각 개인의 업무 수행에 관해서 적절한 피드백을 주고 그에 따른 보상을 제공하는 것도 도움이 된다고 주장한다(Cassel, 1976). 즉 리더나 동료가 특정인의 잘한 점과 못한 점을 알려주고 임무 수행을 잘 할 수 있는 방법을 알려준다면, 기술 습득과 정신건강 측면 모두에 영향이 나타난다는 것이다. 간단히 말해 보다 명확하고 이해하기 쉬운 메시지를 전달하는 사람은 그렇지 않은 사람에 비해 더욱 지지적인 사람으로 비추어지게 된다는 것이다.

스트레스 완화의 의미를 가장 잘 보여주는 사례는 바로 전투부대가 적군과 접촉했거나 길고, 힘들고, 위험하고, 끔찍한 임무를 마친 후 그 전투부대가 자신의 행위에 대한 인정을 받기를 원하는 경우일 것이다. 동료나 리더가 제공해 주는 이러한 피드백은 부대원들로 하여금 자신에게 일어난 일에 의미를 찾을 수 있도록 해 주고, 이는 나아가 심리적 상해를 경험할 위험을 줄여준다(Galea & Resnick, 2005). 따라서 리더는 사후강평이 단순히 임무 전술, 기법 및 절차를 검토하는 자리가 아니라 부대원들의 행위를 인정해 주고 칭찬하고, 전투와 어려운 임무에 대한 반응을 정상화하는 자리이기도 함을 인식해야 할 것이다.

또한 스트레스 완화는 인생의 주요 전환기에 도움이 된다는 주장이 제기된 바 있다(Cobb, 1976). 군대식으로 말하자면 작전에 투입되는 시기, 그리고 작전 임무에서 귀환하는 시기가 이러한 전환기에 해당한다. 회복탄력성의 증진을 목표로 하는 전투정신 프로그램은 '전쟁구역'에서 '안전구역'으로의 이행과정에서 군인들이 겪는 어려움에 대처하는 것을 직접 목표로 삼고 있으며, 이 점에서 스트레스 완화 가설과 일맥상통한다. 사회적 네트워크에 속하고, 그 안에서 가치를 인정받는다는 느낌과 돌봄을 받는다는 느낌을 가지는 것은 그 네트워크 안에 있는 사람들이 어느 정도의 '정서상의 보호'를 받고 있다는 점을 뜻하며, 그에 따라 스트레스 상황에 더 잘 대처하고 적응할 수 있음을 의미한다. 귀속감을 증진하는 것은 위험 임무에 투입된 군인들에게만 중요한 것이 아니라 군대 내 군인에게 중요하다. 왜냐하면 군인으로서 사는 동안에는 잦은 이동으로 인해 상대적으로 유목민적인 상태에 놓이게 되기 때문이다. 이러한 생활양식은 군인뿐만 아니라 배우자와 자녀, 부모 형제자매 등의 직계가족에게도 영향을 미친다. 따라서 중요한 것은 사회적 지지에 지리적으로 접근이 불가능한 곳으로 배치를 받은 군인이 기타 수단을 통해 사회적 지지를 계속 받을 수 있도록 하는 것이다. 그리고 인사행정을 담당하는 군인은 이 점을 늘 염두에 두어야 한다.

Cassel(1976)과 Cobb(1976)이 이에 대한 최초 연구결과를 내놓은 후, 이어진 각각의 연구에서는 스트레스 완화의 효과성은 사회적 자원의 실제 가용성보다는 그 가용성에 대한 사람들의 인식과 더욱 관련성이 높고, 사회적 지지가 효과를 거두기 위해서는 스트레스 상황이 촉발하는 상황에 부합하는 (또는 '대처하는') 것이어야 한다는 결론을 내렸다(Cohen & Wills, 1985; Curtrona & Russell, 1990). 이러한 대응은 사회적 지지가 지니는 장점을 실현하기 위해서는 리더들이 사회적 지지의 제공을 운에 맡기는 것이 아니라 어떻게 하면 최적의 지원을 뒷받침해 줄 것인지를 고민해야 한다는 주장에 힘을 실어준다. 예를 들어 선임은 실제적인 문제해결에 더 많은 도움을 줄 수 있는 반면, 사람 중심의 태도를 지닌 같은 계급의 동료가 '이야기를 들어주는' 면에서는 더욱 효과적일 수 있는 것이다.

이 지점에서 언급해야 할 것은 리더들 자신도 정신건강 지원이 필요하다는 것이다. 지휘를 담당하는 이들의 태도와 정신건강이 그 부하들의 건강에 대단히 중요하다는 점에는 의심의 여지가 없다. 리더의 신념과 행위는 일반 부대원들이 전투작전 스트레스를 경험하는 부대원들을 대하는 방식과 심리적 불안을 인정하려는 의향 등에 영향을 미칠 수 있다. 지휘관의 리더십 수준에 대해 그 지휘를 받는 부대원들이 느끼는 바가 그 부대원들의 정신건강에 중요한 요소가 된다는 것은 당연한 이치이다(Bliese & Britt, 2001; Bliese & Castro, 2000; Bliese & Halverson, 2002; Liversen 등, 200; Jones & Wessely, 2005).

하지만 부대를 책임지는 위치에 있는 사람은 그 자신을 위한 사회적 지지를 얻는 것이 어려울 수 있다. 예를 들어 Cawkill(2004)이 영국군 리더의 스트레스에 대해 수행한 연구를 살펴보면, 대부분의 리더는 자기 부하들 중 스트레스 관련 문제를 겪는 이들에 대해 공감을 보이지만, 자기 자신이 스트레스를 경험하는 경우에는 도움을 구하는 것을 꺼리는 것으로 나타났다.

리더들이 같이 복무하는 장병들로부터 기능적 지원을 받을 수 있기 위해서는 다양한 부대원들로부터 서로 다른 사회적 지지 요소를 구해야 할 것이다. 대대 리더가 성공적으로 임무를 수행하기 위해서는, 자신이 필요로 하는 사회적 지지의 성격에 따라 특무 상사sergeant major, 의무 장교, 군목 및 부리더 각각으로부터 서로 다른 사회적 지지 기능을 구해야 하는 것이다. 또한 리더의 정신건강 지원은 비슷한 계급에 있는 사람들과 이야기하는 방법으로 충족할 수도 있다. 그러나 이 방법은 작전 중에는 활용하기가 어려울 것인데, 그 이유는 대대 본부는 보통 멀리 떨어져 있는 경우가 많고, 승진 기회가 제한된 고위 계급 리더들 사이의 경쟁관계로 인해 자신과 경쟁관계에 있는 사람에게 마음을 터놓을 필요가 없어질 수 있기 때문이다. 미국과 같은 일부 국가는 리더들의 정신건강을 위해 VIP 서비스를 제공하기도 하지만, 이러한 프로그램의 효과성은 아직 검증되지 않은 실정이다.

요컨대 많은 연구 결과에 따르면 사회적 지지는 외상적 사건에 대한 회복탄력성을 강화(주효과 가설)하고 치명적인 사건이나 작전 전개에 의한 영향을 완화(스트레스 완화 가설)하는 데 있어 중요한 요소이다. 사회적 지지는 부대 구성원 모두에게 동일한 형태를 띨 필요는 없다. 다만 사회적 지지를 성공적으로 제공하기 위해서는 리더는 계급, 개인 특성, 지원을 제공할 수 있는 이들의 경험을 고려하고, 그러한 지원을 필요로 하는 사람에게 적절한 것이 될 수 있도록 주의를 기울여야 한다. 예를 들어 낮은 계급의 군인이 실제적인 문제해결에 대한 도움을 주려하는 것은 성공을 거두지 못할 가능성이 높다. 이들은 더욱 높은 수준의 지휘와 관련된 문제에 대해서는 충분한 이해를 갖추고 있지 못할 뿐만 아니라 부대 지휘에 있어서의 어려움을 이해하지 못할 가능성이 높기 때문이다. 이러한 문제들을 검토하고 이에 대처하지 않으면 부대 내에 존재하는 사회적 지지의 잠재력을 최적으로 활용하여 군인이 담당하는 위험한 임무가 지니는 심리적 영향을 상쇄하는 효과를 거둘 수 없다는 것이 우리들의 입장이다. 군대 집단은 높은 수준의 사회적 지지를 제공해 주지만, 군의 위계조직은 특정한 경우 스트레스 완화를 효과적으로 수행하는 데 장애가 될 수 있다. 이 장 후반부에서 다루겠지만 위에서 논의한 이론과 연구들은 스트레스 완화 이론을 기본개념으로 설정한 바탕에서 동료에 의한 지지체계를 개발하고, 적절한 훈련을 받은 전문가들이 이를 제공하는 방식을 지지하고 있다.

전투 동기부여, 부대 응집력, 사기

제2차 세계대전 전에는, 군인이 전쟁에 참여하는 이유가 애국심, 자긍심, 또는 훌륭한 리더이기 때문이라고 여겨졌다. 현재에도 인용되곤 하는 군대 내 표현인 "여왕과 조국을 위해for Queen and country", "여왕 폐하의 적들을 대검으로 치자taking the bayonet to Her Majesty's enemies", "여왕 폐하의 적들을 바다에서 물리치자defeating Her Majesty's enemies at sea"와 같은 표현에서 잘 드러나듯이, 국가주의적 동기는 전투에 참가하여 '자기 임무를 다하는do their duty' 해군, 육군, 공군 장병들을 움직이는 요인이 무엇인지를 판단하는 데 있어 매우 중요한 요소였다. 물론 그와 같은 동기는 일부 장병들에게는 실제로 중요한 동기가 되었을 수 있겠지만, 제2차 세계대전 종전 후에는 소군중 심리small group psychology와 부대 응집력unit cohesion의 역할이 전투 동기부여에 미치는 영향에 대해 주목하였다(Wessely, 2006). 제2차 세계대전 종전 후, 여러 연구 보고서에서 군인들이 생존을 위해 도망가거나 피하지 않고 계속해서 싸울 수 있도록 동기를 부여하는 요소가 무엇인지에 대해 다루었다(Marshall, 1947; Shils & Janowitz, 1948; Stouffer, 1949). 미군의 지원으로 제작된 이러한 연구보고서들은 정신분석 이론에서 *일차집단*Primary group이라는 용어를 이용하여, 이 일차집단에 속하는 것이 군인이 어려운 상황에서도 계속 나아갈 수 있도록 하는 가장 중요한 요인이었다는 결론을 내리고 있다(Smith, 2002). 일차집단은 군인들이 지속적으로 서로 어울리는 사람들로 구성된 집단으로서, 이들과 꾸준하고 직접적인 관계를 맺는 이들의 모임이다. 일차집단에 대한 충성이 작전과 관련해서 지니는 의미는 S.L.A. Marshall (1947)의 다음과 같은 말에서 찾아볼 수 있다. "내가 생각하기에 전쟁에서 가장 단순한 진리 중 하나는 이것이다. 보병이 무기를 들고 계속 전진할 수 있게 만드는 힘은 다름 아닌 자기 옆에 있는 전우, 또는 자기 옆에 전우가 있을 것이라는 생각으로부터 나온다는 것이다."(p.42)

부대 응집력과 사기 개념은 일차집단에 대한 충성을 전제로 하고 있으며, 작전 수행의 효과성과 부대원들의 정신건강 유지에 있어 근본적인 의미를 지닌다. 전시와 평시를 불문하고 부대의 성과는 이 두 가지 개념에 직접적으로 관련되어 있다(Bartone 등, 1989; Manning & Ingraham, 1987; Shirom, 1976; Stouffer, 1949). 사기란 동료 사이의 믿음, 지휘부에 대한 믿음, 공동의 목적에 대한 믿음을 가지는 것, 그리고 일과 휴식 사이의 균형을 유지하는 능력을 지니는 것으로 정의된 바 있다(Grinker & Spiegel, 1945). 그중에서도 동료 사이의 믿음은 가장 중요한 부분이다.

부대 응집력과 관련해서는 군인이 자신의 일차집단과 가지는 관계가 끊어지거나 저해될 경우 해당 군인은 심리적 붕괴psychological breakdown를 겪거나 겪을 가능성이 높은 것으로 나타났다. 현재 영국군과 미군을 포함해서 많은 군대의 지휘 훈련command training 과정은 견고한 일차집단이 가지는 중요성을 강조하는 교범에 바탕을 두고 있다(영국 육군에서는 이러한 교범을 '전쟁 수행에 있어서의 사기 요소'로 지칭한다). 사회적 지지에 대한 주효과 이론에 따르면 견고한 일차집단의 부재는 작전 전개 중인 군인에게 부정적인 영향을 미칠 수 있다. 특히 이러한 영향은 집단 귀속의 효과를 누릴 수 없는 군인들(예를 들어 개별 증원)이나 특수부대 군인들(예를 들어 다른 부대와 함께 소규모로 전개되는 의무병 또는 전방 포대 관측병 등)의 경우에 더욱 심화된다(Ismail 등, 2000; Jones, Roberts & Greenberg, 2003).

또한 높은 사기는 작전 중인 장병과 작전 후 복귀한 장병의 기능 수행을 향상시키는 것이 입증된 바 있다. 평화유지 작전에 참전한 부대를 대상으로 한 연구에서는 부대의 사기가 부대원들 스스로가 의미 있는 일에 참여하고 있다는 인식과 강한 상관관계를 맺고 있는 것으로 나타났으며, 사기가 높은 이들은 부대의 기능 수행과 지휘부에 신뢰를 나타내고 있는 것으로 나타났다(Britt, Dickinson, Moore, Castro & Adler, 2007). 작전 중에 측정한 사기 수준이 높은 경우, 귀환으로부터 6개월 후에도 작전 수행으로 인한 이익을 얻었다는 인식을 지니고 있는 경우가 많은 것으로 나타나기도 했다. 나아가 외상 후 스트레스 장애(PTSD) 증상의 조절변인으로써의 부대 응집력에 관한 연구에서, 부대 응집력의 수준이 높다는 인식이 있을 경우 이전에 겪은 외상적인 경험(PTSD의 강력한 위험요소)이 작전으로부터 복귀한 군인의 PTSD 증상 발현을 감소시키는 데 영향을 주는 것으로 나타났다(Brailey, Vasterling, Proctor, Constans, & Friedman, 2007).

따라서 순전히 군사적 효과성의 측면에서 보아도 집단에 대한 충성, 부대 응집력과 사기 등은 군인이 기능 수행을 지속적으로 할 수 있게 해주는 역할을 한다. 하지만 Wessely(2006)가 전투 동기부여와 심리적 붕괴에 대한 글에서 지적했다시피 사회적 응집력은 군대 상황에서는 최선의 결과를 가져오지 않을 수도 있다. 때로는 부대 자체의 필요가 군 전체의 필요에 우선하는 경우가 생길 수 있는 것이다. 베트남전 후반부의 미군 부대가 이러한 경우에 속한다고 볼 수 있겠다. 대부분의 군인과 많은 미국 시민이 소용없는 것으로 여기고 있던 전쟁 중에서 이들은 미군 전체의 목적을 위해 싸우기보다는 자신의 생존을 더 중시하고 납득이 가지 않는 명령에는 따르지 않는 모습을 보였던 것이다.

사회적 지지와 군대

사회적 지지와 부대 응집력은 보통 같은 자리에서 논의하는 경우가 많지 않지만 우리들은 부대 응집력 척도는 사실 구조적·기능적인 사회적 지지, 양자의 척도가 된다고 주장한다. 작전 임무의 성격과 상관없이 가까이 있는 동료와의 상호작용은 스트레스 완화 효과로 이어질 수 있다. 자신을 이해하는 전우들과 일상 속에서 경험을 공유하는 것은 정신건강에 중요한 도움을 줄 수 있으며, 군대 밖의 동료나 전문 담당자(예를 들어 의무 담당, 군목 등)들보다도 군대 내 동료들은 여러 면에서 사회적 지지를 제공하기에 더 좋은 위치에 있다. 군대 내 동료들이 지니는 이러한 장점은 Greenberg 등(2003)의 연구에서도 드러난 바 있다. 영국 평화유지군 중에서 추출한 표본집단을 대상으로 진행된 이 연구에서 대부분의 대상자는 자신의 경험을 지휘체계, 의무 담당, 사회복지사 등과 나누기보다는 같이 임무를 수행한 동료들과 나누는 것으로 나타났다. 같은 연구에서는 또한 자신의 경험을 이야기하는 평화유지군이 그렇지 않은 군인들에 비해 불안을 덜 겪는 것으로 나타났다. 동료에게 의지하는 것이 특히 높은 효과를 거둘 수 있는 이유는, 긴밀하게 연결된 군 공동체 안에서 통용되는 전문용어를 외부인은 이해하기 힘들 수 있기 때문이다.

주효과 가설에 따르면 단단하고 회복탄력성 있는 조직에 대한 귀속은 군인의 복지에 긍정적인 영향을 미친다. 영국에서 모병 담당관들은 군 생활의 이러한 측면을 모병 슬로건에 적극 반영하고 있다. 영국 해군의 광고는 "뭉치면 산다the team works" 라고 선언하며, 해병대의 경우는 "99.9%는 지원할 필요도 없다"(왜냐하면 충분한 강인함을 갖추지 않았기 때문에)라는 내용이다. 육군은 군에 지원하여 "최고가 되라be the best"고 하는 반면, 공군 모병 담당관은 지원자들에게 "다른 사람들 위로 날아오를 것rise above the rest"이라고 광고하고 있다. 즉 군 입대 초기에서부터 군인들은 팀워크와 강인함을 자신이 바라보아야 할 목표로서 이미지화하게 되는 것이다. 이러한 이상화된 팀워크와 강인함에 대한 인식은 군인의 건강에 직접적으로 좋은 영향을 줄 수 있다.

'군대라는 가족millitary family'에 속함으로써 얻을 수 있는 신체적이고 심리적인 건강에 관련된 이점은 그 밖에도 여러 가지가 있다. 군대의 모든 진급 과정의 본질적인 부분을 이루는 신체적 건장함과 자신감을 기대할 수 있다는 점도 그러한 이점 중 하나이다. 반대로, 군대라는 가족에 속함으로써 나타나는 부정적인 결과도 존재한다. 그 예로 위험을 감수하는 행동을 더욱 가치 있게 여기는 경향, 낮은 가격으로 술과 담배에 얼마든지 손을 댈 수 있는 상황, 약함에 대한 낙인찍기의 가능성, 감정의 과도한 표현에 대한 혐오(이 측면은 '꽉 다문 윗입술stiff upper lip'이라 표현하기도 한다. Bowyer, 2005) 등을 들 수 있다.

예를 들어 미군과 영국군 모두, 작전 전개 후 복귀한 후 자동차 사고로 사망할 위험이 심각하게 증가하는 것으로 나타났다(Fear 등, 2008). 영국에서는 고국에 돌아온 병사들에게 저승사자Grim Reaper라는 제목의 꽤 충격적인 영상물을 보여주었다(Services Sounds and Vision Corporation, 2007). 이 영화는 6분밖에 되지 않지만 군대에서 복귀한 후 교통사고로 죽는다는 것을 생생하게 보여주고 있다. 이 영화가 복귀한 장병들에게 던지려는 메시지는 간단하다. "당신은 강하다. 그러나 무적은 아니다." 이러한 사례는 군대가 교육을 통해 위험 감수에 대한 해당 집단의 기준을 어떻게 바꾸어나가려 하는지를 보여준다. 이 전략의 성공 여부는 아직 불투명하다.

이 점에서, 비록 군사학자들은 사회적 지지의 원칙을 전문용어로 표현하고 *작전 효과성*operational effectiveness이나 *소규모 집단에 의한 동기부여*small group motivation 등의 표현을 사용하지만, 우리들은 사회적 지지 이론의 모든 개념은 이미 서양 군대 내에서 중심적인 의미를 띠고 있다고 믿는다. 군대는 예전부터 사회적 지지에 기반을 둔 집단을 통해 적을 앞둔 상황에서 어려운 임무를 수행하는 데에 의존해 왔다. 능력과 경험은 물론 임무의 성공과 장병의 정신건강을 결정하는 중요한 요인이지만 사회적 지지의 제공 또한 그에 못지않게 중요하다. 이 점은 Labuc(1991)이 우리에게 전하고 있는, 1880년에 프랑스군 대령인 Ardant du Picq의 말에서 잘 나타나고 있다.

> 용감한 자 네 명이 모이더라도 서로를 모르는 사이라면 이들은 사자에게 덤빌 엄두를 내지 못한다. 그러나 그만큼 용감하지는 않더라도 서로를 잘 알고, 서로

의지할 수 있고 도움을 받을 수 있음을 아는 네 사람이 모이면, 이들은 대담하게 공격을 감행할 것이다. 이것이 바로 군대 조직 원리의 기본이다. (p.486)

낙인

이제까지의 논의는 군인이 이용할 수 있는 사회적 지지의 종류, 그리고 군대 내 스트레스원에 직면하여 긍정적인 심리적 적응을 원활히 할 수 있기 위해서는 그 지원을 어떻게 활용할지에 대해 집중적으로 다루었다. 우리들의 주장은, 사회적 지지는 그 형태는 다양하지만 군대 내 스트레스와 긴장에 대해 강력한 공식·비공식 개입 수단이 된다는 점이다. 하지만 사회적 지지를 이용할 수 있다고 해서 군인 장병들이 이를 반드시 활용하게 되는 것은 아니다. 강인함을 기반으로 하는 군대 같은 조직의 구성원들은 다양한 심리적·실제적 장벽으로 인해 도움을 애초에 구하지 않는 일이 많다. 다음 절은 낙인stigma에 대한 배경이론을 잠시 설명하며, 낙인이론이 군대에서의 삶에 어떻게 적용되는지 논의한다.

낙인의 개념화

낙인은 '대상자의 명예를 심각하게 실추시키는 속성'(Goffman, 1963, p.3)으로 정의할 수 있다. 그리고 낙인이 찍힌 사람은 '일탈, 결함, 미달, 버릇없음, 그 외 모든 면에서 바람직하지 않음 등의 규정을 부여하는 징표를 짊어지는 자'(Jones 등, 1984, p.6)로 정의할 수 있다. Corrigan(2004)은 낙인은 세 가지 수준에서 작동하며 이 세 수준의 낙인은 서로 상호작용하고 보완해 주는 관계에 있다고 주장하고 있다. 그 세 가지 낙인은 다음과 같다. ① 일반 공중(公衆)이 편견을 뒷받침할 때 그 대상이 되는 개인 또는 집단이 받게 되는 처우에서 나타나는 *공적 낙인*public stigma ② 공적 낙인을 내면화하여 나타나는 *자기 낙인*self-stigma ③ 경제적·정치적 역학관계가 문화에 작용함으로써 나타나는 *구조적 낙인*structural stigma. 이러한 세 가지 수준의 낙인은 개인에게 작용하여 내적 낙인을 만들어내거나(예를 들어 도움을 청할 경우 자신의 군인 경력이 끝을 맺게 되거나 자기 동료 또는 리더가 자신을 신뢰할 수 없게 될 것이라는 두려움), 아니면 정신건강에 문제를 지닌 사람들을 어떻게 대해야 하는지를 규정하는 타인의 신념 내용으로서의 *외적 낙인*external stigma을 만들어낼 수 있다(예를 들어 정신건강에 문제가 있는 사람은 믿을 수 없다고 하거나, 그러한 사람은 군대에서 내보내야 한다는 생각).

정신질환자에 대한 낙인이 가져오는 결과에 대해서는 많은 연구자들이 충실하게 기록한 바 있다. 몇 가지 예를 들면 우선 정신 병력이 있는 사람에 대해서는 타인이 부정적인 평가나 대우를 하는 것으로 나타났다(Britt, 2000; Mehta & Farina, 1997). 낙인은 정신질환의 전 단계에서, 도움을 구하고 치료를 받고 퇴원을 하는 모든 단계에서 발생할 수 있다(Byrne, 2001). 그리고 낙인의 효과는 정신질환 그 자체보다 더 오래 지속되고, 대상자의 삶을 더욱 제한하며, 더욱 파괴적인 효과를 지니는 것으로 나타났다(Schulze, Richter-Werling, Matschinger & Angermeyer, 2003). 하지만 기억해야 할 것은 낙인과 정신건강에 대한 연구 중 상당 부분은 아주 심각한 정신건강 문제(예를 들어 정신분열)를 겪는 환자들에 관한 연구였지, 그 정도로 심각하지는 않은 정신건강 문제로 어려움을 겪고 있는 군인 또는 심한 스트레스 증상 및 그에 수반되는 짜증, 불면증 등의 증상을 보이고 있는 군인을 대상으로 한 연구는 아니었다는 점이다. 그러나 군 복무, 특히 작전에 임하는 군인들은 언제나 고도의 기능을 유지할 필요가 있으며, 이 점 때문에 낮은 수준의 정신질환이라 할지라도 군대 상황에서는 일정한 정도의 낙인을 유발할 가능성이 높다.

다른 연구자들은 낙인의 개념틀 자체와, 그것의 정신질환과의 관계에 대해서 의문을 제기하기도 하였다. 즉 낙인이론은 문제의 근원이 개인에게 있고, 따라서 문제를 해결하는 것은 낙인이 찍힌 대상자 개인의 책임이라는 전제를 함축하고 있다는 것이다(Sayce, 1998). 현대의 군대에서는 다행스럽게도 잘 나타나지 않는 현상이기는 하지만, 일부 경우에는 외적 낙인효과로 인해 정신건강에 문제를 지닌 사람들이 공개적으로 모욕과 거부를 당하는 일도 있었다. 일례로 제2차 세계대전에서 가장 큰 성공을 거두었던 군인인 Patton 장군은 이탈리아 주둔시에 군 병원에 있는 동안 작전 스트레스로 인한 정신 손상의 징후를 보이고 있던 한 장병의 뺨을 때린 일로 잠시 동안 지휘권을 박탈당하기도 했다. 고위 리더들이 정신건강 문제를 사소한 일로 치부하는 태도를 보인다면, 보다 낮은 위치에 있는 리더들 또한 그렇게 생각해도 괜찮은 것으로 인식하게 될 가능성이 당연히 높을 것이다. 하지만 위에서 언급한 바와 같이 최근 연구결과는 극단적인 외적 낙인은 서양 군대에서 더 이상 보편적인 현상이 아님을 보여주고 있다. 다만 그러한 사항에 관한 질문에 답변을 할 때에는 사회적으로 바람직한 답변을 하는 경향이 있음을 감안할 때, 그러한 연구결과의 타당성은 제한적이라고 볼 수 있다(Cawkill, 2004).

군대에서의 낙인과 돌봄 추구

정신 문제에 대해 도움을 구하는 것을 꺼리는 경향은 어느 집단에서든 일반적으로 나타나며, 여러 증거에 따르면 민간인 남성이 여성에 비해 도움을 구할 가능성이 더 낮은 것으로 나타났다(남자 대 여자의 비율은 1:2로 나타난다. 그 예로, Meltzer 등, 2003; Wells, Robins, Bushnell, Jarosz & Oakley-Browne, 1994). 이러한 현상은 전통적인 남성성이라는 사회적 규범으로 인한 것일 텐데(Moller-Leimkuhler, 2002), 군대 내 남성 비율이 높다는 점을 감안하면 도움 구하는 일을 꺼리는 현상은 군대와 특히 많은 관련성을 지닌다고 할 것이다. 군대문화는 보통 전형적인 남성적 규범(예를 들어 강인함, 신체적 강함), 심리적 건강, 그리고 회복탄력성이 지배하는 남성-전사 문화로 그려진다(Dunivin, 1994). 실제로 1940년에, 영국 공군은 '도덕적 심지가 부족함(예를 들어 용기와 결단력이 없음, 약함)'이라는 표현을 사용하기 시작했다. 이 표현은 타당한 의학적 사유가 없는데도 비행을 거부하는 이들에게 모욕을 주고, 격추의 위험이 큰 상황에서도 조국에 대한 사명감을 가지고 비행을 하도록 승무원을 독려하려는 의도가 분명하게 드러나는 외적 낙인의 한 가지 사례로 볼 수 있다(Jones, 2006). 위에서 논의한 바와 같이 현재 외적 낙인은 보편적인 현상이 아니지만 그 사례는 여전히 존재한다. 일례로 미군의 한하사staff sergeant가 전투 스트레스 반응에 대한 도움을 구하려고 하다가 겁쟁이라는 지적을 받는 일이 있었다(Robinson, 2004).

2002년, 전직 군인들이 영국 국방부Ministry of Defense를 상대로 집단소송을 제기했다. 그 이유는 국방부가 PTSD 문제를 조기에 발견하고 효과적인 치료를 제공하지 못했다는 것이었다. 이후 재판 심리에서는 PTSD에 관련된 쟁점이 전부 다루어졌고, 전 세계로부터 온 전문가들이 과거와 현재의 연구 데이터를 놓고 토론을 벌였다. 애초부터 원고들의 주장은 자신이 군복무로 인한 외상에 노출되지 말았어야 한다는 것이 아니었다. 왜냐하면 군에 입대하면 어려운 상황에 처할 일이 생긴다는 것은 이들이 이미 감수하고 있는 사실이었기 때문이다. 다만 이들이 주장한 것은 그러한 외상적 상황에 대하여 군대가 자신들을 충분히 대비시키지도 않았으며 그에 대한 충분한 지원을 제공하지도 않았다는 것이었다. 자신들은 낙인이 찍힐까 두려워 도움을 구할 수가 없었다는 것이었다. 특히 후자의 경우 이 장의 주제와 많은 관련을 지니고 있다. 이 사건에 대한 재판은 1년 넘게 진행되었지만 결국 재판부는 국방부의 손을 들어주었다. 그 근거는 군의 조치가 그 당시의 법률상으로는 충분한 조치였다는 것이었다(McGeorge, Hacker Hughes & Wessely, 2006). 하지만 그 판결문을 작성한 판사는 외상 후 스트레스 반응이 이전에도, 그리고 현재에도 군 조직 전체의 문제이며, 군 리더들이 자기 부하들이 겪는 외상적 경험에 관해 리더으로서의 돌봄의 의무를 다할 수 있도록 충분한 훈련을 받아야 한다는 점을 분명히 하였다. 판사는 국방부가 해당 재판에서 문제되었던 시기(1960년대에서 1990년대 후반)에 한해서는 돌봄의 의무를 다했다고 판시하였으나, 동시에 국방부로 하여금 현재 쓰이고 있는 증거기반 개입 및 전략과 보조를 맞출 것을 주문하였다. 판결문에서 Owen 판사는 또한 정신의학적이거나 심리학적인 장애를 드러내는 경우 이는 군대 내에서 약함의 징표로 받아들여지고, 이 때문에 해당 개인이 모욕을 받고 군대 내 경력에 있어 불이익을 받게 되는 등 여전히 상당한 낙인이 존재하고 있음을 강조하고 있다(Jones & Wessely, 2005).

위 사건에서 찾아볼 수 있는 또 다른 흥미로운 점은, 개별 군인이 전쟁 중에 자신의 동료들에 대해 절대적인 의무를 지는 것은 아니라고 판사가 판시하였다는 점이다. 즉 전통적인 전우조가 영국군에서 널리 쓰이는 방식이기는 하지만 이것은 어디까지나 자발적인 의무인 것이지 법정 의무는 아니라는 것이다. 위 사건 판결문에서는 두 동료 병사가 있고 둘 중 한 명이 전투 중에 적과 교전하는 경우, 다른 한 명은 교전 중인 동료를 돌볼 의무가 없다고 구체적으로 명시하고 있다. 나아가 국방부는 전투 중에 적과 교전하는 군인을 위해 안전한 업무체계를 마련할 의무가 없다. 군 작전이 본래 혼란스러울 수밖에 없다는 점을 생각하면 국방부로서는 이러한 판결결과를 받고 안도의 한숨을 쉬었을 것이다. 하지만 이러한 안도에도 불구하고 위 판결은 동료 간 돌봄을 지원하고 낙인효과를 줄이는 메커니즘을 개발하는 계기로 작용하기도 했다. 나중에 설명하겠지만 이 판결 이후로 영국군은 동료 간 사회적 지지를 내용으로 하는 상대적으로 새로운 형식적 메커니즘을 도입하였고, 이 메커니즘을 외상적 사건을 겪은 군인을 대상으로 하는 중요한 사회적 지지 제도로 활용하게 되었다.

낙인 연구

한 연구에 따르면 정신건강 문제를 드러내고 도움을 구할지의 여부에 대한 결정은 자신이 그렇게 문제를 드러낼 경우 자신에 대한 인식과 대우가 어떻게 될 것인가에 대해 해당 개인이 어떻게 생각하느냐에 좌우된다고 한다(Cepeda-Benito & Short, 1998). 이 연구 이후, Britt(2000)는 보스니아에서의 '합동 노력 작전' Operation Joint Endeavor에서 복귀하는 미국 평화유지군인들이 겪은 심리적 문제와 관련된 낙인의 개념을 탐구하였다. Britt은 또한 심리 전문가와 일반 의료전문가 중 각 군인이 선택할 가능성이 더 큰 쪽은 어디인지 분석하고, 단독으로 검사를 받는 경우와 부대원들과 같이 받는 경우에 낙인에 대한 우려가 어떻게 달라지는지 검토하였다.

Britt의 연구는 군인들에 대한 검사 절차를 대상으로 하고 있는 것이었는데, 이 절차는 각 군인이 혼자서, 또는 부대원들과 함께(이는 작전에 대한 인원 투입 현황에 따라 달라짐), 표준 의료·심리 설문지를 작성하는 것을 내용으로 하고 있었다.

이후에는 신뢰성을 인정받은 4문항 척도를 사용하여 낙인효과를 측정하였다. 검사 절차 중에 표준 의료설문지 점수가 특정 기준 장애로 나온 장병에 대해서는 의료 전문가 또는 심리 전문가를 연결시켜 주고, 다른 사람이 다 보는 곳에서 줄을 서서 기다리게 하는 것으로 되어 있었다.

일반적으로 모든 참가자들은 위와 같은 검사를 받는 과정에서 낙인효과를 경험했다고 밝혔지만, 특히 Britt은 의료적인 문제가 있음을 밝힌 대상자들보다 심리적 문제를 인정한 대상자들의 경우에서 훨씬 더 높은 낙인효과를 경험했다고 여기는 것을 발견하였다. 게다가 조사 대상자 중 반수 이상은 자신이 심리적 문제를 드러낼 경우 자신의 경력에 악영향이 미칠 것이라고 응답했다. 낙인에 대한 우려는 부대원들과 함께 검사를 받는 경우에 더욱 심해졌고, 의료 전문가를 소개하는 경우보다 심리 전문가를 소개하는 경우 그 절차를 끝까지 밟을 가능성이 줄어드는 것으로 나타났다. 이 연구에 대해 연구윤리상의 문제가 제기되기도 하였지만(예를 들어 집단 검사, 비밀유지), 연구결과는 군대 내에서 심리 문제에 대한 도움을 구하는 데 대한 우려가 만연해 있다는 점을 분명히 보여주었다. Cawkill(2004)은 정신의학 문제에 대해 도움을 구하는 것 또한 영국군 내 경력에 해가 되는 것으로 여겨진다는 점을 발견하였다. 낙인 문제는 국제적 수준의 문제인 것으로 보인다. 캐나다 군대에 대한 한 연구에서는 군 장병들이 군대 내 의료 서비스, 행정 및 사회적 서비스에 대한 신뢰 부족 등 서비스 접근에 장애를 겪고 있다고 인식하는 것으로 나타났다. 또한 정신건강 문제에 대한 낙인효과를 없애려는 노력에도 불구하고 정신건강 서비스에 대한 필요에 대응하지 못하는 것은 심각한 문제로 여전히 남아 있다는 점이 드러났다(Fikretoglu, Guay, & Pedlar, 2008).

Hoge 등(2004)은 이라크 자유화 작전과 아프가니스탄의 항구적 자유화 작전에 참전한 미 육군과 해병대 장병들 사이의 정신건강 관련 도움 추구help seeking 행동 및, 돌봄에 대한 장벽barrier에 대해 조사한 바 있다. 이 연구의 연구자들은 Britt의 4문항 낙인 측정 설문지(Britt, 2000)를 18문항으로 확장하여, 도움 추구와 관련된 실제적인 문제점들 — 이를 '장벽'이라고 정의했다. — 을 묻는 문항을 추가하고 낙인에 대한 문항도 여섯 가지 추가하였다. ("(도움을 구하는 일은) 너무 창피할 것이다." "내 경력에 해가 될 것이다." "부대원들이 나에 대한 신뢰를 잃을 수 있다." "우리 부대 지휘부가 나를 대하는 방식이 달라질지도 모른다." "우리 부대 지휘부는 무슨 문제가 있을 때 나를 탓할 것이다." "내가 약한 것처럼 비춰질 것이다.")

이 설문지를 작성한 대상자는 이와 더불어 여러 가지 의료·심리 검사를 거쳤다. 이 연구결과, 검사에서 기준치 이상의 점수를 받은 사람 중 38~45%에 해당하는 대상자만이 도움을 받을 의향을 보였고, 정신건강 서비스를 구하는 대상자의 비율은 23~40%에 불과했다. 낙인에 대한 우려를 가지는 비율은 기준치보다 높은 점수를 받은 대상자의 경우 두 배 가까이 되는 것으로 나타났다. 즉 가장 돌봄을 필요로 하는 사람들이 정작 자신의 문제에 대한 도움을 받을 확률은 제일 적었던 것이다. 이러한 우려 중 가장 많은 응답률을 보인 사유로는 약하게 보이는 것, 부대 지휘부가 자신을 차별 대우하는 것, 그리고 부대원들이 자신에 대한 신뢰를 잃는 것 등이었다. 이러한 연구결과에 비추어, 연구자들은 군대가 군인들을 직접 찾아가는 프로그램, 교육, 의료 서비스 제공의 변화를 최우선 과제로 삼음으로써 낙인 문제와 도움 추구 장벽의 문제를 줄일 필요가 있음을 지적하고 있다.

타인의 정신건강 문제에 대한 군인의 태도

낙인은 도움을 구하는 것을 막는 강력한 걸림돌이 될 수 있다. 낙인은 스스로에 대한 감정으로 나타나기도 하며(예를 들어 '도움을 구하는 건 나약한 것'이라거나 '우리 부대 지휘부가 나를 차별대우할 거야'라는 등의 내적 낙인 또는 자기 낙인), 타인에 대한 평가로 나타나기도 한다(예를 들어 '정신건강 문제를 겪는 사람들은 신뢰할 수 없어' 등의 외적 낙인). 두 가지 방향의 태도 모두 정신건강 문제를 겪는 사람이 이를 드러내고 그 문제에 대해 도움이 될 수 있는 치료적 관계를 수립하는 것을 막을 가능성이 높다. 이러한 현상은 여러 가지 면에서 바람직하지 않다. 그 이유 중 하나는 조기에 개입이 이루어질 경우 직장에서의 업무능력 저하, 관계 악화(가족, 동료, 상관과의 인간관계), 약물 남용 가능성 증가 등 여러 가지 2차적 문제점과 규율 문제의 발생을 예방하고 그럼으로써 대상자의 경력이나 평판에 해가 미치는 일을 막을 수 있기 때문이다. 다만 기억해야 할 것은 도움이 필요한 사람이 이를 받지 못하게 되는 원인은 낙인 말고도 다양하다는 점이다. 군대 업무(예를 들어 꽉 짜인 일과) 및 절차(예를 들어 베이스캠프로부터 장기간 이격) 등의 다른 문제점도 장벽이 되는 것이다. 나아가 도움 추구는 그 추구에 동의하여야 하는 사람(예를 들어 지휘체계 등)이나 궁극적인 도움을 제공하는 의료 담당의 태도에 의해서도 영향을 받는다. 그리고 대상자들 자신도 외적 낙인을 남에게 부여하는 내용의 생각을 가지고 있을 수도 있다(Robinson, 2004). 분명한 것은 군대 내에는 도움 추구를 방해하는 잠재적 장애물이 가득하고, 이 때문에 리더들은 더욱더 이 문제에 대처할 필요가 있다는 점이다.

지금까지 우리는 내적 낙인과 돌봄 추구를 막는 장벽에 대한 연구를 주로 다루었다. 다른 사람의 정신질환에 대해 군인이 지니는 태도(즉 외적 낙인)에 대한 연구는 수가 많지 않다. 그중 한 연구는 미국 공군 장병을 대상으로 하였는데, 이 장병들의 경우 정신질환 환자들에 대해 상대적으로 전향적인 자세를 보이는 것으로 나타났다(Rosen & Corcoran, 1978). 그러나 미국 육군이 전투 스트레스에 대해 지니는 태도에 대한 연구에서는 대상자 중 35%가 자신 또는 부대 내 다른 사람이 전투 스트레스를 경험할 가능성이 있다고 여기는 것으로 나타났다. 또한 40%는 전투에서 외상을 겪고 돌아온 동료를 그 효과성 면에서 신뢰할 수 없을 것이라고 응답했다(Schneider & Luscomb, 1984). 또 다른 연구에서는 이스라엘 군 장교들이 전투 스트레스 반응에 대해 가지는 태도를 삽화vignette와 태도 설문지를 활용하여 살폈다(Inbar, Solomon, Aviram, Spiro, & Kotler, 1989). 그 결과 장교들은 일반 장병에 비해 정신건강 회복에 대해 더 책임 있는 자세를 보이라는 기대를 받는 것으로 나타났다. 응답자의 계급이 높을수록 심리 문제에 대한 도움을 받는 것의 효과성을 평가절하하고 군기를 세우는 방식disciplinary methods을 더욱 내세우는 것으로 나타났다. 반대로 Porter와 Johnson(1994)은 미국 해군과 해병대 리더 및 중간 장교들(N=138)을 상대로, 정신건강 서비스를 받은 가상의 사례에 대해 그 해당 장병의 능력(즉 업무 수행에 대한 자격 여부)과 신뢰성(즉 믿음직함)을 어떻게 평가하는지에 대한 조사를 실시하였다. 응답은 대체로 중립적이었고(5점 리커트 척도), 부정적인 평가는 없었다. 이러한 연구결과는 172명의 NATO 작전 리더를 대상으로 정신건강 문제를 겪는 부대원들에 대한 태도를 질문한 최근 연구결과와도 일치했다(Adler 등, 2006). 몇 가지 예외적인 경우를 제외하고, 응답자들은 작전 중에 스트레스 문제를 겪는 일은 흔히 있는 일이며, 그에 대한 도움을 구하는 것은 긍정적인 신호로 본다고 대답하였다.

이렇듯 관용적인 태도를 보이는 리더도, 자기 외에 다른 리더들이 보일 반응에 대해서는 우려를 나타내었다. Cawkill(2004)은 영국의 3군(해군·해병대, 육군, 공군)에 대한 연구를 진행하였는데, 이 연구에서 Cawkill은 리더로 분류되는 장병들에게 익명으로 작성하는 설문지를 보냈다. 그 결과 대부분의 리더가 스트레스 경험에 대하여 수용적인 태도를 취하고 있는 것으로 나타났지만, 자기 외의 다른 리더들도 똑같은 태도를 보일 것이라고는 여기지 않고 있었다. 대부분의 응답자들은 이런 이유로 자기가 겪는 문제를 남에게 알리지 않을 것이라는 응답을 보이고 있었다. 응답자 중 85%는 군대 내에서 스트레스 및 관련 문제에 대해서 지원을 구하는 것이 좋지 않은 영향을 미칠 것이라고 여기는 것으로 나타났다. 이러한 영향으로는 진급 기회와 책임 있는 역할을 담당할 기회의 제한, 약하게 비추어지는 것, 동료들의 신뢰를 잃는 것 등이 있었다.

낙인효과에 대한 이러한 우려는 리더에게만 있는 것이 아니다. 캐나다군 안에서의 PTSD에 대한 태도를 조사한 결과, 캐나다 군인들은 정신 문제에 대해 도움을 구한 이후에 낙인이 찍히고 버림을 받았다는 느낌을 가지는 것으로 나타났으며, 집단에서 소외되고 '나가라는 압력을 받을까 봐shown the door' 도움을 구하지 않는 장병도 많은 것으로 나타났다(Marin, 2002). 이 보고서는 결론에서 캐나다군 장병들은 전반적으로 정신건강 문제에 대한 교육을 충실히 받지 못했으며, 정신건강과 신체건강의 관계에 대한 이해도 갖추지 못하고 있다고 평가했다. 또한 정신건강 지식이 전 계급과 층위에 걸쳐 '형편없이appalling' 부족하다고 지적하고 있었다. 이 보고서의 결론은, 부족한 정보에 기반을 둔 태도 문제를 해결하기 위해서는 정신건강 교육을 모든 리더 교육과정의 필수 요소로 삼아야 한다는 것이었다. Cawkill(2004)도 이 주장에 동의하고 있다.

> 마초적인 군대문화는 여전히 남아 있으며, 스트레스와 스트레스 관련 문제에 대한 부정적인 태도도 여전히 남아 있다. 군대는 전반적으로 스트레스와 그 관련 문제에 대해 보다 수용적인 태도를 가진다는 모습을 보일 필요가 있다. 그럴 때에만, 스트레스로 인해 좋지 않은 영향을 받는 군 장병이 편견이나 경력에 부정적 영향을 받을 염려 없이 도움을 구하고 자신의 어려움을 드러낼 수 있을 것이다. 이러한 문화적 전환을 이루어내기 위해서는 스트레스에 대한 보다 양질의 교육을 더욱 널리 제공하여야 하며, 특히 이를 장병의 경력 초기에 제공하여 긍정적 태도를 함양하고 부정적 태도를 변화시킬 필요가 있을 것이다. (p.95)

위에서 살펴본 바와 같이 군대 내에서 많은 사람들이 심리적 도움을 필요로 하지만 그에 대한 도움을 구할 경우 경력에 악영향이 미칠 것으로 여긴다는 것을 보여주는 증거가 상당량 존재하고 있다. 하지만 군대 내 동료와 리더들은, 대체적으로, 도움을 구하는 행동이 나약함의 결정적 징후로 여겨지며 이로 인해 진급에 장애가 될 것이라는 태도를 보이고 있지는 않다. 이 점을 볼 때, 내적 낙인이 외적 낙인에 비해 도움을 구하는 데 더욱 큰 장애가 되는 것으로 보인다.

도움을 받는 데 대한 장벽을 허무는 것이 가치가 있는 일이며 군 장병이 빠른 시일 내에 건강을 회복하는 데에 도움이 된다는 증거는 많다. 정신건강 진단 및 치료에 회부된 1,068명의 장병에 대한 한 연구에서, Rowan과 Campise(2006)는 스스로 자원하여 진단과 치료를 받게 된 경우 문제가 일시적인 것에 그칠 확률이 높고, 자신감이 무너질 가능성은 더 적으며, 상관의 지시에 의해서 자기 문제를 신고하거나 리더가 직접 보낸 사람들에 비해서 경력에 영향을 미치는 평가를 받는 경우가 더 적은 것으로 나타났다. 이 점에서 정신건강 문제를 그냥 놓아두어서 문제가 더 복잡해진 후에야 명령체계가 이것을 인지하고 사후 약방문 식으로 건강 진단 및 치료에 회부하는 경우에 비해, 돌봄에 대한 장벽을 무너뜨리고 초기에 정신건강을 평가하는 편이 낙인효과를 훨씬 줄이는 것으로 나타났다(Rowan & Campise, 2006).

Greene-Shortridge, Britt과 Castro(2007)는 군 장병들이 타인에 대하여 낙인을 부여하는 내용의 생각을 하는 문제에 대처할 수 있는 한 가지 모델을 제안했다. 이들의 구상은 세 가지 전략을 중심으로 하고 있었는데 그 전략이란 다음과 같다. 타인에게 낙인을 부여하는 내용의 생각을 해서는 안 된다는 설득력 있는 논리를 제시해 주고 그러한 사고방식을 기회가 닿는 대로 억제하는 것, 낙인효과를 없애기 위한 교육 전략을 전 군을 대상으로 수립하는 것, 장병들로 하여금 정신건강 문제를 겪었던 사람을 접할 수 있도록 함으로써 자신들이 낙인을 부여할지도 모르는 부류의 사람과 직접 대면하게 하는 것 등이었다. 흥미로운 점은 이 세 가지 전략 중에서 마지막 전략에 대해서만 실질적인 효과성의 증거가 나타났다는 것이다. 그럼에도 상당수 군대에서는 낙인효과 방지 프로그램을 위해 정신건강 문제를 겪었으나 치료를 성공적으로 마친 장병들을 활용하는 방식이 널리 보급되지 않은 것으로 보인다. 다만 캐나다군은 예외인데, 캐나다에서는 2001년 수립된 '작전 스트레스 상해를 위한 사회적 지지Operational Stress Injury Social Support'라는 이름의 동료 지원 프로그램을 통해 제대 장병들로 하여금 작전 스트레스로 인한 상해를 입은 현역 장병과 참전 용사들(그리고 그 가족들)에게 멘토링을 제공하게끔 하고 있다. 하지만 이 프로그램의 효과성은 아직 입증되지 않은 실정이다.

동료 지원의 필요성

이번 3장에서 사회적 지지와 낙인에 대한 부분을 통해 우리들은 같이 싸우는 전우들이 사회적 지지의 원천이 될 수도 있지만, 낙인효과와 돌봄 추구에 대한 군대 내 장벽 등으로 인해 이러한 지원을 잘 활용하지 못하는 경우가 많다는 점을 제시하고자 했다. 신체적 부상의 경우에는 부상자가 도움을 적극적으로 구하지 않는다 하더라도 그 동료들이 상황을 파악하고 조치하는 것이 가능하다. 특히 그 부상이 심각한 경우에는 더욱 그러할 것이다. 제아무리 엄격한 분위기의 부대라도 동료가 다리가 부러져 절뚝거리도록 놓아 둘 사람은 없을 것이다. 건강뿐만 아니라 작전 자체를 위해서라도 부상당한 장병을 의무대로 데려갈 가능성이 제일 높을 것이다. 하지만 겉으로 드러나는 증상 없이 심리적 문제를 겪는 장병의 경우 그 문제를 남들이 포착하지 못하기 쉬우며, 임무 수행을 제대로 하지 못할 경우 이를 동기부여 부족이나 무관심 탓으로 돌려 평가시에 낮은 점수를 부여하는 결과로 이어질 수 있다.

정신건강 문제를 직접 거론하고 대면하는 것은 임무 수행 능력 향상을 위한 효율적인 방법이 된다. Dunmore, Clark와 Ehlers(1999)는 PTSD를 겪는 환자들에게서 다양한 인지 문제가 나타남을 보고한 바 있는데, 그러한 증상 중 하나는 바로 높은 수준의, 혹은 지속적인 잠재적 위험에 자신이 노출되어 있다는 감각이다. 계속되는 위협감을 느끼는 사람의 경우, 군대 진급에서 핵심이 되는 활동인 무기 취급과 고난도 훈련·연습에 참여하는 일에 어려움을 겪을 것이라는 점은 충분히 예상할 수 있다. 이러한 장병이 자신의 문제에 대해 도움을 구하는 것을 막는 장벽을 극복할 수 없다면 계속해서 군복무를 이어나가기 힘들 것이다.

하지만 정신건강 문제를 지닌 장병들이 낙인효과와 기타 장애물을 극복하도록 하는 것이 중요한 만큼, 해당 장병 주변에 있는 사람들이 적극적으로 사회적 지지와 적절한 충고를 제공해 주는 것 또한 논리적으로나 실질적으로나 중요한 것으로 보인다. 물론 영국 군대 장병들의 심리적 복지는 일차적으로 리더의 책임 관할에 속한다. 정상 정도에 비해 낮은 수행 능력을 보이는 군인이 있는 경우, 해당 장병에게 사회적 지지를 제공하는 것을 그 주변 동료와 리더들로부터 기대하게 될 것이다. 물론 이 경우 해당 장병이 도움을 필요로 하는지의 여부를 근처에 있는 이들이 파악하는 것은 쉽지 않다. 이러한 사람들은 대부분 침묵 속에서 고통받기 때문이다.

사회적 지지는 또한 외상 가능성이 있는 사건을 겪은 직후의 시기에 매우 중요한 의미를 지닌다. Brewin, Andrews와 Valentine(2000)이 수행한 위험요인 메타분석 연구에서는 사건 이후의 환경, 즉 사건 이후 사회적 지지의 제공과 기타 스트레스원의 완화가 사건 이전 또는 사건 진행 중의 요인들에 비해 PTSD 발현에 대한 예측력이 높은 것으로 나타났다. 이것이 의미하는 바는, 사건을 겪은 장병의 동료와 리더들이 해당 장병이 도움을 필요로 한다는 점을 민감하게 파악하고 사건 후에 환경을 긍정적인 방향으로 바꾸어 놓을 수 있다면 정신적 외상과 관련한 정신병 증상의 성격이나 정도를 최소화하고, 여전히 고통을 겪고 있는 장병으로 하여금 도움을 구하도록 독려하는 것이 가능할 수 있다는 것이다.

군 리더의 역할

효과적인 지휘는 군부대의 효과적 기능 수행에 있어 핵심이 되는 요소이다. 리더의 태도와 행동은 해당 부대가 효과적으로 전투를 수행하는지 뿐만 아니라 부대원들이 정신건강 문제에 대한 도움을 스스로 구하는지의 여부와 관련해서도 중요한 결정 요소가 된다. 리더는 군대 집단의 효과적인 기능 수행에 있어 핵심적인 위치를 차지하며, 구체적으로 다음과 같은 두 가지 역할을 담당하는 것으로 알려져 있다. ① 해당 집단의 과업을 조직하고 완수하는 역할 ② 집단 내 사회적·정서적 기능수행을 원활히 하는 역할(Bales, 1950). 효과적인 리더라면 자기 부대를 위해 이 두 가지 역할을 능숙하게 수행할 수 있어야 한다고 할 수 있다. 하지만 부대에 대한 심리적 지원이라는 측면을 '약한soft' 능력으로 여기는 일이 발생할 수 있으며, 사회적 지지를 제공하는 것을 전력 승수force multiplier로 볼 수 있음에도 불구하고 리더들이 이 측면을 제대로 고려하지 않을 수도 있다. 따라서 동료에 기반을 둔 심리적 지원 프로그램이 갖추어야 할 첫 번째 요건은 해당 프로그램을 리더가 신뢰할 수 있어야 한다는 것이다. 리더로 하여금 프로그램의 실질적인 이점을 심리적 측면에서 뿐만 아니라 작전적인 측면에서도 이해할 수 있게 하는 것이 중요하다.

영국 해병대에 위와 같은 제도를 도입하기 위한 노력으로 나타난 TRiM 프로그램은 구조화된 동료 지원 프로그램의 시행 방식에 대한 한 가지 사례를 보여준다. 해병대 리더들이 직접 우리들 중 한 명에게 찾아와 동료 지원 방식에 기반을 둔 훈련체계의 개발을 의뢰해왔다. 이러한 요청은 몇몇 해병대 장병들이 작전 전개로 인하여, 그리고 흔하지는 않지만 일단 발생하면 엄청난 악영향을 미치는 훈련 중 사고 등으로 인하여, 심리적 어려움을 겪고 있다는 인식 하에 이루어진 것이었다. 당시 영국 해병대는 의료체계와 복지제도를 경유하는 방법 외에는 위와 같은 필요에 대처할 만한 조직화된 체계를 갖추고 있지 못했다. 위에서 언급한 바와 같이, 영국에서의 한 연구결과에 따르면 군 장병들은 의료진이나 복지 담당과 이야기하는 것을 좋아하지 않는 것으로 나타났다(Greenberg 등, 2003). 따라서 새 프로그램을 통해서 새로운 대안적인 지원 메커니즘을 개발할 필요가 있었다.

신규 프로그램에 따른 초기 훈련기간 동안, 훈련 교관들은 심리학과 외적 지원의 제공 일반에 대해 매우 회의적인 입장을 지닌 노련한 준위들을 상대해야 했다. 초기에 나타난 이러한 상호작용에서 긍정적 결과가 나올 것인지의 여부는 세 가지 요인에 달려 있었다. 첫째는 해당 사업에 대한 지지를 이미 밝힌 바 있는 지휘장교로서 높은 경험과 인망을 갖추고 있는 군인의 존재 여부였다. 두 번째는 훈련 교관의 작전 경험이었다. 실제 작전 경험이 있을 경우 훈련 시스템의 신빙성이 더해지기 때문이다. 세 번째 요인은 선임 준위가 새로운 훈련 방침에 대한 자신의 입장을 회의에서 지지로 전환하는 것이었다. 이러한 선임 준위가 동의할 경우 그 집단 전체가 개방적인 태도를 취하게 되며, 훈련 분위기도 괄목할 만하게 바뀌었으며, 훈련 참가자들도 더욱 적극적인 태도를 보였다. 초기 훈련 과정에서 충분한 관심이 형성되었기 때문에, 훈련을 계속 진행하여 소위 외상 위험 관리라고 부르는 과정을 진행하는 것이 가능했다. 리더, 그리고 특히 선임 부사관의 뒷받침이 없었다면 사업이 성공을 거두지 못했을 것이다.

특기할 만한 점은 현재 TRiM 프로그램을 직접 운영하는 것은 내부의 준위급 부사관이며, 이에 대해 군대 내 정신건강 전문가들은 훈련 과정을 감독하고 품질 관리를 실시하는 등의 뒷받침을 한다는 것이다. 영국 해병대에서는 TRiM 개념을 기초 군사훈련에 들어간 모든 신병을 대상으로 교육함으로써, 이후 복무 중에 TRiM 담당자들과 대면해야 하는 일이 생길 경우 이로 인해 낙인효과를 걱정하는 것이 아니라 그저 군대 생활의 일부로 받아들일 수 있도록 하고 있다. 또한 경험을 갖춘 비의료 TRiM 담당자가 TRiM 원칙을 하급·상급 리더들에게 교육하는 일도 병행하고 있다. 동료에 의한 심리적 지원이 군 리더들이 작전상 활용할 수 있는 요소로 받아들여진 것은, 이러한 각 층위에서의 지속적인 뒷받침이 있었기에 가능했다. 또한 이로 인해 정기적 심리 위험 평가 및 지원이 이루어지게 되었으며, 이는 작전 전개 중 심리적 위험에 대하여 각 리더가 지속적으로 실시하는 정기 평가의 일부분이 되었다.

군대 내 스트레스 완화와 사회적 지지 모델

TRiM과 전투정신 프로그램을 좀 더 상세히 소개하기 전에, 우리들은 군대 내 사회적 지지의 제공을 군대 내 스트레스 완화 프로그램의 일환으로 볼 수 있다는 점을 제시하고자 한다. 여기에서는 이와 관련하여 두 가지 모델을 다루겠다.

첫 번째 제안 모델은 지금까지 이 장에서 설명한 다양한 요소를 종합하는 데 초점을 맞춘 모델 안이다(그림 3.1 참고).

이 모델은 리더십 유형, 스트레스 조절 방침, 리더십 훈련, 응집력, 사기 등 모든 요소가 위험 요소의 조정(예를 들어 장병이 작전 전에 자아존중감, 자신감, 능력을 기를 수 있도록 고난이도의 실전적 훈련 기회를 경험할 수 있게 하는 방식), 사랑하는 이들로부터의 떨어짐 등 군대 내 위험요소에 대한 조정 내지 완화(예를 들어 각 장병이 자기 없이 생활하는 가족에 대한 걱정을 덜 수 있도록 고국에 있는 가족에 대한

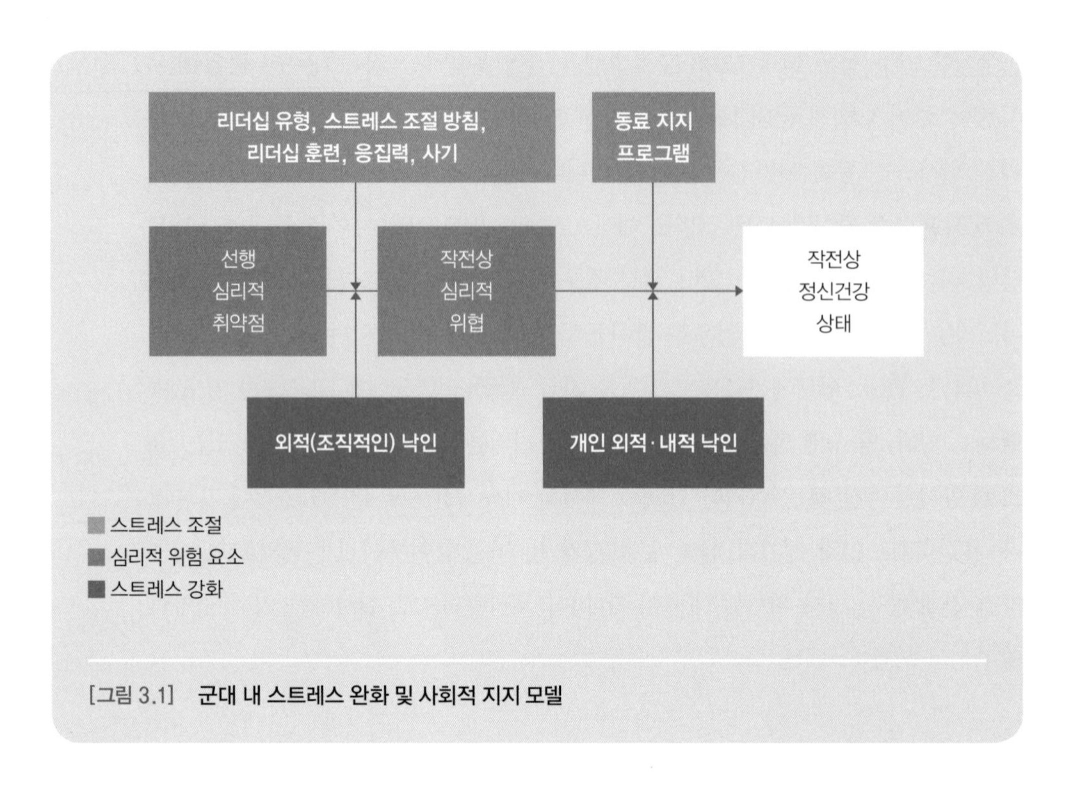

[그림 3.1] **군대 내 스트레스 완화 및 사회적 지지 모델**

지원을 강화하는 것), 좋지 않은 기후 환경에서 작업하는 것(예를 들어 극도의 더위나 추위에 대처하는 법을 훈련시키고, 냉수기를 최대한 전방까지 지원하는 것)을 통해 심리적 위험에 대한 노출에 대비를 갖출 수 있을지의 여부에 영향을 미친다는 입장에 터 잡고 있다. 이러한 요소들은 또한 동료 지지에 대한 해당 부대의 수용 여부에도 영향을 미치며, 낙인 및 돌봄에 대한 장벽과 관련한 부대 내 문화에도 영향을 미친다. 이 모델이 또한 전제하는 입장은, 동료에 의한 지지가 외상적 스트레스원에 대한 노출이 미치는 영향을 완화하고 변화시킬 수 있지만, 이를 위해서는 우선 부대 지휘부가 조성한 문화 자체가 그러한 지원을 뒷받침해야 한다는 것이다. 따라서 이 모델에 따르면 동료 지지를 통해 낙인효과를 극복하고 긍정적인 성과를 얻을 수 있다.

우리들이 제안한 모델을 보완하는 또 다른 스트레스 조절 모델로는 *장병 적응*

모델soldier adaptation model이 있다(Bliese & Castro, 2000). 장병 적응 모델은 과도한 업무 부담이나 모호한 역할과 같은 스트레스원으로 인해 건강 악화, 태도 불량, 임무 수행 불량 등의 압력이 나타난다는 관점을 전제하고 있다. 그리고 스트레스원과 그 결과 나타나는 압력 사이의 상관관계에 대한 조절요인으로서 임무에 대한 전념도나 자신의 능력에 대한 인식과 같은 개인 차원의 요인, 그리고 리더십이나 사회적 지지 같은 부대 차원의 요인이 존재한다. 즉 이 모델에서는 군부대 내의 사회적 환경이 작전 안팎에 존재하는 다양한 스트레스원의 영향을 조절하는 것으로 보게 된다. 우리들의 입장은, 사회적 지지를 통해 장병들은 아주 혼란스러운 상황에서도 통제력을 되찾을 수 있다는 것이다. 예를 들어 평화유지 작전에 투입된 장병은 자신에 대해 적대적인 민간인을 대할 경우 엄격한 교전 수칙으로 인해 공격 행위에 대한 제한을 받는 경우가 많다. 이러한 상황에서는 정신적 고통이나 좌절감을 느끼기 쉽지만, 그러한 상황에 처하는 것이 가져오는 감정적 (그리고 많은 경우 행동으로까지 이어지는) 결과에 대해 동료들과 이야기할 수 있다는 것만으로도, 심리 전문가와 이야기하거나 군대 밖의 가족과 이야기하는 것만으로는 얻을 수 없는 이점을 얻을 수 있을 것이다.

동료 지지 모델로서의 외상 위험 관리

엘리트 상륙전 부대인 영국 해병대에서 시작된 TRiM 프로그램은 이제 공군을 제외한 영국군 전체로 확산되고 있다. 또한 경찰, 외무Foreign & Commonwealth Office, 영국 공영방송British Broadcasting Corporation, 그리고 몇몇 긴급구호단체 등 군대 밖의 여러 조직도 이 프로그램을 활용하고 있다. TRiM은 영국 국립보건임상연구소National Institute for Health and Clinical Excellence에서 정한 기준을 준수한다(National Collaborating Center for Mental Health, 2005; Greenberg, Cawkill & Sharpley, 2005; Jones 등, 2003).

TRiM 모델은 외상적 사건을 겪은 장병이 계속해서 정상적인 기능을 수행할 수 있도록 필요한 사람에게 지원과, 조언과, 교육을 제공하는 것을 바탕으로 하고 있다. 나아가 TRiM 담당자들은 외상 위험이 있는 사건을 겪은 후 이에 제대로 대처하지 못하는 이들을 파악하고, 이들이 전문적인 도움을 받을 수 있도록 하는 역할을 수행한다. TRiM 담당자는 또한 각 부대 내에 상주하는데, 이는 많은 전방 작전 기지의 경우와 같이 의료 자산이나 정신건강 관련 자산이 제한되어 있거나 없는 상황에서도, 부대 규모와 상관없이 리더를 대리하여 부대에 심리적 구심점을 제공하고 지속적인 멘토링을 제공할 수 있도록 하기 위함이다. TRiM 담당자는 또한 의료 서비스와 정신건강 담당자들의 눈과 귀가 되어, 이들의 서비스를 필요로 하는 사람이 누군지 이들에게 알리는 역할을 할 수 있다.

TRiM 담당자는 의료전문가가 아닌 이들로서, 놓치기 쉬운 심리적 위험요소를 파악하는 훈련을 2~5일 정도 거치게 된다. 이러한 훈련은 외상심리학의 기초, 외상적 사건과 전투 상황에 대한 사전 관리 계획 수립 등을 내용으로 한다. 이러한 사전 계획 수립을 위해서는 TRiM 담당자가 부대 안에 있어야 하며, 그 부대의 각 장병이 TRiM 프로그램과 그 목표에 대해 인지하고 있어야 하고, TRiM을 활용하는 것이 어떠한 특별한 일인 것처럼 인식하지 않아야 한다. TRiM 담당자에 대한 훈련에서는 또한 사건 발생 직후에 그 사건을 어떻게 관리할 것인지, 그리고 심리 위험 평가를 어떻게 수행하여야 하는지에 대해서도 다룬다. 담당자들은 기존에 자신이 사용했던 장병 관리 체계가 있을 경우 이를 계속해서 활용할 수 있으며, 이를 통해 통상적인 정도의 문제를 겪는 장병들의 회복을 돕고, 보다 심한 경우는 초기에 적절한 치료를 받을 수 있도록 조치하게 된다.

TRiM 프로그램의 가장 중요한 측면은, 프로그램 담당자들이 군 외부로부터 제공되는 시스템의 경우에는 불가능한 방식으로 해당 작전 전장지역 내의 활동 흐름에 적절히 반응할 수 있다는 점이다. 심리적 위험의 수준과 성격은 그 해당 작전 환경을 이해하고 있으며 해당 부대 안의 집단과 각 개인에게 이 환경이 어떠한 영향을 미치는지를 이해하는 사람의 눈에만 드러나는 경우가 적지 않다. TRiM 시스템은 부대 수준에서의 계획을 세심하게 수립하는 것을 강조한다. 이러한 세심한 계획 수립은 부대 내 각 개인과 집단의 과거 이력, 성격, 각 집단 내 역학관계, 현재 존재하는 위협 상태 등 각 요소의 미묘한 상호작용에 대한 이해를 갖출 때에만 달성할 수 있다. 이러한 부대 내적 지식을 갖추게 되면 주시하면서 기다리거나 고의로 활동을 하지 않는 방식에서부터, 완전한 정식 심리위험 평가, 심리교육 및 지속적인 동료 지지에 이르는 다양한 종류의 대처방식을 유연하게 활용할 수 있다. 지속적이고 반응적인 위험 평가의 중요성은 아무리 강조해도 지나치지 않다. 그리고 이러한 시스템을 갖춤으로써, 적시의 심리적 개입을 통해 심리적 질환의 만성화를 예방할 수 있었으면 하는 것이 우리들의 바람이다.

TRiM의 진행과정은 여러 층위로 이루어져 있으며, 다음과 같은 단계를 거친다.

1. 위험 관리를 개시하여, 외상적 사건이나 전투 현장에서 일반 지원 활동을 통해 잠재적 문제 발생 억제를 시도한다(예를 들어 시체를 접하지 않는 것이 좋은 장병의 경우 시체에 노출되지 않도록 하는 것).
2. 외상적 사건이나 전투 직후 최대한 빨리 기획 회의를 정식으로 조직하여, 구조화된 템플릿을 이용해 해당 사건에 관련된 인원을 전부 식별한다. 간접적으로 연루된 이들도 모두 포함한다.
3. 개입이 필요 없는 인원을 식별한 후, 나머지 인원을 다음과 같이 두 가지 집단으로 분류한다. 동료에 의한 준구조적 위험 평가 면접에 참여할 집단과 보다 큰 규모로 모여 교육을 받을 집단.
4. 10문항 위험 설문지를 사용하여 초기심리위험평가를 진행하고, 1개월 후 재평가를 진행하여 해당 인원이 외상적 사건에 대해 심리적으로 적응하고 있는지의 여부를 식별한다. 초기에 나타난 문제가 이후에도 지속될 경우 전문 기관으로 이송을 권고한다.
5. 지속적 멘토링, 일반 지원 및 자기 관리에 대한 조언을 제공한다. 필요한 경우 전문 기관으로 이송한다.

영국군은 현재 여러 작전 전장지역에서 TRiM을 지속적으로 활용하고 있으며, 이를 통해 낙인효과를 극복하는 동시에 사회적 지지를 활성화한다는 목표를 추구하고 있다. TRiM 시스템을 도입한 부대들은 이 시스템을 통해서 리더들이 자기 부하들을 돌볼 의무를 수행하는 데 도움을 받고 있으며, 스트레스에 대한 부대의 문화를 전반적으로 바꾸어놓을 수도 있다는 내용의 결과를 보고하고 있다. 각 장병에게 타인의 정신적 고통을 인지하는 기술을 가르치고 그러한 사람들을 실제적이고 상식 수준의 방식으로 도울 수 있는 지식을 제공함으로써, TRiM은 각 부대가 작전 중 스트레스 반응에 대한 낙인을 제거할 수 있게끔 하는 촉매제가 될 수 있다. 이전 모델이었던 일회성 심리적 경험보고single-session psychological debriefing의 활용으로 인해 영국에서는 TRiM 모델이 역효과를 가져올 수 있다는 데 대한 우려가 있었는데, TRiM에 대해서 무작위 집단 시행group randomized trial을 실시한 결과 TRiM은 해악을 유발하지 않는 것으로 나타났다(van Emmerik, Kamphuis, Hulsbosch & Emmelkamp, 2002).

또한 TRiM은 시간에 따른 지원 기법support technique의 변화에 대처하여, 해당 지역에서 이용 가능한 최선의 지원 기제를 활용할 수 있다는 이점을 가지고 있다. 또한 TRiM은 동료를 통해 제공되는 시스템이기 때문에, 담당자들은 1차 의료 구호 담당자들이 소생 절차에 대한 최신 정보를 접하는 것과 마찬가지의 방식으로 최신 정보를 접할 수 있게 된다.

전투정신

전투정신Battlemind은 미 육군 연구자들이 개발한 일련의 총체적 회복탄력성 구축 전략resilience building strategies을 통틀어 일컫는 말이다. 전투정신의 다양한 개입방식이 목표로 하는 것은 군 장병으로 하여금 작전 중 스트레스로 인한 영향에 대해 회복탄력성에 기반을 둔 태도를 기를 수 있도록 도와주는 것이다. 예를 들어 작전 후 전투정신 프로그램은 부대원들이 '전쟁지역'에서 '자기지역'으로 잘 전환할 수 있도록 도와주는 것을 목표로 한다. 전투정신은 사실 약어로서, 예를 들어 그중 B는 전우buddies를 뜻한다. 그리고 작전 종료 후의 상황에서는, 장병들로 하여금 자신이 작전 전장지역에 있었을 때 자신의 신체적이고 심리적인 안전을 위해 옆의 전우들에게 깊이 의존했다는 점을 인식하게 하는 것이 중요하다. 하지만 가정으로 돌아간 다음에는, 비록 작전 중에 자신의 안전을 위해 전우에게 의지했던 기억 때문에 그 전우들과 시간을 계속 보내고 싶어지더라도, 그렇게 할 경우 자신을 지지해 주는 가족과 친구들과의 관계를 재정립하지 못하게 된다는 점을 이해하는 것이 중요하다. Battlemind의 머릿글자와 그 외의 글자들은 성공적인 복귀를 위해 장병들이 거쳐야 하는 중요한 모든 이행 단계들과 관련이 있다.

전투정신은 미군 부대원들의 심리적 건강에 좋은 영향을 미치는 것으로 나타났다(Adler, Bliese, McGurk, Hoge & Castro, 2009; Adler, Castro, Bliese, McGurk & Milliken, 2007; Adler 등, 2006). 그리고 전투정신의 제 원칙이 옆에 있는 동료 부대원의 정신 상태에 신경을 쓸 필요성을 강조하는 한편, 낙인효과로 인해 도움을 필요로 하는 사람들이 도움을 구하지 못한다는 점을 강조하고 있다는 점에서 볼 때, 전투정신의 접근방식은 동료 지지방식에 기틀을 잡고 있다고 할 수 있다. 나아가 전투정신 단계는 스트레스 관련 문제에 대한 부대 환경을 조성하는 데 있어 리더의 역할이 중요함을 강조하고 있다. 이러한 전투정신의 효용성은 널리 인정을 받아, 캐나다군도 작전에서 복귀하는 부대원들을 대상으로 전투정신 개입방식을 활용하고 있으며, 영국 육군 또한 전투정신 시스템이 영국 장병에게 도움이 될지의 여부에 대한 조사를 진행 중이다.

종합적으로 볼 때, TRiM과 전투정신은 군인의 정신건강을 최적화하는 데 있어 동료 지지와 리더십이 가지는 중요성을 공식화하여 보여주고 있다 할 것이다. 두 시스템 모두 동료 부대원들끼리 서로 돌보는 것의 중요성을 강조하며, 부대 안에 사회적 지지 환경을 구축하는 데 있어 리더의 역할이 중요함을 역설하고 있다. 이러한 공식적인 인정을 바탕으로 공인된 담당자들을 훈련시키고 관련 개념을 군대 사회화 과정에 통합시킨다면 사회적 지지의 힘을 이용하여 군대 내 정신건강을 뒷받침할 수 있을 것이다.

결론

이 장의 목표는 동료가 제공하는 지지 시스템이 적절하고도 실용적인 방식이며, 특히 전문가의 도움에 대한 접근이 제한되는 군 체계 내에서는 특히 그러하다는 점을 보여주는 것이었다. 동료 지지가 효과를 거두기 위해서는, 리더들이 그 개념을 지지하고 자기 부하들의 필요에 민감해지는 것이 필수적이다. 사회적 지지는 외상적 사건 후의 스트레스 상황에 대처하는 데에 도움이 될 뿐만 아니라, 사건이 발생하기 전에도 도움이 될 수 있다. 군 장병들은 작전 수행에 있어 서로를 지지해주는 동료와 리더들에게 깊이 의존하며, 이러한 지원은 심리적 복지의 측면에서도 마찬가지로 중요하다는 것이 우리들의 입장이다. 사회적 지지가 어떠한 측면에서 정신건강에 도움이 되는지를 더 정교하게 이해해 나가는 것이 필요하며, 앞으로의 연구를 통해 기초 군사훈련과 리더 교육과정에 변화를 주어 유용한 것은 취하고 아닌 것은 최소화하도록 할 수 있을 것이다.

하지만 대부분의 개입이 그러하듯, 어떠한 변화든 이점이 있으며 '예기치 못한 결과의 법칙law of unintended consequence'으로 인해 예측하지 못한 성과 또는 건강의 저하가 나타나지 않았다는 점을 보여주는 것이 중요하다. 나아가 병영 안에서는 도움이 되는 것이 전장에서는 이상적인 방식이 아닐 수도 있다. 다만 우리들이 이 장 전체에 걸쳐 제기하려 했던 주장은 의료 담당, 정신의, 군목 등에 의한 정식 서비스에 대한 수요는 언제나 있을 것이지만 정신적 고통을 겪는 장병에 대한 일차적인 관리는 그 부대 안에서 이루어질 때 가장 효과적이라는 것이다. 그리고 이러한 방식은 정신적 문제를 겪는 장병을 '외부'에서 도움을 받도록 보내 버리는 방식에 비해 낙인효과 발생 정도도 더욱 적을 것이며, 그러한 장병을 단지 안 좋은 시기를 겪고 있는 보통 사람이 아니라, 어떤 비정상적인 존재로 치부해 버리는 일 또한 방지할 수 있다.

Adler, A. B., Bliese, P. D., McGurk, D., Hoge, C. W., & Castro, C. A. (2009). Battlemind Debriefing and Battlemind Training as early interventions with soldiers returning from Iraq: Randomization by platoon. *Journal of Consulting andClinical Psychology*, 77, 928-940. doi:10.1037/a0016877

Adler, A. B., Castro, C. A., Bliese, P. D., McGurk, D., & Milliken, C. (2007, August). The efficacy of Battlemind Training at 3-6 months post deployment. In C. A. Castro (Chair), *The Battlemind Training System: Supporting soldiers throughout the deployment cycle*. Symposium conducted at the meeting of the American Psychological Association, San Francisco, CA.

Adler, A. B., Castro, C. A., McGurk, D., Bliese, P. D., Wright, K. M., & Hoge, C. W. (2006, November). *Postdeployment interventions to reduce the mental health impact of combat deployment to Iraq: Public health policies, psychological debriefing and Battlemind Training*. Paper presented at the International Society for Traumatic Stress Studies, Hollywood, CA.

Bales, R. F. (1950). A set of categories for the analysis of small group interaction. American Sociological Review, 15, 257-263. doi:10.2307/2086790 Bartone, P. T., Ursano, R. J., Wright, K. M., & Ingraham, L. H. (1989). The impact of a military air disaster on the health of assistance workers: A prospective study. *Journal of Nervous and Mental Disease*, 177, 317-328. doi:10.1097/00005053-198906000-00001

Beehr, T. A., Bennett, M. M., & Bowling, N. A. (2007). Occupational stress and failures of social support: When helping hurts. In T. A. Beehr & M. M. Bennett(Chairs), *New developments in social support research*. Symposium conducted at the meeting of the Society for Industrial and Organizational Psychology, New York, NY.

Berkman, L. F., & Syme, S. L. (1979). Social networks, host resistance, and mortality: 9-year follow-up study of Alameda County residents. *American Journal of Epidemiology*, 109, 186-204.

Bliese, P. D., & Britt, T. W. (2001). Social support, group consensus and stressor-strain relationships: Social context matters. *Journal of Organizational Behavior*, 22,425-436. doi:10.1002/job.95

Bliese, P. D., & Castro, A. C. (2000). Role clarity, work overload, and organizational

support: Multilevel evidence of the importance of support. *Work and Stress*, 14, 65-73. doi:10.1080/026783700417230

Bliese, P. D., & Halverson, R. R. (2002). Using random group resampling in multilevel research: An example of the buffering effects of leadership climate. *The Leadership Quarterly*, 13, 53-68. doi:10.1016/S1048-9843(01)00104-7

Bowyer, A. (2005). Keep a stiff upper lip. *New Scientist*, 188, 26.

Brailey, K., Vasterling, J. J., Proctor, S. P., Constans, J. I., & Friedman, M. J. (2007). PTSD symptoms, life events, and unit cohesion in U.S. soldiers: Baseline findings from the neurocognition deployment health study. *Journal of Traumatic Stress*, 20, 495-503. doi:10.1002/jts.20234

Brewin, C. R., Andrews, B., & Valentine, J. (2000). Meta-analysis of risk factors for posttraumatic stress disorder in trauma exposed adults. *Journal of Consulting and Clinical Psychology*, 68, 748-766. doi:10.1037/0022-006X.68.5.748

Britt, T. W. (2000). The stigma of psychological problems in a work environment: Evidence from the screening of service members returning from Bosnia. *Journal of Applied Social Psychology*, 30, 1599-1618. doi:10.1111/j.1559-1816.2000.tb02457.x

Britt, T. W., Dickinson, J. M., Moore, D., Castro, C. A., & Adler, A. B. (2007). Correlates and consequences of morale versus depression under stressful conditions. *Journal of Occupational Health Psychology*, 12, 34-47. doi:10.1037/1076-8998.12.1.34

Byrne, P. (2001). Psychiatric stigma. *The British Journal of Psychiatry*, 178, 281-284. doi:10.1192/bjp.178.3.281

Cassel, J. (1976). The contribution of the social environment to host resistance. *American Journal of Epidemiology*, 104, 107-123.

Cawkill, P. (2004). A study into commanders' understanding of, and attitudes to, stress and stress related problems. *Journal of the Royal Army Medical Corps*, 150, 91-96.

Cepeda-Benito, A., & Short, P. (1998). Self-concealment, avoidance of psychological services, and perceived likelihood of seeking professional help. *Journal of Counseling Psychology*, 45, 58-64. doi:10.1037/0022-0167.45.1.58

Cobb, S. (1976). Social support as a moderator of life stress. *Psychosomatic Medicine*, 38, 300-314.

Cohen, S., Clark, M. S., & Sherrod, D. R. (1986). Social skills and the stress-protective role of social support. *Journal of Personality and Social Psychology*, 50, 963-973.

doi:10.1037/0022-3514.50.5.963

Cohen, S., & Wills, T. A. (1985). Stress, social support, and the buffering hypothesis. *Psychological Bulletin*, 98, 310-357. doi:10.1037/0033-2909.98.2.310

Corrigan, P. (2004). How stigma interferes with mental health care. *American Psychologist*, 59, 614-625. doi:10.1037/0003-066X.59.7.614

Cutrona, C. E., & Russell, D. (1990). Type of social support and specific stress: Toward a theory of optimal matching. In I. G. Sarason, B. R. Sarason, & G. R. Pierce(Eds.), *Social support: An interactional view* (pp. 319-366). New York, NY: Wiley.

Dunivin, K. O. (1994). Military culture: Change and continuity. *Armed Forces and Society*, 20, 531-547. doi:10.1177/0095327X9402000403

Dunmore, E., Clark, D. M., & Ehlers, A. (1999). Cognitive factors involved in the onset and maintenance of posttraumatic stress disorder (PTSD) after physical or sexual assault. *Behaviour Research and Therapy*, 37, 809-829. doi:10.1016/S0005-7967(98)00181-8

Durkheim, E. (1951). *Suicide:Astudy in sociology* (J. A. Spaulding&G. Simpson, Trans.). Glencoe, IL: Free Press.

Fear, N. T., Iversen, A. C., Chatterjee, A., Jones, M., Greenberg, N., Hull, L., . . . Wessely, S. (2008). Risky driving among regular armed forces personnel from the United Kingdom. *American Journal of Preventive Medicine*, 35, 230-236. doi:10.1016/j.amepre.2008.05.027

Fikretoglu, D., Guay, S., & Pedlar, D. (2008). Twelve month use of mental health services in a nationally representative, active military sample. *Medical Care*, 46, 217-223. doi:10.1097/MLR.0b013e31815b979a

Flanagan, D. A. (1998). A retrospective analysis of expressed emotion (EE) and affective distress in a sample of relatives caring for traumatically brain-injured (TBI) family members. *The British Journal of Clinical Psychology*, 37, 431-439.

Galea, S., & Resnick, H. (2005). Posttraumatic stress disorder in the general population after mass terrorist incidents: Considerations about the nature of exposure. *CNS Spectrums*, 10, 107-115.

Goffman, E. (1963). *Stigma: Notes on the management of spoiled identity*. Englewood Cliffs, NJ: Prentice Hall.

Greenberg, N., Cawkill, P., & Sharpley, J. (2005). How to TRiM away at posttraumatic stress reactions: Traumatic risk management—now and in the future. *Journal of the Royal Naval Medical Service*, 91, 26-31.

Greenberg, N., Thomas, S., Iversen, A., Unwin, C., Hull, L., & Wessely, S. (2003). Do military peacekeepers want to talk about their experiences? Perceived psychological support of U.K. military peacekeepers on return from deployment. *Journal of Mental Health*, 12, 565-573. doi:10.1080/09638230310001627928

Greene-Shortridge, T., Britt, T. W., & Castro, C. A. (2007). The stigma of mental health problems in the military. *Military Medicine*, 172, 157-161.

Grinker, R. R., & Spiegel, J. P. (1945). *Men under stress*. London: J. & A. Churchill. doi:10.1037/10784-000

Helgeson, V., Cohen, S., & Fritz, H. L. (1998). Social ties and cancer. In J. C. Holland (Ed.), *Psycho-oncology* (pp. 99-109). New York, NY: Oxford University Press.

Hoge, C. W., Castro, C. A., Messer, S. C., McGurk, D., Cotting, D. I., & Koffman, R. L.(2004). Combat duty in Iraq and Afghanistan, mental health problems, and barriers to care. *The New England Journal of Medicine*, 351, 13-22. doi:10.1056/NEJMoa040603

House, J. S., Robbins, C., & Metzner, H. L. (1982). The association of social relationships and activities with mortality: Prospective evidence from the Tecumseh community health study. *American Journal of Epidemiology*, 116, 123-140.

Inbar, D., Solomon, Z., Aviram, U., Spiro, S., & Kotler, M. (1989). Officers' attitudes towards combat stress reaction: Responsibility, treatment, return to unit, and personal distance. *Military Medicine*, 154, 480-487.

Ismail, K., Blatchley, N., Hotopf, M., Hull, L., Palmer, I., Unwin, C., . . . Wessely, S.(2000). Occupational risk factors for ill health in Gulf veterans of the United Kingdom. *Journal of Epidemiology and Community Health*, 54, 834-838. doi:10.1136/jech.54.11.834

Iversen, A. C., Fear, N. T., Ehlers, A., Hacker Hughes, J. L. Hull, L., Earnshaw, M., . . . Hotopf, M. (2008). Risk factors for posttraumatic stress disorder among U.K. armed forces personnel. *Psychological Medicine*, 38, 511-522. doi:10.1017/S0033291708002778

Iversen, A. C., Fear, N., Simonoff, E., Hull, L., Horn, O., Greenberg, N., . . . Wessely, S. (2007). Preenlistment vulnerability factors and their influence on health outcomes in U.K. military personnel. *The British Journal of Psychiatry*, 191, 506-511. doi:10.1192/bjp.bp.107.039818

Jones, E. (2006). LMF: The use of psychiatric stigma in the Royal Air Force during the Second World War. *The Journal of Military History*, 70, 439-458. doi:10.1353/

jmh.2006.0103

Jones, E. E., Farina, A., Hastorf, A. H., Markus, H., Miller, D. T., & Scott, R. A. (1984). *Social stigma: The psychology of marked relationships*. New York, NY: Freeman.

Jones, N., Roberts, P., & Greenberg, N. (2003). Peer-group risk assessment: A posttraumatic management strategy for hierarchical organizations. *Occupational Medicine*, 53, 469-475. doi:10.1093/occmed/kqg093

Jones, E., & Wessely, S. (2005). From shellshock to PTSD: *Military psychiatry from 1900 to the Gulf War*. Hove, England: Psychology Press.

Labuc, S. (1991). Cultural and societal factors in military organizations. In R. Gal & A. D. Mangelsdorff (Eds.), *Handbook of military psychology* (pp. 471-489). London, England: Wiley.

Leff, J. (1994). Working with the families of schizophrenic patients. *The British Journal of Psychiatry*, 164, 71-76.

Lerner, Y., Kertes, J., & Zilber, N. (2005). Immigrants from the former Soviet Union, 5 years postimmigration to Israel: Adaptation and risk factors for psychological distress. *Psychological Medicine*, 35, 1805-1814. doi:10.1017/S0033291705005726

Loo, C. M., Lim, B. R., Koff, G., Morton, R. K.,&Kiang, P. N. C. (2007). Ethnic-related stressors in the war zone—Case studies of Asian American Vietnam veterans. *Military Medicine*, 172, 968-971.

Manning, F. J., & Ingraham, L. H. (1987). An investigation into the value of unit cohesion in peacetime. In G. Belenky (Ed.), *Contemporary studies in combat psychiatry* (pp. 47-67). Westport, CT: Greenwood Press.

Marin, A. (2002). Systemic treatment of CF members with PTSD. *National Defence and Canadian Forces Ombudsman*. Retrieved from http://www.ombudsman.forces.gc.ca/sr-er/ptsd-sspt-eng.asp

Marshall, S. L. A. (1947). *Men against fire: The problem of battle command in future war*. New York, NY: Morrow.

McGeorge, T., Hacker Hughes, J., & Wessely, S. (2006). The MOD PTSD decision: A psychiatric perspective. *Occupational Health Review*, 122, 21-28.

McGurk, D., Cotting, D. I., Britt, T. W., & Adler, A. B. (2006). Joining the ranks: The role of indoctrination in transforming civilians to service members. In A. B. Adler, C. A. Castro, & T. W. Britt (Eds.), *Military life: The psychology of serving in peace and combat: Vol. 2. Operational Stress* (p. 13-31). Westport, CT: Praeger.

McNally, S. T., & Newman, S. (1999). Objective and subjective conceptualizations of social support. *Journal of Psychosomatic Research*, 46, 309-314.

Mehta, S., & Farina, A. (1997). Is being "sick" really better? Effect of the disease view of mental disorder on stigma. *Journal of Social and Clinical Psychology*, 16, 405-419.

Meltzer, H., Bebbington, P., Brugha, T., Farrell, M., Jenkins, R., & Lewis, G. (2003). The reluctance to seek treatment for neurotic disorders. *International Review of Psychiatry*, 15, 123-128.

Möller-Leimkühler, A. M. (2002). Barriers to help-seeking by men: A review of sociocultural and clinical literature with particular reference to depression. *Journal of Affective Disorders*, 71, 1-9. doi:10.1016/S0165-0327(01)00379-2

National Collaborating Center for Mental Health (2005). *Posttraumatic stress disorder: The management of PTSD in adults and children in primary and secondary care*. London, England: National Institute for Clinical Excellence.

Orsillo, S. M., Roemer, L., Litz, B. T., Ehlich, P., & Friedman, M. J. (1998). Psychiatric symptomatology associated with contemporary peacekeeping: An examination of postmission functioning among peacekeepers in Somalia. *Journal of Traumatic Stress*, 11, 611-625. doi:10.1023/A:1024481030025

Porter, T. L., & Johnson, W. B. (1994). Psychiatric stigma in the military. *Military Medicine*, 159, 602-605.

Reifman, A. (1995). Social relationships, recovery from illness, and survival: A literature review. *Annals of Behavioral Medicine*, 17, 124-131. doi:10.1007/BF02895061

Robinson, S. L. (2004). Hidden toll of the *war in Iraq: Mental health and the military*. Washington, DC: Center for American Progress.

Rosen, H., & Corcoran, J. F. T. (1978). Attitudes of USAF officers toward mental illness: Comparison with mental health professionals. *Military Medicine*, 143, 570-574.

Rowan, A. B., & Campise, R. (2006). A multisite study of Air Force outpatient behavioral health treatment-seeking patterns and career impact. *Military Medicine*, 171, 1123-1127.

Sayce, L. (1998). Stigma, discrimination and social exclusion: What's in a word? *Journal of Mental Health*, 7, 331-343. doi:10.1080/09638239817932

Schneider, R. J., & Luscomb, R. L. (1984). Battle stress reaction and the United States Army. *Military Medicine*, 149, 66-69.

Schulze, B., Richter-Werling, M., Matschinger, H., & Angermeyer, M. C. (2003). Crazy? So what! Effects of a school project on students' attitudes towards people with schizophrenia. *Acta Psychiatrica Scandinavica*, 107, 142-150. doi:10.1034/j.1600-0447.2003.02444.x

Schwarzer, R., & Leppin, A. (1989). Social support and health: A meta analysis. *Psychology & Health*, 3, 1-15. doi:10.1080/08870448908400361

Services Sounds and Vision Corporation (2007). *The grim reaper*. England: Ministry of Defence.

Shils, E., & Janowitz, M. (1948). Cohesion and disintegration in the Wehrmacht in World War II. *Public Opinion Quarterly*, 12, 280-315. doi:10.1086/265951

Shirom, A. (1976). On some correlates of combat performance. *Administrative Science Quarterly*, 21, 419-432. doi:10.2307/2391852

Siebold, G. L. (2007). The essence of military group cohesion. *Armed Forces and Society*, 33, 286-295. doi:10.1177/0095327X06294173

Sijbrandij, M., Olff, M., Reitsma, J. B., Carlier, I. V., & Gersons, B. P. (2006). Emotional or educational debriefing after psychological trauma. Randomised controlled trial. *The British Journal of Psychiatry*, 189, 150-155. doi:10.1192/bjp.bp.105.021121

Smith, D. (2002). The Freudian trap in combat motivation theory. *The Journal of Strategic Studies*, 25, 191-212. doi:10.1080/01402390412331302815

Stouffer, S. A. (1949). *The American soldier: Combat and its aftermath*. Princeton, NJ: Princeton University Press.

Thoits, P. A. (1985). Self-labeling processes in mental illness: The role of emotional deviance. *American Journal of Sociology*, 91, 221-249. doi:10.1086/228276

Thomas, W. I., & Znaniecki, F. (1920). *The Polish peasant in Europe and America: Monograph of an Immigrant Group*. Chicago, IL: University of Chicago Press.

Uchino, B. N., Cacioppo, J. T., & Kiecolt-Glaser, J. K. (1996). The relationship between social support and physiological processes: A review with emphasis on underlying mechanisms and implications for health. *Psychological Bulletin*, 119, 488-531. doi:10.1037/0033-2909.119.3.488

van Dam, H. A., van der Horst, F. G., Knoops, L., Ryckman, R. M., Crebolder, H. F. J. M., & van den Borne, B. H. W. (2005). Social support in diabetes: A systematic review of controlled intervention studies. *Patient Education and Counseling*, 59, 1-12. doi:10.1016/j.pec.2004.11.001

van Emmerik, A. A., Kamphuis, J. H., Hulsbosch, A. M., & Emmelkamp, P. M. (2002). Single session debriefing after psychological trauma: A meta-analysis. *Lancet*, 360, 766-771. doi:10.1016/S0140-6736(02)09897-5

Wells, J. E., Robins, L. N., Bushnell, J. A., Jarosz, D., & Oakley-Browne, M. A. (1994). Perceived barriers to care in St. Louis (USA) and Christchurch (NZ): Reasons for not seeking professional help for psychological distress. *Social Psychiatry and Psychiatric Epidemiology*, 29, 155-164.

Wessely, S. (2006). Twentieth-century theories on combat motivation and breakdown. *Journal of Contemporary History*, 41, 268-286. doi:10.1177/0022009406062067

4장

군대에서의 조사기반 예방적 정신건강 돌봄전략

4장

군대에서의 조사기반 예방적 정신건강 돌봄전략

Paul D. Bliese, Amy B Adler, And Carl Andrew Castro

제2차 세계대전이 막바지에 이르면서 강인한 사람을 뽑는 것으로 정신건강 문제를 줄여보려는 노력은 그다지 효과적이지 않다는 것이 분명해졌다(Berlien & Waggoner, 1966; Egan,Jackson, & Eanes, 1951; Glass, 1966). 군복무에 대한 부적응은 계속되었고 엄격한 선발 프로그램으로는 충분한 인원을 모집하는 것이 어려웠다. 선발 프로그램만으로는 강인한 인력을 모집하기가 어렵다는 것이 분명해지자 정신건강 전문가들은 이미 복무하고 있는 사람들을 대상으로 한 정신건강 문제를 다루는 예방 프로그램에 주목하게 되었다. 이러한 프로그램들은 훈련대상자의 정신건강을 유지하고 감정적인 어려움을 조기에 발견하도록 고안되었다. 그러나 Glass(1966)가 지적하듯이 "그러한 교화나 입문강좌가 훈련대상의 부적응

이 장에서 제시되는 내용은 저자들의 관점에서 제시되는 것이며, 미 육군이나 Walter Reed 미 육군 연구소, 미 국방부의 공식적인 입장이 아니다. 이번 장은 미국 정부에 의해 고용된 연구진에 의해 공무의 일환으로 작성된 것으로 공유 저작물에 해당한다. 여기에 제시된 어떤 내용도 미국 정부의 입장을 필연적으로 대변하지 않으며, 저자들이 연구에 참여했다고 해서 이 내용이 공식적인 입장을 제시하는 것도 아니다.

과 장애가 발생하는 것을 감소시킨다는 분명한 증거는 아직 제시되지 않고 있다." (Glass, 1966, p.750)는 것이 중요한 시사점이다.

제2차 세계대전 후 수십 년 동안 미군은 예방적 노력으로써 강인하게 버틸 수 있는 병력을 유지하는 프로그램을 중점적으로 실시해 왔지만 이러한 프로그램의 효용성에 대한 의문은 중요한 쟁점이다. 이 장의 목적은 이라크와 아프카니스탄의 병력을 지원한 대규모의 예방적 정신건강 프로그램의 효용성을 논의하는 것이다. 프로그램의 효용성을 고려할 때 우리는 프로그램의 효용성과 관련된 통계적 쟁점들과 대규모 예방 프로그램을 이끌어가고자 하는 정책을 수행하는 결정자들이 직면하게 될 실제적 현실이라는 두 가지 측면 모두를 염두에 두고 다른 유형의 연구들(예를 들어 관찰과 무작위적 시행) 사이의 관련성을 탐구할 것이다.

우리의 주요 논점은 연구자료를 통해 동일 연구집단에 속한 개인들의 정신건강 변수가 우연하게 예측된 경우보다 더 유사성이 있음을 볼 수 있다는 것이다. 정신건강 변수와 관련된 이러한 *집단단위의 특성들*group-level properties은 그러한 개입이 기존의 소집단의 사회적 구조에 영향을 줄 수 있다면 비록 단기간에 전방위적으로 적용한 개입이라도 효과적일 수 있다고 예상하는 토대가 될 수 있다. 다시 말해 개입을 통해 집단 구성원들이 서로에게 관심을 보이고 스트레스가 심한 전환과정에서 서로를 지지해 주는 식으로 소규모 사회구조가 만들어진다면 이러한 개입의 효과는 극대화될 수 있다는 것이다. 이번 연구를 통해 전통적이고 통계적으로 유의미한 범주로 평가했을 때 대규모 예방적 개입의 효과가 거의 미미하게 나타날지라도 우리들은 이러한 미미한 효과 때문에 예방적 조치의 가치를 무시할 것이 아니라 왜 강조되고 지지되어야 하는지 그 이유를 제시하고자 한다.

관찰자료의 역할

관찰과 관련된 정신건강 조사는 정신건강 문제의 비율을 문서화하고 예방적 정신건강 프로그램의 주요 근거를 제공하고자 고안되었다. 근본적으로, 관찰 프로그램은 예방 프로그램을 시행하도록 독려한다. 관찰은 이라크전과 아프간전을 지원하는 정신건강과 관련한 조사의 초석이 되었다. 예를 들면 2004년에 Hoge와 그의 동료들은 이라크와 아프간에서 벌어진 전투의 심리적 효과를 상세히 밝히는 기사를 《New England Journal of Medicine》에 실었다. 언론이 주목하는 정도는 놀라웠다. 결과적으로 전투를 경험하는 것이 외상 후 스트레스 장애Post-Traumatic Stress Disorder, PTSD의 증상과 같은 정신건강 문제를 겪을 위험을 높인다는 것이 널리 알려지게 되었다. Hoge는 기사를 통해서 이라크와 아프간이라는 환경에서 이러한 위험을 수량화하였고 이라크에서 전투를 경험한 사람들의 15~17%가 PTSD, 주요 우울과 범불안장애라는 위험에 처해 있다는 것을 보여주었다. 문제의 범위를 통계적으로 평가함으로써 결과적으로 군인들의 필요와 그들에 대한 정신건강 충격을 줄이기 위해 고안된 잠재적 예방 프로그램의 필요를 측정하는 것이 가능해졌다.

Hoge(2004)의 기사는 훨씬 규모가 큰 정신건강 관찰연구의 초기 예이다. 2004년의 기사가 기초가 된 연구규약에서 결과적으로 전투에서 돌아온 7만 명의 군인들을 조사하고 다양한 관찰기반의 출판물들이 만들어지게 되었다(예를 들어 Cabrera, Hoge, Bliese, Castro, & Messer, 2007; Eaton 등, 2008; Hoge 등, 2008; Killgore 등, 2008; Thomas 등, 2010). 그 규약을 통해서 육군의 지속적인 관찰활동(즉 정신건강 자문팀 또는 MHAT)의 핵심을 이루는 연구의 기초가 제공되었다.

이라크와 아프간 전쟁 내내 정신건강 자문 팀Mental Health Advisory Team, MHAT은 복무구성원의 정신건강 관찰에서 중요한 역할을 했다(1장 참조). MHAT는 ① 복무구성원의 정신건강 상태 ② 정신보건 전달체계의 상태를 평가하고자 파병되었다. 첫 번째 MHAT의 임무는 2003년 이라크에서의 지상전 때 이루어졌고 동원상황에서 정신건강 문제가 높은 비율로 나타나며 동원상황에서 행동적 건강돌봄behavioral health care에 어려움이 있다는 것을 상세히 보여주었다(MHAT, 2003). 초기 MHAT와 후속적 팀들의 제안점들은(예를 들어 광범위한 전투지역에서 행동건강자원을 파병하고 조정하는 행동건강 상담사를 파견) 전투지역의 행동적 건강돌봄을 전달하는 데에 큰 영향을 주었다.

후속적인 MHAT들은 계속해서 이라크와 아프간의 현상태를 점검했다. 2009년 말까지 6개의 MHAT가 이라크로 보내지고 3개 팀은 아프간으로 보내졌다. MHAT에서 한 가지 주목할 만한 점은 모든 팀들이 작전리더에 의해 요청되었다는 점이다. 다시 말해 MHAT는 고위 작전리더들이 그 팀을 요청했기 때문에 시작되었고 이러한 방식으로 육군의 의학과 조사 단체들의 지원을 받았다.

각각의 MHAT에서 주로 관찰된 항목은 일정하게 유지되었다. 예를 들어 외상 후 스트레스 증상과 우울을 측정하는 것이다. 이와 마찬가지로 중요한 점은 조사도구가 파병기간(예를 들어 육군이 15개월 파병을 시작했을 때), 주둔기간(예를 들어 병사들이 파병되는 사이의 시간이 문제가 될 때), 충격적 사건에 대한 치료(예를 들어 폭발물장치가 주요문제가 될 때) 등의 불시에 나타나는 사안들에 맞추어 수정가능했다는 것이다. MHAT의 활동 내내 분석적이고 표본적인 접근들은 개선되었다. 이는 전장에서의 조건들이 과학적으로도 엄격한 기준을 가지고 설계를 지원하면서 가능해졌다. 예를 들어 MHAT VI(2009)는 우연적인 집단기반 분석을 사용하여 표본 활동을 수행하기 시작했는데 이는 자료 모음 과정에서 편견이 부주의하게 개입되는 가능성을 줄이는 것이다. 이러한 개선과정은 5~6년간의 갈등을 겪은 후 미리 선택된 소대에게 조사를 실시하는 하부구조가 만들어져서 가능하게 된 것이었다.

MHAT의 파병이 반복되면서 정신건강의 통계치들을 연도별과 전장별로(이라크와 아프간에서) 비교하는 것이 가능해졌다. 결과의 해석은 파병기간, 파병과 파병 사이의 주둔기간과 같은 광범위한 정책을 결정하는 데 영향을 준다. 정신건강 문제의 비율을 추적하고 당면한 문제에 자료를 제공하는 것뿐 아니라, 각각의 MHAT는 작년의 제안들이 어떤 상태에 있는지를 평가함으로써 MHAT는 육군의 의학 링크(http://www.armymedicine.army.mil/)를 통해서 언론과 대중이 접할 수 있는 보고서와 함께 반복적인 피드백을 투명하게 제시해 주었다.

MHAT 보고서는 중요한 영향을 끼쳤다. 보고서에 실린 정보들이 군과 의학 분야의 지도층들(육군의 비서실, 비서실장, 합동참모본부 포함)에게 주기적으로 제공되었다. 제안들은 중요하게 고려되어 군과 언론, 국회가 그 결과를 추적하였다. MHAT의 진행이 성숙되어 가면서 제안의 수와 성격이라는 측면에서 분별력을 갖추는 것이 중요해졌다. 그 이유는 언론과 그 외 사람들이 얼마나 많은 제안들이 실행되었는지를 군이 정신건강 문제를 다루고 있다거나 그렇지 않은지를 판단하는 증거로 사용하는 경향이 있었기 때문이다. 실제적으로 이해당사자가 많거나 제한된 자원으로 인해 많은 경우 실행할 수 없거나 실용적이지 못한 제안들도 많았다. 이런 경우 실행하지 않기로 결정하는 것은 실패가 아니라 오히려 제안들과 다른 요구들 사이에 균형이 필요하다는 것을 반영하는 것이다. 간단한 예로 MHAT V(2008)의 제안은 이라크 전장에서 공급자들 사이에 행동건강behavioral health 정보를 전해주기 위해 행동건강 협의를 분기별로 가지라는 것이었다. 분기별을 명시한 것은 1년에 2번 협의를 가지는 것은 부족하다는 것을 의미하는 것이었지만 목표는 정신건강 정보의 전달이지 협의의 횟수는 아니었다. 그러므로 시간이 지나면서 MHAT의 보고서에는 그 제안들에 관심을 가져준 데 대한 감사가 반영되었다.

MHAT의 빈번한 파병과 다른 관찰 노력 덕분에 미 육군은 전투와 관련된 정신건강 문제에 우선적으로 관심을 가지게 되었다. 나아가 예방적 정신건강 프로그램을 수용하는 환경이 조성되었다. 대부분의 프로그램은 이 두 가지 유형 중 한 가지로 분류될 수 있다. 첫 번째 유형은 선택과 심사를 포함한다. 이 프로그램은 특정한 유형의 개인을 선택하거나 행동건강 문제를 가진 사람을 발견하여 치료하는 것이다. 우리는 이러한 프로그램을 별도의 장에서 다룰 것이다(7장 참조).

두 번째 유형은 광범위한 예방 프로그램으로 기술을 가르치고 구성원들 사이에 회복력을 기를 수 있도록 하는 개입을 훈련하는 것이다. 제2차 세계대전에서처럼 군은 이라크와 아프간의 장병들을 지원하는 이런 유형의 프로그램을 시행하고자 하는 의지가 강했다. 우리가 믿기에 이라크와 아프간의 갈등에 영향을 주고자 하는 군의 이러한 행동건강 훈련 프로그램의 실행은 대규모 성인인구의 행동상태를 개선시키려는 가장 커다란 시도 중 하나이다. 육군에서는 한 군인의 경력 내

내(예를 들어 기본훈련, 점진적인 지도력과정), 그리고 파병주기 내내(파병 전과 파병 후) 회복탄력성에 바탕을 둔 훈련이 중점적으로 이루어진다. 어떠한 해이든지 이러한 프로그램은 수백 수천의 개인들의 생활을 다루게 된다. 이러한 훈련 프로그램의 목적은 분명히 가치 있는 것으로 병사들에게 전투와 군생활의 스트레스에 더 잘 적응할 수 있는 인지기술을 제공한다. 그러나 군과 행동건강 집단은 이러한 프로그램의 효용성을 결정할 필요가 있는데 그것이 우리가 다룰 주제이다. 우리는 MHAT VI(2009)에서 수집된 관찰자료들을 면밀하게 조사할 것이다. 우리는 이러한 비실험적 자료를 가지고 시작할 것이다. 왜냐하면 이러한 자료의 특성이 예방적 프로그램의 특정한 유형을 평가하기 위해 가치 있는 정보를 제공한다고 믿기 때문이다. 특히 소집단의 사회 작용을 일으키도록 고안된 프로그램 유형에서 그 정보가 가치가 있다.

광범위한 예방 프로그램의 성격

군대는 여러 가지 방법으로 대규모의 예방적 행동건강 프로그램을 개발하고 시행하고 검사해야 한다. 그러한 프로그램을 실시할 필요도 분명히 있다. 군생활은 일련의 관찰연구를 통해 알려진 바와 같이 복무구성원들과 가족들에게 많은 스트레스를 준다. 그뿐 아니라 군대는 조직의 위계구조 때문에 대규모 예방 프로그램을 실시하는 것이 가능하다. 다시 말해서(하부단위별로 프로그램의 질은 달라질 수 있지만) 프로그램을 시행하라는 명령이 실행될 수 있다.

과학적으로 이러한 대규모 예방적 행동건강 프로그램을 시행하는 데 있어서 군대가 가지는 장점은 집단구성원의 행동건강에 영향을 주는 사회구조를 변화시킬 수 있다는 것이다. 집단의 성격이 개인의 복지에 영향을 준다는 개념은 군 심리학에서 잘 정립된 원리이다. 부대 응집력, 도덕, 단결심 같은 개념들이 많은 환경에서 보호적인 요소로 서술되었고(예를 들어 Manning, 1991; Shils & Janowitz, 1948), 많은 임상적 연구들이 군인복지에서 사회적 맥락이 중요함을 나타내준다(예를 들어 Bliese, 2006; Bliese & Britt, 2001; Bliese & Castro, 2000; Jex & Bliese, 1999).

사회적 맥락의 중요성을 나타내는 대부분의 임상적 연구는 평화유지나 훈련환경에서 이루어졌다. 그러나 사회적 맥락의 효과는 전투를 기반으로 한 연구에서도 분명하다. 그림 4.1은 28개 소대(표의 각각의 방들은 소대를 나타낸다)의 병사들을 대상으로 한 전투경험과 외상 후 스트레스 장애 척도(PCL; Weathers, Litz, Herman, Huska, & Keane, 1993)에 대한 관계를 보여주는 것이다. 이러한 자료는 2009년에 MHAT VI의 일환으로 수집되었던 기동단위 소대의 하위단위를 나타낸다.

연구를 통해 예측한 대로(예를 들어 Dohrenwend 등, 2006; Hoge 등, 2004), 그림 4.1에 제시한 전투경험과 PCL점수의 관계는 일반적으로 정적인 관계로 전투경험이

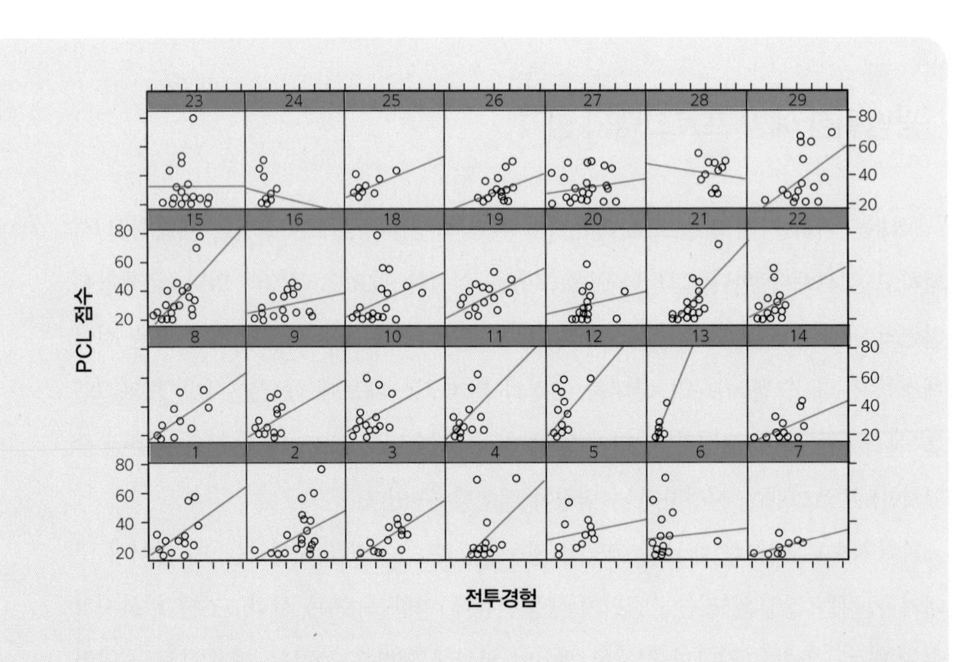

[그림 4.1] 28개 소대의 병사들을 대상으로 한 전투경험과 외상 후 스트레스 장애 척도(PCL) 간의 관계

증가할수록 더 높은 PCL점수를 보인다. 그럼에도 불구하고 그림 4.1에서 전투경험과 PCL점수의 관계는 소대별로 다르다. 어떤 소대(예를 들어 3소대)는 PCL 점수가 높고 선형적이지만 다른 소대에서는 관련성이 약하다. 예를 들면 16소대는 높은 수준의 전투경험을 가진 병사들이 PCL점수를 올리지 않을 정도로 상대적으로 완만한 경사를 가지고 있다.

MHAT VI(2009) 기동부대 표본에서 소대들 간에 관찰된 차이가 우연하게 예상된 경우보다 크다는 것이 통계적 모델을 통해 나타난다는 것을 주목해야 한다. 다시 말해 그림 4.1이 보여주는 것은 단지 우연한 변산도variability가 아니라는 것이다. 왜 어떤 소대에 속한 개인들은 전투경험에 반응을 보이지만 다른 소대에 속한 개인들은 비교적 반응을 보이지 않는지에 대한 실제적 이유가 있다는 것을 나타내준다. 실제적인 용어로 보다 완만한 곡선을 보이는 소대가 전투경험과 같은 스트레스원에 대해 더 보호적인 환경을 제공한다고 여길 수 있고 그러한 보호적인 소대가 구성원들에게 보호적인 환경을 제공하면서 전투와 같은 부정적인 효과에 대해 더 완충력이 있다고 생각할 수 있다.

그림 4.1에 나타난 대로 부대별 변산도는 군대 정신건강 자료에서 보기 드문 것은 아니다. 우리는 일련의 전투 관련 스트레스 요인과 분노와 우울 같은 다양한 결과 사이의 관계에서 집단별로 차이가 나는 것을 주기적으로 보게 된다. 이러한 변산도를 관찰할 때 주된 의문은 왜 이러한 집단별 차이가 나타나는가 하는 것이다. 전형적으로 단위수준 변산도는 응집력을 공통적으로 느끼는지 훈련의 수준, 집단리더를 인지하는 정도 같은 집단의 특징으로 설명된다. 이러한 공유하는 집단의 변산도 중에서 어떻게 지도력을 지각하고 있는가는 종종 중요한 예측변수로 떠오른다.

예를 들어 그림 4.1에서 소대별로 변산도를 설명하기 위해 우리는 네 개의 소대별 특성을 검사했다. ① 단위 응집력에 대한 공감 ② 잘 훈련되었다고 공통적으로 느끼는지 ③ 위임되지 않은 간부의 지도력에 대한 공감 ④ 위임된 간부의 지도력에 대한 공감. 이러한 분석에서 공통적이라는 것은 개인적인 평가가 아니라 이러

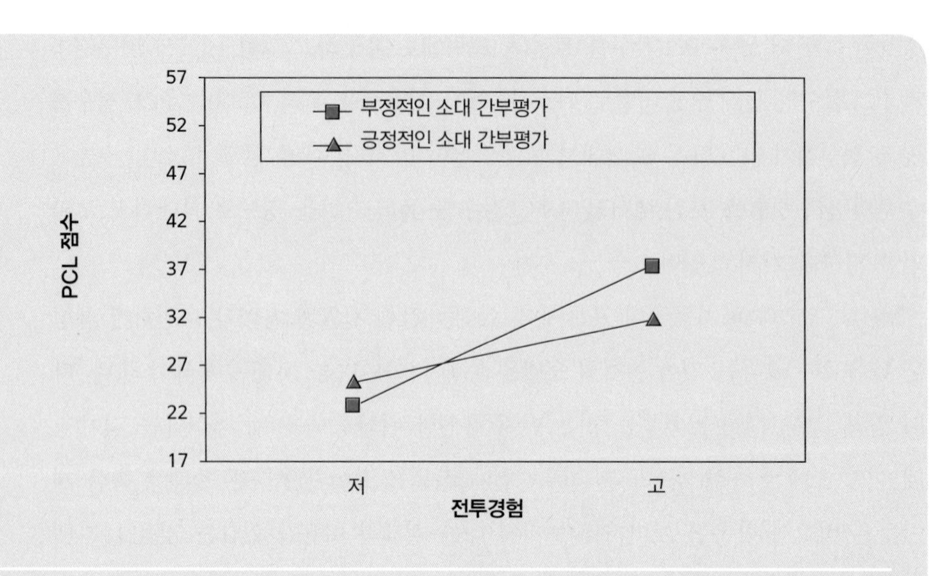

[그림 4.2] **이라크 파병 후 돌아온 미 육군 25를 대상으로 한 전투경험과 외상 후 스트레스 장애 척도 (PCL) 간의 관계**

한 구성단위에 대한 소대의 평균적 평가라는 점을 주목하라. 소대구성원의 평균적 평가를 사용함으로써 우리는 공감된 단위수준 인지shared unit-level perception를 파악할 수 있다(Bliese, 2000). 이 4개의 구성 항목 중에서 단지 위임된 간부의 지도력에 대한 공감만이 단위수준 변산도를 설명할 수 있는 증거를 보여준다. 그림 4.2는 이러한 교차 상호작용의 형태를 보여준다.

그림 4.2는 전통적인 스트레스를 완화하려는 상호작용이다(Cohen & Wills, 1985). 그리고 전투경험이 적은 군인들이 그 소대의 지도력에 대한 평가가 집단적으로 긍정적인지 부정적인지에 관계없이 낮은 PCL점수를 보고하는 것을 보여준다. 예상한 대로 PCL 점수는 전투경험이 많을수록 증가한다. 그러나 이러한 관계의 강도는 소대가 장교를 긍정적으로 평가할 때 약해진다. 즉 병사들이 장교의 행동을 종합적으로 긍정적이라고 인지할 때 전투와 같은 부정적 효과를 완충시킬 수 있었다. 이러한 긍정적 지도력과 관련된 행동들은 명확한 사고를 보여주고 편애

와 같은 부정적 행동을 피하는 것들을 포함한다. 우리는 그림 4.2를 경쟁력 있고 사려 깊은 지도력이 회복탄력성을 높이는 데 주요 요인이라는 임상적 증거를 제공해 준다고 본다.

더 광의적으로 그림 4.2에서와 같은 상호작용을 식별하는 것이 *회복탄력성 요인*을 어떻게 운용할지에 핵심이 된다. 다시 말해 회복탄력성 요인은 개인이 스트레스 요인에 덜 부정적으로 반응하게 만드는 변수들이다. 회복탄력성 요인들은 공유된 집단 수준의 특성들(예를 들어 지도력에 대한 공유된 인식) 혹은 개인적 요인(예를 들어 효과적인 적응기술, 스트레스 상황에서 유머감각을 유지하는 능력)이 될 수도 있다. 그러나 회복탄력성 요인들은 이러한 요인을 가진 개인들이 가지지 못한 개인들보다 스트레스를 더 잘 다루며 스트레스원들과 상호작용을 하기 때문에 식별되는 것이다. 회복력 요인들을 식별하는 것은 회복탄력성 훈련 프로그램에 실제적 증거를 제공 하는 데에 중요한 역할을 한다. 특히 일관성 있게 회복탄력성 요인으로 나타나는 요인들이 예방적 프로그램에 들어가는 후보자가 된다. 이것을 염두에 두면 육군에서 실행된 많은 회복탄력성 훈련 프로그램들이 리더들을 겨냥한 것들이었고 리더십 교육에 접목되었다는 것은 우연이 아니다.

그림 4.1의 자료를 통해 중요하게 알아둘 만한 다른 교훈도 있다. 그림 4.1에서 전투노출에 대한 개인의 평가가 소대별로 어떻게 무리지어 있는지를 주목할 필요가 있다. 28소대의 군인들은 일관되게 높은 수준의 전투였다고 보고하고 있는 반면(28소대의 대부분의 응답이 x축의 상위 부분에 있다). 대조적으로 13소대의 병사들은 일관되게 낮은 수준의 전투노출을 보고하고 있다. 6소대도 흥미로운데 한 명의 구성원만 제외하고 전체 소대가 거의 전투경험이 없다고 보고하였다. 우리는 왜 이 한명이 다른 동료들과 다른지는 알지 못한다. 이는 전투의 참여가 무작위적인 성격을 반영할 수도 있고 다른 소대로부터 한 명의 병사가 파병되었을 수도 있으며 또한 응답자의 부정확한 보고일 수도 있다.

몇몇 개인이 동료들과 다른 분명한 경우에도 우리는 집단 내 상관관계intraclass correlation, ICC를 평가할 때 무리 짓는 정도가 높은 수준임을 알 수 있다. ICC(1)는 개인의 평가가 집단의 단체성과 관련되고 영향을 받는 정도를 측정할 수 있게 한다 (Bliese, 2000 참조). MHAT VI(2009) 기동대 표본에서 전투경험 평가의 ICC(1) 값은 .43이고 이는 개인의 전투경험을 개인이 평가하는 어떠한 경우에서도 변수의 43%는 개인이 속한 집단에 의해 설명된다는 것을 보여준다. 조사도구에서 보고된 항목들에 대해 ICC(1)값이 .43 이라는 것은 많은 변수를 나타내고(Bliese, 2006), 병사들은 한 소대 안에서 비슷한 수준의 경험을 신뢰할 수 있게 보고하고 있다는 것을 제시하고 있다.

전투경험 비율에서 높은 정도로 무리를 짓게 되는 것은 PCL점수(즉 결과)에서 낮은 정도의 무리지음을 보이는 경우와 대조해 볼 때 더욱 흥미롭다. 논리적으로 결과의 동력(예를 들어 PCL점수를 이끌어 내는 훈련경험)이 소대별로 군락을 짓게 된다면 결과 자체(예를 들어 PCL점수)도 소대별로 나타난다. 유사한 환경이 감염질병 모델에서도 나타날 수 있는데 이 경우 매개체(예를 들어 말라리아 모기)와 병(예를 들어 말라리아)은 지리학적으로 군락을 이룬다. 그림 4.1은 PCL점수가 소대별로 군락을 이룬다는 명백한 증거는 제시하지 않는다 그리고 .26이라는 낮은 ICC(1) 값에 의해 입증된다(PCL 평가에서 변수 중의 2.6%가 소대집단성과 관련되어 있다). 즉 소대 내에서 전투노출에 대한 높은 일관성이 있어도 PCL점수는 소대 내에서 거의 일관성이 없다는 것이다.

시각적으로 자료를 조사할 때 결과에 대한 낮은 ICC(1) 값의 증거를 볼 수 있다. 개개의 소대를 위한 y축에서 대부분의 PCL값을 20과 40사이에서 볼 수 있다. 게다가 각각의 소대는 전투에 노출된 정도가 낮거나 높음에 상관없이 높은 PCL값을 가진 개인은 소수이다. 그림 4.1을 통해서 우리는 왜 6소대에서 소대 중 1명을 제외하고 전투에 노출된 정도가 낮지만, 상승된 PCL값을 가지는 대원이 3명에서 4명이 있는지 알 수가 없다. 그 수치는 단지 PCL점수가 소대 안에서 매우 다양하다는 것을 보여준다.

예방 프로그램의 시사점들: 사회구조

정신건강 관찰자료를 면밀히 검사해 보면 대규모 예방적 정신건강 프로그램에 대한 통찰을 얻게 된다 그리고 이러한 표본들이 MHAT VI(2009)자료에 초점을 맞추고 있지만 이러한 관계는 다른 군표본에서 얻어진 관찰자료에도 전형적으로 나타나는 것이다. 첫째로 검사를 통해서 군의 사회구조가 개인의 정신건강에 두 가지 방법으로 영향을 준다는 것을 알 수 있다. ① 스트레스 요인과 다양한 정신건강 결과의 관련성은 병사들이 속한 주요 집단의 성격에 따라 그 성격이 다양해진다는 것 ② 집단성과 그 집단 내에서 발생된 누적된 경험들은 정신건강이 결과에 직접적으로 관련되어 있다. 사례에서, 우리는 소대별로 발생하는 차이의 정도에 초점을 맞추었지만 집단효과는 다양한 수준에서 발생했다(예를 들어 분대, 중대, 대대). 전형적으로 사회구조의 측정 가능한 영향들은 집단이 커질수록 줄어드는데 이는 가장 접촉이 많은 개인들(예를 들어 하부단위)이 가장 큰 영향력을 발휘한다는 사실을 반영한다.

이러한 집단수준의 발견들이 제안하는 것은 일반적으로 적용된 군대의 예방적 훈련 프로그램이 공유되는 사회구조를 직접 자극함으로써 극대화될 수 있다는 것이다. 예를 들어 훈련은 부하 구성원들을 지원할 수 있도록 하는 기술들을 강조할 수 있다. 또 다른 예로써 훈련을 리더급에게 집중하고 그들의 행동과 정책들이 전체 집단 내에서 회복탄력성을 높일 수 있도록 하는 것이다. 동료의 지원과 리더십 전략 모두가 회복탄력성 훈련 프로그램을 강화하는 사회적 맥락의 측면들을 사용할 수 있다. 두 가지 전략 모두 직접적인 결과를 만들어 낼 수 있다. 예를 들어 훈련리더는 복무구성원 사이에서 스트레스 수준을 줄이도록 할 수 있다. 이러한 전략은 간접적이거나 상호작용하는 효과, 예를 들어 단위 구성원들을 훈련시켜서 높은 스트레스가 나타날 때 지원을 제공하고 복무구성원들이 스트레스 요인에 보다 강인하게 대처할 수 있게 한다. 이러한 훈련이 강인한 분대, 소대, 중대를 발전시키고 유지시키는 것을 강화할 수 있다.

예방 프로그램의 시사점들: 광범위한 실행

그림 4.1의 예로부터 이끌어 낸 두 번째 성찰은 정신건강 문제의 기저로 흔히 나타나는 기제casual mechanism는 다른 의학적 문제들의 기본이 되는 보편적 기제들과는 그 정도가 다르다는 것이다. 몇몇의 의학적 문제는 한두 가지의 위험요소와 관련될 수 있다. 결과적으로 효과적인 예방 프로그램은 종종 이러한 위험요소를 경감시키는 쪽으로 고안될 수 있다. 예를 들어 만약 말라리아에 대한 위험요소(말라리아 모기)가 동아프리카에 존재한다는 것을 알게 되면 동아프리카의 사파리로 가는 여행객들은 말라리아 예방조치를 받는다. 반면에 위험이 적은 장소(예를 들어 알프스에서 스키타기)에 가는 여행객들은 받지 않는다.

대조적으로 그림 4.1은 정신건강 증상의 평가가(예를 들어 PCL로 측정되는 것들) 다양한 요인의 영향을 받는 정도를 나타낸다. 비록 전투경험과 MHAT VI(2009) 자료의 PCL점수 간의 단순 상관관계가 .36 정도로 온건하게 강할지라도 그 소대들이 전투경험 수준에서 차이가 있다는 것을 보여준다. PCL증상들은 개인수준의 예측요인들 (예를 들어 적응유형, 외상과 관련된 이전의 경험)의 영향을 받는다. 그러므로 PCL 점수에 대한 ICC(1) 값은 낮다. 만약 정신건강 증상들이 말라리아와 마찬가지로 집단의 집단성에 의해 예측된다면 결과에 대한 ICC(1) 값은 높아질 것인데 이는 PCL에서 일관된 집단점수를 반영하는 것이다.

이러한 발견들은 예방적 정신건강 프로그램에서 (종종 *보편적 접근*과 *표적적 접근*을 대비시키는 것으로 언급되는) 고위험 집단과 저위험 집단 모두에게 영향을 주는 광범위한 공공의 건강모델을 시행하도록 결정하는 데 뒷받침되는 논리를 제공해준다. 단지 전투에 대한 노출과 같은 단일요인에 대해 고위험 집단만을 표적으로 하는 어떠한 프로그램의 경우(예를 들어 그림 4.1에서는 소대 2, 28, 29만을 표적으로 하였다)에 반드시 저위험 집단의 많은 고위험을 지닌 개인들을 놓칠 수 있다. 적은 수의 개인을 놓치는 것의 결과는 잠재적으로 중요하다. 치료받지 못한 정신건강 문제는 심각한 불안과 자살, 배우자와 자녀학대, 폭력과 같은 비극적 결과로 이어질 수 있다. 이런 맥락에서 위험은 광범위하게 관찰될 수 있고 왜 예방적 조치를 해야 하는지 위험에 상관없이 모든 구성원에게 적용되는 조기개입을 시작해야 할 도덕적 책임이 인식되는 것이다. 더 나아가 전체 집단이 아니라 고위험요인을 가진 개인만을 표적으로 하는 것은 전투동료와 단위집단과 리더들이 서로를 살피고 보살피는 책무가 주어진 군대환경에서 내재적인 사회구조를 만드는 것을 어렵게 한다. 집단 내의 개인을 겨냥한 프로그램은 집단을 대상으로 하는 프로그램보다 낙인화시킬 가능성이 더욱 크고, 수치심의 증가는 프로그램의 효용성을 감소시킬 수 있다.

위험에 처한 개인을 찾아내는 것이 어렵다는 것과 언급되지 않은 정신건강 문제의 결과들을 고려해 본다면 우리들은 군이 보편적인 예방적 훈련 프로그램에 집중하는 것이 좋을 것으로 믿는다. 그러나 예방 프로그램을 보편적으로 시행하는 것은 개입을 필요로 하지 않는 개인이 개입을 받게 된다는 것을 의미한다. 이는 결과적으로 프로그램의 효용성을 측정하는 데 직접적 영향을 준다. 특히 만약 프로그램이 거의 수혜를 받지 못할 것으로 여겨지는 많은 개인들에게 시행된다면 그 프로그램에서 측정된 효용성은 상당히 줄어들 것이고 이는 예방 프로그램의 효용성의 메타분석에서 분명하게 나타난다(Brunwasser, Gillham, & Kim, 2009; Stice, Shaw, Bohon, Marti, & Rohde, 2009). 효용성의 감소는 프로그램의 효용성이 고위험을 가진 개인들에게 초점을 두어 표적접근을 사용하여 검사되어야 하는 이유 중 하나이다(예를 들어 Seligman, Schulman, & Tryon, 2007). 의문점은 이제 군에서 보편적으로 적용된 예방 프로그램의 효용성을 어느 수준에서 기대할 수 있는가이다. 우리는 특히 소규모 사회적 맥락에 영향을 주어 작용하게 하는 프로그램에 관심을 가지고 있다.

예방 프로그램의 제안점들: 효용성과 그 크기

효용성의 문제를 언급하는 가장 일반적인 방법은 실험연구를 고안하여 개입과 관련된 효과의 크기를 측정하는 것이다. 프로그램의 효용성을 결정하는 최고의 표준이 되는 것은 무작위 시행이다. 조사팀으로서 Walter Read 미 육군 연구소의 프로그램은 2004년에서 2009년 사이에 4개의 대규모 무작위 시행을 실행하였다. 한 가지 연구는 파병 후에 광범위하게 기록하도록 하는 무작위 통제시행이었고 3개의 시행은 집단 무작위 시행group ramdomized trial, GRT으로 전투정신 훈련이라고 불리는 회복탄력성 훈련의 형태를 띠고 있었다.

우리의 첫 번째 회복탄력성 훈련에 대한 집단 무작위시행(GRT)은 4개의 치료군과 이라크에서 돌아온 2,000명의 미군병사 중에서 무작위적으로 배정된 사람들을 포함하였다(Adler, Bliese, McGurk, Hoge, & Castro, 2009). 개입은 원상태 소대에게 제공된 1시간여의 훈련과정에서 전투정신 훈련과 전투정신 심리보고 조건 둘 다, 존재하는 사회구조의 다양한 측면에 의존하여 개입을 지원한다. 예를 들어 파병 후 전투정신 심리 경험보고는 소대원들에게 그들이 경험한 배치와 관련된 주요한 사건들을 확인하게 하는 것이다. Adler 등(2009)은 전투정신 훈련과 전투정신 경험보고가 함께 높은 수준의 전투를 경험한 사람들(고위험 집단)을 대상으로 한 표준적인 스트레스 교육과 비교하여 몇 달 후에는 증상의 수준이 더 낮아지게 된다는 것을 발견하였다.

그 연구는 낮거나 경미한 수준의 전투경험을 가진 사람(저위험 집단)들을 대상으로 하여 효과의 크기를 측정하였고, 연구결과 개입이 부정적 결과를 가져온다는 어떠한 증거도 없다는 것을 발견하였다. 두 가지 증거(고위험 집단에 대한 긍정적 효과와 저위험 집단에 대한 부정적 효과가 없다는 것)는 복무하는 구성원들에게 보편적으로 적용될 개입에 중요한 것이다. 다른 두 가지 파병 후 전투정신 연구로부터 나온 자료의 차후분석을 통해 또한 훈련이 효과적이라는 증거가 발견되었다(Adler, Castro, Bliese, McGurk, & Milliken, 2007; Thomas et al., 2007).

비록 GRT를 통해서 회복탄력성 훈련 개입resilience training intervention이 효과적이라는 것을 발견했지만 관련된 효과의 크기는 미미했다(d효과 .20정도). 예를 들어 Adler 등(2009)의 연구에서 효과의 크기를 누그러뜨리는 약자는 단지 높은 수준의 전투에 노출된 집단에서만 관찰된다. 만약 효과의 크기가 모든 수준의 전투노출을 포함하여 계산된다면 무시할 만한 정도가 될 것이다. 이러한 발견을 해석하는데 있어서 Adler 등(2009)의 연구에서 모든 치료군에 활발한 개입이 이루어졌다는 것을 강조하는 것은 중요하다. 즉 전투정신 조건은 개입이 이루어지지 않은 통제가 아니라 대안적인 훈련보고와 비교된다. 다른 회복탄력성 훈련 프로그램의 메타분석이 제시하는 것은 효과의 크기는 개입이 이루어지지 않은 통제군과 비교할 때 효과의 크기가 가장 크기 때문이다(Brunwasser 등, 2009).

d효과는 표준화된 계산으로 모든 무작위 시행randomized trial과 메타분석에서 효과의 크기를 특정하고 비교하는 데 이용되었다. d효과의 크기가 .21(2009년 Adler 등에 의해 높은 수준의 전투집단에서 발견되는 전형적인 효과의 크기와 이와 동등하게 2009년 Brunwasser 등이 다른 개입들을 메타분석한 것)은 상관관계 .10과 동등한 것으로 알 스퀘어(r^2)는 .01이다. 알 스퀘어가 .01이라는 것은 정신건강 결과의 변수 중 1%가 무작위 시행에서 검사된 개입 조건에 의해 설명된다는 것이다. 2개의 관련된 쟁점들은 이러한 규모의 d효과에 의해 제기된 것들이다. 첫 번째 쟁점은 더 명백한 것으로 이러한 규모의 효과 크기가 군대에서 프로그램을 시행하도록 보증할 만큼 실제적 중요성을 가지고 있느냐는 것이다. 두 번째 쟁점은 광범위한 예방훈련 프로그램이 잠재적으로 상한치를 가지고 있음을 이해하는 것이다. 즉 소규모 집단 맥락에 영향을 주도록 고안되어 보편적으로 적용된 예방 프로그램의 경우에 현실적으로 예측할 수 있는 효과의 크기를 말한다. 이러한 프로그램의 현실적 효과의 크기를 이해함으로써 세 가지를 실행할 수 있다. 이는 ① 프로그램을 과장하여 선전하는 것을 피하도록 하는 것 ② 우리가 같은 효과 크기의 기준same effect size criteria을 적용해야 할지를 결정하는 기초를 제공하는 것 ③ 규모가 큰 무작위 시행을 실행하려고 고려하는 조사자들에게 결정할 수 있는 힘의 기초를 제공하는 것

이다.

실제적 효과 크기와 자료의 집단적 특성

상위제한적인 효과의 크기에 대한 대답들의 틀을 짜는 한 가지 방법은 우리가 정신건강과 관련된 자료의 집단수준의 특성을 아는 것에서 나올 수 있다. 그림 4.1은 소대 안의 정신건강 결과에서 개인의 변산도가 높은 정도를 보여준다. 예를 들어 ICC(1)의 결과는 다양한 정신건강 측정치의 변산도 중 97% 이상이 개인적인 것에 바탕을 두었다는 것을 보여준다(단지 2.6%만이 부대집단성과 관련되었다). 언급한 것처럼 다른 연구들은 다양한 정신건강과 관련된 결과들 중 ICC(1)의 수치가 .10(10%)의 ICC(1) 값을 초과하였고 더욱 현실적으로 .05나 그 이하의 범위를 보이고 있다(Bliese, 2006). 정신건강 결과물에 대한 ICC(1)의 결과는 학교 교실과 같은 소규모 집단에서 관찰된 결과들과 일치한다(Murray&Short, 1995).

우리는 이러한 ICC(1) 수치가 소대와 같은 원상태 집단에 보편적으로 적용된 단기 예방 프로그램에서 우리가 기대하는 것에 상위제한을 제공한다고 믿고 있다. 예를 들어 PCL에서 변산도의 2.6%는 단체의 단체성과 관련되었다. 그러므로 이러한 예에서 우리는 이러한 소대를 표적으로 하는 보편적인 프로그램들이 2.6%의 상위제한을 둔다고 예상할 수 있다. 우리의 주장은 다음의 가정을 기초로 한다. 그 가정은 왜 우리가 보편적으로 한 시간이면 적용되는 예방 프로그램이 4개월 후에나 유용한 효과를 내는지에 대한 가장 일리 있는 이유 중 하나는 이러한 프로그램이 소집단의 다양성을 일으킨다는 것이다. 효과크기의 상위제한들이 ICC(1)와 관련되어 있다는 우리의 주장은 다음과 같은 관찰에 바탕을 둔 것이다. 비록 전투경험, 리더십의 효과, 응집력과 공유된 단위훈련의 측면에서 집단들 간에 다양성이 자연스럽게 발생되기는 하지만 우리는 전형적으로 개인의 정신건강 결과와 관련하여 비교적 낮은 집단수준의 특성들을 관찰하게 된다는 것이다. 가장 효과적인 대규모 훈련 개입일지라도 1년 동안 전투경험을 공유하고 집단의 리더를 함께 경험하고 응집력 있는 집단의 일부가 되어 함께 혜택을 입은 경험보다 더 많은 영향력을 행사할 것이라고 기대하기는 어렵다.

이런 측면에서 집단기반의 개입에 대한 실제적 상한선을 5%정도로 둔다. 우리 표본의 ICC(1)는 2.6%로 연구들을 통해 누적적으로 나타나지만 종종 ICC(1) 값이 .05나 5%에 근접한 것을 본다(Bliese, 2006 참조). 상한선으로 공유된 전투경험과 응집성, 지도력과 다른 집단수준의 특성들만큼이나 결합된 영향력을 행사하는 효과적인 집단기반 개입들도 정신건강 점수의 전체 변산도 중 단지 5%만을 차지한다. 5% 상한선은 효과크기 .22와 d효과 .45와 상응하는 것이다. 실제적으로 물론 단체수준의 개입은 상한선에 이르지 않는데 왜냐하면 집단과 개인에 영향을 주는 다른 자연발생적 요인들의 주인 역할을 하고 있기 때문이다. 그러므로 좀 더 현실적인 d효과의 크기는 상한선 .45 이하가 될 것이다. 관찰자료와 무작위 시행에서 얻은 우리의 경험에 바탕을 두어 우리는 .20정도의 d효과가 많은 프로그램의 규범값이라고 기대한다. 아래에서 우리는 다른 프로그램의 메타분석의 결과와 함께 d효과값에 영향을 주는 다른 요인들을 간략하게 살펴보겠다.

효과의 크기가 회기의 수가 늘어나면서 증가할 것이고 개념은 시간이 지날수록 강화될 것이라고 기대하는 것은 논리적이다. 예를 들어 Penn Resiliency Program(PRP)평가에서 Gillham 등(2007)은 통제군과 비교하여 우울 증상의 감소에 대한 평균적인 효능크기를 .34로 보고하였다(이 수치는 2개의 집단에서 나온 것으로 세 번째 집단은 PRP의 효능에 어떠한 증거도 보여주지 않았다). Gillham에 의해 서술된 PRP는 연구에 참여한 학생들에게 개인적인 상호작용의 기회를 더 많이 제공하는 12회기의 프로그램으로 짜여져 있다(비록 참가자들은 회기의 반 정도만 마치고 12회 회의 상담을 모두 이용하지는 못했다).

Gillham 등(2007)에서 보고된 .34의 PRP효능크기가 평균적인 전투정신 훈련 효과보다는 크지만 PRP의 메타분석이 d효과를 원래 .20 범위로 보고했던 것을 상기해야 할 것이다(Brunwasser 등, 2009). 특히 PRP프로그램을 비개입 통제군과 비교한 d효과는 .21(6~8개월의 추후조사)과 .20(12개월 추후조사)이다. PRP를 적극적 개입과 비교했을 때는 6~8개월의 추후조사는 .00이었다(어떠한 조사도 12개월 추후조사는 하지 못함). 더 많은 회기를 하는 것이 더 큰 효과를 낼 수 있는지는 이러한 발견들에서는 분명하지 않다.

추측컨대 효능크기는 단지 고위험 개인집단을 표적으로 하는 개입에서는 증가될 수 있다. 그러나 여러 번의 회의 상담을 하는 표적적인 개입이 항상 더 큰 힘을 발휘한다는 것이 기정사실은 아니다. 예를 들어 Brunwasser 등(2009)은 PRP의 표적연구가 6~8개월의 표적연구에서 .23의 d효과가 있고 12개월의 추후연구에서는 .22의 d효과가 있다고 보고하였다. 이러한 수치는 6~8개월짜리와 12개월짜리에서 표적적이고 보편적인 개입을 통합하는 결과에 바탕을 둔 .21과 .20의 수치와는 매우 다른 것이다.

무작위 시행과 관련된 경험과 관찰자료의 집단수준 특징에 대한 우리의 연구를 기초해 볼 때, 가장 강력한 d효과는 고위험 원상태 집단을 대상으로 개입을 여러 번의 회기로 진행하는 경우와 연관되는 것으로 보인다. 그러한 프로그램을 통해 사회구조에 영향을 주고 집단구성원들에게 주요 개념을 강화시킬 수 있기 때문에 효과적임이 분명하다. 군대 안에서 고위험 개인들을 대상으로 하는 표적적인 다중회기 개입targeted multiple session intervention이 항상 기존의 사회구조에 영향을 주고 그러므로 효과의 크기를 최적화하는 것은 아닐 것이다.

PRP와 같은 프로그램을 원상태의 군단위 내에서 집단 중심의 개입을 주기적으로 실행한다면 효과의 크기가 커질 수 있을지는 고려할 말한 가치가 있다. 비록 PRP가 원상태 소집단에서 주기적으로 시행되는 것은 아닐지라도(예를 들어 Gillham 등, 2007), Brunwasser와 그의 동료들(2009)의 주장에 따르면 PRP는 집단응집성에 영향을 줌으로써 긍정적 효과를 가질 것이다(p.1052). 응집력이 중요하고 흔한 변수라면 PRP와 같은 다수의 회기를 하는 프로그램이 기존의 군 조직 내에서 시행될 경우 특히 효과적일 것이다. PRP가 원상태의 집단보다 개인에게 시행될 때 응집성 같은 요소들이 영향력을 발휘하기 전에 참여자들 사이에 사회적 정체성을 형성하기 위해 다수의 회기를 실행하는 것이 필수적이다.

우리의 요점은 대규모 정신건강 훈련 프로그램을 시행하고 평가하는 데에 실제적인 기대치를 설정할 필요가 있음을 강조하는 것이다. 군에서 정신건강 자료의 집단특성을 알아보는 조사에 바탕을 두고서 우리는 한 시간의 보편적 집단 중심의 훈련개입이 .20이상의 d효과크기를 가진다고 예상하는 것이 현실적이라고 믿지는 않는다. 이와 같이 다수의 회기에서 메타분석을 통해 얻어진 증거들은 .20 정도의 효능크기가 현실적인 수치를 나타낸다는 결론을 내리도록 해준다. 군대에서 높은 수준의 전투경험을 가진 소대와 같은 고위험 원상태 집단을 대상으로 다수의 회기가 진행된다면 더 큰 효과도 예상해 볼 수 있겠다. 그럼에도 불구하고 고위험 집단을 표적으로 하는 훈련이 보편적인 프로그램을 대신할 것 같지는 않다. 왜냐하면 리더들이 이해하기에 심리적 문제에는 다양한 위험요인이 있고 고위험 개인들은 낮은 위험집단에도 존재하기 때문이다.

효능 크기와 실제적인 중요성

이 논의는 흥미로운 접점에 이르렀다. 자료의 집단수준 특성과 일반적인 대규모 예방 프로그램에 대해 우리가 알고 있는 것들을 고려할 때 우리가 현실적으로 가정하는 것은 보편적인 예방적 정신건강 프로그램에서 관찰되는 효과의 크기는 작을 것이라는 것이다. 더 나아가서 군에서, 조직의 필요성에 의한 많은 예방적 프로그램은 제한된 개인화와 제한된 수의 회기 때문에 집단 중심적일 필요가 있다. 그러므로 우리는 그러한 노력이 시간낭비라고 결론 내려야 하는가? 혹은 한 걸음 물러나 왜 효과가 작다는 것이 중요하지 않다는 것과 같은 뜻이 되는 것인가?

이 질문에 대한 답은 단순하지 않다. 그러나 우리는 계속해서 그 훈련의 특정 목적을 고려하지 않고 실제적인 중요성을 지닌 관습적 기준을 기계적으로 적용함으로써 현장에 해를 끼치고 있다. 다양한 대규모 예방적 정신 건강프로그램을 통해 공유되는 특성 중 한 가지는 각각의 프로그램들이 시간이 가면서 다양한 환경에서 강화되고 시간과 환경을 통틀어 일반화되는 기술들을 가르치는 데에 중점을 두고 있다는 것이다. 예를 들어 PRP는 종종 3년까지의 개입 후 이 기간 동안의 훈련의 효과를 알아보고 있다(Gillham 등, 2007; Gillham & Reivich, 1999). 여기에서의 가정은 기술은 삶의 국면들을 거치며 수명이 길어지고 관련성을 가지게 된다는 것이다. 심지어 단기의 수평적 훈련들(예를 들어 파병 후의 전투정신)도 기술은 병사들이 파병 후 수개월 동안에 에 맞닥뜨리게 될 다양한 사회적 가정적 일터의 상황에 관련될 것이라고 가정한다. 추측하건대 회복적 기술들resilient skill을 습득하고 적용하는 데 성공적인 개인들은 일련의 다른 상황들에서 심리적으로 더 탄력적일 것이다. 훈련의 효과가 누적적이라는 것은 암시적이다. 어떤 때에도 훈련은 회복탄력성 행동resilient behavior을 일으킬 수 있지만 시간이 가면서 훈련의 효과는 더욱 의미 있을 것이다.

Abelson(1985)은 작은 효능크기와 누적적 효과, 의미 있는 장기적 차이라는 생각을 'A Variance Explained Paradox: When a Little is a Lot'이라는 제목의 세미나 발표에서 논의하였다. Abelson의 특정한 예시는 단일한 타순에서의 야구 행위가 가지는 작은 효능크기와 타수평균에서 장기간의 차이 사이의 관련성을 다루고 있다. Abelson의 주요 논점은 타자의 기술은 단일 타격 행위의 변수에서 1%의 삼분의 일만을 설명하고(정확히 알 스퀘어 0.00317), 그러나 타격평균은 누적적이므로 작은 차이가 장기적으로 의미 있는 차이를 만들어 낸다는 것이다. 그 차이는 실제적으로 중요하게 고려된다(적어도 야구선수와 구단주에게는).

비슷한 생각은 아마도 회복탄력성 훈련과 더 직접적으로 관련될 수 있는 것으로 역동적 진화심리학 분야에서 나온 것이다(Kenrick, Li& Butner, 2003). 이 분야의 연구는 어떻게 집단의 새로운 양식(우리가 구조라고 부르는 것)이 구성원 간의 누적적인 상호작용에서 나타나는지에 초점을 두고 있다. 예를 들어 적대적 개인과 평화적 개인이 섞여 있는 집단이 완전하게 적대적인 개인으로 구성된 집단에서 나타날 수도 있고 완전히 평화로운 개인들의 구성체에서 나타날 수 있다는 것이다.

Kenrick 등(2003)은 어떻게 구성원들 간의 상호작용 유형에서 사소한 변화처럼 보이는 것이 단순한 규칙과 작은 변화들이 여러 번 되풀이되면서 누적적으로 실행될 때 집단 전체에 큰 변화를 일으킬 수 있는지를 보여준다. 이러한 연구의 한 가지 특징은 자료 모의실험의 초기 단계에서 초기 시작 수치에서 작은 변화가 어떻게 최종 결과에 영향을 주는지 예측하는 것이 불가능하다는 것이다. 하지만 이 모델에서 초기의 작은 변화가 중요하다는 것은 분명하다.

대규모 예방적 정신건강 프로그램은 비슷한 도전에 직면해 있다. 회복탄력성 훈련의 내용은 개인과 단위구성원, 지도자들에게 시간의 흐름과 함께 다양한 환경에서 성공적이 되도록 도울 수 있는 기술들을 제공하는 것이다. 조사설계라는 측면에서 우리는 꽤 제한된 수의 추후조사에서 훈련의 효과를 측정해야만 한다. 이것은 단지 몇 번의 타순을 통해 얻어진 자료를 가지고 .214의 타격평균과 .301의 타격평균을 가진 선수를 신뢰성 있게 구분해 내고자 시도하는 것이나 처음 몇 번의 상호작용을 바탕으로 그 집단의 최종 상태를 예측하고자 하는 것(예를 들어 역동적 모의실험의 초기 반복)과 유사하다.

어떤 추후연구의 기회라도 우리에게는 차이를 감지할 수 있는 작은 기회가 될 수 있다. 그러나 시간이 가면서 일련의 회복탄력성 기술을 배운 병사는 그의 동료들에 비해 좀 더 올바른 결정(예를 들어 싸움이 될 수 있는 상황 피하기, 실패 후에 심하게 비판적이 되지 않기, 싸움의 초기에 배우자의 관점 고려해 보기, 어려움을 겪는 동료 지지하기)을 내리게 될 것이다. 시간이 지나면서 다른 상황들에서 일어나는 이러한 누적적인 사건들을 통해 비록 어느 특정 시간에 우리가 효과를 감지해 내기는 어렵더라도 더 회복탄력성 있는 개인이 될 것이고 개인이 속한 집단의 최종 상황에 영향을 끼칠 것이라고 기대한다.

회복탄력성 훈련이 누적적인 효과를 가진다면 조사설계는 다른 시간에 다수의 결과를 검사해야 한다. 이러한 접근법과 일관되게 2009년의 우리 집단은 Army Center for Enhanced Performance와 함께 합동연구를 이끌었다. 이 연구는 목표설정, 자기 확신, 주의 통제, 힘관리와 상상력 같은 스포츠심리학적 원리들이 훈련 중인 다수의 회의 상담들에서 행동을 개선시키는 것과 관련이 있는지를 결정하고자 하는 것이었다. 설계는 40개 장애의 소대를 기본 전투훈련에 무작위로 파병하는 GRT였다(GRT는 통계적으로 충분이 강력하도록 하기 위해 다수의 집단을 요구한다). 기술훈련은 6개의 회기로 구성되어 개인에게 다양한 기술을 실행해 보고 반복적으로 개념을 강화시키도록 하는 것이다. 이런 종류의 조사의 장점은 어떤 특정한 결과의 효과크기에 구애받지 않고 기본 전투훈련 과정 동안 일련의 결과들에서 효능성의 증거가 있는지를 알아본다는 것이다. 이러한 관점에서 특정한 평가기간과 관련된 작은 효과크기를 가지고 훈련이 실제로 도움이 되었는지를 평가해서는 안 된다. 그 대신에 훈련이 기술 발전이라는 측면에서 전체적으로 고려되어야 한다.

우리가 대규모 예방적 훈련 프로그램의 효용성의 증거를 제공하기 위해 필수적이라고 여겨야 할 것은 무엇인가? 우리는 두 가지 기준을 제공한다. Abelson(1985)은 "만약 이러한 수치가 영점 이상이라는 통계적 확신만 주어진다면, 누구도 비율적인 변수를 설명하는 데에 작은 수치를 경멸해서는 안 되고, 잠재적으로 누적되는 정도는 상당하다."(p.133)라고 서술하면서 첫 번째 기준을 제시하였다. Abelson의 인용은 비록 누적적인 현상에 직면하여 무엇이 중요한 효능크기를 구성할지에 대한 우리의 기준을 변경해야 할지라도, 고정적이고 임상적인 효능성, 무작위적 시도에 의해 얻어지는 효용성의 유형에 대한 요구는 변경해서는 안 된다는 점을 분명히 한다.

프로그램의 효용성을 정하는 두 번째 요구는 중요성을 통계적으로 확신할 때 어떠한 제한된 프로그램도 그 프로그램을 필요로 할 것 같지 않은 개인에게 부정적인 효과를 낼 수도 있는지에 대한 검사를 항상 병행하는 것이다. 예를 들어 Adler 등(2009)이 높은 정도의 전투경험이 있는 고위험 집단에 대해 효용성을 나타내는 d효과가 있다고 보여주었을 때 그들은 또한 그만큼이나 중요하게 경미하거나 전투경험이 없는 집단에게도 d효과를 줄 수 있어야 하고 이는 저위험 집단에 어떠한 부정적 효과가 있다는 증거가 없음을 보여주었다. 후자의 추가적인 내용이 중요한 이유는 프로그램이 보편적으로 적용될 때 고위험 집단과 위험이 없는 집단 모두에 영향을 미치기 때문이다. 예방 프로그램이 어떻게 시행될지에 대한 실제적 현실을 고려할 때 두 가지 증거 모두(즉 고위험 집단에 대한 효용성과 저위험 집단에도 해가 없음)가 필수적이다.

결론

군대에서는 광범위한 예방적 훈련 프로그램이 이라크와 아프간에서 지연되었던 전투에 참가했던 복무구성원들의 정신건강을 지원해 주기 위한 노력의 중요한 일환이라는 점을 받아들이고 있다. 비실험적 관찰 중심 자료가 제시해주는 것은 소규모의 맥락적 효과가 정신건강 결과에서는 중요한 역할을 하고 그러한 프로그램이 동료들과 지도자의 힘을 이끌어 낼 수 있다면 단기간의 개입도 효과적일 수 있다는 것이다. 자료의 집단수준의 성격에 대한 지식이 단체정신을 함양하고 단위구성원을 보살펴줄 책임감을 심어줄 수 있도록 고안된 군 훈련과 연관될 수 있다면 비교적 단순한 대규모 집단훈련 회기도 수개월 후에는 긍정적 효과를 일으킬 수 있다. 동시에 관찰 자료, 무작위적 시행에서 얻어진 임상 증거 메타분석의 결과들이 제시해 주는 것은 많은 예방적 프로그램의 상한효과의 크기가 꽤 작을 것이라는 것이다. 작은 효과크기에 머물러 있기보다는 우리는 조사자들과 실행자들이 통계적으로 중요한 효과들을 나타내는 데 집중하도록 격려해야 한다. 효용성을 나타낼 수 있는 견고한 조사를 계획하고 실행하는 것은 시간과 비용을 많이 소비하는 것이지만 궁극적으로 복무장병들에게 가능한 한 최고의 훈련을 제공하는 것을 보장할 수 있는 유일한 방법이다.

참고문헌

Abelson, R. P. (1985). A variance explained paradox: When a little is a lot. *Psychological Bulletin*, 97, 129-133. doi:10.1037/0033-2909.97.1.129

Adler, A. B., Bliese, P. D., McGurk, D., Hoge, C. W., & Castro, C. A. (2009). Battlemind Debriefing and Battlemind Training as early interventions with soldiers returning from Iraq: Randomization by platoon. *Journal of Consulting and Clinical Psychology*, 77, 928-940. doi:10.1037/a0016877

Adler, A. B., Castro, C. A., Bliese, P. D., McGurk, D., & Milliken, C. (2007, August). The efficacy of Battlemind Training at 3-6 months postdeployment. In C. A. Castro (Chair), *The Battlemind Training System: Supporting soldiers throughout the deployment cycle*. Symposium conducted at the meeting of the American Psychological Association, San Francisco, CA.

Berlien, I. C., & Waggoner, R. W. (1966). Selection and induction. In A. J. Glass & R. J. Bernucci, *Neuropsychiatry in World War II: Vol. I. Zone of the interior*(pp. 153-191). Washington, DC: Office of the Surgeon General.

Bliese, P. D. (2000). Within-group agreement, nonindependence, and reliability: Implications for data aggregation and analysis. In K. J. Klein & S. W. Kozlowski (Eds.), *Multilevel theory, research, and methods in organizations* (pp. 349-381). San Francisco, CA: Jossey-Bass.

Bliese, P. D. (2006). Social climates: Drivers of soldier well-being and resilience. In A. B. Adler, C. A. Castro, & T. W. Britt (Eds.), *Military life: The psychology of serving in peace and combat: Vol. 2. Operational stress* (pp. 213-234). Westport, CT: Praeger.

Bliese, P. D., & Britt, T. W. (2001). Social support, group consensus, and stressor-strain relationships: Social context matters. *Journal of Organizational Behavior*, 22, 425-436. doi:10.1002/job.95

Bliese, P. D., & Castro, C. A. (2000). Role clarity, work overload, and organizational support: Multilevel evidence of the importance of support. *Work and Stress*, 14, 65-73. doi:10.1080/026783700417230

Brunwasser, S. M., Gillham, J. E., & Kim, E. S. (2009). A meta-analytic review of the Penn Resiliency Program's effect on depressive symptoms. *Journal of Consulting and Clinical Psychology*, 77, 1042-1054. doi:10.1037/a0017671

Cabrera, O. A., Hoge, C. W., Bliese, P. D., Castro, C. A., & Messer, S. C. (2007). Childhood adversity and combat as predictors of depression and posttraumatic stress. *American Journal of Preventive Medicine*, 33, 77–82. doi:10.1016/j.amepre.2007.03.019

Cohen, S., & Wills, T. A. (1985). Stress, social support, and the buffering hypothesis. *Psychological Bulletin*, 98, 310–357. doi:10.1037/0033-2909.98.2.310

Dohrenwend, B. P., Turner, J. B., Turse, N. A., Adams, B. G., Koenen, K. C., & Marshall, R. (2006, August 18). The psychological risks of Vietnam for U.S. veterans: A revisit with new data and methods. *Science*, 313, 979–982. doi:10.1126/science.1128944

Eaton, K. M., Hoge, C. W., Messer, S. C., Whitt, A. A., Cabrera, O. A., McGurk, D., . . . Castro, C. A. (2008). Prevalence of mental health problems, treatment need, and barriers to care among primary care-seeking spouses of military service members involved in Iraq and Afghanistan deployments. *Military Medicine*, 173, 1051–1056.

Egan, J. R., Jackson, L., & Eanes, R. H. (1951). A study of neuropsychiatric rejectees. *JAMA*, 145, 466–469.

Gillham, J. E., & Reivich, K. J. (1999). Prevention of depressive symptoms in school children: A research update. *Psychological Science*, 10, 461–462. doi:10.1111/1467-9280.00188

Gillham, J. E., Reivich, K. J., Freres, D. R., Chaplin, T. M., Shatté, A. J., Samuels, B., . . . Seligman, M. E. P. (2007). School-based prevention of depressive symptoms: A randomized controlled study of the effectiveness and specificity of the Penn Resiliency Program. *Journal of Consulting and Clinical Psychology*, 75, 9–19. doi:10.1037/0022-006X.75.1.9

Glass, A. J. (1966). Lessons learned. In A. J. Glass & R. J. Bernucci, *Neuropsychiatry in World War II*: Vol. I. Zone of the interior (pp. 735–759). Washington, DC: Office of the Surgeon General.

Hoge, C. W., Castro, C. A., Messer, S. C., McGurk, D., Cotting, D. I., & Koffman, R. L.(2004). Combat duty in Iraq and Afghanistan, mental health problems, and barriers to care. *The New England Journal of Medicine*, 351, 13–22. doi:10.1056/NEJMoa040603

Hoge, C. W., McGurk, D., Thomas, J., Cox, A., Engel, C. C., & Castro, C. A. (2008). Mild traumatic brain injury in U.S. soldiers returning from Iraq. *The New England Journal of Medicine*, 358, 453–463. doi:10.1056/NEJMoa072972

Jex, S. M., & Bliese, P. D. (1999). Efficacy beliefs as a moderator of the impact of work-related stressors: A multi-level study. *Journal of Applied Psychology*, 84, 349-361. doi:10.1037/0021-9010.84.3.349

Kenrick, D. T., Li, N. P., & Butner, J. (2003). Dynamical evolutionary psychology: Individual decision rules and emergent social norms. *Psychological Review*, 110, 3-28. doi:10.1037/0033-295X.110.1.3

Killgore, W. D. S., Cotting, D. I., Thomas, J. L., Cox, A. L., McGurk, D., Vo, A. H., . . . Hoge, C. W. (2008). Postcombat invincibility: Violent combat experiences are associated with increased risk-taking propensity following deployment. *Journal of Psychiatric Research*, 42, 1112-1121. doi:10.1016/j.jpsychires.2008.01.001

Manning, F. J. (1991). Morale, cohesion, and esprit de corps. In R. Gal & A. D. Mangelsdorff (Eds.), *Handbook of military psychiatry*(pp. 453-470). New York, NY: Wiley.

Mental Health Advisory Team. (2003). *Operation Iraqi Freedom (OIF) Mental Health Advisory Team (MHAT) Report*. Retrieved from http://www.armymedicine.army.mil/reports/mhat/mhat/mhat_report.pdf

Mental Health Advisory Team V. (2008). *Mental Health Advisory Team (MHAT) V Operation Iraqi Freedom 06-08: Iraq, Operation Enduring Freedom 8: Afghanistan.* Retrieved from http://www.armymedicine.army.mil/reports/mhat/mhat_v/MHAT_V_OIFandOEF-Redacted.pdf

Mental Health Advisory Team VI. (2009). *Mental Health Advisory Team (MHAT) VI Operation Iraqi Freedom* 07-09. Retrieved from http://MHAT_VI-OIF_EXSUM. pdf

Murray, D. M., & Short, B. (1995). Intraclass correlation among measures related to alcohol use by young adults: Estimates, correlates, and applications in intervention studies. *Journal of Studies on Alcohol*, 56, 681-694.

Seligman, M. E. P., Schulman, P., & Tryon, A. (2007). Group prevention of depression and anxiety symptoms. *Behaviour Research and Therapy*, 45, 1111-1126. doi:10.1016/j.brat.2006.09.010

Shils, E. A., & Janowitz, M. (1948). Cohesion and disintegration in the Wehrmacht in World War II. *Public Opinion Quarterly*, 12, 280-315.

Stice, E., Shaw, H., Bohon, C., Marti, C. N., & Rohde, P. (2009). A meta-analytic review of depressive prevention programs for children and adolescents: Factors that predict magnitude of intervention effects. *Journal of Consulting and Clinical Psychology*, 77, 486-503. doi:10.1037/a0015168

Thomas, J. L., Castro, C. A., Adler, A. B., Bliese, P. D., McGurk, D., Cox, A., & Hoge, C. W. (2007, August). The efficacy of Battlemind at immediate postdeployment reintegration. In C.A. Castro (Chair), *The Battlemind Training System: Supporting soldiers throughout the deployment cycle*. Symposium conducted at the meeting of the American Psychological Association, San Francisco, CA.

Thomas, J. L., Wilk, J. E., Riviere, L. R., McGurk, D., Castro, C. A., & Hoge, C. W.(2010). The prevalence and functional impact of mental health problems among active component and National Guard soldiers 3 and 12 months following combat in Iraq. *Archives of General Psychiatry*, 67, 614-623.

Weathers, F., Litz, B., Herman, D., Huska, J., & Keane, T. (October 1993). The PTSD checklist (PCL): *Reliability, validity, and diagnostic utility*. Paper presented at the meeting of the International Society for Traumatic Stress Studies, San Antonio, TX.

5장

전투파병이 군인가족들에게 미치는 영향

5장

전투파병이 군인가족들에게 미치는 영향

Lyndon A. Riviere And Julie C. Merrill

"정상적인 일상으로 오는 과정은 끔찍했다. 내가 변했다고 아내가 말하면 나는 화를 벌컥 냈다. 성급하게 결정을 내리게 되고 바보 같은 사람들을 참을 수가 없다."

— 15개월간의 이라크 파병에서 돌아온 무명의 미국 군인

"처음 전쟁에서 돌아왔을 때 나는 매우 이방인처럼 느껴졌다. 나의 아들은 제법 자라서 실제로 독립적인 삶을 살고 있었고 나의 아내는 집안을 잘 꾸려나가고 있었다. 나는 생일이나 결혼기념일, 휴일, 학교 행사 등에서 많은 것들을 놓치고 있었다는 것을 깨달았다. 가정에서의 나의 역할로 다시 들어올 수 있는 시간적

이 장에서 제시되는 내용은 저자들의 관점에서 제시되는 것이며, 미 육군이나 Walter Reed 미 육군 연구소, 미 국방부의 공식적인 입장이 아니다. 이번 장은 미국 정부에 의해 고용된 연구진에 의해 공무의 일환으로 작성된 것으로 공유 저작물에 해당한다. 여기에 제시된 어떤 내용도 미국 정부의 입장을 필연적으로 대변하지 않으며, 저자들이 연구에 참여했다고 해서 이 내용이 공식적인 입장을 제시하는 것도 아니다.

여유가 있었기 때문에 비교적 수월하게 전환을 하였다. 우리는 다른 중요한 문제들에 부딪치지는 않았다. 별거로 인해 우리는 모두 더 성숙한 사람들이 되었다."

— 15개월간의 이라크 파병에서 돌아온 무명의 미국 군인

군인가족들은 다수의 독특한 스트레스원들을 만나게 된다. 그러나 이러한 군인만의 독특한 스트레스원들에도 불구하고 기능과 안녕의 측면에서 볼 때 민간가족과 군인가족 간의 차이를 제시할 수 있는 증거들은 거의 없다. 이 장은 군인가족 기능에 대한 경험적 문헌들을 살펴보고 군인가족들이 직면하는 도전들을 논의할 것이다. 우리는 명백한 분류(예를 들어 급성, 만성, 일상생활)의 관점에서 문헌과 미래 연구를 위한 분야에서의 간극들에 초점을 두고 이러한 스트레스원들을 살펴보고자 한다.

군인가족들이 기능과 안녕의 측면에서 민간가족들과 두드러지게 다르지 않다는 관점은 다소 직관에 반하는 것이다. 우리는 이 관점을 지지하는 여러 개의 설명들을 제시하려고 한다. 첫째, 군인가족들이 더 빈약한 안녕의 결과를 가진다는 인식은 아마도 매스컴의 보도 기능과 얼마 안 되는 경험연구들 때문일 것이다. 둘째, 군인가족들은 민간가족들에게는 없는 다양한 제도화된 지원 프로그램들을 가지고 있다. 셋째, 군 복무를 계속하는 군인가족들 사이에 자기 선택의 정도가 다양하게 있다는 것이다. 이러한 군인가족들은 그들이 직면하는 부정적인 스트레스원들을 완충시킬 수 있는 비공식적인 지원 네트워크에 더 잘 통합될 수도 있다. 이러한 네트워크들은 특히 가족들이 공식적인 지원 프로그램들이 제공되기 어려운, 만성적이고 매일 누적된 스트레스원들에 대처하도록 돕는 데 효과적일 것이다.

맥락에서의 군인가족

한 가족구성원이 군대나 자원 병력에 입대하기로 결정하면 새롭게 정의된 군인

가족은 군 생활을 하는 데 필요한 요구들을 받아들이기 위한 기술적 선택들을 하게 된다. 이 변화로 인해 개인은 많은 적응을 하게 된다. 군대문화로 입문하는 것은 새롭고 낯설 수 있으며 군에 대한 이해가 제한되어 있는 가족구성원에게는 특히 그렇다. 이러한 삶의 급격한 변화와 다양한 새로운 스트레스원들에도 불구하고 대부분의 새 군인가족들은 어느 정도 군 복무에 대한 균형감 있는 도전들을 인식하고 있다.

보통 언론에서는 군 생활의 요구들로 인해 군인가족들을 역기능적이고 불안정한 것으로 단순하게 묘사한다. 가장 대중적인 관심을 모으는 이야기들은 보통 죽음이나 부상, 아동학대나 가정폭력intimate partner violence, IPV과 같은 문제와 관련된 고통이나 상실에 집중되어 있다. 군인가족들을 정신적으로 건강하지 않은 것으로 전형화하거나 강화시킬 위험에도 불구하고 그러한 문제들에 초점을 두는 것은 정책 변화의 동력이 될 수 있다. 1장에서 언급했듯이 아프가니스탄에서 전쟁이 발발했을 때 Bragg기지에서의 일련의 살인과 자살에 관한 뉴스 보도로 인해 대중들의 관심과 결과적으로는 병력 자원들에서도 전쟁 후 정신건강 문제에 대해 초점이 맞춰지게 되었다.

어떤 학술자료는 군인가족들을 더 역기능적이라고 보는 관점을 지지한다. LaGrone(1978)은 '군인가족증후군'이라는 논문에서 군인가족의 아동들과 청소년들은 문제 행동을 더 많이 가지고 있다고 주장하였다. LaGrone에 의하면 행동장애의 증가는 군인과 가족에 대한 군의 요구들과 군인가족 내의 문제들에 대한 증거였다. 다른 연구들도 또한 별거와 같은 군인가족으로서의 삶의 측면들이 아동의 문제 행동들을 일으키는 비율이 높은 것으로 결론을 내렸다(Hildenbrand, 1976). 그러나 이러한 초기 연구들에 이어 나온 증거는 외국 거주와 같은 독특한 요구들에 대처해야 함에도 불구하고 군인가족들(파병가족이 아닌)은 정신적, 신체적 건강 면에서 민간가족들과 동등하다는 것을 보여주었다(Fernandez-Pol, 1988). 여기서는 기존의 연구에서의 이러한 모순들을 살펴보고 인식에서의 차이를 규명하고자 한다.

군인가족의 안녕을 벤치마킹하기

군인가족 연구를 보면 군인가족 구성원들의 정신건강 상태에 대한 연구들이 상대적으로 자료화되지 않았다는 것을 알 수 있다. Walter Reed 미 육군 연구소WRAIR의 한 부분인 지상전쟁 연구Land Combat Study, LCS에서 한 주둔지에 사는 940명의 군인 배우자들에 대한 조사를 실시하였다. 이 무기명 조사결과를 사용하여 Eaton과 그 동료들(2008)은 배우자들의 20%가 주요 우울장애Major Depressive Disorder, MDD나 범불안장애의 진단 기준을 초과하는 증상들을 보고하고 있음을 발견하였다. 우리는 Eaton이 분석한 표본의 부분을 평가해 보았을 때 10.3%가 외상 후 스트레스 장애Post-Traumatic Stress Disorder, PTSD의 진단 기준을 초과하는 증상들을 가지고 있다는 것을 발견하였다. 이러한 조사들은 발달 주기 상의 여러 단계에 있는 배우자들에게 실시되었다. 조사들은 편의적 표본으로 실시되어 군인 배우자들을 모두 일반화할 수는 없지만 이것은 군인 배우자의 정신건강 문제에 대한 역학을 이해하는 출발점이 되었다.

Jensen, Xenakis, Wolf, Bain(1991)은 군인 자녀들을 민간 자녀들에 대한 국가적 규준과 비교했을 때 더 큰 정신병리의 어떤 증거도 발견하지 못했다. 특히 군인 자녀들의 정신건강 유병률을 조사한 한 역학연구(Jensen 등, 1995)는 우울, 불안, 주의력 결핍 과잉행동 장애와 행동장애가 일반 집단에서 나타나는 것과 유사함을 보여주었다. 주목할 만하긴 하지만 이 연구는 한 군인 기지에서 수집된 자료들을 근거로 하였기 때문에 모든 군인 자녀들을 일반화할 수는 없다.

가족 안녕의 다른 지표들에 대해 일부 증거는 자녀 방임과 학대의 비율은 입대한 미 육군 가족에서 전쟁기간에 증가되었음을 보여주고 있다(Rentz 등, 2007). 이어서 Rentz와 그 동료들(2008)은 군에서 자녀 학대의 비율은 민간 동질집단(비록 그들이 파병 상태를 보고하지는 않았지만)보다 더 낮은 것을 발견했다. Chamberlain, Stander, Merrill(2003)이 인용했듯이, 군인가족들의 사례들이 얼마나 정확하게 보고되었는지 알기는 어렵다.

군인가족 자녀 학대의 일부 사례들은 군인의 복무 이력에 불리한 결과를 초래하기 때문에 보고되지 않을 수 있다. 제한된 자료들이 아동 학대가 군 가족에서 더 보편적이라는 것을 보여주지는 않지만 기록된 자료들은 실제 발생보다 과소평가된 것으로 보인다.

또한 군대 스트레스원과 가정폭력과의 관계는 군인가족들을 대상으로 연구되어져 왔다. 이 문제에 대한 연구결과들은 민간인들의 표본과 비교해볼 때 제대군인들과 현역 복무자들 사이에 가정폭력IPV의 비율이 높은 것을 보여준다(Mashall, Panuzio, Taft, 2005년 연구 참조). 어떤 연구는 파병이 가정폭력의 비율에 미치는 특별한 영향에 대해 초점을 두었으나 연구결과물들은 일관적이지 않다. McCarroll 등(2000)은 심한 가정폭력의 비율은 파병군인들에게(파병의 형태는 특정적이지 않음) 더 높은 것으로 보고하였고 적은 수이긴 하지만 그러한 비율은 유의미하게 파병기간과 함께 증가하는 것을 보여주었다(3개월 vs. 6개월과 6개월 vs. 12개월).

반대로 Macarroll 등(2003)과 Newby 등(2005)은 파병된 사람들이 가정폭력을 행사할 더 큰 위험은 없다는 것을 발견하였다. 물론 Macarroll 등(2003)과 Newby 등이 사용했던 표본은 평화유지를 위해 보스니아로 6개월 동안 파병된 현역 병사들로 일반화하는 데 한계가 있을 수 있다.

전투파병은 가정폭력의 비율이 증가하는 것과 맥을 같이 한다(Marshall 등 참조, 2005). 연구들은 이러한 비율이 가해자들의 외상 후 스트레스 증후군과 간접적으로 연관이 있다는 것을 말해주고 있다(Byrne & Riggs, 1996). 예를 들어 Prigerson, Maciejewski, Rosenheck(2000)은 베트남 참전 군인들에게 있어서 가정폭력 삽화의 21%가 전투노출에 기인함에도 불구하고 전쟁노출과 가정폭력의 관계는 과거에 PTSD 증후군을 보고하는 참전군인들에게만 나타나는 것을 발견하였다. 사실 군 관련 스트레스의 결과인 PTSD는 군인가족에 있어서 다양한 파병 후 결혼 문제에 대한 강력한 예측요인으로 나타난다(Galovski & Lyons, 2004).

군인가족의 정신건강 문제를 벤치마킹하는 또 다른 방법은 결혼해체 비율을 조사해 보는 것이다. Karney와 Crown(2007)은 이라크와 아프가니스탄 전쟁과 관련하여 군인들의 결혼해체율에 대한 광범위한 분석을 수행하였다(대부분 이혼이지만 별거, 중간 판결, 결혼 무효를 포함). 이 보고서는 1996년부터 2000년의 결혼해체율과 2001년부터 2005년까지의 결혼해체율을 대조하였다. 후자는 전투파병이 집중적으로 이루어진 기간 중의 하나였다. 추이자료에 의하면 2001년 이래로 결혼해체율이 증가하는 형태를 보여주긴 하지만 상대적으로 군 입대가 제한적인 해였던 1996년의 비율과 2005년의 비율은 같았다(Karney & Crown, 2007). 그들은 2001년과 2005년 사이의 집중적인 전투파병 주기와 결혼해체율이 증가한 것이 서로 맥을 같이 한다는 경험적 증거는 거의 없는 것으로 결론을 내렸다. 반대되는 일화적 증거에도 불구하고 체계적이고 세부적인 연구설계가 주어진다면 이러한 우연의 결과를 무시하기는 어렵다. 그러나 지속적인 가족문제들이 결혼해체로 이어지는 데 수년이 걸리기 때문에 결혼해체는 가정문제의 근원적 지표로 간주될 수 있다. 그러므로 가족문제에 대한 척도가 근접해질수록 파병 속도가 증가하는 데 더 민감해 질 수 있다.

LCS자료를 사용하여 WRAIR이 최근 연구한 작업들이 군인가족 복지에 더 근접한 척도들을 자료화하기 시작하였다. 일과 가정의 균형이 그러한 척도 중 하나가 될 수 있다. 예를 들어 Castro와 Clark(2005)은 군인들과 배우자들 사이에서 결혼생활의 질이 유의미하게 낮은 것과 일과 가정의 갈등 수준이 높은 것의 연관성을 발견하였다.

뿐만 아니라 정신건강에 대한 염려는 군 생활 방식에 대한 전반적인 만족에 영향을 미칠 수 있다. 앞에서 언급된 표본에서 341명의 군인 배우자들은 정신건강 증상뿐 아니라 파병과 관련된 혜택을 얼마나 인지하는지에 대한 질문을 받았다. 주요 우울장애나 PTSD의 진단 기준을 초과하지 않는 배우자들(표본의 86.5%)은 파병과 관련된 혜택들을 보고하였다(그림 5.1 참조). 이러한 자료들은 횡단적이긴 하지만 두 가지 중요한 점들을 보여준다. 첫째, 대다수의 군인 배우자들은 파병과 관련된 혜택들을 보고하였다. 이 혜택들은 더 많은 독립심과 문제해결에 있어서

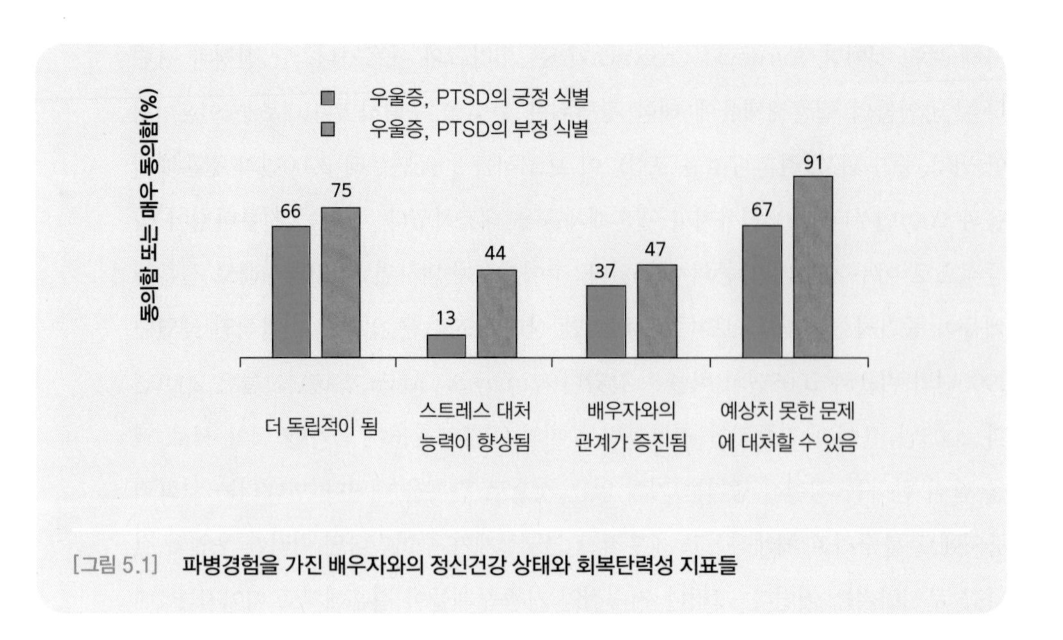

[그림 5.1] **파병경험을 가진 배우자와의 정신건강 상태와 회복탄력성 지표들**

자기 확신과 같은 개인적 성장을 위한 기회와 연관이 있다. 둘째, 주요 우울장애나 PTSD의 진단 기준을 충족시키지 않는 배우자들은 회복탄력성이 이러한 혜택들을 인지(혹은 경험)하는 것과 관련되어 있음을 제시하면서 이러한 혜택들을 더 많이 보고할 것으로 보였다.

군인들에게 있어서 정신건강에 대한 염려는 또한 군인가족의 성과와 관련되어져 왔다. Cox, Eaton, Alison-Aipa(2005)는 파병 이후 기혼 군인들의 주요 우울증의 증상들에 대한 보고들은 낮은 결혼생활의 질, 군인이나 배우자의 부정행위 개연성의 증가, 신뢰의 감소, 별거와 이혼에 대한 계획의 증가와 관련되어 있음을 발견하였다. LCD자료에 따르면 결혼생활의 질과 정신건강 상태의 관계는 다수 집단에도 적용된다. 현역군인과 주 방위군, 주요 우울장애나 PTSD의 진단 기준을 초과하는 육군 배우자들에 대한 결혼생활 질의 평균값은 정신건강 염려가 없는 사람들보다 유의미하게 낮았다.

군 관련 스트레스원 규명하기

민간가족들과는 다른 군인가족들의 특징이 있다. 이들은 종종 심한 상해나 사망에 대한 두려움에 빠져 있다. 이 위협은 군 파병기간 동안 훨씬 더 만연하며 다른 모든 가족 스트레스 요인에 대한 배경으로 작용한다. 심각한 부상이나 사망의 위협뿐 아니라 군인가족들은 다양한 유의미한 스트레스원들과 부딪치게 되는데 이런 것들은 동시다발적으로 발생하기도 한다. 이 유의미한 스트레스원들은 이동, 별거와 파병, 사회적 고립, 다른 나라에 사는 것을 포함하며 가족들의 상당한 적응을 필요로 한다.

군 관련 스트레스원들은 급성, 만성, 일상생활 스트레스로 분류될 수 있다. 심리학적인 스트레스에 초점을 둔 많은 연구에도 불구하고 군인가족과 관련된 연구의 상황에서 이러한 스트레스원들은 특별히 구분되어져 있지 않았다. 기간의 측면에서 보면 급성 스트레스원들과 일상생활 스트레스원은 별개의 스트레스원들로 보일 수 있으며 반면에 만성적인 스트레스원들은 지속적인 기간을 가진다(Serido, Almeida, & Werthinton, 2004). 세 가지 스트레스원들의 유형들 가운데 경계선은 엄격하지 않다. 한 스트레스원이 급성으로 시작된다고 해도 그 기간이 연장되면 만성적인 스트레스원이 될 것이다(Avison & Turner, 1988 참조). 이러한 구분들은 회복탄력성 강화 프로그램을 설계하고 군인가족들에게 의미 있는 지원을 제공하기 위한 중요한 함의들을 가지고 있다.

분명히 스트레스원들을 지각하는 데 있어서 개인적인 요인들이 있다. 예를 들어 연구들은 사람들이 무엇을 일상생활 스트레스로 간주하고 있으며 이러한 요인들이 심리적 증상들에 어느 정도 영향을 미치는지에 대해 다양함을 보여주었다(Gruen, Folkman, & Lazarus. 1988). 모든 군인가족들이 각각의 요구사항에 대해 주관적으로 스트레스가 심하다고 간주하지는 않기 때문에 이러한 요구들은 군인가족들에 의해 긍정적으로 평가될 수도 있다. 예를 들어 배우자들에게 파병은 증가된 독립성을 통해 긍정적 경험이 되기도 하고, 역할과 책임이 늘어나기 때문에 부정적 경험이 되기도 한다. 가족들이 군인의 생활과 그들의 긍정적인 인식들에 대해 어떻게 기대하는지를 이해하는 것은 회복탄력성 훈련을 설계하는 데 유용할 수 있다. 그러한 요구들은 군인가족 구성원들의 적응을 결정하는 데 있어서 요인들로 작용할 수 있고 관심을 받을 만하다.

급성 스트레스원

급성 스트레스원들은 '주요한 삶의 사건들'을 지칭하며 만성적인 스트레스원들보다 더 분명한 시작을 가진다(Eckenrode, 1984). 이러한 스트레스원들은 대부분의 민간환경에서는 전형적으로 드물게 나타나는데 유의미한 적응을 요구하며(Serio 등, 2004), 일상의 일들을 흐트러뜨릴 수 있다(Wagner, Compas, & Howell, 1988). 결과적으로 이것들은 웰빙에 뚜렷한 영향을 미친다(Kessler, 1997). 군과 관련된 예들은 이동, 별거, 사랑하는 사람의 부상이나 사망을 포함한다(Serio 등, 2004; Wagner 등, 1988; Wheaton, 1999).

이동 군대에서 군 복무자들은 가족들을 포함해서 자주 이동한다. 실제로 군인가족들은 전형적으로 적어도 3년에 한 번씩 이동한다(Defence Manpower Data Center, 2007). 이동은 군 복무자 개인과 가족구성원들에게 특히 좀 더 친숙했던 환경을 떠나 새로운 환경에 적응하게 한다. 뿐만 아니라 공식적이거나 비공식적으로 받아오던 지원의 공급원에 접근하는 것을 중단시킬 수 있다(Weiss, 1989). 그러나 군인가족들은 군 복무에 대해 자신이 선택할 수 있기 때문에 이동을 급성 스트레스원으로 경험하지 않을 수 있다. 실제로 연구자들은 군인 자녀들의 안녕에 대한 예측요인으로 지리적 이동을 조사하였다. 기능에 대한 서로 다른 척도들을 통제한 후에 군인가족들에게 있어서 이동 비율은 아동의 심리적 적응에 대한 다양한 척도들과 관련이 없었다(Kelley, Finkel, & Ashby, 2003). 이동은 파괴적일 수도 있고, 모험과 개인의 성장, 승진과 변화에 기회를 제공할 수도 있다.

별거 별거, 특히 파병과 관련된 별거는 급성 스트레스원으로 분류될 수 있으며 최근 군에서 증가하는 추세이다. 장기간의 별거는 가족의 일상들을 붕괴시키고 모든 가족구성원들로부터 유의미한 적응을 요구한다. 장기간 별거로 인한 부정적인 어떤 영향들은 심리적 기저가 될 수도 있다. 기능적 자기 공명 영상법은 사랑하는 사람과 헤어지는 것과 같은 사회적 고통은 신체적 고통과 같은 뇌의 부분을 활성화시킨다는 것을 보여주었다(Panksepp, 2005). 이러한 결과들은 많은 군인가족들이 이미 별거의 정서적 고통과 적응에 관해 알고 있음을 반영한다.

그럼에도 불구하고 군인가족들은 별거와 관련해서 독립성 개발이나 결혼 관계의 질 증진과 같은 장점을 경험하기도 한다(Wood, Scarville, & Gravino, 1995). 앞에서 언급한 LCS 배우자 자료를 사용하여 파병경험이 있는 군인 배우자와 경험이 없는 군인 배우자의 비교(각 87%, 13%)는 파병경험과 자기 보고식 역량 사이의 관계를 보여준다(그림 5.2 참조). 파병경험이 있는 배우자들은 책임을 관리하고 효과적으로 기능하는 자신들의 능력에서 더 유능했다. 다시 이러한 자료들이 횡단적이

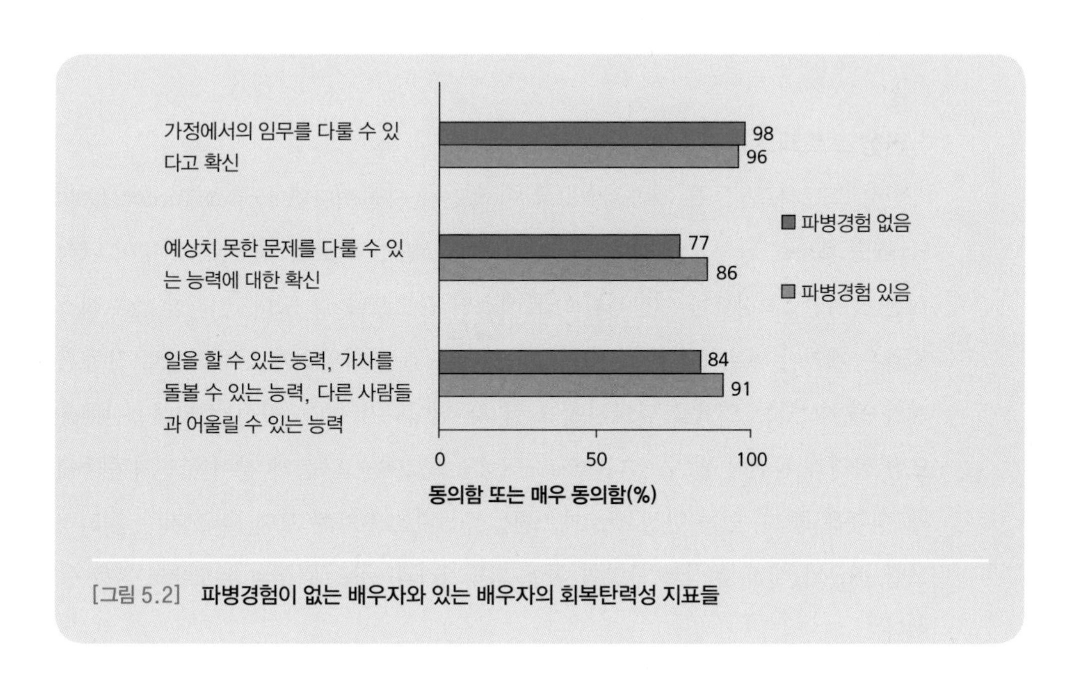

[그림 5.2] **파병경험이 없는 배우자와 있는 배우자의 회복탄력성 지표들**

긴 하지만 이것은 파병이 자기 효능감의 증가와 관련이 있음을 제시한다. 정신건강 문제들에 대한 진단 기준을 충족시키지 않는 배우자들에게 파병은 개인 성장을 위한 기회를 제공할 수도 있다.

부상과 사망 가장 심한 급성 스트레스원들 중의 두 가지는 군 복무자의 심각한 부상과 사망이다. 대체로 혁명전쟁에서 지금까지 군사적 충돌로 인한 미군 부상자의 수는 사망자의 수보다 유의미하게 더 많았다(Fischer, Klarman, & Oboroceanu, 2008). 2010년 6월까지 이라크전과 아프가니스탄 전쟁에서 2003년 3월 이후 사망 군인 1명당 약 7명이 부상을 입었다(Defence Manpower Data Center, 2010). 결과적으로 가족들은 사망보다는 부상을 다뤄야 할 가능성이 훨씬 많다. 어떤 부상들은 신체적 불구가 되어 만성적이고 일상생활 스트레스원 차원에서 새로운 한계들에 적응하게 된다(Rena, Moshe & Abraham, 1996 참조). 그러나 군 복무자의 사망만큼 군인가족들에게 삶을 변화시키는 사건은 거의 없다. 베트남 전쟁에서는 5만 8,000명 이상, 걸프 전쟁에서는 400명에 가깝게, 이라크와 아프가니스탄 전쟁에서는 수천 명의 군인들이 사망했다(Fisher 등, 2008).

만성 스트레스원

만성 스트레스원들은 지속적이고 끝이 없는 문제들이다(Avison & Turner, 1988; Serio 등, 2004). 급성 스트레스원들과 비교해서 만성 스트레스원들은 발병이 극적이진 않지만 그 강도는 일상생활 스트레스의 강도보다 더 크다. 이러한 스트레스원들은 개인이 배우자나 피고용인이 되는 것과 같이 다양하게 잠재적으로 갈등관계가 될 수 있는 역할을 담당하려고 할 때 일어나기 쉽다. 만성 스트레스원들은 또한 환경과 관련이 될 수 있다(Avison & Tuner, 1988). 다음과 같이 군인가족들에게 영향을 줄 수 있는 만성 스트레스원들을 6개로 요약해 보면 외국 거주, 지리적 고립, 배우자 실직, 부상과 사망의 위험, 파병기간과 빈도, 결혼과 부모에의 적응 등이다.

외국 거주 자신의 고국 안에서 거주지를 옮기는 것도 벅찬 일이기는 하지만 외국에서 거주하게 되는 것은 추가적인 부담이 더해진다. 외국에 사는 것은 향수병과 새로운 환경과 새로운 일상에 적응해야 하는 어려움을 동반하게 된다(Van Tilburg, Vingerhoets, & Van Heck, 1996). 군인가족들은 군인이 아닌 가족들보다 주어진 기간 안에 나라 밖으로 이주하는 것이 세 배 정도 많다(Hosek, Asch, Fair, Martin & Mattock, 2002). 군 복무자들은 임무와 관련된 업무들로 바쁘지만 군인 배우자들은 대부분 보통 현지국가나 다른 문화적 상황에 적응해야 하는 부담을 지니고 있다(Shaffer & Harrison, 2001). 이러한 부담에도 불구하고 어떤 가족구성원들은 다른 나라에서 살아보거나 새로운 문화에 노출되는 경험에 가치를 둘 수 있다. 그럼에도 연구는 외국 거주가 가족구성원들의 적응에 위험요소가 된다는 것을 보여준다. 예를 들어 Burrel, Adams, Durand와 Castro(2006)는 외국 거주로 인해 군인 배우자들이 신체적 정신적 건강에서 더 취약해질 것이라고 예측한다는 것을 발견했다.

사회적 고립 빈번한 이동과 외국 거주를 경험하는 군인가족들은 또한 사회적으로 고립이 될 위험도 있다. 이 고립은 정서적, 도구적, 정보적, 평가적 지지를 제공하는 사회적 지지망으로부터의 단절을 일으킨다. 이러한 지지의 유형들은 더 큰 사회적 지지의 구성을 만든다. 군인가족들이 새로운 지역으로 이사 갈 때 그들은 예전 사회적 지지망을 구성했던 확대 가족, 친구들, 다른 사회적 유대관계들로부터 철수한다. 그 결과로 나타나는 사회적 고립은 적응 문제를 일으키는 위험요인이 된다. 예를 들어 한 연구에서 의지할 수 있었던 친한 친구, 이웃, 가족들이 있었던 군인 배우자들은 더 잘 적응할 수 있을 것 같았다(Orther & Rose, 2005b).

배우자의 실직과 불완전 고용 빈번한 이동은 구직을 하려는 군인 배우자들의 고용 기회를 제한할 수 있다. 인구통계 자료는 민간인들보다 군인 배우자들(남여 모두)에서 실업률이 더 높은 것을 보여준다(Lim, Golinelli, & Cho, 2007). 2008년 현역군인 배우자들에 대한 조사에서 남자 군인 배우자의 5%, 여자 군인 배우자의 9%가 실업상태였음을 보고하였다. 나아가서 이동으로 인해 군인의 민간여성 배우자들 사이에서 고용은 10% 감소하고, 민간남성 배우자들의 고용은 6% 감소하는 것으로 나타났다(Cooke & Speirs, 2005).

가족구성원들은 자신들의 고용에 있어서 많은 잠재적인 장벽들이 있음을 인식한다. 한 연구에서 3일에 1번 꼴로 집에 머무는 군인 배우자들은 탁아시설의 부족, 구할 수 있는 직업의 제한, 군인 배우자들에 대한 고용주의 편견과 같은 고용 장벽들이 있었다고 생각했다(Harrell, Lim, Castaneda, & Golinelli, 2004). 사실 이 표본에서 조사된 배우자들의 2/3는 군인 배우자가 됨으로써 일할 기회에서 부정적인 영향을 받았다고 말하고 있다. 또한 군 생활은 이 배우자들의 1/3 이상에게 교육적 목적에 부정적으로 영향을 미쳤다(Harrell 등, 2004). 실업은 신체적 건강뿐 아니라 심리적 건강에 유해한 영향을 끼치면서(McKee-Ryan, Song, Wanberg, & Kinicki, 2005) 만성적인 스트레스원들이 될 수 있다(Cohen 등, 2007).

민간인들에 대한 연구들도 실업이 심리적 안녕에 부정적으로 영향을 미치는 것을 발견하였다(Feldman, 1996). 교육수준과 지역을 통제한 연구들에서 군인 배우자들이 민간 배우자들보다 더 낮은 고용률을 보이며, 더 적게 버는 것으로 나타났다(Lim 등, 2007).

부상과 사망의 위험 군인들이 실제 부상이나 사망할 가능성을 제외하고도 군인가족들은 군인에게 해가 될 위험에 대한 만성적 두려움 속에서 살고 있다(Wrighe, Burrell, Schroeder, & Thomas, 2006). 군에서의 일부 보직이 더 위험하기는 하지만 부상이나 사망에 대한 만성적인 위험은 군인 생활에 내재되어 있다. 다른 종류의 별거와 비교해 볼 때 아마 전쟁이나 파병기간 동안 두려움은 더 클 것이다. 실제로 군인 자녀들의 공통적인 걱정은 전투파병 동안 아버지가 부상당하는 것이다(Orthner, & Rose, 2005b). 가족구성원, 특히 배우자들은 자신들이 정신적으로, 신체적으로 불구가 된 전쟁참전 군인을 돌보아야 할 때 돌봄에 대한 부담에 직면하게 될 수도 있다(Beckham, Lytle, & Feldman, 1996).

파병 우리가 파병과 관련된 별거를 급성 스트레스원으로 분류하긴 했지만 많은 파병의 특성들은 사실 만성적이다. 별거는 장기적인 적응들을 요구한다. 예를 들어 연구들은 군인들의 정신건강 문제들은 파병이 더 길고 더 빈번할 때 증가하는 것을 보여주었다(Adler, Huffman, Bliese, & Casto, 2005; Mental Health Advisory Team IV, 2007). 군인가족에게 이러한 파병의 요인들로 인한 부차적인 영향은 또한 증가할 것이다. 더군다나 파병 이후 군인가족들은 정서적인 유대를 재구축하고 역할과 책임을 재협상해야 하는 도전들에 직면한다. 군인 배우자들은 파병된 배우자들과 소통하고 부모의 책임을 공유하며 군 복무자들의 기분을 다루는 일들을 재파병의 힘든 도전들로 생각했다(Orthner & Rose, 2005b).

일상생활 스트레스원

일상생활 스트레스원들은 매일의 불쾌감, 염증, 좌절을 말한다(Kanner, Coyne, Shaefer, & Lazarus, 1981; Lepore, Palsane, & Evans, 1991; Serio 등, 2004). 이러한 스트레스원들은 수면 부족, 버스를 놓치는 것, 마감일, 물건을 잘못 두는 것, 집수리를 해야 하는 것, 친구와의 논쟁 등 상대적으로 사소하지만 파괴적인 사건들을 포함한다(Lepore 등, 1991; Serio 등, 2004; Weaton, 1999).

분명히 급성 스트레스원들이 개인들에게 심각한 부담을 줄 가능성이 있지만 연구들은 꾸준하게 일상생활 스트레스원들이 심리적(Kanner 등, 1981; Pillow, Zautra, & Sandler, 1996)이고 신체적인(Jandorf, Deblinger, Neale, & Stone, 1986) 증상들과 가장 강력하게 관련되어 있음을 보여준다. 일상생활 스트레스원들의 영향은 급성 또는 만성 스트레스원들보다 심리적 증상들을 더 잘 예측하는 것으로 나타난다(Eckenrode, 1984). 실제로 파병기간 동안 군인가족들은 민간가족들과는 다른 또는 더 큰 일상생활 스트레스원들을 경험할 수도 있지만 우리는 이 가설을 실험한 연구들을 알지 못한다.

군 복무자와 군인가족들이 겪는 상대적으로 사소한 골칫거리들의 영향을 과소평가할 가능성은 매우 중요하다. 일련의 연구들에서 Gilbert와 그 동료들(Gilbert, Pinel, Wilson, Blumberg, & Wheatley, 1998)은 사람들이 중요하지만 바람직하지 않은 사건들이 자신(또는 타인)의 행복에 영향을 미치는 것은 과대평가하는 경향이 있는 반면에 사소한 사건들의 영향은 과소평가하는 경향이 있음을 발견하였다. 낭만적인 관계가 끝났거나 종신 재직권을 성취하지 못하는 것과 같은 급성 스트레스원들에 직면하는 사람들은 지속적인 영향을 예측했다. 하지만 같거나 더 큰 영향을 가질 수도 있는 미래의 경험들을 사람들이 무시하는 경향이 있다는 것은 흥미로운 일이다. Gilbert와 동료들은 사람들이 심리적 면역체계라고 부르는 것을 모른다는 데 동의하였다. 특별한 스트레스원들에 직면했을 때 사람들은 전형적으로 그 효과를 완화시키기 위해 성공적인 합리화와 다른 기제들을 사용한다(Gilbert 등, 1998). 같은 식으로 신체의 면역체계는 질병과 싸우고 심리적 면역체계는 스트레스원들과 싸운다. Gilbert의 연구는 사람들이 사소한 스트레스원들이 아닌 주요 스트레스원들의 영향을 감소시키기 위해 자동적으로 심리적 면역체계에 관여한다는 것을 제시하였다(Wilson & Gilbert, 2005). 다른 연구들은 또한 사람들이 만성적 스트레스원들을 다룰 때는 대처 기제들을 덜 활성화시킨다는 것을 발견하였다(Eckenrode, 1984; Wagner 등, 1988).

Gilbert와 동료들로부터 나온 통찰에 의하면 검증된 대부분의 군인가족들 사이에서도 많은 사람들이 자신이 예상했던 것보다 급성 군 스트레스원들에 더 잘 대처할 수 있을 것으로 보인다. 이 회복탄력성은 심리적 면역체계를 사용할 능력으로부터 온다. 이와 대조적으로 Gilbert의 연구는 만성 스트레스원들과 일상생활 스트레스원들은 예상치 못하게 군인가족들에게 큰 고통을 줄 수도 있는데 이것은 가족들이 자신들의 초기 영향을 과소평가해서 심리적 면역체계가 활성화되지 않기 때문일 것이라고 제안하였다.

스트레스원이 군인가족들에게 미치는 영향

그러나 더 전형적으로 군인가족 스트레스원들의 주요 특징은 급성, 만성, 일상생활 스트레스원들이 잠재적으로 축적된다는 것이다. 연구들이 급성, 만성, 일상생활 스트레스원들이 종종 서로 상호작용해서 안녕에 영향을 준다는 것을 발견한 것은 중요하다(Pillow 등, 1996). 예를 들어 일상생활 스트레스원들은 만성 스트레스원들이 있을 때 심리적 증상들에 더 강한 부정적 관계를 가질 정도로 만성 스트레스원들은 일상생활 스트레스원들과 심리적 증상들의 관계를 조절할 수 있다(Serio 등, 2004). 또한 스트레스원들은 심리적 증상의 발달로 이어질 수 있으며 일단 증상이 나타나면 개인은 더 많은 스트레스원들의 존재를 인식하게 될 것이다(Kanner 등, 1981; Kessler, 1997; Wagner 등, 1998).

군인 지원시스템

스트레스원들을 급성, 만성, 일상으로 개념화하는 것은 제도화된 지원 시스템을 생각해 볼 때 유용하다. 급성과 만성 스트레스원들의 영향에 대응하기 위해 많은 공식적인 군 기구들이 있다. 실제로 군은 다른 어떤 조직보다 급성 스트레스원들에 대응하는 데 더 많은 제도화된 지원 프로그램들을 가질 수 있다. 예를 들어 군인의 사망이나 심각한 부상과 같은 가장 어려운 상황에서 군 조직은 도구적인 지원뿐 아니라 정서적 지원을 제공하도록 설계된 다양한 공식적인 메커니즘으로 대처한다(Wright 등, 2006). 순전히 실제적인 차원에서 군은 의료적 치료비용이나 매장비용을 지불한다. 또한 매월 지급되고 군의 부대시설 출입을 포함하는 생존 수당은 사망한 군인의 가족들에게도 제공된다(U.S. General Accounting Office, 2002 참조). 정서적 차원에서 군은 군인의 상실을 인정하는 기념식이나 상징들에 가족들을 참여시킴으로서 대응한다(Wright 등, 2006). 이러한 지원의 형태들은 군, 군 복무자와 가족들 간의 심리적 계약의 한 부분이다. 군인가족들은 기꺼이 고난을 견디고 군 리더들은 비극의 순간에 지원을 제공한다.

제도화된 지원 프로그램들은 또한 다른 급성과 만성 스트레스원들의 영향을 완화시키는 데 효과적이다. 예를 들어 미국에서 군은 건강보험과 자녀 돌봄 서비스, 이동 지원, 법률적 지원, 비공식적인 지원, 파병기간 동안 추가 재정 지원, 실제적인 지원 등을 제공해서 요구사항들을 해결해 나가도록 돕는다(Karney & Crown, 2007). 특별히 이러한 지원 프로그램의 효과성을 평가하는 연구들은 거의 없지만 제도화된 지원의 제공은 분명히 이러한 급성, 만성 스트레스원들의 부정적 효과를 감소시키는 것을 목적으로 하고 있다.

군 조직은 또한 일상생활 스트레스원들의 영향을 유의미하게 경감시키는 기회를 가지고 있다. Army Family Readiness Groups(파병기간 동안 비공식적, 정서적 지원을 제공)과 Army Community Services(이동으로 인한 스트레스, 구직, 좋은 아동 보호기관 찾는 것 등을 관리함으로써 제도적 지원을 제공)에 의해 제공되는 지원 계획들은 중요한 첫 단계이다. 군의 정서적, 도구적 지원 서비스들의 또 다른 예는 Military OneSource로 군인들과 동반 가족들에게 1년 365일, 하루 24시간 정보와 의뢰 서비스들을 제공한다. the Family Readiness Campaign은 초급 간부들과 그 배우자들의 금전관리법을 훈련하는 것이 목적이다. Child Development Center는 매일 20만 명 이상의 아동들에게 서비스를 제공하고, 거주자 학비감면 프로그램이나 Spouse Telework Employment Program과 같이 배우자의 교육과 고용 자원들을 포함한다. 뿐만 아니라 Family Centers와 Family Assistance Centers는 현역이나 예비군 둘 다에게 제공된다. 이러한 센터들은 다른 자원들 가운데(U.S 국방부, 2004) 통신 자원들(예를 들어 비디오폰)과 파병, 파병 후 교육을 제공한다.

2007년 후반에 미군 리더십은 Army Family Covenant를 구축하였다. 알려진 바로는 기존의 가족 프로그램들을 축적하여 건강관리의 질과 접근성을 향상시키고 가족 주거시설을 향상시킬 것이다(Army News Service, 2007). 2008년 이 프로그램에는 목표를 달성하기 위해 14억 달러가 할당되었다(Army News Service, 2007).

2008년 7월 보고에 의하면(Millham, 2008) 유럽에서 이 프로그램은 무료 혹은 저렴한 비용으로 보육과 보호자 돌봄을 제공함으로써 군인가족들이 860만 달러 이상을 절약하게 해주었다.

이러한 노력들은 가족들이 직면하고 있는 문제들을 군이 인식하고 있다는 생각을 강화시킨다. 이러한 지원들이 최선책인지, 얼마나 효과적인지는 분명하지 않지만 심리적 계약의 부분들을 충족시키려는 군의 노력과 일치한다.

군인가족들에 의해 구축된 비공식적인 사회적 관계망도 일상생활 스트레스원들이나 일부 만성 스트레스원들의 영향을 완화시키는 데 도움이 될 것이다. 예를 들어 어떤 가족들에게 배우자의 파병기간 동안, 지속적인 자녀 양육의 부담은 공식적인 보육기관보다는 자녀 양육을 공유하는 군인가족들의 비공식적인 관계망으로 인해 더 많이 줄어들 것이다. 군이 비록 그러한 시스템들의 개발을 독려하긴 하지만 궁극적으로 한 가족이 비공식적인 시스템에 기꺼이 들어갈 것인가 말 것인가를 결정하는 요소들은 다양하며 보통 군의 통제를 넘어서는 일이다. 이러한 비공식적 군 조직에 참여하지 않으려는 가족들은 비공식적 지원 시스템들에 더 기꺼이 접근하려는 가족들과 마찬가지로, 어떤 쪽이든 스스로 선택할 수 있다.

초기개입들

군에 의해 제공되는 개입들은 현재 급성스트레스를 경험하는 가족들을 지원하는 서비스들을 우선순위로 하고 있으며, 앞으로도 계속해서 우선순위가 되어야 한다. 이 지원은 인도주의적 이유와 군 서비스의 심리적 계약의 부분으로 중요하다. 그러나 일상생활 스트레스원들이 안녕의 더 낮은 수준을 더 많이 예측한다는 것을 말해주는 증거로 인해, 가족들이 특히 별거와 관련된 파병기간 동안 만성적 그리고 일상생활 스트레스 요인들을 극복하는 것을 돕기 위한 지원을 제공하는 것은 중요하다.

개입 자체는 아니지만 부대 통솔력은 자원들에 대해 가족들과 소통하고 시스템에서 어떤 차이들이 있는지를 다루는 데 있어서 중요한 역할을 한다. 이것은 심리적 계약에서 군의 입장을 유지하는 데 중요하다. 부대 통솔력에 의한 이러한 노력들은 가족들의 안녕에 유의미하고 긍정적인 영향을 끼칠 수 있다. 이러한 노력들의 목적은 만성적, 일상생활 스트레스원들이 가족의 안녕과 기능에 명백한 영향을 미치는 것을 인정하는 것이 되어야 한다.

군인가족 회복탄력성을 지원하는 데 있어서 몇 가지 눈에 띄는 초기개입들은 배우자 전투정신 훈련Spouse Battlemind Training과 파병 후 육군 부부 표현적 글쓰기 연구Postdeployment Army Couples Expressive Writing Study를 포함한다. 배우자 전투정신 훈련은 더 큰 전투정신 훈련 프로그램의 하위 조직 중 하나이다(4장 참조). 군은 배우자 전투정신 훈련이 전투 파병 전, 후에 제공되어야 한다고 명령했다. 이 훈련은 군인가족들의 삶에서 긍정적인 측면과 부정적인 측면을 돌아보게 한다. 또한 파병과 관련된 부부 갈등의 전형적인 부분들을 규명하여 정상화시키며, 군인 배우자들과 군인들이 파병의 부정적인 영향을 다루기 위해 취할 수 있는 행동들을 강조한다. 군인 파병

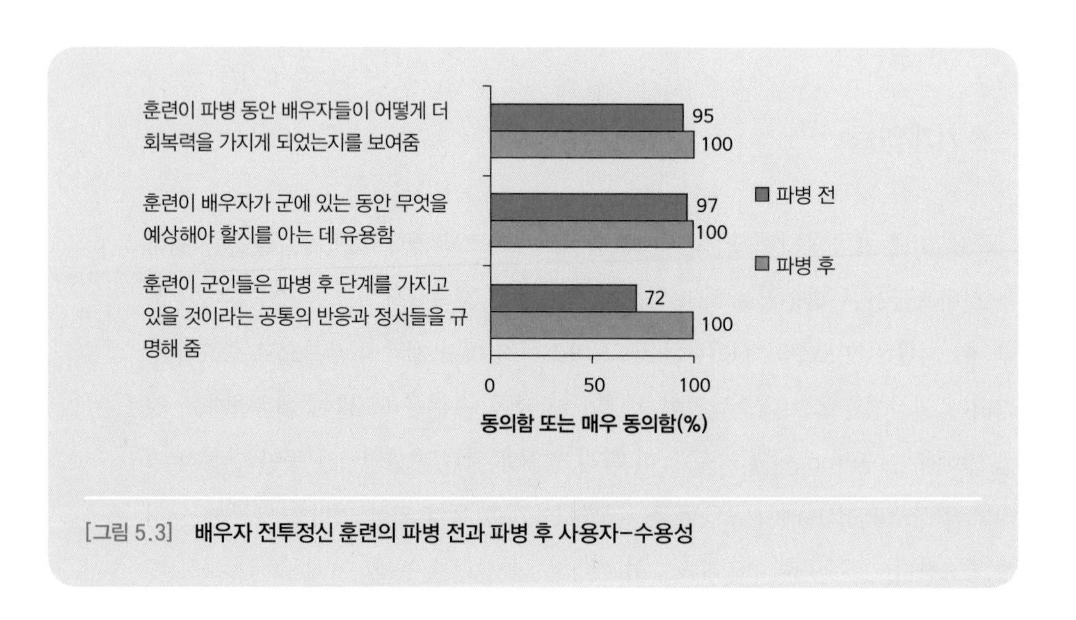

[그림 5.3] **배우자 전투정신 훈련의 파병 전과 파병 후 사용자-수용성**

후 모듈의 효과성이 평가되어 왔지만 배우자 전투정신 훈련은 훈련에 대한 만족도 차원에서만 평가되었다. 배우자 전투정신 훈련의 2개 프로그램(파병 전, 파병 후)에 참여했던 배우자들에 대한 조사에서 나오는 결과들은 사용자-수용성에서 높은 점수를 보여주었다(그림 5.3 참조; Riviere, Clark, Cox, Kendall-Robbins, & Casrtro, 2007).

배우자 전투정신 훈련의 목표 중 하나는 파병과 관련하여 효과적으로 의사소통하는 법과 자신의 이야기를 말하는 법을 배우는 것이다. 이러한 노력의 일환으로 WRAIR의 두 연구자인 Bliese와 Adler는 파병 후 단계에 있는 부부들을 위한 표현적 글쓰기 연구를 시작하였다. 군인 부부들에게 파병 후 표현적 글쓰기를 평가하는 통제연구에서 무작위 추출된 결과는 텍사스 대학의 연구자들인 Pennebaker와 Baddeley가 주도하였다. 이 연구에서 부부들에게 파병에 대해 표현적 글쓰기나 중립적 글쓰기 과제, 또는 결합(예를 들어 부부 중 한 사람은 표현적인 글쓰기, 다른 사람은 중립적 주제가 할당됨) 과제가 임의로 할당되었다. 이 2008년 연구의 목적은 전쟁의 부정적인 결과를 완화시키는 데 있어서 군인과 배우자의 표현적 글쓰기의 효과성을 보려는 것이었다. 교제 중인 파트너들에 대한 초기 민간인 연구는 표현적으로 쓴 사람들이 통제 조건에 할당된 사람들과 비교해서 교제를 3개월 더 길게 할 가능성이 높은 것을 발견했다(예를 들어 Slatcher & Pennebaker, 2006). 많은 다른 연구들도 표현적인 글쓰기는 적응을 높여줄 수 있음을 보여주었다(예를 들어 Smyth & Pennebaker, 2008). 군인 부부로부터 나온 이 결과들은 군인 자신과 가족들이 파병 후의 삶에 적응할 수 있도록 돕는 군 추천용 책자들을 안내해 주는 데 사용될 수 있다. 이 연구는 군인가족들에게 제공되는 증거기반 개입들을 위한 표준을 제시한다.

회복탄력성을 증진시키는 노력들에도 불구하고 가족들은 외상적 스트레스의 유의미한 증상들을 가지고 전쟁에서 돌아오는 군인들과 부딪쳐야 하는 상황들이 있다. 이러한 매우 중요한 상황들은 표준화된 정신건강 훈련으로 개선될 수 있는 이상을 요구할 정도로 가족들은 혼란의 위험에 처하게 한다. 가족 회복탄력성 증진을 목표로 하는 정책이나 프로그램들은 이것을 고려해야 한다.

간접적 영향

분명히 모든 군인가족들이 같은 것은 아니다. 심리적으로, 정신적으로 아픈 군인들을 대하고 있는 군인가족들의 하위집단은 그러한 문제들을 가지고 있지 않은 다수들과 질적으로 다르고 비교적 숫자도 더 적다. Tanielian과 Jaycox(2008)는 기존 문헌에 대한 철저한 분석과 정밀한 비평을 수행하였다(Hoge 등, 2004; Miliken, Auchterlonie, & Hoge, 2007 포함). 그들은 유의미한 정신건강 문제를 가지고 이라크 전쟁에서 돌아오는 미군들의 유병률은 5~15%임을 발견하였다. 미국 재향군인회의 의료시설에서 보이는 이라크 자유 작전과 항구적 자유 작전에서 온 22만 9,000명의 미군 참전군인들 가운데 37%가 정신건강 문제를 보이고 있었다(미의회예산처, 2007). 이 하위집단은 부정적 결과를 가져올 위험이 더 크고 별도의 관심을 받아야 한다.

최근 연구는 군인의 부정적 결과가 가족구성원의 부정적 결과에 간접적으로 영향을 미친다는 개념을 지지한다. 최근 이라크, 아프가니스탄 파병에 따른 부부들을 연구한 조사에서 Goff, Crow, Reisbig, Hamilton(2007)은 군인들의 외상적 증상들이 자신들의 배우자와의 관계 만족도의 낮은 수준을 간접적으로 예측함을 발견하였다. 이러한 결과들은 Taft, Panuzio, Schumm, Proctor(2008)에 의해 확인되었다. 이스라엘의 제대군인들에 대한 국제연구는 군인에게 있어서 부정적인 외상 후 반응들은 가족구성원 안에서 기능하는 것에 부정적으로 영향을 미친다는 것을 보여주었다(예를 들어 Dekel & Solomon, 2006). 첫 걸프 전쟁에 파병되어 PTSD를 가진 아버지의 자녀들에서 높은 수준의 우울증을 보여주는 증거들도 있다(Al-Turkait & Ohaeri, 2008).

PTSD는 특히 전투가 아니라도 지속적으로 가족 위기의 예측요인으로 확인되어져왔다(Galovski & Lyons, 2004). 특히 정서적 마비와 회피와 같은 PTSD 증상들은 군인들의 정서적 어려움과 가족 통합에 부정적으로 영향을 미칠 수 있다(Solomon, 1988). PTSD 과각성 증상들은 또한 공격 행동과 관련될 가능성을 증가시킨다(Taft, Kaloupek 등, 2007). 공격성은 PTSD와 5장 앞부분에서 언급된 신체적, 심리적 IPV 간의 관계를 설명할 수도 있다(Taft, Street, Marshall, Dowdall, & Riggs, 2007). 뿐만 아니라 IPV의 희생자들은 PTSD를 발달시킬 위험이 더 클 수 있다(Taft, Murphy, King, Dedeyn, & Musser, 2005).

예비역 가족들도 현역 가족들보다 군 복무자 정신건강 문제들에 더 많이 영향을 받을 수 있다(Tanielian & Jaycox, 2008). 미국 예비역에서 PTSD의 비율은 이라크나 아프가니스탄에서 돌아온 후 3~6개월 안에 있는 현역군인에서의 비율보다 50% 높은 것으로 나왔다(Milliken 등, 2007; Milliken, Auchterlonie, & Hoge, 2007). 결과적으로 예비역 가족들은 PTSD와 다른 정신건강 문제들로부터 더 많은 혼란을 겪을 수 있다. 이 예비역 가족들은 또한 현역 가족들보다 제도적 지원을 덜 받는다.

미래 연구와 결론

우리는 군인가족들이 자신들의 임무의 산물로 많은 스트레스원들에 직면할 가능성이 크다는 것을 설명했으며 이러한 스트레스원들을 급성, 만성, 일상생활로 분류하였다. 우리는 또한 군인 스트레스원들의 특성을 정의하는 것 중의 하나가 많은 만성과 일상생활 스트레스원들을 동시에 경험할 가능성이 높으며 이러한 것들은 가족 안에서, 그리고 가족 간에 정적이지 않다는 것을 논의했다. 분명히 이러한 도전들은 군인들과 그 배우자들과 자녀들의 정신적, 신체적 건강에 부정적인 결과를 가질 수 있다. 그러나 주목되듯이 자료들은 많은 군인가족들이 그들이 부딪치는 도전들에 성공적으로 대처할 수 있다는 것을 제시한다. 우리는 군인가족들의 회복탄력성은 그들의 적응적 대처 유형과 스트레스원들의 영향을 완충시켜 주는 군 생활의 다양한 혜택들에 부분적으로 기인할 수도 있음을 제시한다.

이 장은 군인가족 연구에서의 차이들을 살펴보고 미래 방향을 제시함으로써 결론을 내린다. 첫째, 군인가족들이 직면하는 스트레스원들의 유형과 세 가지 스트레스 유형들이 안녕에 미치는 영향을 체계적으로 자료화하기 위한 연구가 필요하다. 병에 걸린 군인을 대하는 가족들을 연구하는 것이 훨씬 더 필요하다.

둘째, 개인 프로그램들의 효과성을 이해할 필요가 있다. 프로그램들은 스트레스원들이 안녕에 미치는 영향을 완화시키고 있는가? 예비역 가족들은 현역 가족들에게는 없는 접근 문제들에 직면하는가? 프로그램들은 이러한 가족들의 독특한 상황들에 충분하게 맞춰져 있는가? 개입을 위한 하나의 방편으로 인터넷은 특히 지리적으로 멀리 있는 군인가족들에게 유용할 수 있다. 예를 들어 미국 현역들 사이에서 웹 기반 개입의 한 예는 알코올 소비를 감소시키는 데 성공적이었다 (William, Herman-Stahl, Calvin, Pemberton, & Bradshaw, 2009).

개입들에 대한 효과성을 평가하는 것은 효과성에 대한 자기보고식 비율과 서비스 감소와 같은 효과성에 대한 다른 비율 사이에 있는 잠재적인 부조화 때문에 또한 복잡해진다. 개인적인 투입에 기반하고 있는 개입들은 거의 확실하게 주요 스트레스원들에 대한 것인 반면에 역설적이게도 더 가벼운 스트레스원들에 대한 개입들이 더 큰 영향을 미친다. 그러나 일상생활 스트레스원들에 대한 개입들은 개인들이 자신들의 영향 스트레스원들을 과소평가하기 때문에 효과성의 증거를 찾지 못할 수 있다. 개입 프로그램들을 효과적으로 이해하고 증진시키기 위해 이러한 도전들과 복잡성이 설명되어져야 한다.

세 번째로 현역뿐 아니라 예비군 가족들에서 정신건강 문제의 유병률을 체계적으로 자료화하는 역학연구들이 필요하다. 보통 연구들은 배우자들의 정신건강 장애들의 유병은 측정하지 않는다. 오히려 비임상적인 우울증, 슬픔, 공포, 공격성, 또는 학업의 문제들에 대해 일반적인 질문을 한다(SteelFisher, Zaslavsy, & Blendon, 2008). WRAIR이 군인 배우자들과 함께 이 작업의 일부를 수행하기 시작했지만 많은 연구들이 남아 있다. 파병이 자녀들에게 미치는 영향을 평가하는 연구들도 부족하다. 자녀들을 연구하는 것은 그들이 취약한 집단이고 자세한 정보를 제공하지 못하기 때문에 하기 어려운 시도이다. 자녀들을 연구하기 위한 하나의 방법은 부모의 보고를 사용하는 것이다. 그러나 연구는 부모의 보고가 대리로 사용될 때 측정에 문제가 있다는 것을 알려준다(Weissman 등, 1987).

넷째, 군인의 정신건강 문제에 대처하고 있는 가족들을 더 잘 이해하기 위해 연구들이 필요하다. 가족구성원들은 부차적인 외상화나 PTSD 관련 IPV를 경험할 수 있다. 또한 현재의 PTSD 치료들은 가족과 떨어진 환경에서 군인들이나 참전군인들에게 제공된다. 아마 군 문화와 일치하고 가족 준비도와 책임을 강조하면서 치료과정에서 개인 가족들을 포함시키는 것은 명백하게 치료의 중요한 보조역할이 되는 것을 입증할 것이다.

마지막으로 군인 생활의 요구들에 어떻게 대처할지 군인가족들로부터 배울 수 있는 것은 무엇인가? 이러한 대처 메커니즘을 규명할 수 있는 연구는 회복탄력성 훈련의 기초로 사용될 수 있다. 그러한 훈련은 효과 면에서 평가될 필요가 있다. 회복탄력성 훈련은 처음에 기본 개념을 주고 시간이 지나면서 기술들을 발달시키는 것으로, 단계적이어야 한다. 그러한 훈련은 또한 적절한 발달 주기에 맞춰야 하고 군 문화와도 맥락상으로 맞아야 한다.

그들의 입장에서 보면 군인가족들은 반복해서 자신들의 생활을 군인의 요구에 맞게 조직하도록 요구받는다. 반대로 군대는 정책과 프로그램들과 모든 계급의 리더십을 통해 가능한 한 최선의 지원으로 군인가족들을 지원해야 할 의무를 가지고 있다. 때때로 도구적 지원은 가능하지 않을 수 있고 가족에게 주어진 요구들을 상쇄하는 데 충분하지 않을 수도 있다. 이러한 환경에서 군 조직과 군 리더들은 심리적 계약에서 자신들의 역할을 유지하기 위해 군인가족들이 견딘 희생과 상실들을 인정해 주어야 한다. 이러한 태도는 특히 중요하다. 조직이 제공하는 것과 가족의 기대 사이에 틈이 있을 때 불만족이 깊어질 가능성이 있다. 이러한 불만족은 가족의 안녕과 군인들의 임무 수행, 군인 조직의 일원으로 남아 있으려는 가족들의 헌신에 부정적으로 영향을 미친다. 군인가족 정책이나 프로그램들을 위한 지침을 제공하기 위해 이러한 연구를 활용하면 군인가족들이 의미 있고 효과적인 지원을 확실히 받을 수 있을 것이다.

참고문헌

Adler, A. B., Huffman, A. H., Bliese, P., & Castro, C. A. (2005). The impact of deployment length and experiences on the well-being of male and female soldiers. *Journal of Occupational Health Psychology*, 10, 121-137. doi:10.1037/1076-8998.10.2.121

Al-Turkait, F. A., & Ohaeri, J. U. (2008). Psychopathological status, behavior problems, and family adjustment of Kuwaiti children whose fathers were involved in the first gulf war [Electronic version]. *Child and Adolescent Psychiatry and Mental Health*, 2, 2-12. doi:10.1186/1753-2000-2-12

Army News Service. (2007, October). *Army leaders sign covenant with families*. Retrieved from http://www.military.com

Avison, W. R., & Turner, R. J. (1988). Stressful life events and depressive symptoms: Disaggregating the effects of acute stressors and chronic strains. *Journal of Health and Social Behavior*, 29, 253-264. doi:10.2307/2137036

Beckham, J. C., Lytle, B. L., & Feldman, M. E. (1996). Caregiver burden in partners of Vietnam War veterans with posttraumatic stress disorder. *Journal of Consulting and Clinical Psychology*, 64, 1068-1072. doi:10.1037/0022-006X.64.5.1068

Burrell, L. M., Adams, G. A., Durand, D. B., & Castro, C. A. (2006). The impact of military lifestyle demands on well-being, army, and family outcomes. *Armed Forces and Society*, 33, 43-58. doi:10.1177/0002764206288804

Byrne, C. A., & Riggs, D. (1996). The cycle of trauma: Relationship aggression in male Vietnam veterans with symptoms of posttraumatic stress disorder. *Violence and Victims*, 11, 213-225.

Castro, C. A., & Clark, J. C. (2005, May). *Work-family balance in soldiers and their families*. Invited presentation for the Defense Department Advisory Committee on Women in the Services Business Meeting, Arlington, VA.

Chamberlain, H., Stander, V., & Merrill, L. L. (2003). Research on child abuse in the U.S. Armed Forces. *Military Medicine*, 168, 257-260.

Cohen, F., Kemeny, M. E., Zegans, L. S., Johnson, P., Kearney, K. A., & Stites, D. P. (2007). Immune function declines with unemployment and recovers after stressor termination. *Psychosomatic Medicine*, 69, 225-234. doi:10.1097/PSY.0b013e31803139a6

Cooke, T. J., & Speirs, K. (2005). Migration and employment among the civilian spouses of military personnel. *Social Science Quarterly*, 86, 343-355. doi:10.1111/j.0038-4941.2005.00306.x

Cox, A., Eaton, K. M., & Allison-Aipa, T. (2005, August). *Soldier and family dysfunction associated with combat-related PTS*D. Symposium conducted at the annual meeting of the American Psychological Association, Washington, DC.

Defense Manpower Data Center. (2007). 2006 *Survey of Active Duty Spouses: Tabulations of responses*. Arlington, VA: Author.

Defense Manpower Data Center. (2009). 2008 *Survey of Active Duty Spouses: Tabulations of responses*. Arlington, VA: Author.

Defense Manpower Data Center. (2010). *Military casualty information*. Retrieved from http://siadapp.dmdc.osd.mil/personnel/CASUALTY/castop.htm

Dekel, R., & Solomon, Z. (2006). Marital relations among former prisoners of war: Contribution of posttraumatic stress disorder, aggression, and sexual satisfaction. *Journal of Family Psychology*, 20, 709-712. doi:10.1037/0893-3200.20.4.709

Eaton, K. M., Hoge, C. W., Messer, S. C., Whitt, A. A., Cabrera, O. A., McGurk, D., . . . Castro, C. A. (2008). Prevalence of mental health problems, treatment need, and barriers to care among primary care-seeking spouses of military service members involved in Iraq and Afghanistan deployments. *Military Medicine*, 173, 1051-1056.

Eckenrode, J. (1984). Impact of chronic and acute stressors on daily reports of mood. *Journal of Personality and Social Psychology*, 46, 907-918. doi:10.1037/0022-3514.46.4.907

Feldman, D. C. (1996). The nature, antecedents, and consequences of underemployment. *Journal of Management*, 22, 385-407. doi:10.1177/014920639602200302

Fernandez-Pol, B. (1988). Does the military family syndrome exist? *Military Medicine*, 153, 418-420.

Fischer, H., Klarman, K., & Oboroceanu, M. (2008). *American war and military operations casualties: Lists and statistics* (Order Code RL32492). Washington, DC:

Congressional Research Service.
Galovski, T., & Lyons, J. A. (2004). Psychological sequelae of combat violence: A review of the impact of PTSD on the veteran's family and possible interventions. *Aggression and Violent Behavior*, 9, 477–501. doi:10.1016/S1359-1789(03)00045-4
Gilbert, D. T., Pinel, E. C., Wilson, T. D., Blumberg, S. J., & Wheatley, T. P. (1998). Immune neglect: A source of durability bias in affective forecasting. *Journal of Personality and Social Psychology*, 75, 617–638. doi:10.1037/0022-3514.75.3.617
Goff, B. S., Crow, J. R., Reisbig, A. M., & Hamilton, S. (2007). The impact of individual trauma symptoms of deployed soldiers on relationship satisfaction. *Journal of Family Psychology*, 21, 344–353. doi:10.1037/0893-3200.21.3.344
Gruen, R. J., Folkman, S., & Lazarus, R. S. (1988). Centrality and individual differences in the meaning of daily hassles. *Journal of Personality*, 56, 743–762. doi:10.1111/j.1467-6494.1988.tb00475.x
Harrell, M. C., Lim, N., Castaneda, L. W., & Golinelli, D. (2004). *Working around the military: Challenges of military spouse employment and education*. Santa Monica, CA: RAND Corporation.
Hillenbrand, E. D. (1976). Father absence in military families. *The Family Coordinator*, 25, 451–458. doi:10.2307/582860
Hoge, C. W., Castro, C. A., Messer, S. C., McGurk, D., Cotting, D. I., & Koffman, R. L. (2004). Combat duty in Iraq and Afghanistan, mental health problems, and barriers to care. *The New England Journal of Medicine*, 351, 13–22. doi:10.1056/NEJMoa040603
Hosek, J., Asch, B. J., Fair, C. C., Martin, C., & Mattock, M. (2002). *Married to the military: The employment and earnings of military wives compared with those of civilian wives*. Santa Monica, CA: RAND Corporation.
Jandorf, L., Deblinger, E., Neale, J. M., & Stone, A. A. (1986). Daily versus major life events as predictors of symptom frequency: A replication study. *The Journal of General Psychology*, 113, 205–218.
Jensen, P. S., Watanabe, H. K., Richters, J. E., Cortes, R., Roper, M., & Liu, S. (1995). Prevalence of mental disorder in military children and adolescents: Findings from a two-stage community survey. *Journal of the American Academy of Child and Adolescent Psychiatry*, 34, 1514–1524. doi:10.1097/00004583-199511000-00019
Jensen, P. S., Xenakis, S. M., Wolf, P., & Bain, M. W. (1991). The "military family syndrome" revisited: "By the numbers." *Journal of Nervous and Mental Disease*,

179,102-107. doi:10.1097/00005053-199102000-00007

Kanner, A. D., Coyne, J. C., Schaefer, C., & Lazarus, R. S. (1981). Comparison of two modes of stress measurement: Daily hassles and uplifts versus major life events. *Journal of Behavioral Medicine*, 4, 1-39. doi:10.1007/BF00844845

Karney, B. R., & Crown, J. S. (2007). *Families under stress: An assessment of data, theory, and research on marriage and divorce in the military*. Santa Monica, CA: RAND Corporation.

Kelley, M. L., Finkel, L. B., & Ashby, J. (2003). Geographic mobility, family, and maternal variables as related to the psychosocial adjustment of military children. *Military Medicine*, 168, 1019-1024.

Kessler, R. C. (1997). The effects of stressful life events on depression. *Annual Review of Psychology*, 48, 191-214. doi:10.1146/annurev.psych.48.1.191

LaGrone, D. M. (1978). The military family syndrome. *The American Journal of Psychiatry*, 135, 1040-1043.

Lepore, S. J., Palsane, M. N., & Evans, G. W. (1991). Daily hassles and chronic strains: A hierarchy of stressors. *Social Science & Medicine*, 33, 1029-1036. doi:10.1016/0277-9536(91)90008-Z

Lim, N., Golinelli, D., & Cho, M. (2007). *"Working around the military" revisited: Spouse employment in the 2000 census data*. Santa Monica, CA: RAND Corporation.

Lu, L. (1991). Daily hassles and mental health: A longitudinal study. *The British Journal of Psychology*, 82, 441-447.

Marshall, A. D., Panuzio, J., & Taft, C. T. (2005). Intimate partner violence among military veterans and active duty servicemen. *Clinical Psychology Review*, 25, 862-876. doi:10.1016/j.cpr.2005.05.009

McCarroll, J. E., Ursano, R. J., Liu, X., Thayer, L. E., Newby, J. H., Norwood, A. E., & Fullerton, C. S. (2000). Deployment and the probability of spousal aggression by U.S. Army soldiers. *Military Medicine*, 165, 41-44.

McCarroll, J. E., Ursano, R. J., Newby, J. H., Liu, X., Fullerton, C. S., Norwood, A. E., . . . Osuch, E. A. (2003). Domestic violence and deployment in U.S. Army soldiers. *Journal of Nervous and Mental Disease*, 191, 3-9. doi:10.1097/00005053-200301000-00002

McKee-Ryan, F. M., Song, Z., Wanberg, C. R., & Kinicki, A. J. (2005). Psychological and physical well-being during unemployment: A meta-analytic study. Journal of Applied Psychology, 90, 53-76. doi:10.1037/0021-9010.90.1.53

Mental Health Advisory Team IV. (2007). *Mental Health Advisory Team (MHAT) IV Operation Iraqi Freedom 05-07.* Retrieved from http://www.armymedicine.army.mil/reports/mhat/mhat_iv/mhat-iv.cfm

Millham, M. (2008, July). Army Family Covenant's impact apparent to parents. *Stars and Stripes* (European ed.). Retrieved from http://www.stripes.com

Milliken, C. S., Auchterlonie, J. L., & Hoge, C. W. (2007). Longitudinal assessment of mental health problems among active and reserve component soldiers returning from the Iraq war. *JAMA*, 298, 2141-2148. doi:10.1001/jama.298.18.2141

Newby, J. H., Ursano, R., McCarroll, J., Liu, X., Fullerton, C., & Norwood, A. (2005). Postdeployment domestic violence by U.S. Army soldiers. *Military Medicine*, 170, 643-647.

Orthner, D. K., & Rose, R. (2005a). SAF V *survey report: Reunion adjustment among Army civilian spouses with returned soldiers*. Chapel Hill, NC: University of North Carolina.

Orthner, D. K., & Rose, R. (2005b). SAF V *survey report: Social support and adjustment among Army civilian spouses*. Chapel Hill, NC: University of North Carolina.

Panksepp, J. (2005). Why does separation distress hurt? Comment on MacDonald and Leary (2005). *Psychological Bulletin*, 131, 224-230. doi:10.1037/0033-2909.131.2.224

Pillow, D. R., Zautra, A. J., & Sandler, I. (1996). Major life events and minor stressors: Identifying meditational links in the stress process. *Journal of Personality and Social Psychology*, 70, 381-394. doi:10.1037/0022-3514.70.2.381

Prigerson, H. G., Maciejewski, D., K., & Rosenheck, R. A. (2002). Population attributable fractions of psychiatric disorders and behavioral outcomes associated with combat exposure among U.S. men. *American Journal of Public Health*, 92, 59-63. doi:10.2105/AJPH.92.1.59

Rena, F., Moshe, S., & Abraham, O. (1996). Couples' adjustment to one partner's disability: The relationship between sense of coherence and adjustment. *Social Science & Medicine*, 43, 163-171. doi:10.1016/0277-9536(95)00358-4

Rentz, E. D., Marshall, S. W., Loomis, D., Casteel, C., Martin, S. L., & Gibbs, D. A.(2007). Effect of deployment on the occurrence of child maltreatment in military and nonmilitary families. *American Journal of Epidemiology*, 165, 1199-1206. doi:10.1093/aje/kwm008

Rentz, E. D., Marshall, S. W., Martin, S. L., Gibbs, D. A., Casteel, C., & Loomis, D.(2008).

The occurrence of maltreatment in active duty military and nonmilitary families in the state of Texas. *Military Medicine*, 173, 515-522.

Riviere, L. A., Clark, J. C., Cox, A. L., Kendall-Robbins, A., & Castro, C. A.(2007, August). Spouse Battlemind Training: Elements and strengths. In C. A. Castro (Chair), *The Battlemind Training System: Supporting soldiers throughout the deployment cycle*. Symposium conducted at the meeting of the American Psychological Association. San Francisco, CA.

Serido, J., Almeida, D. M., & Wethington, E. (2004). Chronic stressors and daily hassles: Unique and interactive relationships with psychological distress. *Journal of Health and Social Behavior*, 45, 17-33. doi:10.1177/002214650404500102

Shaffer, M. A., & Harrison, D. A. (2001). Forgotten partners of international assignments: Development and test of a model of spouse adjustment. *Journal of Applied Psychology*, 86, 238-254. doi:10.1037/0021-9010.86.2.238

Slatcher, R. B., & Pennebaker, J. W. (2006). How do I love thee? Let me count the words: The social effects of expressive writing. *Psychological Science*, 17, 660-664. doi:10.1111/j.1467-9280.2006.01762.x

Smyth, J. M., & Pennebaker, J. W. (2008). Exploring the boundary conditions of expressive writing: In search of the right recipe. *British Journal of Health Psychology*, 13, 1-7. doi:10.1348/135910707X260117

Solomon, Z. (1988). The effect of combat-related posttraumatic stress disorder on the family. *Psychiatry*, 51, 323-329.

SteelFisher, G. K., Zaslavsky, A. M., & Blendon, R. J. (2008). Health-related impact of deployment extensions on spouses of active duty army personnel. *Military Medicine*, 173, 221-229.

Taft, C. T., Kaloupek, D. G., Schumm, J. A., Marshall, A. D., Panuzio, J., King, D. W., & Keane, T. M. (2007). Posttraumatic stress disorder symptoms, physiological reactivity, alcohol problems, and aggression among military veterans. *Journal of Abnormal Psychology*, 116, 498-507. doi:10.1037/0021-843X.116.3.498

Taft, C. T., Murphy, C. M., King, L. A., Dedeyn, J. M., & Musser, P. H. (2005). Posttraumatic stress disorder symptomatology among partners of men in treatment for relationship abuse. *Journal of Abnormal Psychology*, 114, 259-268. doi:10.1037/0021-843X.114.2.259

Taft, C. T., Panuzio, J., Schumm, J. A., & Proctor, S. P. (2008). An examination of family adjustment among operation desert storm veterans. *Journal of Consulting and*

Clinical Psychology, 76, 648-656. doi:10.1037/a0012576

Taft, C. T., Street, A. E., Marshall, A. D., Dowdall, D. J., & Riggs, D. S. (2007). Posttraumatic stress disorder, anger, and partner abuse among Vietnam combat veterans. *Journal of Family Psychology*, 21, 270-277. doi:10.1037/0893-3200.21.2.270

Tanielian, T., & Jaycox, L. H. (Eds.). (2008). Invisible wounds of war: *Psychological and cognitive injuries, their consequences, and services to assist recovery*. Santa Monica, CA: RAND Corporation.

U.S. Congressional Budget Office Testimony. (2007, October). *Statement of Mathew S. Goldberg, Deputy Assistant Director for National Security: Projecting the costs to care for veterans of U.S. military operations in Iraq and Afghanistan*. Washington DC: Congressional Budget Office.

U.S. Department of Defense. (2004). *Report of the first quadrennial quality of life review*. Retrieved from http://www.militaryhomefront.dod.mil/portal/page/mhf/MHF/MHF_DETAIL_1?content_id=168185

U.S. General Accounting Office. (2002). *Military personnel: Active duty benefits reflect changing demographics, but opportunities exist to improve* (GAO-02-935). Washington, DC: Author.

Van Tilburg, M. A. L., Vingerhoets, A. J. J. M., & Van Heck, G. L. (1996). Homesickness: A review of literature. *Psychological Medicine*, 26, 899-912. doi:10.1017/S0033291700035248

Wagner, B. M., Compas, B. E., & Howell, D. C. (1988). Daily and major life events: A test of an integrative model of psychological stress. *American Journal of Community Psychology*, 16, 189-205. doi:10.1007/BF00912522

Weiss, M. D. (1989). Relocating families: An overlooked market segment for nursing. *American Association of Occupational Health Nurses Journal*, 37, 454-458.

Weissman, M. M., Wickramaratne, P., Warner, V., John, K., Prusoff, B. A., Merikangas, K. R., & Gammon, G. D. (1987). Assessing psychiatric disorders in children. *Archives of General Psychiatry*, 44, 747-753.

Wheaton, B. (1999). The nature of stressors. In A. V. Horwitz & T. L. Scheid (Eds.), *A handbook for the study of mental health: Social contexts, theories, and systems* (pp. 176-197). Cambridge, England: Cambridge University Press.

Williams, J., Herman-Stahl, M., Calvin, S. L., Pemberton, M., & Bradshaw, M. (2009). Mediating mechanisms of a military Web-based alcohol intervention. *Drug and*

Alcohol Dependence, 100, 248-257. doi:10.1016/j.drugalcdep.2008.10.007

Wilson, T. D., & Gilbert, D. T. (2005). Affective forecasting. *Current Directions in Psychological Science*, 14, 131-134. doi:10.1111/j.0963-7214.2005.00355.x

Wood, S., Scarville, J., & Gravino, K. (1995). Waiting wives: Separation and reunion among army wives. *Armed Forces and Society*, 21, 217-236. doi:10.1177/0095327X9502100204

Wright, K. M., Burrell, L. M., Schroeder, E. D.,&Thomas, J. L. (2006). Military spouses: Coping with the fear and the reality of service. In C. A. Castro, A. B. Adler, T. W. Britt (Eds.), Military life: *The psychology of serving in peace and combat: Vol. 3. The military family* (pp. 64-90). Westport, CT: Praeger.

2부

파병으로부터의 귀향

6장

전환심리학

파병 후 가정에의 적응

6장

전환심리학

파병 후 가정에의 적응

Amy B. Adler, Mark Zamorski, And Thomas W. Britt

"전투에서 집으로 오는 것은 쉬운 일이 아니다. 어느 누구에게도 나의 감정을 설명하기가 어렵다.… 난 많은 변화를 겪었는데 어떤 것은 더 좋아졌고 어떤 것은 더 나빠졌다. 이라크로 가기 전에 나는 어떤 계획이나 목표가 없었다. 지금은 있다. 나는 예전만큼 행복하지는 않을지 모르지만 그곳으로 가고 있는 중이다. 가끔 견디기 힘들다."

— 15개월간의 이라크 파병에서 돌아온 무명의 미국 군인

전투파병 후 집으로 돌아오는 것은 안식과 도전 둘 다가 될 수 있다. 군인 본인은 전형적으로 기쁠 수 있지만 전환과정은 또한 심리적 적응의 기간으로 들어가게

이 장에서 제시되는 내용은 저자들의 관점에서 제시되는 것이며, 미 육군이나 Walter Reed 미 육군 연구소, 미 국방부의 공식적인 입장이 아니다. 이번 장은 미국 정부에 의해 고용된 연구진에 의해 공무의 일환으로 작성된 것으로 공유 저작물에 해당한다. 여기에 제시된 어떤 내용도 미국 정부의 입장을 필연적으로 대변하지 않으며, 저자들이 연구에 참여했다고 해서 이 내용이 공식적인 입장을 제시하는 것도 아니다.

된다. 이 장에서 우리는 전반적인 전환과정 대신에 전투파병 직후의 심리-병리학에 전통적인 심리학적 초점을 명백하게 넓히고자 한다. 이 적응기간이 원래 긍정적이거나 부정적이거나 또는 두 개의 결합이거나 간에 모든 참전군인들은 전투에서 돌아오는 심리적 전환과 마주해야 한다. 전환과정과 정신병리적 장애의 부분이 아닌 적응 문제의 긍정적인 측면을 포함하기 위한 개념화를 확장시킴으로써 우리의 목표는 더 정확하게 파병 이후 군인들의 심리적 경험을 반영하는 것이다.

전형적으로 역학조사에서 전투에서 돌아오는 개인에게 유의미한 정신건강 문제들은 약 20~30%로 보고되고 있다(Dohrenwend 등, 2006; Hoge 등, 2004). 이러한 결과들은 복귀하는 군인들의 유의미한 숫자가 정신건강 문제를 가지고 있다고 대변해 주는 듯하지만, 실제 많은 군인들이 그렇지는 않다. 전환과정을 이해하기 위해 외상 후 스트레스 장애Post-Traumatic Stress Disorder, PTSD, 우울증, 알코올 남용과 같은 전통적인 임상적 문제들을 넘어서는 영역들이 반드시 고려되어야 한다.

전환심리학은 많은 이유에서 관심을 가질 가치가 있다. 첫째, 군인들이 귀향을 어떻게 경험하느냐가 자신의 삶의 질과 미래 파병에 대비하는 데 영향을 미칠 수 있다. 둘째, 많은 복귀 군인들(그들의 가족들)은 과정상 어려운 부분들을 발견한다. 그러므로 이들을 위해 그 과정을 더 쉽게 만드는 것은 윤리적으로 맞다. 예를 들어 복귀하는 군인들에게 어떤 전환경험들을 표준화하거나 예측하는 것과 잠재적인 전환과정상의 함정들을 탐색하는 데 도움이 되는 특별한 기술들을 훈련시키는 것은 도움이 된다. 셋째, 파병 후 군인들이 자신들의 파병경험으로부터 어떻게 유익을 얻는지에 대한 과정을 이해하는 것은 우리들에게 군과 다른 직업적 상황에서 유익한 효과들을 촉진시키는 방법들을 개발하는 데 도움이 될 수 있다. 마지막으로 힘든 전환은 정신건강 문제를 수반하게 될 수도 있다. 과학적 증거는 완전히 이 연관성을 자료화하지 못했지만 어떤 분석가들은 전환과정을 좀 더 잘 관리함으로써(예를 들어 감압 프로그램을 제공하는 것) 파병 관련 정신건강 문제들의 미래 사례들이나 이혼과 같은 다른 결과들을 예방할 수 있다고 주장한다. 전환문제들과 정신건강 문제들 사이의 복잡한 상호관계성은 이 장 후반에서 상세하게 탐색되겠지만 다음은 전환심리를 검사하는 것과 관련된 기본적인 문제이기 때문에 소개하고자 한다.

파병주기

군에서는 전투에서 돌아오는 것을 광의의 파병주기 중의 한 단계로 간주한다. 군은 한 개인이나 군대를 작전의 현장과 같게 비례해서 파병주기를 조직한다(예를 들어 Norwood & Ursano, 1996). 결과적으로 특별 훈련이나 임무, 지원들은 한 개인이나 부대의 필요와 일치하여 목표가 된다. 예를 들어 한 작전 수준에서 미 육군은 파병경험을 다음과 같이 7단계로 나눈다. 훈련·준비단계, 동원단계, 파병단계, 수행단계, 재파병단계, 파병 후단계, 재통합단계(부참모장, 2009)이다.

미 육군은 귀향transition home을 3개의 기술적 단계로 좀 더 분류한다. 첫째, 재파병단계는 군인들이 작전의 현장으로부터 전속되어 자신들의 본기지나 동원해제 지역으로 돌아올 때 일어난다. 둘째, 파병 후단계는 군인들이 자신들의 본기지나 동원해제 지역에 도착해서 장비 책임과 복귀와 같은 특별한 회복 활동이나 부대 전체의 블록 휴가, 또는 고국 환경에서 다시 생활하기 위해 부대에 적응시키기 위한 어떤 훈련을 하게 될 때 일어난다. 셋째, 재통합단계는 군인들이 가족, 지역사회, 직업 등에 다시 동화되어 들어가는 과정을 연장할 때 일어난다. 귀향과정의 각 단계는 특별한 행정적 조치, 간단한 지시, 훈련, 상담, 의료적 진단 등을 포함한다. 따라서 기술적 수준에서 귀향은 특별한 군 과업으로 특징지어질 수 있다. 그러나 심리적인 귀향은 그러한 구조화된 기준대로 맞지 않는다.

한 곳에서 다른 곳으로 이동하는 물리적인 재배치와는 다르게 귀향은 심리적 과정이지 하나의 사건이 아니다. 따라서 이것은 파병주기에서 실제적인 파병 후단계 전에 시작된다. 군인들은 실제적으로 복귀하기 전 가정에 대해 생각하고 계획하며 가정으로 잘 돌아가기를 꿈꾸기 시작한다. 이 과정의 성격과 단계들이 군인가족들에 대한 연구에서 설명되어져 왔지만(예를 들어 Wiens & Boss, 2006), 작전 중인 전투지역에서 본국으로 삶의 터전을 옮기는 심리적 과정에 있는 군인의 관점에서 이루어진 연구는 거의 없었다.

전환심리

상대적으로 위험하고 힘든 환경에서 비교적 안전하고 안락한 환경으로 전환하는 심리적 과정은 군인들에게 정신적 변화를 요구한다. 이야기 심리학의 개념을 빌린다면(예를 들어 Crossley, 2002) 복귀하는 군인들은 자신의 삶에 응집력 있는 내러티브를 만들어 내고 파병이 자신들의 정체성을 형성하는 데 가질 수 있는 역할을 이해하는 과제에 직면한다고 볼 수 있다. 어떤 복귀 군인들에게 이 과제는 비교적 쉬울 수 있다. 그들은 파병 동안 많은 것을 경험하지 않았을 수도 있다. 그러나 다른 군인들에게 이 과제는 좀 더 어려울 수도 있다.

이 장에서 전체 파병주기 안에서 전환과정의 시점을 간단하게 논의한 뒤 우리는 전환과정을 고찰해 보는 쪽으로 좀 더 포괄적으로 접근하고자 한다. 우리는 먼저 이전에 있던 많은 군 갈등 안에서 군인들을 향한 다양한 전환 문제들을 강조하고, 전환과정에 대한 연구를 역사적으로 살펴볼 것이다. 이 관점은 전투에서 귀향하는 참전군인들이 직면하는 문제들의 많은 예들을 강조하고 전환을 경험하는 군인들의 각각 다른 차원을 강조할 전환과정의 전반적인 모델을 위한 단계를 세우는 데 도움이 될 것이다.

귀향: 제2차 세계대전부터 베트남전까지의 연구

미국에서 전투로부터 전장에서 돌아오는 군인들의 전환심리에 대한 연구들은 제2차 세계대전까지 거슬러 올라갈 수 있다. 그 당시에 Stouffer의 The American Soldier(Stouffer 등, 1949; Stouffer, Suchman, DeVinney, Star, & Williams, 1949)의

한 영역으로 발표된 연구들은 이러한 전환단계의 중요성을 규명하였다. Cottrell은 복귀하는 군인들은 적개심을 가지고 있을 것이라는 문제들을 보고하였고, 전환은 파병경험들이 논의되는 점진적인 과정이 되어야 할 것을 권고하여, 제대 군인들은 민간생활을 다시 시작해야 하는 도전에 정신적인 대비를 하였다. 1945년 Men Under Stress 연구에서 Grinker와 Spiegel은 복귀하는 군인들은 가족 지원, 적절한 기대, 민간 생활에 대한 재교육 등이 필요하다고 보고하였다(Borus에서 인용, 1973c).

월남 참전 제대군인들과의 인터뷰 연구들은 이러한 것들과 다른 중요한 차원들을 강조하였다. 예를 들어 제대군인들이 자신들의 군 경험과 강렬한 전우애로부터 어떻게 철수되어야 했고(Borus, 1973a; Faulkner & McGaw, 1977), 자신들이 의미 없고, 불명예스러우며, 군사 훈련과 조화되지 않는 것으로 인식했던 주둔지에서의 근무환경에 어떻게 적응해야 했는지를 묘사하였다(Borus, 1973a). 월남 전쟁 참전 제대군인과의 인터뷰에서 Borus(1973a)는 참전군인들이 다른 인종들과 친밀한 전우애를 발달시켰으나 귀국 후에는 인종적 긴장들과 사회적 차별에 적응해야 했다는 것도 발견하였다. 연구들은 또한 참전 제대군인들이 전쟁지역에서는 용납되었던 공격적인 충동들을 어떻게 통제하고 고통과 생존자로서의 죄책감과 슬픔을 어떻게 처리해야 할지에 대해 재교육을 받아야 함을 발견하였다(Faulkner & McGaw, 1977; Shay, 2003; Solomon, 1973a). 뿐만 아니라 참전 제대군인들은 감정의 마비와 정서적 철수를 묘사하였다(Borus, 1973a). 마지막으로 참전 제대군인들은 귀국 후 가족구성원들과의 재연결이라는 도전을 일관되게 기술하였다.

종합해 보면 연구들은 귀향을 하나의 별개의 사건이 아니라 하나의 과정으로 이해하는 것이 중요함을 보여준다. 이 과정은 태도에서의 심리적 변화를 관리하는 것, 자아 개념을 바꾸는 것과 파병 관련 기억들을 본국 환경의 상황에 맞추는 것을 포함한다. 연구들은 또한 참전 제대군인들이 긍정적이거나 부정적인 관점 모두로부터의 재조정이 필요하다는 것을 이해하는 것이 중요함을 보여준다. 예를 들어 Fontana와 Rosenheck(1998)은 애국적 신념(vs. 환멸), 자기 성장(vs. 자기 피폐화),

다른 사람들과의 연대(vs. 다른 사람들과의 고립)와 관련하여 월남 참전 제대군인들로부터의 긍정적인 반응과 부정적인 반등들을 규명하였다.

전환모델

제2차 세계대전과 베트남전쟁 참전군인들에 대한 연구에서 살펴본 것처럼 전투에서 돌아오는 전환은 복귀 군인들에게 차원의 범위를 넘어서서 잠재적인 영향을 미칠 가능성이 있다. 전반적으로 이 차원들은 신체적 차원, 정서적·인지적 차원, 사회적 차원을 포함한다. 이러한 차원들이 서로 중복되거나 영향을 미치기는 하지만 명확하게 하기 위하여 우리는 전환모델에서 그것들을 분명한 영역들로 제시하고자 한다. 그림 6.1은 파병 후 전환의 구조적 실례를 제공한다.

전환은 파병기간 동안 시작되며 파병경험들에 영향을 받는다는 것에 주목해야 한다. 파병이 만일 장기적이고 힘들었다면 전환의 어려움은 더 영향받기 쉽다. 더

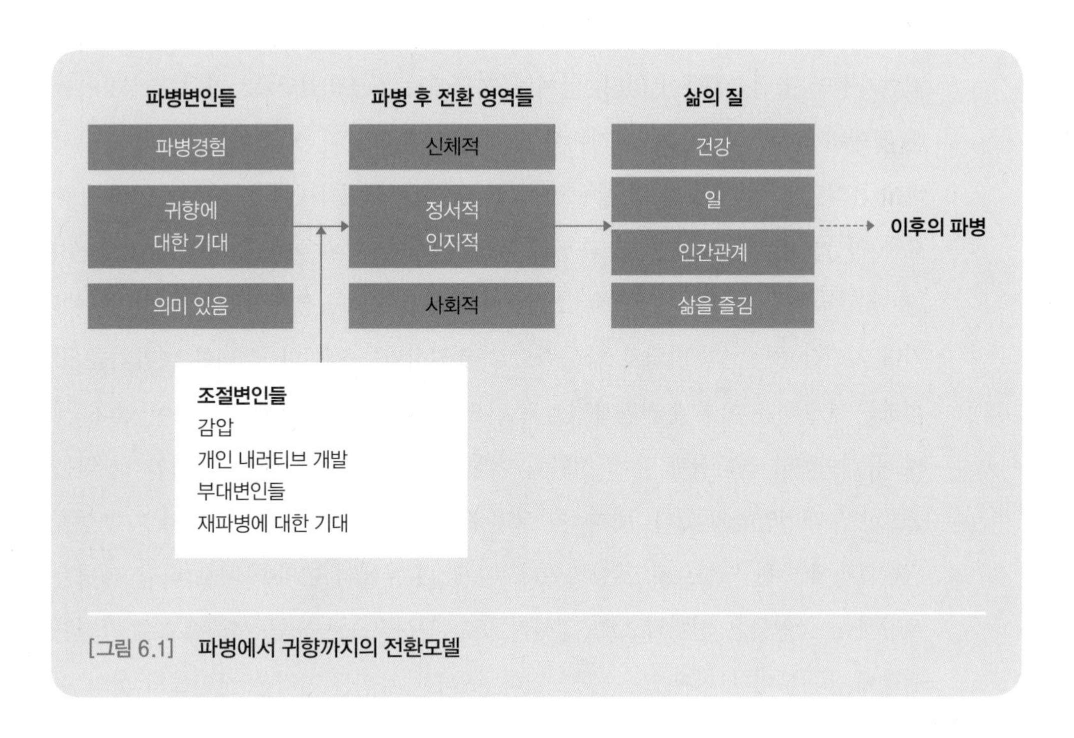

[그림 6.1] 파병에서 귀향까지의 전환모델

신체적이고 정서적인 적응이 필요할 수도 있다. 전환이 어떨 것인지에 대한 예상은 또한 이 과정에서 중요한 요소이다. 다른 상황에서의 연구는 사람들이 자신들에게 힘들 것은 아주 나쁘게 예상하고 있음을 보여준다. 그들은 큰 사건들이 자신들의 행복에 미치는 영향은 과대평가하고, 소소한 고통들이 미치는 영향은 과소평가하는 경향이 있다(Willson & Gilbert, 2005). 개인이 만약 귀향에 대해 비현실적인 기대를 한다면 전환은 더 어려울 것이다. 일에 대한 의미부여도 다양한 면에서 전환과정에 영향을 미친다. 전형적으로 일에서 의미를 얻는 것은 동기와 안녕을 강화시킬 것으로 예상된다(Britt, Dickinson, Moore, Castro, & Adler, 2007). 그러나 파병기간에 했던 업무는 의미는 있었지만, 주둔지에서의 업무는 의미가 없고 교대근무가 그 조직에서 인정받지 못한다면 군인들은 좌절과 불만족을 느낄 것이다. 대조적으로 만일 군인들이 자신들의 파병에서 의미를 발견하지 못했다면, 자신들의 희생이 무의미하다고 느낄 수도 있으며 이것은 분노와 원한이 될 것이다.

이러한 파병요인들은 함께 작용하여 전환이 다양한 상호 관련 차원들을 넘어 신체적, 정서적·인지적, 사회적으로 어떻게 경험될지에 영향을 미치게 된다. 그러나 전환과정의 조절요인들이 있다. 앞서의 연구에서 강조되었던 몇 가지 조절요인들은 모델에서 강조되었으며, 여기에서 소개되긴 했지만 이 장 후반에서 좀 더 자세하게 논의할 것이다. 첫째, 감압decompression은 군인들이 재파병에 적응하는 능력에 중요한 영향으로 간주되지만 이 과정이 실제로 전환경험에 어떻게 영향을 미치는지는 잘 알려지지 않았다. 두 번째 조절요인은 개인의 파병경험을 응집력 있는 이야기나 자기감sence of self의 발달로 암묵적으로 편입시키는 것이다. 그러한 이야기를 구성하는 중요성은 이후에 전환과정의 촉진요인들에 대한 부분에 포함되어 있다. 셋째, 응집력이나 리더십과 같이 전환이 어떻게 경험되느냐에 영향을 미칠 수 있는 중요한 부대변인들이 있다. 넷째, 이 모델에서 우리는 또한 다음 파병의 가능성을 전환과정에 대한 영향으로 포함하였다. 이 장 후반에서 논의한 대로 다음 파병을 예상하는 군인들은 신체적으로, 정서적으로, 정신적으로 또는 사회적으로 완전한 귀향에 동기부여가 되지 않을 수도 있다. 이러한 차원들 각각은 군인들의 삶의 질에 영향을 미치는 것으로 간주된다. 이 모델에서 삶의 질에 대한 개념은 건강, 인간관계, 일, 삶을 즐길 수 있는 능력을 포함한다. 어떤 군인들에게 귀향은 일시적이며 그들은 파병환경으로 다시 전환하게 됨을 주목하라.

이 모델의 기본적인 목적은 참전군인들이 전환과정 동안 자신들에게 영향을 미치는 광범위한 차원들에 직면하도록 수많은 도전들과 기회들을 통합시키는 것이다. 우리는 이 모델이 전환과정에 대한 연구를 위한 틀로써 유용하다고 믿는다. 이 모델의 많은 구성요소들이 연구에서 탐색되었지만 전체로서 체계적으로 평가되지는 못했다. 또한 개인은 전환과정에 관련하여 긍정적이거나 부정적인 경험을 모두 가지고 있고 모든 차원들이 같은 비율로 전환되지 않는다는 것을 유념해야 한다. 따라서 이 모델은 역동적인 과정을 묘사하고 있다. 즉 시간에 따른 전환에서 변화와 전환경험에서의 기복과 고저들이 있을 수 있다. 우리는 이 모델의 다른 차원들을 논의한 뒤 전환과정에 대한 연구와 전환을 평가하는 것을 다룰 것이다. 그런 다음 우리는 성공적인 전환을 촉진시키거나 억제할 수 있는 요인들을 논의하고자 한다.

전환의 신체적 요소

전환의 신체적 차원은 파병 생활에서의 신체적 요구들에 적응하는 것을 말한다. 이 적응은 가정의 안락함을 누리는 것이나 도자기로 된 변기, 극단적인 기후로부터의 안도감, 사생활, 식사 준비를 할 수 있는 것과 같은 비교적 일상적인 면을 기대하는 것을 지칭할 수 있다. 분명히 이러한 적응들은 전환의 긍정적인 측면의 예로써 이것은 우리가 전환 문제를 말할 때 우리가 부정적인 문제들에 대한 그러한 주제를 제한하지 않음을 강조하고 있다. 군인들은 또한 파병환경의 요구들에 신체적으로 적응하고, 이러한 적응은 귀국할 때 반대로 작용되어야 할 것이다. 예를 들어 군인들은 파병되어 있는 동안 과경계상태가 되고 항상 가능한 위협에 주의하도록 배웠다. 환경에 대해 적응된 고조된 반응은 집에서는 요구되지 않으며 탈진과 과민성과 같은 함정을 피하도록 감소될 필요가 있다(9장 참고). 군인들은 또한 자신들의 수면을 파병환경에 적응하도록 익혀야 하는데 완전히 휴식하는 것도 아니고 항상 어느 정도는 경계상태로 있는 것을 의미할 수 있다. 군인들이 파병상태가 아닌 수면주기를 재구축하고 휴식을 취하는 법을 배우는 데 시간이 걸릴 것이다.

전환의 정서적·인지적 요소

심리적인 귀향에는 정서적 또는 인지적 차원도 있다. 이 차원은 참전군인들이 파병의 정서적 필요를 받아들여서 아마도 자신들의 환경에 대한 생각의 방식을 바꾸게 하는 전환 과제를 반영한다. 전환은 관계에 대한 더 큰 기대와 같은 긍정적인 정서나 부대 동료의 사망에 대한 슬픔과 같은 부정적 정서 상태로 특징지어질 수 있다. 동일한 전환영역들이 한쪽에서는 긍정적 정서와 다른 한쪽에서는 부정적 정서와 연관될 수도 있다. 예를 들어 배우자와 다시 재회하는 즐거움은 오래된 결혼 갈등이 다시 표면화되었을 때 분노와 좌절을 낳을 수 있다. 어떤 귀환 군인들은 가족의 중요성과 얼마나 자신들이 그것을 가치 있게 여기는지를 강렬하게 느끼는 것으로 보고하고 있다. 동시에 삶에 대한 이런 큰 기대에도 불구하고 군인들은 전형적으로 작은 불평거리들에 대해 인내심이 줄어들고 쉽게 주변 사람들에게 짜증을 낸다고 보고한다.

다른 복합된 감정들이 있을 수 있다. 예를 들어 파병에서의 흥미진진하고 의미 있는 임무수행으로부터 주둔지에서의 좀 더 일상적인 활동으로의 전환은 안도감과 지루함을 동등하게 느끼는 것과 관련될 수 있다. 실제로 그러한 양가감정의 우세함(양가감정이 일으키는 고통과 혼란)은 정신건강 훈련에서 나타난 주제이다. 예를 들면 미국 파병 후 회복탄력성 훈련인 *전투 제대군인의 역설*combat veteran's paradox에서 군인들은 집에서 행복한 동시에 다소 예민하고 화가 난 상태로 소개된다.

파병 후 전환은 또한 가까운 친구들을 잃어버리고 죄책감을 느끼는 것을 의미했던 파병과 관련된 사건들에 동의하게 됨을 뜻한다. 죄의식은 군인들이 현재 후회하는 행동의 결과이거나, 부상이나 사망으로 이어진 뒤에 깨달은 의사결정과 관련될 수도 있다. 군인들은 또한 다른 사람은 죽었는데 왜 자신들은 살아남았는지에 대해 '운명에 도전하는', '이미 끝나버린'이라는 말들을 사용하면서 숙명론자가 될 수도 있다.

이러한 말들은 때로는 다른 사람들은 생존하지 못했는데 자신들은 왜 생존했는지를 설명해 주며 그 질문은 자신들의 귀환에 영향을 줄 수 있다. 살상이 파병 후 전환에 영향을 주는 정도는 폭력이 발생한 상황이 어떤가에 관련되어 있고 그것이 군인의 전문적인 신분과 일치하는 합법적인 행동으로 간주되는지 여부와도 관련될 수 있다. 죽이는 것이 전환의 어려움을 일으킨다고 가정하는 것은 군인들이 경험한 것을 항상 정확하게 반영하지는 않는다. 어떤 학자들은 살상이 파병 후단계에서 정서적 적응의 어려움으로 이어진다고 설명하지만(Grossman, 1996), 다른 사람들은 아니다(Gifford, 2006, 참조). 살상과 그에 수반된 적응 간의 관계의 특성을 규명하는 연구가 필요하다.

일단 본국에 오면 개인들은 이러한 경험들을 자신들의 자기감으로 통합할 필요가 있다. 어떤 군인들은 자신들의 영적인 믿음에서 변화를 경험할 수도 있으며 그러한 변화들도 또한 파병 후 자기감으로 통합되어야 한다.

많은 귀환하는 군인들에게 전반적인 사회적 적응은 자신들의 감정을 적절하게 표현하고 숨겨진 분노나 격노를 조절하는 능력에 영향을 받는다. 파병되었을 때 많은 군인들은 정서적 반응들이 일으킬 수 있는 위험 때문에 자신들의 그러한 반응들을 보고한다. 그러나 일단 귀국하면 귀환군인들은 감정들을 어떻게 인식하고 표현해야 하는지를 배워야 할 수도 있다. 이러한 기술이 없다면 귀향에 대한 적응은 관계를 재정립하고 발달시키며 무감각하거나 분노를 느끼는 것을 넘어서는 감정들을 조절하고, 개인의 정체성을 지지해 주는 개인의 이야기나 담론을 전개하는데 더 어려울 수 있다.

많은 정서적 차원은 귀환하는 군인들이 전투에서의 자신들의 행동, 부대 대원들의 죽음에 대한 책임감, 돌아와서 가족이나 친구들과 이야기를 공유하는 것과 같은 문제들에 대해 생각하는 방식과 중첩된다. 파병 후 3~6개월간 재통합에서 이루어진 미국 육군 파병 회복탄력성 훈련(이전에는 전투정신 훈련으로 불림)에서 설명되었듯이 어떤 인지 패턴은 전환기간 동안 조절될 필요가 있다. 이러한 사고구조는 군인들이 자신의 삶을 즐길 권리를 기억하고 실수들을 용납하며 사랑하는 사람들과 나누고 재연결하는 중요성을 포함한다.

전환의 사회적 요소

전환에는 신체적, 정서적, 인지적 차원뿐 아니라 사회적 차원도 있다. 사회적 차원은 귀향의 여러 다른 측면들을 통합시킨다. 전투에서 귀향하는 군인들은 돌아왔을 때 친구들과 가족과의 관계를 재구축하는 과제에 직면한다. 이러한 관계들은 파병 당사자뿐 아니라 그의 가족과 친구들도 예전과는 같지 않기 때문에 변할 수도 있다. 귀향 군인들과 본국에 있는 사람들은 새로운 경험을 가지게 되었고 어느 정도는 다른 사람 없이 자신들의 삶을 살아왔다. 따라서 이 관계들은 갱신되고 역할을 확립하며 새롭게 연결을 재구축할 필요가 있다. 어떤 군인들은 이러한 관계들을 지지적으로 경험하지만 어떤 군인들은 파병에서의 경험과 자신들의 친구들이나 가족이 이해할 수 있는 것 사이에 간격이 있음을 보고한다.

군인들은 또한 파병기간 동안 자신의 부대나 동료들과 느꼈던 응집력에 대한 변화에 직면한다. 이 응집력은 견고해서 많은 군인들은 자신의 전쟁 동료들이 어떻게 파병의 가혹함을 극복하고 생존하도록 도왔는지를 설명한다. 귀향은 생성된 강한 결속의 변화를 의미하고 어떤 경우에는 다른 부대나 다른 곳으로 개인들을 분산하거나 가족과의 관계와 같은 다른 기본적인 관계를 방해하는 것처럼 느끼는 것에서의 변화를 의미한다.

전환에서의 또 다른 사회적 변화는 개인이 주둔지에서 자신들의 일로 복귀하는 것을 어떻게 느끼는가 하는 것이다. 어떤 사람에게 이 귀환은 전투파병기간 동안 요구되었던 삶과 죽음의 일로부터 유예되는 것으로 경험될 수 있다. 이 귀환은 또한 덜 의미 있는 일로 인식될 수 있는 것에 관여한다는 것을 의미할 수도 있다. 어떤 귀환군인들은 주둔지 업무에 덜 근면하게 되고 파병되지 않았던 사람들이나 참전군인들이 경험했던 것을 이해하지 못하는 사람들에 대해 덜 참게 된다고 보고한다.

전환모델 요약

따라서 전환은 시간을 요하는 다양한 적응 과정이며 본국의 새로운 환경에 적응하기 위한 반복적인 시도들이다. 전환과정의 경험에서 중요한 변수들이 있다. 각 개인의 귀향은 다르다. 복귀일이 특정한 날에 일어난다는 사실에도 불구하고 본국 귀환은 별개의 사건이 아니다. 한 군인은 이라크에서 두 번째 파병에서 돌아오는 것에 대한 자유 답변 설문조사에서 "나는… 이것은 하나의 사건이 아니라 하나의 과정이라는 것을 분명히 알 수 있다."고 했다.

이전 연구와 여기서 논의한 전환모델에서 나온 공통주제는 전환과정의 긍정적이고 부정적인 측면을 설명해야 할 필요성이다. 실제로 심리학의 영역은 계속해서 잠재적인 외상적 사건에 노출되는 것과 관련된 이점들을 살펴보는 중요성을 인식해 왔다. 이것은 Tedeschi와 Calhoun(1996)의 외상 후 성장 척도의 소개로 검증되었다. 그 이후로 많은 연구들이 스트레스성 사건들과 관련된 유익한 결과물들을 실험했으며(Helgeson, Reynolds & Tomich, 2006), 연구들이 파병 후 적응을 실험하기 시작하였다.

전환 평가하기

전투에서 귀향하는 것에 대한 이전 연구들은 주로 질적으로 되어졌지만 이런 연구들은 중요한 통찰을 제공하고 관련 주제나 문제들을 규명하였다. 전환과정을 평가하는 다음 단계는 이러한 전환의 양상들을 측정하는 척도를 개발하는 것이다. 캐나다의 연구자인 Blais, Thomson, McCreary(2009)는 파병 후 전환의 개념화를 확장시킬 것을 요구하고 아프가니스탄에서 돌아온 참전군인들에 대한 인터뷰에 기초하여 새로운 척도를 제안하였다.

그들의 육군 파병 후 재통합척도Army Postdevelopment Reintegration Scale에서 개인, 가족, 업무에서의 재통합이라는 세 가지 주요 영역에서의 긍정적, 부정적 측면들이 확인되었다. 아프가니스탄에서 복귀한 지 6개월 후 캐나다 군인들에 대한 횡단조사 분석들은 다층적 접근에 대한 지지를 제공했다. 또한 부정 재통합을 말해 주는 점수들은 자기보고에 의한 심리적 고통, 업무 관련 스트레스와 조직에 대한 기여의 감소와 관련되어 있다.

긍정적인 태도들은 기본적으로 보고하는 증상과 관련은 없었지만 정서적인 헌신과 긍정적인 업무 관련 정서와 관련이 있었다. 이러한 결과물들은 한 유형의 전환척도를 사용하는 전환평가의 가능성을 보여준다. 또한 Blais와 동료들(2009)의 척도 중 많은 항목들은 이 장 초반에 제시된 전환모델과 일치한다. 우리들은 모두 4개로 규명된 신체적(예를 들어 편의에 대한 감사), 정서적(예를 들어 관계에서의 긴장), 인지적(예를 들어 경험에 대한 혼란스러움), 사회적(예를 들어 가족과의 더 친밀함) 차원들을 말해 주는 항목들을 포함시켰다.

동시에 미국 연구자들은 또한 전투에서 복귀하는 긍정적인 면과 부정적인 면을 측정하는 귀향전환척도Combat-to-Home Transition Scale를 개발하였다. 일부 척도 항목들이 캐나다 척도(예를 들어 사물에 대한 더 큰 감사, 가족과 더 친밀함)에서 제시된 개념들을 반영하긴 했지만 미군에 대한 포커스 그룹에서 보고된 상대적으로 더 쓰라린 정서적 경험을 반영하는 항목들도 있다. 이라크에서 1년 파병 후 복귀하는 수백 명의 군인들과의 심층 논의 집단을 기초로 하여 WRAIR 연구자들은 전투로부터 귀향하는 현상학적 경험을 설명해 주는 항목들을 포함하였다(Adler, Bliese, McGurk, & Castro, 2008).

이라크전에서 복귀한 지 4개월 후에 조사된 Brigade 전투 팀에서 1651명과 636명의 현역군인들의 두 독립 표본들에 대한 구조분석은 두 개의 이점 찾기benefit-finding 요인들(예를 들어 긍정적 영향, 감사)과 두 개의 부정적 요인들(예를 들어 분노·소외, 죄의식)을 포함하는 일관된 요인 솔루션을 산출하였다. 각각 요인들의 항목들은 표 6.1에 제시된다.

척도요인들은 이전 인터뷰 연구들에서 규명된 전환 주제들과 일치한다(예를 들어 Borus, 1973a; Fauker & McGraw, 1977; Fontane & Rosenheck, 1998). 특히 분노와 자기 소외는 일관된 주제였다. 참전 제대군인들은 이 분노의 정확한 속성, 분노의 유용, 그러한 전반적인 분노로 이끄는 원인 기제, 고조된 분노의 해결은 더 잘 이해할 필요가 있다.

근원적인 전반적 분노는 가족, 크게는 사회와 다시 재통합하는 데 방해요소로 작용할 가능성을 가지고 있기 때문에 중요하다. 그러한 분노는 또한 다른 사람들

[표 6.1] **이라크전에서 복귀 후 4개월 전환척도의 빈도**

요인	척도 항목	동의한다 또는 매우 동의한다(%)
1	최근 파병이 나의 삶에 긍정적인 영향을 미쳤다.	27.8
1	최근 파병기간 동안 나의 업무 수행에 자부심을 느낀다.	60.0
1	나의 파병은 중요하지 않았다.	22.2
1	파병기간 동안 내가 한 것은 이라크 사람이나 아프가니스탄 사람들의 삶을 증진시키는 데 도움이 되었다.	32.5
1	나는 파병기간 동안 일어났던 것에 의미를 찾을 수 있다.	31.5
2	나는 전투에 파병되지 않았던 사람들과 연결될 수 없다.	25.0
2	다른 사람들이 가지고 있는 대부분의 걱정거리들은 나에게는 사소하게 보인다.	33.8
2	나는 사람들이 하는 어리석은 행동들에 거의 인내심이 없다.	71.2
2	나는 모든 이라크나 아프가니스탄 사람들에 대해 분노를 느낀다.	27.5
2	나는 동료들의 죽음에 대해 이라크나 아프가니스탄 사람들에게 보상을 받고 싶다.	27.3
3	나는 더 이상 삶에서 아무 것에도 감사하지 않는다.	74.6
3	나는 파병 전보다 나의 가족과 친구들에게 감사한다.	66.9
3	나는 나의 파병의 결과로 성숙해졌다.	64.9
4	나는 파병기간 동안 내가 한 것들에 대해 죄의식을 느낀다.	8.9
4	나는 파병기간 동안 내가 한 결정들을 수정하였다.	8.2
4	전투에서 내 친구들의 죽음은 내가 살아가는 데 힘들게 했다.	8.9

※ 요인 1은 '긍정영향', 요인 2는 '분노·소외', 요인 3은 '감사', 요인 4는 '죄의식' n=1,651

과 정서적으로 연결하려는 시도에서 장애물로 작용하고 파괴적이며 위험한 방식으로 폭발시킬 가능성이 있다. 마지막으로 죄의식은 적응의 정서적·인지적·사회적 차원과 함께 참전 제대군인들이 직면하는 도전들을 설명한다. 이와 대조적으로 이점 찾기를 반영하는 항목들은 파병과 관련된 긍정적인 결과들을 경험한 군인들을 나타냈다.

전환척도를 개발하는 것은 시간의 경과와 함께 일관성 있게 핵심적인 파병 후 경험들을 벤치마킹하고 이러한 경험들을 모델링하는 데 필요하다. 전환척도들이 모델의 모든 요소들을 설명하지는 않지만 그것들은 긍정적인 전환의 조절변인과 매개변인을 규명하고 전환과 정신건강 문제들과의 관계를 명백하게 측정하는 데 유용할 수 있다. 파병 후 전환의 다양한 측면들은 자신들의 권리에 따른 결과나 수반되는 정신건강 문제들의 예측변인들로 개념화될 수 있다.

군인들의 관점에서 보면 전환 문제들과 파병 후 정신건강 문제들은 둘 다 고통을 유발한다는 점에서 유사하게 느껴질 수 있다. 그러나 정신건강 전문가의 관점에서 보면 특별한 치료가 유익이 되는 임상적 상태와 군인들이 자신의 힘으로 해결할 수 있거나 제한된 도움이 필요한 비임상적 상태를 구분하는 것은 중요하다.

전환 문제들이 파병 후 정신건강 문제들에서 발견되는 동일한 경로를 따르는지는 아직 분명하지 않다(Bliese, Wright, Adler, Thomas, & Hoge, 2007; Milliken, Auchterlonie, & Hoge, 2007). 전투에서 돌아오는 미국 군인들에 대한 우리의 조사에서 죄의식과 분노·소외에서의 점수들은 파병 후 4개월에서 파병 후 8개월까지 유의미하게 증가하였다. 동시에 파병이 긍정적 영향을 가지고 있다는 군인들의 인식 또한 시간이 흐르면서 증가하였다.

평화유지군으로부터 나온 질적 자료들은 대부분의 평화유지군들은 4개월 후에는 완전히 가정생활에 적응한 것으로 느껴야 한다는 것을 제시한다(Thomson & Giagnic, 2001). 그러나 전투에서 온 자료들은 여전히 유의미한 어려움들이 있을 수도 있음을 제시한다. 따라서 시간 경로에 대한 질문은 아직 적절하게 설명되지 않았다. 질문은 응답자들이 초기개입의 시점과 심리 교육적 접근의 내용을 위한 함의를 가지고 있기 때문에 중요하다.

연구의 관점에서 미래 연구들은 PTSD와 같은 더 전통적인 정신건강 문제들뿐 아니라 전환 문제들을 설명하고 분석해야 한다. 임상적 문제들의 관점에서 개입들은 전환 문제들과 정신건강 문제들을 별개의 목표로 할 필요가 있다. 또한 정신건강을 찾는 것과 관련된 부정적 낙인을 감소시키고 직무 스트레스 요인들이 정신건강 문제들의 발병에 가질 수 있는 역할을 분명하게 인식하기 위하여 파병 후 정신건강 문제들을 전반적인 전환과정으로 설명하는 것이 도움이 될 수 있다.

감압과 전환관리

감압decompression이라는 용어는 누군가를 점차로 일상적 환경으로 되돌리는 것을 말한다. 이 용어는 심해 잠수에서 사용될 때 사람을 대기상의 압력으로부터 경감시켜 주고 정상적인 표면 압력에 순응하게 하는 것을 지칭한다. 파병 후 상황에 사용될 때 감압의 개념은 압력을 감소시키고 정상으로 돌아오는 것을 의미한다는 점에서 비슷하다.

군에서 감압은 초기 적응의 과정, 경감이 발생하는 동안의 기간, 이러한 전환을 촉진시켜 주도록 설계된 프로그램들을 포함한다. 그러한 프로그램들은 전형적으로 사회의 정상적인 압력을 재경험하기 전, 감압을 촉진시켜 주기 위해 군인들에게 파병이나 집과는 분리된 중립적이고 안전한 환경을 가져다준다.

감압은 군인들이 파병환경을 벗어나서 새로운 환경(예를 들어 집)에 재진입할 때 발생하는 것으로 생각되지만 이 단계가 실제로 얼마나 지속되는지는 보고된 바 없다. 우리는 또한 그 기간이 파병의 환경에 따라 얼마나 다른지는 알지 못하지만 감압은 파병의 어려움(더 많은 압력)이 더 많은 사람들에게 더 오래 지속되는 것으로 추정한다. 원래 감압 프로그램에서 이 과정은 며칠만 지속하는 것으로 가정한다.

군인 감압 프로그램을 살펴볼 때 Hacker, Hughes와 그 동료들(2008)은 군에서의 감압의 공식적인 개념을 베트남 전쟁으로 거슬러 올라가서 찾는다. 베트남에서의 감압의 경험은 많은 면에서 달랐다. 첫째, 많은 군인들이 비행기로 돌아왔다. 이것은 하루는 전쟁터에 있다가 하루나 이틀 후 집에 있을 수 있다는 것을 뜻한다.

따라서 감압은 참전 제대군인이 경험하고 있는 것을 거의 이해하지 못하는 친구들이나 가족들 앞에서 더 급속도로 더 자주 일어났다. 둘째, 군인들은 종종 부대 단위보다는 개인으로 돌아왔다. 이것은 그들이 자신들에게 중요하고 나눌 수 있는 사람들과 함께 경험을 반추하지 못하게 했다. 마지막으로 귀국 여행은 적개심이 종료될 때라기보다는 특별한 임무 수행 후에 일어났다. 그 결과 많은 경우 동료 부대원들이 여전히 전쟁터에 있는 동안 자신은 집에 있는 것에 혼합된 감정을 가질 수도 있다.

감압이라는 개념은 정상으로 복귀한다는 것이 직접적으로 며칠간의 휴식과 긴장 완화로 촉진될 수 있는 것을 제시한다는 점에서 매력적으로 보일 수 있다. 현재, 복귀 군인들은 이 상대적으로 짧은 감압 스케줄에 가치를 두는 것 같은데 그들이 공식적인 감압 프로그램에 대한 필요를 인지한다 할지라도 그들은 집에 돌아오기를 간절히 바라고 있기 때문이다. 예를 들어 이라크에서 돌아오는 영국 군인들의 경우에 36시간짜리 Third Location Program(TLD)을 긍정적으로 평가했다. 5일짜리 TLD 프로그램에 대해서는 아프가니스탄에서 전투 임무를 마치고 복귀하는 캐나다 군인들 중에서 64%가 그 기간이 대략 적합하다고 느꼈으며 8%만이 더 길어야 한다고 느꼈다.

일반적으로 여러 연구들에 걸쳐 군인들은 TLD프로그램의 개념에 지지적이었다. 예를 들어 전장이나 아프가니스탄에서 평화 지원 임무에서 돌아오는 도중에 사이프러스에서 캐나다 TLD 프로그램을 마친 후 참여자의 92%가 "TLD의 일부 형태는 좋은 아이디어이다."라는 진술에 동의하였다. 87%는 "나는 집에 돌아오기 전에 화를 푸는 것은 좋은 아이디어라고 생각한다."라는 진술에 동의하였다. 사이프러스에서 2일간의 '적응기간'을 가진 이라크에서 복귀하는 독일 군인들은 또한 보통 집에 돌아오기 전에 '화를 푸는 것'과 '한 숨 돌리는 것'의 개념을 지지하였다. 이 집단은 또한 실제로 그것을 경험한 뒤 TLD 개념에 대해 더 우호적인 태도를 보여주었다(Duel, 2008; Geerligs, 2005).

이러한 긍정적인 인식에도 불구하고 공식적인 감압은 실제로 군인들이 파병시 경험하는 압박감을 경감시키지 못할 수 있다. 감압의 효과성에 대한 한계는 최근 주둔지에서의 감압 프로그램에 대한 관찰연구에 의해 지지되었다. 이 프로그램은 파병 후 정신건강과 안녕이 파병 후 주둔군 프로그램을 경험하지 않았던 사람들과 같다는 것을 보여주었다(Hacker Hughes 등, 2008). 비록 이 연구가 기지에서 일주일 정도 보내는 것이 귀국해서 바로 휴가를 가는 것과 비교하여 장점을 논의하지 않았다는 것을 보여주었지만 이 연구는 무작위 추출과 제3의 장소가 아닌 기지에서 행한 감압은 사용하지 않았다.

감압 프로그램들

전환에서 감압 단계에 대한 개념적 명확함과 연구(그 결과)가 부재하더라도 감압 프로그램들에 대한 열정을 죽이지는 못했다. 그러한 프로그램들은 사이프러스를 거쳐 아프가니스탄에서 돌아오는 군인들을 위한 캐나다 TLD 프로그램이 전형이 되며 이러한 감압프로그램들은 짧고(예를 들어 1~5일) 의무적이며, '힘든' 파병 이후 구축될 가능성이 많고 제3의 장소(예를 들어 극장이나 집이 아닌)에 위치하며 부대 동료들과 이루어지고 일부 교육적 내용으로 전달되며 휴식, 오락과 알코올에 어느 정도 접근하는 것을 포함하도록 일정을 잡는 경향이 있다.

파병이 끝날 때와 관련하여 자발적이고 피할 수 없는 안식의 상태가 주어졌을 때 군인들에게 왜 감압의 도움이 필요한지를 질문하는 것은 합리적이다. 결국 파병에서 돌아오는 대다수의 군인들은 정신건강 문제들을 보고하지 않았는데 감압은 아마 감압 프로그램이 있거나, 없어도 조속하게 일어날 수 있음을 제시하고 있다.

이 문제는 정신건강 문제와 귀향과 관련된 삶의 질 사이를 구별하는 중요성을 보여주는데 이것은 이 장 서두에서 제시된 모델에서 더 광범위한 전환 개념화에 의해 반영되었다. 많은 군인들은 정신건강 문제들과는 독립적으로 귀향은 도전적이 될 수 있음을 보고한다. 따라서 TLD와 관련된 정신건강상의 이점을 보여주는 강력한 증거가 없어도 전환은 매우 어렵고, 귀향하는 군인들은 여전히 감압의 개념을 꽤 긍정적으로 보고 있다. 그러한 관점은 TLD를 파병 후 전환과정에서 특별히 다룰 필요를 제시하고 있다.

감압 프로그램의 평가

감압 프로그램의 평가에 있어서 한 가지 질문은 감압이 공식적 프로그램의 한 부분으로 동료 군인들과 함께 수행될 때 더 효과적인지 아니면 친구나 가족과 함께 집에서 비공식적으로 수행되는 것이 효과적인지를 묻는 것이다. 무작위 집단 실험이 없이 이 질문에 분명하게 답할 수는 없으며 그러한 실험들은 하나도 수행되지 않았다. 감압 프로그램에 대한 평가는 프로그램 직후나 집으로 돌아온 후 일정 시점에서 이루어진 참여자 조사와 면접으로 한정되었다.

TLD 프로그램의 영향을 평가하는 데 있어서 감압 프로그램 그 자체(예를 들어 휴식과 오락 내용)의 영향과 보통 프로그램의 일환으로 전달되는 교육적 프로그래밍의 영향 사이를 구별하는 것은 또한 중요하다. 두 개의 다른 캐나다 TLD 프로그램에 대한 질적 연구는 프로그램에 대한 긍정적인 태도를 확증하였다. 또한 시간이 지나면서 프로그램에 대한 더 긍정적 태도들이 보고되었다. 많은 응답자들은 자신들이 그 경험을 기대하지 않았고 기회가 주어진다면 곧장 집으로 가는 것을 선호할 것이라 답했다.

그러나 거의 모두는 인터뷰가 이루어졌을 때, 임무 완료 후 바로 한 평가에서, 귀환 후 몇 개월 지난 후에도 둘 다 프로그램에 대한 우호적인 평가를 보고하였다. 예를 들어 캐나다 TLD 프로그램 참여자들 중 80%는 직후에는 이것이 귀중한 경험이라는데 동의하였지만, 6개월 후에는 대략 86%가 가치 있다는 데 동의하였고, 83%는 그 프로그램이 자신들에게 재통합과정을 더 쉽게 해주었다고 느꼈다고 했다. 가장 가치 있었다고 느낀(회상해 볼 때) 프로그램에서 특별한 측면은 비업무 상황에서 동료들과 보낸 비공식적 시간과 교육적인 프로그램들로 나타났다. 네덜란드 TLD 프로그램의 평가는 비슷한 결과를 보여주었고 귀국 이후 시간이 지나면서 만족도의 경향이 증가함을 보여주었다(Geerligs, 2005).

또한 가족은 군인들의 TLD 참여로 유익을 얻었다는 간접적인 증가가 있다. 한 설문조사에서 캐나다 TLD 참여자의 67%가 가족을 위한 재통합을 더 용이하게 해주었다는 데 동의하였고 이 TLD의 이점은 질적 연구에서 한 주제로도 떠올랐다. TLD 프로그램에 대한 배우자들의 태도에 대한 유일한 직접 평가는 네덜란드 경험에서 나온다. 경험적 가치에 대한 배우자와 TLD 참가자 평가는 거의 똑같이 긍정적 결과를 보여주었다.

그러므로 TLD 프로그램의 영향을 얼마나 인지하고 있는지에 대해 말할 수 있는 것은 참가자들은 주로 그 개념에는 지지적이지만(적어도 힘든 파병 이후에) 그들은 그 경험을 기대하지는 않을 수도 있다는 것이다. 덧붙여서 참가자들은 주로 그 경험에 가치를 두고 그것에 대한 만족은 복귀 후 수개월이 지나면서 증가하는 것처럼 보인다. 뿐만 아니라 TLD 프로그램들에 대해 군인들은 자신들을 의도된 방향으로 틀림없이 도와줄 수 있는 것으로 인지한다. 즉 그것들은 군인들과 그 가족들에게 재통합의 과정을 용이하게 해주는 하나의 방법으로 보인다.

마지막으로 주의할 점은 다음과 같다. TLD 프로그램들은 다음과 같은 위험을 가지고 있는데 특히 음주 상태에서 발생한 문제 행동의 결과들에 대해서이다. 어떤 나라에서는 군인들에게 파병 동안 어떤 알코올도 허용하지 않다가 파병 후에 귀향의 일환으로 감압기간 동안 알코올에 제한된 접근을 허용한다.

7000명 이상의 TLD 참여자들을 가진 캐나다 체험은 알코올로 인한 중독, 상해, 폭행, 범죄행동(예를 들어 폭행, 절도, 파괴행동)과 규율위반의 많은 일화들을 포함했다. 다양한 통제 조치들의 수행은 이러한 위험들을 감소시키는 데(제거는 아니지만) 효과적인 것으로 나타났다. TLD의 분명한 이득은 이 맥락에서 해석될 필요가 있다.

전환의 감압단계를 둘러싼 많은 주요 영역 안에서 연구가 필요하다. 첫째, 즉각적인 파병 후단계의 심리학 자체가 더 강조될 필요가 있다. 이 기간 동안 군인들이 정확하게 무엇을 경험하는가? 그들의 시간 경과는 무엇인가? 둘째, 감압의 심리학이 대체로 전환심리학과 어떻게 관련이 있는가(그리고 파병 관련 정신건강 문제의 출현과)? 셋째, 감압 프로그램들이 어떻게 전환심리학에 영향을 미치는가? 더 넓게 말하자면 우리는 전환 프로그램이 신체적·인지적·정서적·행동 차원에서 어떻게 영향을 미치는지 이해할 필요가 있다. 넷째, 감압 프로그램의 어떤 측면들이 관찰된 프로그램의 효과 아래 있는 '행동요소'들을 구성하는가? 다섯째, 프로그램의 효과성을 위해 필요한 제3의 장소에서 감압프로그램을 하고 있는가? 그렇다면 왜 그런가? 마지막으로, 파병의 어떤 측면들이 감압 프로그램을 특별히 가치 있게 만들고 있는가? 이 정보는 정책을 유도하기 위해 좀 더 쉬운 작전 이후의 감압 프로그램에는 경험이 제한적이기 때문에 중요하다.

재파병하는 상황에서의 전환(부분 또는 완전 전환)

귀향에 대한 강조에도 불구하고 실제는 많은 군인들이 여러 번 파병하도록 소명을 받는다. 예를 들어 이라크 파병에서 돌아오는 한 여단 소속 군인들 중에서 35%는 이미 전에 이라크나 아프가니스탄에 파병되었고 이 비율은 비전형적인 것은 아니다. 다른 연구는 다수의 파병이 파병기간 동안(Mental Health Advisory Team V, 2008) 또는 전투파병 이후(Rona 등, 2007) 더 나쁜 정신건강 결과와 관련되어 있음을 보여준다. 그러나 어떤 경우 이전 파병경험은 개인에게 평화유지 작전을 수행하는 데 적응 면에서 도움이 되는 것으로 나타나기도 한다(Adler, Huffman, Bliese, & Castro, 2005).

그러나 다수의 파병 문제들이 전환과정을 추적하는 데 있어서 중요한 도전을 일으킨다. 1, 2년 안에 다시 파병될 수도 있다면 정확하게 무엇을 성공적인 전환으로 정의할 것인가? 다음 파병이 생각 속에 있다면 다음 파병이 귀향에 어떤 영향을 미치는가? 어느 정도로 그들은 주둔군 환경에 적응해야 하는가? 군인들이 다시 전투 속으로 전환하는 것을 더 쉽도록 하기 위해 신체적으로, 정서적으로, 인지적으로, 사회적으로 완전히 전환해서는 안 되는 정도가 있는가? 이러한 질문들은 아직 검증되지 않았지만 어떤 사람에게 귀향은 일시적이라는 것을 이해하는 것이 중요하다.

성공적인 전환의 예측으로서의 부대변인

재적응하는 제대군인들에 대한 연구들은 다른 귀향 제대군인들과 함께 있는 것이 적응에 도움이 된다는 것을 발견하였다. Star(Borus에서 인용, 1973c)는 제2차 세계대전 경험으로부터 귀환할 때 원래부터 다른 제대군인들로 구성된 부대에 배치되어 있던 제대군인들은 직업 만족도, 부대와의 연결, 자신들의 리더십에 대한 만족에서 제대군인과 비제대군인의 혼성 부대보다 더 높은 것으로 보고하였다. 마찬가지로 Borus(1973b)는 베트남 참전 제대군인들은 다른 제대군인들과 더 쉽게 연결된다는 것을 발견하여 본국 적응을 촉진시키는 경험에 대해 서로 이야기를 나누는 집단 회의 상담을 추천하였다. 많은 최근 연구들은 부대 응집력과 정신건강 간의 상호관계는 전투파병 후 첫해 안에 나타난다는 것을 확인하였다(예를 들어 Adler, Vaitkus, & Martin, 1996). 좋은 리더십은 또한 정신건강 적응을 예측하는 데 중요한 변수이다(예를 들어 Adler 등, 1996; Mental Health Advisory Team IV, 2006). 개인에게 파병으로부터의 의미를 끌어내도록 도와주는 리더들은 더 성공적인 전환을 가질 수도 있다(예를 들어 Birtt, Adler, & Bartone, 2001). 자신의 파병경험에서 의미를 찾는 군인들은 전환과정, 자신을 민간 문화에 재적응시키는 것, 죄책감, 슬픔, 지난 일에 대해 말하는 것 등을 균형 있게 놓는 것을 더 잘 관리할 수 있다.

귀향과 전환과정

많은 연구들이 긍정적인 귀향 영접welcoming은 더 나은 적응과 관계가 있다는 것을 발견하였다(예를 들어 Bolton, Litz, Glenn, Orisllo, & Roemer, 2002; Fontana,

Rosenheck, & Horvath, 1997; King, King, Fairbank, Keane, & Adams, 1998; Koenen, Stellman, & Sommer, 2003; Orsillo, Roemer, Litz, Ejlich, & Friedman, 1998). 귀향 영접은 전투 관련 사건들을 해석하기 위한 상황을 설정한다. 이것은 군인들이 직면하는 기본적인 질문들에 답한다. 희생이 가치가 있었는가? 희생이 인정받고 평가되고 있는가? 집에 돌아와서 나를 위한 공간이 있는가? 긍정적인 귀향을 구축함으로써 귀환군인들은 더 크고 사회적인 수준에서의 지지를 느낄 수 있다. 반대로 참전 군인가족들도 지지를 받는다고 느낄 수 있고 그것이 가족구성원들로 하여금 귀환하는 군인들을 더 참아주고 받아들일 수 있게 해줄 것이다. 귀향 영접의 역동은 긍정적인 귀향 영접이 긍정적인 정신건강 적응을 보고할 가능성이 더 높다고 보고하는 군인들을 찾는 설문을 통한 것을 제외하고는 체계적으로 조사되지 않았다. 질문들은 남아 있다. 긍정적인 적응을 위한 상황을 설정하는 귀향 영접의 메카니즘의 특별한 성격은 무엇인가?

미래의 방향

전투에서 돌아오는 모든 군인들은 전환의 도전에 직면한다. 이 도전은 시간이 지나면서 여전히 남아 있으며 파병으로부터 심리적으로 이동하는 행동은 감사와 성숙, 관계의 재구축과 개인 정체성, 좌절과 잠재적으로 의미 없는 작업을 견디는 것, 가정에서의 사소한 골칫거리와 같은 핵심요소들을 포함한다. 아마 파병은 군인들이 자신들의 삶, 일에서 그들이 찾는 의미, 다른 사람들과의 관계를 맺는 것, 실제로 중요한 것에 대한 관점을 유지하는 것을 재정의할 기회가 될 수 있다. 파병 후 정신건강에서 대체로 전환까지 초점을 확대함으로써 전환과정에 영향을 주는 개인, 일, 사회적 변수들이 규명될 수 있다.

이 확인은 파병 후 단계를 다루는 개인과 가족들을 위한 훈련 프로그램을 개발하고 부정적인 것을 감소시키면서 파병 후 전환의 긍정적인 측면을 증가시킬 수 있는 귀향 프로그램을 개발하는 데 유용할 수 있다. 연구는 이러한 변수들을 규명하고 감압 프로그램의 효과성을 평가하며 일시적인 전환만 있을 때의 전환의 성격을 이해하는 데 초점을 두어야 한다.

전환을 촉진시키도록 설계된 정신건강 훈련 프로그램은 군인들에게 자신들의 회복탄력성 기술들을 강화시키면서 파병의 요구들을 관리하도록 돕는 강점들을 강조해야 한다.

그러한 프로그램들은 또한 ① 전환의 긍정적인 측면과 부정적인 측면을 강조하고 정상화하며 ② 감압의 인지된 필요성에 역점을 두어야 하고 ③ 부대 구성원들과 리더들의 역할을 강조하며 ④ 복귀하는 군인들에게 어떤 식으로 파병 이야기들을 말하도록 격려하고 ⑤ 특히 죄책감이나 슬픔과 관련된 전환의 힘들고 정서적인 요소들을 목표로 해야 한다. 이러한 각각의 프로그램의 구성요소들은 그것들이 파병 후 정신건강 문제의 발달에 어떻게 영향을 미쳤는가라는 관점에서 뿐 아니라 더 넓은 전환과정의 관점에서 효과성이 평가될 필요가 있다. 이 전환과정은 반대로 군인들의 삶의 질, 삶을 즐기고 임무에 복귀하며 자신들의 희생에서 의미를 찾을 수 있는 능력, 자신들에게 중요한 사람들과의 재연결에 영향을 미친다.

Adler, A. B., Bliese, P. D., McGurk, D., & Castro, C. A. (2008, March). Transitioning home: The role of combat experiences and leadership. In T. W. Britt & J. L. Thomas (Chairs), *Deriving benefits from stressful work: The case of combat veterans*. Symposium conducted at the 7th International Conference on Occupational Stress & Health, Washington, DC.

Adler, A. B., Huffman, A. H., Bliese, P. D., & Castro, C. A. (2005). The impact of deployment length and experience on the well being of male and female solders. *Journal of Occupational Health Psychology*, 10, 121-137. doi:10.1037/1076-8998.10.2.121

Adler, A. B., Vaitkus, M. A., & Martin, J. A. (1996). The impact of combat exposure on posttraumatic stress symptomatology among U.S. soldiers deployed to the Gulf War. *Military Psychology*, 8(1), 1-14. doi:10.1207/s15327876mp0801_1

Blais, A. R., Thompson, M. M., & McCreary, D. M. (2009). The development and validation of the army postdeployment reintegration scale. *Military Psychology*,21, 365-386. doi:10.1080/08995600902914727

Bliese, P. D., Wright, K. M., Adler, A. B., Thomas, J. L., & Hoge, C. W. (2007). Timing of postcombat mental health assessments. *Psychological Services*, 4, 141-148. doi:10.1037/1541-1559.4.3.141

Bolton, E., Litz, B. T., Glenn, D. M., Orsillo, S., & Roemer, L. (2002). The impact of homecoming reception on the adaptation of peacekeepers following deployment. *Military Psychology*, 14, 241-251. doi:10.1207/S15327876MP1403_4

Borus, J. F. (1973a). Reentry I: Adjustment issues facing the Vietnam returnee. *Archives of General Psychiatry*, 28, 501-506.

Borus, J. F. (1973b). Reentry II: "Making it" back in the States. *The American Journal of Psychiatry*, 130, 850-854.

Borus, J. F. (1973c). Reentry III: Facilitating healthy readjustment in Vietnam veterans. *Psychiatry*, 36, 428-439.

Britt, T. W., Adler, A. B., & Bartone, P. T. (2001). Deriving benefits from stressful events: The role of engagement in meaningful work and hardiness. *Journal of Occupational Health Psychology*, 6, 53-63. doi:10.1037/1076-8998.6.1.53

Britt, T. W., Dickinson, J. M., Moore, D. M., Castro, C. A., & Adler, A. B. (2007).

Correlates and consequences of morale versus depression under stressful conditions. *Journal of Occupational Health Psychology*, 12, 34-47. doi:10.1037/1076-8998.12.1.34

Crossley, M. L. (2002). Introducing narrative psychology. In C. Horrocks, N. Kelly, B. Roberts and D. Robinson (Eds.) *Narrative, memory, and life transitions* (pp. 1-13). Retrieved from http://www2.hud.ac.uk/hhs/nme/books/2002/Chapter_1_Michelle_Crossley.pdf

Deputy Chief of Staff. (2009). *Deployment cycle support process*. Retrieved from http://www.armyg1.army.mil/dcs/default.asp

Dohrenwend, B. P., Turner, J. B., Turse, N. A., Adams, B. G., Koenen, K. C., & Marshall, R. (2006, August 18). The psychological risks of Vietnam for U.S. veterans: A revisit with new data and methods. *Science*, 313, 979-982. doi:10.1126/science.1128944

Duel, J. (2008, September). *Participating in an adaptation program following deployment. Who benefits?* Paper presented at the meeting of the International Military Testing Association, Amsterdam, The Netherlands.

Faulkner, R. R., & McGaw, D. B. (1977). Uneasy homecoming: Stages in the reentry transition of Vietnam veterans. *Urban Life*, 6, 303-328.

Fontana, A., & Rosenheck, R. (1998). Psychological benefits and liabilities of traumatic exposure in the war zone. *Journal of Traumatic Stress*, 11, 485-503. doi:10.1023/A:1024452612412

Fontana, A., Rosenheck, R., & Horvath, T. (1997). Social support and psychopathology in the war zone. *Journal of Nervous and Mental Disease*, 185, 675-681. doi:10.1097/00005053-199711000-00004

Geerligs, E. (2005). Adaptatie te Cyprus [Adaptation at Cyprus] (Technical Report GW-05-062). The Hague, The Netherlands: Gedragswetenschappen [Behavioral Sciences Services Centre].

Gifford, R. (2006). Psychological aspects of combat. In T. W. Britt, C. A. Castro, & A. B. Adler (Eds.), *Military life: The psychology of serving in peace and combat: Vol. 1. Military Performance* (pp. 15-30). Westport, CT: Praeger.

Grossman, D. (1996). On killing: *The psychological cost of learning to kill in war and society*. New York, NY: Little, Brown.

Hacker Hughes, J. G., Earnshaw, N. M., Greenberg, N., Eldridge, R., Fear, N. T., French, C., . . . Wessely, S. (2008). The use of psychological decompression in military operational environments. *Military Medicine*, 173, 534-538.

Helgeson, V. S., Reynolds, K. A., & Tomich, P. L. (2006). A meta-analytic review of benefit finding and growth. *Journal of Consulting and Clinical Psychology*, 74, 797-816. doi:10.1037/0022-006X.74.5.797

Hoge, C. W., Castro, C. A., Messer, S. C., McGurk, D., Cotting, D., & Koffman, R. L. (2004). Combat duty in Iraq and Afghanistan, mental health problems, and barriers to care. *The New England Journal of Medicine*, 351, 13-22. doi:10.1056/NEJMoa040603

King, L. A., King, D. W., Fairbank, J. A., Keane, T. M., & Adams, G. A. (1998). Resilience-recovery factors in posttraumatic stress disorder among female and male Vietnam veterans: Hardiness, postwar social support, and additional stressful life events. *Journal of Personality and Social Psychology*, 74, 420-434. doi:10.1037/0022-3514.74.2.420

Koenen, K. C., Stellman, J. M., Stellman, S. D., & Sommer, J. F. (2003). Risk factors for course of posttraumatic stress disorder among Vietnam veterans: A 14-year follow-up of American Legionnaires. *Journal of Consulting and Clinical Psychology*, 71, 980-986. doi:10.1037/0022-006X.71.6.980

Mental Health Advisory Team IV. (2006). *Mental Health Advisory Team (MHAT) IV Operation Iraqi Freedom 05-07.* Retrieved from http://www.armymedicine.army.mil/reports/mhat/mhat_iv/MHAT_IV_Report_17NOV06.pdf

Mental Health Advisory Team V. (2008). *Mental Health Advisory Team (MHAT) V Operation Iraqi Freedom 06-08: Iraq, Operation Enduring Freedom 8: Afghanistan.* Retrieved from http://www.armymedicine.army.mil/reports/mhat/mhat_v/MHAT_V_OIFandOEF-Redacted.pdf

Milliken, C. S., Auchterlonie, J. L., & Hoge, C. W. (2007). Longitudinal assessment of mental health problems among active and reserve component soldiers returning from the Iraq war. *JAMA*, 298, 2141-2148. doi:10.1001/jama.298.18.2141

Norwood, A. E., & Ursano, R. J. (1996). The Gulf War. In R. J. Ursano & A. E. Norwood (Eds.), *Emotional aftermath of the Persian Gulf War: Veterans, families, communities, and nations* (pp. 3-21). Washington, DC: American Psychiatric Press.

Orsillo, S. M., Roemer, L., Litz, B. T., Ehlich, P., & Friedman, M. J. (1998). Psychiatric symptomatology associated with contemporary peacekeeping: An examination of postmission functioning among peacekeepers in Somalia. *Journal of Traumatic*

Stress, 11, 611-625. doi:10.1023/A:1024481030025

Rona, R. J., Fear, N. T., Hull, L., Greenberg, N., Earnshaw, M., Hotopf, M., & Wessely, S. (2007). Mental health consequences of overstretch in the U.K. armed forces: First phase of a cohort study. *British Medical Journal*, 335, 603-607. doi:10.1136/bmj.39274.585752.BE

Shay, J. (2003). *Odysseus in America: Combat trauma and the trials of homecoming*. New York, NY: Scribner.

Solomon, Z. (1993). Combat stress reaction: *The enduring toll of war*. New York, NY: Plenum Press.

Stouffer, S. A., Lumsdaine, A. A., Williams, R. B., Smith, M. B., Janis, I. L., Star, S. A., & Cottrell, L. S. (1949). *The American soldier*: Vol. 2. *Combat and its aftermath*. Princeton, NJ: Princeton University Press

Stouffer, S. A., Suchman, E. A., DeVinney, L. C., Star, S. A., & Williams, R. A. (1949). *The American soldier*: Vol. 1. *Adjustment during army life*. Princeton, NJ: Princeton University Press.

Tedeschi, R. G., & Calhoun, L. G. (1996). The Posttraumatic Growth Inventory: Measuring the positive legacy of trauma. *Journal of Traumatic Stress*, 9, 455-471. doi:10.1002/jts.2490090305

Thompson, M. M., & Gignac, M. A. M. (2001). Adaptation to peace support operations: The experience of Canadian Forces augmentees. In P. Essens, A. Vogelaar, E. Tanercan, & D. Winslow (Eds.), *The human in command: Peace support operations* (pp. 235-263). Amsterdam, The Netherlands: Mets & Schilt/KMA.

Wiens, T. W., & Boss, P. (2006). Maintaining family resiliency before, during, and after military separation. In C. A. Castro, A. B. Adler, & T. H. Britt (Eds.), *Military life: The psychology of serving in peace and combat*: Vol. 3. The military family (pp.13-38) Westport, CT: Praeger.

Wilson, T. D., & Gilbert, D. T. (2005). Affective forecasting: Knowing what to want. *Current Directions in Psychological Science*, 14, 131-134. doi:10.1111/j.0963-7214.2005.00355.x

Yerkes, S. A., & Holloway, H. C. (1996). War and homecomings: The stressors of war and of returning from war. In R. J. Ursano & A. E. Norwood (Eds.), *Emotional aftermath of the Persian Gulf War: Veterans, families, communities, and nations* (pp. 25-42). Washington, DC: American Psychiatric Press.

7장

군대에서의 예방적 정신건강 선별

7장

군대에서의 예방적 정신건강 선별

Paul D. Bliese, Kathleen M. Wright, And Charles W. Hoge

신체적 건강 문제 및 정신적 건강 문제에 대한 일상적인 선별screening이 미국 군대 내에서 광범위하게 시행되고 있다. 군대에 입대하기 전에 군인들은 선별 절차를 거친다. 군인들은 파병 이전에 간단한 의학적 건강 선별 및 정신건강 선별 과정을 밟게 되고, 이후 복귀 후에 두 가지 선별을 또 받게 된다(하나는 복귀 후 즉시 시행하고, 두 번째 선별은 3~6개월 후에 실시한다). 파병 전후의 선별이 미국 군대 내에서 광범위하게 시행되고 있다는 사실에도 불구하고, 일상적인 파병 선별을 사용하는 것에 대해서는 많은 논쟁이 있었다.

실제로 다른 국가의 군대들은 선별이 가치가 별로 없는 것 중의 하나이며, 파병 중심의 선별 프로그램을 시행하지 않는 것이 더 나을 것이라는 결론에 이르기도 하

이 장에서 제시되는 내용은 저자들의 관점에서 제시되는 것이며, 미 육군이나 Walter Reed 미 육군 연구소, 미 국방부의 공식적인 입장이 아니다. 이번 장은 미국 정부에 의해 고용된 연구진에 의해 공무의 일환으로 작성된 것으로 공유 저작물에 해당한다. 여기에 제시된 어떤 내용도 미국 정부의 입장을 필연적으로 대변하지 않으며, 저자들이 연구에 참여했다고 해서 이 내용이 공식적인 입장을 제시하는 것도 아니다.

였다(Roan, Jones, French, Hooper, & Wessely, 2004).

Rona, Hyams 와 Wessley (2005)는 Morrison(1992)에 기초해 선별을 "선별의 대상이 되는 조건을 가지게 될 가능성이 있는 사람과 없는 사람을 분류하기 위해 일반적으로 건강한 전체 집단을 대상으로 검사를 실시하는 것"(p.1257)이라고 정의하였다. 이 정의는 너무 광범위하다. 정신건강에 선별을 사용하는 경우, 선별은 통상적으로 조사에 기초한 절차를 이용해 정신건강 문제를 추가로 평가해야 할 위험집단을 파악하는 것이다.

하지만 기본적으로, 모든 정신건강 선별 프로그램은 어느 정도의 오류를 포함하고 있어 오류 긍정false positives이나 오류 부정false negatives을 유발할 수 있고, 분류에서의 이러한 오류들은 이 프로그램의 효용성에 관한 논쟁의 중요 근거가 되기도 한다. 분류 오류는 선별 프로그램이 의도한 목적과 상호작용을 하며, 어떤 상황에서는 그러한 오류들이 매우 큰 문제가 될 수 있는 반면, 다른 상황에서는 상대적으로 별다른 영향을 미치지 못하는 경우도 있다.

이 장에서 우리는 미국 군인들을 대상으로 정신건강 선별을 사용하는 것에 대해 자세하게 살펴볼 것이며, 이 프로그램들을 둘러싸고 벌어지고 있는 논쟁들에 초점을 두게 될 것이다. 우리가 강조하는 것은 군대파병을 둘러싼 의료지원의 일부로써 정신건강 선별을 사용하는 것이다(즉 돌봄기반 선별). 하지만 우리는 또한 선발기반 선별의 사용에 대해서도 논의할 것이다.

우리는 미국 군대가 최소한 1개 이상의 돌봄기반 선별 프로그램을 시행하자는 결정을 내리는 데 있어서 우리 연구가 중요한 역할을 했다는 사실을 인정하고 있다. 따라서 우리가 편향되지 않았다고 생각할 수는 없으며, 우리는 일반적으로 파병 중심의 선별 프로그램을 지지하고 있다. 그럼에도 불구하고 우리는 이 주제들을 균형 있게 다루려고 노력하였으며, 선별 프로그램에 대한 관심을 가볍게 여길 수는 없다는 사실 또한 인정하고 있다.

선별 프로그램의 목적

비록 모든 선별 프로그램들에는 개인들을 검사하고 분류하는 과정들이 포함되어 있지만, 프로그램의 배후에 있는 목적은 다양하다. 제2차 세계대전에서 정신과적 선별은 군대에 복무할 잠재적 지원병을 선발하기 위한 목적으로 사용되었다. 목표는 심리적으로 취약한 사람들이 군대에 입대하지 못하게 하고, 정신과적 상해 치료와 관련된 전후 의료 비용을 줄이는 데 도움을 주기 위한 것이었다(Berlien & Waggoner, 1966).

제2차 세계대전 중에 선발을 위해 정신과적 선별을 활용하려던 시도는 대체로 실패로 여겨지고 있다(Berlien & Waggoner, 1966; Egan, Jackson & Eanes, 1951; Glass, 1966; Rona 등, 2005). 그럼에도 불구하고 이 프로그램의 흔적은 계속해서 남아 있다. 예를 들면, 미국 군대의 현재 선발 절차에는 과거 정신건강 치료, 입원 및 약물치료 경험이 포함되어 있는 상세한 의료 기록에 의존하고 있다. 현재의 선발 절차에는 또한 적성검사도 포함되어 있는데, 이 검사는 제1차 세계대전 중에 생긴 것으로서 제2차 세계대전에도 계속 사용되었다(Cardona & Ritchie, 2006).

부언하자면, 제2차 세계대전 선별에 대한 가장 영향력 있는 비판 중 하나는 Eagan과 그의 동료들이 쓴 1951년 JAMA의 논문이었다. 이 연구에서는 전쟁 초기에는 부적격 판정을 받았으나 전쟁 후기에 접어들면서 사람이 부족해짐에 따라 입대하게 된 사람들로 구성된 대규모 연구집단을 추적하였다. 이 연구의 핵심적인 발견 내용은 처음에는 군 입대가 거부되었던 집단에 속한 대부분의 사람들이 이후 입대했을 때 아주 좋은 성과를 보였다는 점이다. 처음에 군 복무에서 거부되었던 사람들이 성공적으로 군 복무를 한 사실은 선별의 실패로 해석되었다(비록 그러한 연구발견에 어떤 요인이 기여했는지는 분명하지 않지만). 이러한 연구결과에 혼란을 일으킬 수 있는 한 가지 요인은 제2차 세계대전 중에 군 복무를 한 것에 대한 일반인들의 태도이다. 예를 들어 이 장의 저자 중 한 명은 제2차 세계대전 당시 군에 입대하기 위해 자신의 신체적 질환을 감추고 자신의 나이를 속인 한 남성에 관한 얘기를 들려주고 있다. 만일, 이 이야기가 시사하듯이, 그리고 사실이기도 하지만, 군 복무에 대한 동기수준이 높았다면, 처음에는 군 복무가 거부되었던 사람들로 구성된 집단은 이후 군 복무를 할 수 있는 기회가 주어졌을 때 성공하고자 하는 동기가 높았을 것이라 가정해 볼 수 있다.

현재 미국 군인 선발시 심각한 정신질환(종합적인 의학 검사에서 발견)과 일반적 적성 수준이 낮은 경우를 제외하고 심리적 문제에 대한 선별을 지지하는 경우는 거의 없다. '괴이하고, 정서적으로 불안정하며, 쉽게 적응할 수 없는 부적절한 성격을 갖고 있고, 규율에 반항적인 사람'을 걸러냄으로써 선발의 탄력성을 높이기 위해 제2차 세계대전의 선발 프로그램이 내세웠던 목표를 추구하고 싶은 유혹이 들기도 한다(Berlien & Waggoner, 1966, p.162). 하지만 선발과정 동안에 심리적 취약성을 광범위하게 선별하는 것이 제2차 세계대전 때와 같이 비효과적이라는 일반적인 합의가 이루어져 있다(Cardona & Ritchie, 2006).

군대가 광범위한 심리적 취약성에 대해 선발기반 선별이 비효과적이라고 결론을 내리고 있는 이유는 몇 가지가 있다. 첫째, 심리적 취약성을 조작적으로 분명하게 정의할 수 있는 방법이 불분명하다. 제2차 세계대전 당시의 광범위한 정의를 기억해 보면, '괴이한'에서부터 '규율에 반항적인'에 이르기까지 모든 것이 여기에 포함되어 있다. 둘째, 심리적 취약성을 정의할 수 있다 하더라도, 분류 오류는 여전히 큰 문제로 남는다. 통계적 관점에서 봤을 때 연구들은 우울증, 불안장애 또는 외상 후 스트레스 장애Post-Traumatic Stress Disorder, PTSD 등과 같이 잘 정의되어 있는 질환을 선별할 수 있는 정신건강 선별도구조차도 긍정적 예측 가치Positive Predictive Value, PPV는 낮다는 사실을 반복적으로 입증해 보이고 있다.

PTSD 체크리스트(PCL: Weathers, Litz, Herman, Huska, & Keane, 1993)의 심리측정 효율성을 자세하게 분석한 연구에서 Bliese 등(2008)은 .62에서 점근선asymptote에 도달하며 일반적으로 허용 가능한 민감도(즉 선별에서 역치 이상의 점수를 획득한 정신건강 문제에 대해 긍정적인 사람들의 비중) 수준과 특이도(즉 선별에서 역치 이하의 점수를 획득한 정신건강 문제에 부정적인 사람들의 비중) 수준이 .40~.50

의 범위에 있는 다양한 PPV를 보고했었다. 이와 마찬가지로 영국 군대에 대한 선별도구의 분석에서 Rona, Hooper, Jones, French 와 Wessely (2004)는 .47과 .48의 PPV를 보고하였다. 아마도 PTSD에 대한 가장 종합적인 분석은 Terhakopian, Sinaii, Engel, Schnurr 및 Hoge (2008)에 의한 PCL 특성에 관한 연구일 것이다. 이 연구결과에 따르면 검증된 도구를 전체 집단 수준(즉 비임상적 장면)에서 사용할 경우 PPV는 .20의 범위이다.

실제에 있어서는 이러한 크기의 PPV는 스크린 도구를 사용해 긍정적인 것으로 확인된 사람들의 1/5~1/2 정도가 실제로 그러한 질환을 가지고 있다는 것을 의미한다. 선별의 경우, 이는 부적격한 것으로 평가된 사람의 50~80%가 잘 할 수 있을 것으로 기대된다는 것을 의미한다. 심리측정적으로 낮은 PPV는 더 나은 선별도구를 개발할 필요가 있음을 반영하지는 않는다. 이들은 기본적으로는 선별되는 의학적 질환은 상대적으로 유병률이 낮다는 사실을 반영한다. 예를 들어 Bliese 등(2008)은 절단이 30인 PCL의 민감도는 .78(즉 PCL에서 역치 이상의 점수를 획득한 PTSD로 의뢰된 샘플의 비중)이고, 특이도는 .88(즉 PCL에서 역치 이하의 점수를 획득한 PTSD 문제로 의뢰되지 않은 샘플의 비중)이라는 사실을 발견했다. 이러한 두 가지 합리적인 수준의 민감도와 특이도 수치에도 불구하고, PPV는 .38에 불과했다. 이 경우 낮은 PPV는 PTSD를 위한 구조화된 임상 면접의 황금률에 의해 설정된 기준을 충족시키는 개인들의 비중이 낮은 것(5.8%)과 관련이 있다.

군 복무를 위한 현행 선발 기준을 통과할 수 있지만 나중에 기존의 심리적 취약성으로 인해 복무를 그만두게 될 사람들의 비중을 정확하게 추정하기는 어렵다. Cardona와 Richie(2006)는 역사적으로 1차 감손율 약 30%라고 언급하였다. 하지만 훈련 전략에 대한 최근의 수정을 통해 감손율은 줄어들었다. 감손은 다양한 이유로 발생하며, 가장 큰 이유는 정형외과 문제나 보유기준retention standards을 충족하지 못한 것과 같은 행정적 전역 등이다. 정신건강 진단으로 인한 전역은 행정적 이유보다는 훨씬 적지만, 비행이나 약물 남용과 같은 행정적 문제와 상호작용할 수 있다. 전체적으로 11%의 군인들이 정신건강의 문제로 인해 군대를 떠나는 것으로 추정되고 있다(2008 Accession Medical Standards Analysis & Research Activity [AMSARA] 보고서 참고; Niebuhr 등, 2008).

만일 정신건강 문제가 약 11%의 1차 군대 감손율에 기여하는 것이라면, 선발기반의 선별을 실질적인 것으로 만들기에 충분히 높은 PPV를 가지는 선별도구를 개발할 수 있는 방법을 생각해 내기가 어렵다. 예를 들어 이 11%를 구분해 낼 수 있는 능력을 갖추고 있으며, 특이도 .90과 민감도 .75인 검사가 있다면, 우리는 그로 인한 PPV가 .48이라는 사실을 수학적으로 입증할 수 있을 것이다. 하지만 이러한 수치는 정신건강 선별도구가 거의 항상 민감도와 특이도가 낮다는 사실을 고려할 때 최상의 시나리오가 될 수 있다. 결국, 심리적 취약성을 선별하기 위한 선발기반 선별도구를 개발하려는 시도는 복무를 잘 할 수도 있는 사람들을 너무 많이 탈락시킬 수 있다는 수학적 현실에 직면하게 된다. 이런 식으로 선별하는 것은 제2차 세계대전의 경험을 반복하게 될 것이다. 여기서 핵심은 심리적으로 취약한 사람들을 차단하기 위한 목적의 선별은 역사적으로 비효과적이었고, 그러한 실패는 선발목적으로 선별하려는 시도에서도 반복될 것이라는 점이다.

돌봄 제공을 촉진하기 위한 돌봄기반 선별

우리는 이미 복무 중에 있는 사람들로 구성된 집단 전체에 걸쳐 실시하는 선별의 목표는 선발기반 선별의 목표와는 다르다는 점을 강조하기 위해 선발기반 선별의 근거를 제공하고자 한다. 표면적으로 이미 복무 중에 있는 사람들을 대상으로 한 전체 집단기반 선별은 제2차 세계대전 당시의 선발기반 선별과 동일한 것처럼 보인다. 여기에는 위험집단을 파악하기 위해 다양한 정신건강 증상들(예를 들어 우울, PTSD, 불안 등)을 평가하는 것이 포함된다. 하지만 기능적 차원에서 집단기반 선별의 목표는 건강 서비스에의 접근성을 촉진하는 것이지, 군대에 입대하면 안 되는 사람을 파악하기 위한 것이 아니다. 건강 돌봄(돌봄기반)을 촉진하기 위한 선별과 선발 목적의 선별을 구분하는 것은, 두 종류의 선별 모두가 Morrison(1992)이 선별을 "선별의 대상이 되는 의학적 질환을 가질 가능성이 있는 사람과 그렇지 않은 사람을 분류하기 위해 일반적으로 건강한 전체 집단을 검사하는 것"(Rona 등, 2005, p.1257)이라고 정의한 것에 부합한다 하더라도, 매우 중요한 구분이라고 할 수 있다.

미국 군대에서 2003년에 아프가니스탄과 이라크 전쟁에 대한 반응으로 파병에서 복귀한 직후에 실시되는 파병 후 건강 평가(PDHA) 프로그램인 미 국방부 포럼 2796의 시행과 함께 집단 전체에 걸친 돌봄기반 선별이 시작되었다. 이 선별은 이후 확대되어 파병 복귀 후 3~6개월 사이에 실시되는 파병 후 건강 재평가Post-Deployment Health Assessment, PDHRA를 포함시키게 되었다. 이 두 프로그램 모두는 건강 돌봄 제공을 촉진하기 위해 고안된 프로그램들이었다.

정신건강을 위한 돌봄 제공을 촉진하기 위한 목적으로 실시하는 선별은 그 효과성을 지지하는 데이터의 수가 상대적으로 더 적음에도 불구하고 선발 목적의 선별과정보다 논란이 덜 되고 있다. 사람들이 돌봄을 받도록 돕기 위해 우울, 또는 PTSD와 같은 정신건강 증상을 찾아내기 위해 짧은 선별을 사용하는 것은 정신건강 문제들을 조기에 발견해 돌보는 것이 효과적이라고 일반적으로 받아들여지고 있는 전제에 기초한 것이다(Litz & Gray, 2004). 이러한 핵심 가정에 기초해 우울과 다른 정신건강 질환을 발견하고 치료하기 위해 1차 돌봄 장면에서 짧은 선별을 사용하자는 주장이 많이 제기되어 왔다(Agency for Health Care Research & Quality, 2002; Lang & Stein, 2005; McFarlane & Bryant, 2007). 예를 들면 McFarlane과 Bryant(2007)는 "PTSD의 선별을 고위험 집단의 사람들을 대상으로 검토해야 하며, 특히 주요 외상적 사건이나 누적적 노출 이후에 검토해 보아야 한다."(p.404)라고 주장하고 있다. 일반적으로 돌봄기반 선별에 대한 태도는 긍정적임에도 불구하고, 아직 한 걸음 뒤로 물러나 그러한 프로그램이 일반적으로 합의하고 있는 수행기준을 충족하는지의 여부를 검토해 볼 가치가 있다.

선별 프로그램의 기준

Rona 등(2005)은 선별 프로그램을 시행해야 하는지를 판단할 수 있는 6개의 기준을 제시하였다. ① 확인되는 질환이 중요한 건강 문제이어야 한다. ② 선별도구는 임상적, 사회적, 그리고 윤리적으로 허용 가능해야 한다. ③ 선별도구는 단순, 정확해야 하고, 타당성이 검증되어야 한다. ④ 고품질의 연구 증거는 정신과적 이환율을 줄이는 선별의 효과성을 입증할 수 있어야 한다. ⑤ 심리적 선별 프로그램의 모든 측면에 대해 적절한 인원과 시설을 갖추는 것이 매우 중요하다. ⑥ 선별 프로그램의 효과는 잠재적 위험을 능가해야 한다. 각 기준은 파병 후 심리적 선별의 측면에서 다음과 같이 검토된다.

중요한 건강 문제

파병 후 돌봄기반 선별도구는 일반적으로 우울, 자살생각, 관계 문제, 알코올 문제, PTSD, 수면 문제, 분노 문제 등이 결합되어 있는 것을 찾아내는 것에 중점을 두어왔다(Bliese, Wright, Adler, Thomas & Hoge, 2007). 이러한 문제들을 둘러싼 증상들이 전투에 노출된 이후에 더 많아진다는 사실은 잘 알려져 있는 사실이다(예를 들어 Dohrenwend 등, 2006; Hoge 등, 2004). 하지만 Rona 등(2005)은 증상 보고가 증가하는 것이 반드시 치료의 필요성을 시사하는 것은 아니라는 사실을 지적하고 있다.

선별 맥락에서 치료의 필요성이 무엇인지는 분명하지 않다. 보다 구체적으로는 증상의 증가가 치료가 필요한 문제를 구성하는 수준을 파악하는 것에 질문이 집중되어 있다. 한 옵션은 치료의 필요를 선별을 할 때에 즉각적인 돌봄이 필요한 사람들로 정의하는 것이다. 즉각적인 돌봄의 기준에 따르면, 임상적 장애의 유병률은 매우 낮아(흔히 1% 미만) Rona 등(2005)은 문제들이 현실적으로 선별에서 발견될 수 있는 중요한 건강 문제로 간주될 수 없다고 주장하기도 하였다. 분명히 즉각적인 돌봄이 필요한 사람들을 확인하고자 하는 욕구가 강력하고 또 좋은 의도인 경우, 극도로 낮은 기저율을 가진 문제들을 선별하는 것은 비실용적이라고 할 수 있다. 그 이유는 선별 당시 이들은 자살 가능성이 있거나 살해 가능성이 있는 상태이기 때문이다. 하지만 자살 경향이 있거나 살해 경향이 있는 군인을 찾아낸다는 목표(비록 불완전하지만)를 치료의 필요를 구성하는 것이 무엇인지에 대한 폭넓은 정의 내에서 다룰 것인지를 검토해 볼 가치는 있다.

치료의 필요에 대한 다른 대안적인 기준은 정신의료 서비스 제공자들의 공식적 평가가 필요할 정도로 충분히 심각한 증상을 갖고 있는 것으로 판단되어 선별된 사람들의 비율이다. 미군 군대의 전투 후 연구들에서 이송 비율은 선별을 정당화할 수 있을 정도로 충분히 높았다. 예를 들어 Appenzeller, Warner 및 Grieger(2007)는 PDHRA 시점(즉 파병 후 3~6개월)에서 1만 2,817명을 대상으로 선별하여 이송한 내용을 요약한 결과, 정신건강 이송률이 11.4%라고 보고하였다. Appenzeller 등(2007)은 또한 자살 사고와 같은 응급 서비스 이송이 0.001%(1만 2,817명 중 9명)이라고 보고하였다.

현재까지 선별에서의 이송률을 가장 종합적으로 분석한 것은 Milliken, Auchterlonie 및 Hoge(2007)에 의해 실시된 분석이었다. 이 연구는 2개의 시점 [PDHA 시점(복귀 후 즉시 시행)과 PDHRA 시점(복귀 후 3~6개월)]에서 5만 6,350명의 군인을 대상으로 이송과 이후의 정신건강 방문 둘 모두를 평가했다는 점에서 독특하다고 할 수 있다. Milliken 등(2007)은 5만 6,350명의 병사 중에 4.4%만이 PDHA 시점에서 이송되었고, 9.3%는 PDHRA 시점에 이송되었다고 보고하였다(이후 절에서 시간에 걸친 보고 차이에 대해 언급할 것임).

Milliken 등(2007)은 또한 전체 집단의 15.8%는 PDHA 선별의 90일 이내에 정신의료 서비스를 통해 나타났다고 보고하였다. 이와 마찬가지로 PDHRA 선별 이후 21.8%가 90일 이내에 정신의료 서비스에 의해 나타났다. 정신의료 서비스에서 본 비율(15.8%와 21.8%)이 이송된 비율(PDHA와 PDHRA 각각 4.4%, 9.3%)을 크게 초과하고 있다는 사실은 선별에서 부정적인 점수를 획득한 많은 병사들이 이후 스스로 치료를 받았으며, 보통 선별 30일 이내에 스스로 치료를 받았다는 점을 시사하고 있다. 비록 이러한 비율이 높은 것으로 보이지만, 특히 PDHRA 시점에서의 비율은 높은 것으로 보이지만, 이 비율들은 다른 사람에 의해 입증되었다. PDHRA 시점에서 실시한 한 연구에서 Warner, Apprenzeller, Jullem, Warner 및 Grieger(2008)은 이전에 파병된 병사들 중 20.7%는 복귀 후 돌봄을 찾았다고 보고하였다. 또한 Hoge, Auchterlonie 및 Milliken(2006)은 이라크에서 복귀한 해 동안에 이라크 전쟁 참전 제대 군인들이 정신의료 서비스를 이용했다고 보고하였다.

Milliken 등(2007)의 연구발견 내용은 선별의 민감성에 대한 의문을 제기할 수 있다. 하지만 이 연구 및 다른 두 연구들이 11~35%의 병사들이 정신의료 서비스 제공자의 진찰을 받았다는 사실을 발견했다는 점은 정신의료 치료가 매우 필요하다는 사실을 시사하고 있으며, 다루어야 하는 중요한 건강 문제가 있다는 사실을 시사하는 것이라 할 수 있다. 전투파병에서 복귀한 병사들 중 상당한 비율이 선별에서 정신건강 면담에 의뢰되었으며, 그보다 더 많은 사람들은 스스로 정신건강 면담을 찾았다.

중요한 사실은 이라크와 아프가니스탄 갈등 초기에 전투파병이 지니고 있는 정신건강 부담은 대부분 알려지지 않았다는 점이다. 경험적 데이터는 부족했다. 구체적 데이터 중 하나는 한 복귀 부대에서의 외상적 스트레스에 대한 선별에 관한 연구 보고서였다(Bliese, Wright, Adler, Thomas & Hoge, 2004). 이 보고서는 PTSD의 소규모 국제 신경정신과적 면담 기준을 충족하는 병사의 비율이 낮다는 사실에 주목하였다(Sheehan 등, 1998). 이라크에서 집으로 귀국한 이후 며칠 내에 선별된 이 소규모 초기 샘플에서의 PTSD 비율이 낮은 것은 새롭게 이루어지기 시작한 다른 연구 발견과는 일치하지 않는 것이었으며(가장 눈에 띄는 것은 Hoge 등, 2004의 연구), 이를 통해 우리는 미국 군인들이 전투 후에 귀환한 직후 이들을 선별하는 것의 효용성을 검토하게 되었다. 결과적으로 우리는 4개월 이후 같은 병사들을 대상으로 재평가를 실시했으며, 509명의 매칭 샘플에서 증상 보고가 눈에 띄게 증가한 것을 발견하였다(Bliese 등, 2007). 이 추적 연구는 국방부로 하여금 파병 후 3~6개월 시점에서 모든 군인들을 선별하는 원래의 PDHRA 프로그램을 시행하도록 만든 중요한 증거 중의 하나였다. 언급한 것과 같이 Milliken 등(2007)은 동일한 패턴을 관찰하였는데, PDHA에서 PDHRA 사이에 5만 2,350명의 샘플에 있어 보고된 정신건강 증상의 수가 증가했다는 것이었다. PTSD 선별의 초기 연구 또한 잠재적으로 외상적인 사건에 노출되면 자신들이 받은 훈련이 "효과가 나타나기 시작했다." 는 것을 자주 보고한 병사들에 대한 A2 기준의 가치에 대해 의심을 품게 만들었다(즉 강렬한 공포, 무기력감, 잠재적으로 외상적인 사건에 대한 공포 반응 등). 직업군인들에 대한 A2 기준의 가치에 관한 자세한 내용은 이 장의 범위 밖의 주제이지만 Adler, Wright, Bliese, Eckford 와 Hoge(2008) 등이 이에 관한 자세한 내용을 제시하고 있다.

요약하면 연구 데이터에 대한 통합적 분석에 기초해 우리는 파병 후 미국 군인들이 직면하고 있는 문제들이 중요하며, 기준들이 자살 사고나 살인 사고로 인한 즉각적인 이송에 중점을 두는 것이 아니라 전체적인 이송에 중점을 두고 있는 한 선별을 지지할 만한 충분한 유병률을 보이고 있다는 사실을 입증하는 증거들을 발견하였다. 미국의 파병 후 정신건강 문제 비율이 다른 곳에서 보고된 비율과 반드시 일치하는 것은 아니라는 점을 주목할 필요가 있다. 구체적으로 영국의 군인들이 보고한 정신건강 문제 비율은 미국 군인들이 보고한 정신건강 문제보다 유의미하게 낮았다(예를 들어 Hacker Hughes 등 , 2005). 예를 들면 Hotopf 등(2006)은 영국의 이라크 참전 제대군인 중 4%의 PTSD 비율을 보고하였고, Hacker Hughes 등(2005)은 이 샘플이 외상-선별 질문지에 있는 기준을 초과한다고 보고하였다. 왜 영국의 비율이 미국의 비율과 높은 차이를 보이는지는 분명하지 않다. 하지만 가능한 설명으로는 이라크에 파병된 영국 군인들은 단시간 동안 파병되었다는 점(예를 들어 4개월; Hacker Hughes 등, 2005)과 역사적으로 덜 폭력적인 지역에 파병되어 미국 군인에 비해 유의미하게 낮은 수준의 전투를 경험했었다는 점(Hoge & Castro, 2006) 등이 있다. 실제로 Rona와 동료들(2007)은 전투 파병의 개월 수는 영국 군인들에 있어 PTSD 발병의 위험요인이라는 사실을 보고하였다. 뿐만 아니라 Iversen 등(2008)이 분석한 영국 데이터 분석 결과에서는 PTSD 비율에 있어 전투경험의 중요성, 특히 삶의 위험에 대한 평가의 중요성을 입증하고 있다. 이렇듯 파병 후 미국과 영국 군인들의 정신건강 비율에 차이가 있음에도 불구하고, 비율 상승을 주도하는 데 있어 동일한 파병 관련 요인들이 중요한 요인인 것으로 보이는 바, 이는 영국 군인과 미국 군인 간의 비율 차이가 문화적 요인에 의한 것은 아니라는 사실을 시사하는 것이라 할 수 있다.

선별검사는 임상적, 사회적 및 윤리적으로 허용 가능해야 한다

선별검사가 사회적으로 병사들에게 허용 가능한지의 여부를 판단하기 위해 일련의 익명으로 이루어진 사후 선별평가를 실시하였다. 예를 들어 2005년 우리는 막 선별을 끝낸 병사들을 대상으로 익명의 조사를 사용해 선별 프로그램을 평가해보았다. 선별을 거친 전체 집단은 이라크에서 1년을 보낸 뒤 3개월 먼저 귀환했으며, 739명의 병사들이 이 평가 조사에 참가하였다. 프로그램 평가 조사에서 739명의 응답자 중 84%가 선별이 병사들이 필요한 돌봄을 받는 데 도움이 될 수 있다는 것에 동의하거나 매우 동의하였다. 76%는 정신건강 선별이 병사들을 돌보는 좋은 방법이라는 사실에 동의하거나 매우 동의하였다. 5%만이 정신건강 선별이 시간의 낭비라는 것에 동의하거나 매우 동의하였다. 우리는 이러한 결과를 병사들이 선별을 허용 가능한 것으로 생각하는 강력한 증거를 제시하는 것이라 해석하고 있다.

선별된 3,294명 중에 2,678명으로부터 익명의 프로그램 평가 조사 결과를 받은 Warner와 그의 동료들(2008)은 선별에 대한 지각을 평가하는 연구를 실시하였다. 이 연구는 방법, 타이밍, 선별 담당자 및 위치 등과 관련된 대안적인 선별 접근방식의 선호에 중점을 두었고, 2005년 프로그램 평가에서 시행한 문항과 같은 프로그램 평가 문항을 명시적으로 제시하지는 않았다. 전체적으로 이 결과를 살펴보면 Warner 등(2008)의 연구는 선별 절차가 임상적, 사회적 및 윤리적으로 병사들에게 허용 가능하다는 증거를 제공했다. 사실 Warner 등(2008)의 주요 결론 중의 하나는 선별이 낙인을 줄이는 데 도움이 되고 돌봄을 권장하는 데 도움이 되는 것으로 보인다는 것이다.

선별의 윤리적 측면을 고려할 때, 선별도구의 가장 중요한 측면은 이 도구들이 투명하다는 점이다. 이 도구들에는 정직한 반응, 꾸밈 반응, 사회적으로 바람직한 반응 등을 점검할 수 있는 문항이 포함되어 있지 않다. 군인들은 심층적인 2차 면담과 그 뒤를 이어 정신건강 문제로 의뢰되는 것을 피할 수 있는 반응패턴을 쉽게 파악할 수 있었다. 우리의 관점에서 보면, 이러한 투명성은 돌봄을 촉진하고, 자기 의뢰self-referral의 기회를 제공해 줄 수 있게 설계된 선별과정에 있어 핵심적이며, 필요한 요소이다.

우리는 이러한 투명성으로도 상당한 비율의 군인들이 임상적 서비스 제공자와 심층 면담을 할 수 있는 반응패턴을 제공한다고 생각하고 있다. 군인들이 정신건강에 대한 우려를 나타내는 문장들에 자발적으로 표시한다는 것은 선별이 그 목적에 맞는 역할을 하고 있다는 사실을 입증하고 있다. 구체적으로 선별은 군인들에게 수면 문제에서부터 관계 문제에 이르기까지 다양한 정신건강 및 행동 문제들을 제시할 수 있는 도구를 제공해 주고 있다. 이러한 투명성은 또한 도움을 받는 것에 관심이 없는 군인들에게 반응할 수 있는 간단한 방법을 제공해 주지만, 이 경우에도 선별과정은 나중에라도 자발적으로 도움을 구하게 하는 심리교육의 기회를 제공해 주고 있다.

선별검사는 간단하고, 정확하고, 검증이 되어야 한다

돌봄기반 선별도구에 대한 타당도 검사를 실시하는 것은 어렵지만, 가능한 일이다. 2004~2005년 사이 미국 육군 의학연구 부대-유럽의 연구진들은 3개의 타당도 검사를 실시하였다. 이 중 2개의 검사에는 이라크 파병에서 최근 복귀한 병사들에 대한 연구가 포함되어 있었고, 한 연구는 이라크 파병 전에 실시된 연구이다. 이 3개의 연구에서 병사들은 현장에서 점수를 매기는 광범위한 1차 선별을 거쳤다. 긍정적 점수를 받은 모든 병사들은 이후 훈련을 받은 서비스 제공자와 면담을 하였다. 또한 부정적 점수를 획득한 병사들 중 20%는 무작위로 서비스 제공자와의 구조화된 면담에 참가하는 조건에 선정되었다. 서비스 제공자들은 병사들이 1차 선별에서 어떤 반응을 했는지 알지 못하고 있었다.

이들 연구결과는 단순하고, 정확하며, 검증된 돌봄기반 선별도구를 만드는 것이 가능하다는 사실을 보여주었다. 구체적으로 Bliese 등(2008)은 PDHA 및 PDHRA 양식에서 사용된 PTSD 측정치들이 상당한 진단적 효율성을 갖고 있다는 사실을 입증했다. Wright 등(2007) 은 서로 다른 영역(즉 PTSD, 우울, 알코올 문제)에 대한 문항들을 포함하고 있는 선별도구들을 개발하는 것이 단일 선별문항이나 포괄적인 고통 수준에 의존하는 것보다 더 효용성이 있다는 사실을 보여주었다.

현재의 파병 선별 측정치가 단순하고, 정확하며, 타당성이 검증된 검사라는 사실을 확인했음에도 불구하고, 전체 집단 차원에서 통제된 장면에서 개발된 검증된 도구를 사용하는 것에는 해결해야 할 과제들이 남아 있다. 따라서 미국 선별 프로그램을 시행할 때 이 프로그램의 진단적 효율성을 추정하기가 어렵다. 당연히 일반적으로 선별의 특성을 고려할 때 우리가 추정해 볼 수 있는 최상의 사실은 이 프로그램들(시행되는 프로그램)이 상대적으로 특이도가 낮고, PPV가 낮다는 점이다. PDHA와 PDHRA 데이터의 분석을 통해 Milliken 등(2007)은 PTSD에 대해 양성으로 선별된 군인들의 약 20%만이 행동건강 평가에 의뢰되었다는 점을 보여주었다. 왜 양성으로 선별된 군인들의 대부분이 의뢰되지 않았는지에 대한 여러 가능한 이유들이 있다.

여기에는 증상의 특이도가 낮다는 점, 심각한 기능 손상이 없다는 점, 군인들이 정신의료 서비스를 받으려는 자발성이 부족하다는 점, 선별을 하는 사람이 선별 측정치를 해석하고 인터뷰를 실시하는 것에 있어 비일관성을 보인다는 점 등이 포함되어 있다. 그럼에도 불구하고 광범위한 규모의 돌봄기반 선별을 실시할 때에는 낮은 예측 가치가 여전히 문제가 될 수 있다.

간단히 말해 현재의 선별도구들은 구조화된 진단 면접과 비교할 때 타당하지만, 이러한 선별도구를 사용하는 것은 오류 긍정 및 낮은 PPV로 이어질 가능성이 크다. 낮은 PPV라는 결과는 돌봄기반 장면에서는 선발 장면에서 만큼 중요하지는 않다. 그럼에도 불구하고 돌봄기반 프로그램을 시행하기 위한 계획에서는 궁극적으로 돌봄이 필요하지 않은 많은 수의 사람들을 2차적으로 평가해야 하는 필요를 인정해야만 할 것이다. 전체적인 과정을 촉진하는 한 가지 방법은 면담과 이송 과정을 가능한 체계적으로 만드는 것이다. 이러한 측면에서 WRAIR 팀이 PDHRA와 함께 사용하기 위해 개발한 구조화된 면담 가이드Structured Interview Guide는 2차 면담 과정의 효율성과 일관성을 증진시킴으로써 선별과정을 개선하기 위해 고안된 것이라 할 수 있다(Wright, Adler, Bliese & Eckford, 2008 참고).

수준 높은 연구는 정신과적 사망률을 줄이는 데 효과적이라는 것을 입증해야 한다

모든 기준 중에서 이 수준 높은 연구에 대한 요구는 아마도 가장 중요하면서 동시에 가장 모호한 기준일 것이다. 표면적으로 이 기준은 선별을 받거나 선별을 받지 않는 조건에 무작위로 개인들을 할당한 뒤 이들을 일정 기간 동안 추적해서 선별집단에게 이점이 있는지를 살펴보는 연구를 설계하는 것으로 볼 수 있다. 복잡한 것은 선별개입을 설계하는 그 자체에 있는 것이 아니라, 발견 내용들을 수집하고 해석하는 것에 있다. 많은 무작위 시행에서 결과를 해석하는 것이 상대적으로 간단할 수 있다. 예를 들면 실험적 백신 연구에서, 기본적으로 위약집단에 비해 백신을 맞고 난 뒤에 질병에 접촉한 사람들의 수에 일차적으로 초점을 두는 것이 논리적일 수 있다. 정신건강 선별기반 개입의 문제의 가장 핵심적인 부분은 단기적으로 이 프로그램들이 돌봄 추구의 감소보다는 돌봄 추구의 증가와 관련되어 있어야 하며, 따라서 선별 성공의 지표에서와 같이 돌봄 추구 비율의 감소에 의존하는 것을 어렵게 만든다는 점이다.

장기적으로 성공적인 돌봄기반 선별 프로그램은 정신건강과 관련된 문제의 수가 적어지는 것과 높은 기능 수준과 연관되어 있어야 한다. 즉 돌봄기반 선별 프로그램이 효과적이면, 이 프로그램들은 쉽게 확인할 수 있는 효과적 치료로 이어져야 하며, 이로 인해 정신과적 사망률은 줄어들어야 한다. 이러한 개념화에서 치료는 선별과 장기 정신과적 사망률 간의 직접적인 매개변수 역할을 한다. PTSD, 우울, 분노 및 알코올 문제 등과 같은 정신건강 문제들에 대한 치료가 비효과적인 경우, 이는 선별 또한 비효과적이라는 사실을 시사한다. 어떤 면에서 이러한 결론은 정확할 수도 있는데, 그 이유는 정확하게 파악된 개인들이 그러한 개입에 의해 도움을 받지 못할 수 있기 때문이다. 하지만 이는 실제로 구체적으로 선별과정보다는 치료의 효과성과 관련이 있다. 선별이 치료 효능을 통해 정신과적 사망률과 간접적으로 관련이 있다는 사실은 실제로 (통계적 의미에서) 선별과 결과 간의 직접적 연관성이 적고, 더 나아가 선별과 관련된 실용적 효과를 검출해 내려는 시도를 복잡하게 만든다는 것을 확인해 주는 것이라 할 수 있다.

하지만 아마도 돌봄기반 선별의 효과성 문제를 검토할 수 있는 똑같이 중요한 한 가지 방법은 반드시 치료 효능을 통해 매개되지는 않는 결과들outcomes을 줄이는 데 있어서의 역할에 중점을 두는 것이다. 예를 들어 정신건강 돌봄을 추구하는 것과 연관되어 있는 낙인의 감소는 효과적인 예방적 정신건강 프로그램을 개발하는 것과 관련된 중요한 결과물이다. 돌봄기간 선별을 모든 사람들에게 제공하는 행위는 낙인을 줄이는 데 도움이 될 수 있다. 익명으로 진행된 선별 사후조사에서 Warner 등(2008)은 병사들의 17.8%가 약한 사람으로 비춰질까 두려워서 정신건강 문제에 돌봄을 추구하는 것을 망설이고 있는 것으로 나타났다. 이와는 대조적으로, 비선별 장면에서 수집한 동일한 낙인 문항에서는 25.4%의 반응률을 보였다 (Hoge 등, 2004). 비록 Warner 등(2008)의 연구는 무작위 시행은 아니었지만, 그럼에도 불구하고 모든 복귀 군인들에 대한 반응을 정규화하는 것과 결합된 일상적인 건강 평가가 포함되어 있는 과정이 낙인을 줄이는 데 도움이 될 가능성이 있는 것으로 보인다.

요약하면 우리는 고품질의 연구를 통해 돌봄기반 선별의 효과성을 입증할 필요성을 인정하고 있다. 하지만 우리는 낙인 감소와 같은 결과가 정신과적 사망률의 감소만큼 중요할 수 있다는 것을 제시한다. 정신과적 사망률에만 편협하게 초점을 두는 것은, 자기의뢰self-referral의 기회를 촉진시키고 개인과 정신건강 돌봄 시스템을 연계하는 것을 촉진하며, 정신건강 돌봄 서비스를 받는 것에 대한 태도를 변화시킬 수 있게 설계된 선별 프로그램이 가지는 잠재적 이점들을 잃게 하는 위험이 내포되어 있다.

심리적 선별 프로그램의 모든 측면에서 적절한 인력과 시설이 중요하다

돌봄기반 선별 개입에서는 적절한 인력 및 시설과 관련된 세 가지 잠재적 문제가 있다. 첫째, 인력과 시설은 실제 선별을 시행하기에 충분한 것이어야 한다. 둘째, 의뢰를 처리하기에 충분한 인력과 시설이 있어야 하며, 돌봄이 필요한지에 대한 확실한 판단을 내려야 한다. 셋째, 개인들을 치료하기에 충분한 인력들이 있어야 한다. Rona 등(2005)이 확인한 이러한 기준들은 심리적 선별의 목표가 충족될 수 있게 하는 중요한 기준들이다.

우리의 경험에 따르면 최초의 선별과정은 1차적으로 군대 부대나 여단에 있는 기존의 의료 자원을 이용해 실시할 수 있다. 파병 후 3~6개월 시점에서의 PDHRA 프로그램에 대한 원래의 베타 테스트beta test는 유럽에서 약 1만 6,000명의 병사들로 이루어진 부대를 대상으로, 부대 내에 있는 의료진과 여러 명의 케이스 매니저들에 의해 실시되었다. Apprenzeller 등(2007)은 미국에 있는 한 부대 내에서 선별을 실시한 한 대규모 연구에서 이러한 접근방식을 확인하였다. 이렇듯, 기존의 정신건강 인력의 수준이 대규모 선별과정을 성공적으로 시행하는 데 적절할 수 있다.

하지만 비록 미국에서의 최초 선별과정의 인력들이 적절했다고 하더라도, 어떤 장소에서는 이송을 처리하고 치료를 제공하기 위한 전문가의 수가 부적절했다는 점이 인정되고 있다. 미 국방부 정신건강 TF(2007)는 다음과 같이 보고하고 있다.

> 전 세계 38곳의 군사시설에서의 가용한 인력 데이터 및 현장 방문을 통해 발견한 내용들을 통해 볼 때 현재의 정신건강 인력들은 복무 중인 군인들과 그들의

> 가족들에게 시기적절하게 의료 서비스를 제공할 수 없고, 사전에 정한 방식으로 새로운 증거에 기초한 개입을 제공할 충분한 자원이 없고, 군인들이나 리더들에게 극단적인 스트레스가 미치는 장기적 효과에 대해 탄력성을 유지하고 그 효과를 완화시킬 수 있는 예방 및 훈련을 제공할 자원이 없다. (p.43)

이러한 자원부족의 이유들은 많지만, 돌봄기반 선별 프로그램에서 이송된 사항을 처리할 필요성으로 인해 시스템에 부담을 줄 가능성이 있다. 선별과정의 첫 단계는 확실한 진단을 제공하기 위해 설계된 것이 아니라 보다 철저하게 검사를 받기 위해 의뢰를 할 목적으로 디자인 된 것이다. 이 과정은 1차 진료 의사들이 환자들의 우울을 선별하고, 짧은 문진을 실시한 뒤에 환자들을 보다 정확한 평가를 위해 정신의료 서비스에 의뢰하는 것과 같은 것이다.

이 장에서 검토한 여러 연구들이 제시한 누적적인 증거들은 PPV가 통상적으로 .50 미만이어서 의뢰된 사람들의 절반은 최종적인 치료가 필요하지 않은 것으로 볼 수 있다. 하지만 군인들이 정신건강 클리닉을 방문하는 경우, 전체 평가는 최초 선별의 일부로 실시되는 간단 면담에 비해 보다 자세하게 이루어지며, 시간이 많이 소비된다.

분명히 전체 선별과정에 적절한 인력을 제공하는 문제는 아직도 계속 진행 중에 있으며, 선별도구의 특성을 고려할 때 이 문제는 선별도구의 심리측정적 성격을 개선한다고 해서 해결될 수 있는 문제는 아닌 것 같다. 대규모 군인들을 선별하기 위한 노력은 항상 이송의 증가와 관련되어 있고, 자원의 부족을 완화시킬 수 있는 유일한 방법은 서비스 제공자들의 수를 늘리는 것이다. 정신건강 전문가들이 최초 선별과정에서 사용되는 경우, 이는 효과적인 치료 서비스를 제공할 때 이들을 이용할 수 있는 가능성을 줄일 수 있다.

선별 프로그램의 이점이 잠재적 손해보다 커야 한다

우리 견해로는 돌봄 중심의 선별은 선발기반 선별보다는 잠재적 손해를 가져올 가능성이 훨씬 더 적으며, 특히 돌봄 중심의 선별이 응답자로 하여금 자기의뢰를 하게 하는 투명한 문항을 사용할 경우에는 더욱 그렇다. 의료 시스템이 복잡하고, 젊은 성인 남성들(군대의 주요 구성원)이 의료 시스템을 탐색해 돌봄을 시작하는 방법을 완전히 이해할 수 없을지도 모른다는 사실을 망각하기 쉽다. 기본적인 차원에서 돌봄을 이 집단에 도입하는 것을 촉진할 수 있는 프로그램들은 유익한 것이라 생각할 수 있다. 돌봄기반 선별 프로그램들은 또한 군대에서 잠재적인 서비스 관련 위험성을 인정하고, 그러한 위험성을 완화시키기 위해 자원을 기꺼이 투자하려 한다는 것을 군인들에게 알려줄 수 있는 능력을 갖고 있다. 이 점은 이익과 위험이라는 전통적인 의학모델에 부합하지 않을 수도 있다. 하지만 모든 자원봉사 단체의 사기를 유지하는 데 분명 중요한 점이다.

하지만 돌봄기반 선별 프로그램에는 또한 위험도 수반된다. 돌봄 중심 선별은 자원을 필요로 하는 곳에서 자원을 빼내가 이를 필요로 하는 군인들이 이용할 수 있는 효과적인 돌봄의 양을 줄이는 결과를 초래할 가능성도 갖고 있다. 선별 프로그램은 또한 군인들 사이에서 의사들에게 영향을 미칠 수 있는 병리에 대한 기대를 갖게 만들 수 있는 위험성도 내포하고 있다. 구체적으로 선별은 혼자 풀어버릴 수도 있는 정상적인 스트레스 반응도 '의인성' 질환으로 만들 수 있다. 낮은 특이성과 높은 오류 긍정은 부적절한 진단명과 치료를 초래할 수도 있다.

이러한 오분류misclassification가 지니고 있는 맥락적 함의가 중요하다는 사실을 강조할 가치가 있다. 예를 들어 어떤 사람이 자신이 선별상(즉 선발기반 선별)에 특이성 점수가 낮아 특정 직업에 대해 정신적으로 부적합할 것이라는 잘못된 믿음을 갖게 되는 것이 치열한 전투파병을 겪고 난 이후 정신건강 전문가와 얘기함으로써 혜택을 볼 수 있을 것이라는 얘기를 듣는 것보다 더 해로운 것일 수 있다. 그럼에도 불구하고, 우리는 프로그램의 효능을 입증할 수 있는 결정적인 증거가 없기 때문에 돌봄 중심의 선별의 장점이 단점보다 더 많다고 확실하게 결론을 내릴 수는 없다.

결론

미국 군대의 돌봄기반 선별과 관련해 6개의 기준을 살펴보면서 우리는 이러한 프로그램들에는 상당한 장점이 있다는 점과, 그러한 장점들은 이 프로그램들이 위험성을 내포할 수 있으며 이 위험성이 잠재적으로는 건강 돌봄 제공 시스템을 압도할 수 있다는 점으로 인해 상쇄될 수 있다는 일반적 결론에 도달했다. Rona 등(2005)이 선별 프로그램은 가치가 거의 없다고 결론 내린 것은 데이터를 너무 단순하게 해석한 것이며, 전투 관련 정신건강 문제들의 중요성을 놓고 볼 때 정치적으로도 타당하지 않다.

Rona 등(2005)이 선별 프로그램에서 가치를 거의 찾지 못한 중요한 이유는 이들이 이 주제를 선발 중점 관점에서 접근했기 때문이다. 6개의 기준에 대해 선발 중점의 관점을 사용함으로써 Rona 등(2005)은 선별의 가치에 의문을 제기하게 된 것이다. 선발기반 선별을 개발하고 시행하기 위한 노력과 관련된 잘 알려져 있는 어려움들을 놓고 볼 때, 우리는 그러한 선별들을 지원하는 것을 꺼리고 있다는 생각이 든다. 하지만 기본적으로 선별 프로그램의 전체적인 맥락(즉 돌봄기반 대 선발기반)은 한 가지 접근방식이 여섯 가지 기준에 커다란 영향을 미친다는 사실을 깨닫는 것이 중요하다. 일반적으로 낮은 PPV와 같은 선별의 속성이 미치는 결과가 돌봄기반 선별보다는 선발기반 선별에서 더 큰 관심사라는 사실을 깨닫는 것이 중요하다.

미국 군대에서 돌봄기반 선별은 군인들에게 제공되는 예방적 행동건강 프로그램의 일부로 계속 사용될 것이다. 이러한 프로그램들이 사라질 가능성이 적다는 사실을 놓고 볼 때, 우리는 이러한 프로그램들이 군인들의 필요를 가장 잘 충족시킬 수 있고, 행동건강 서비스 제공자 커뮤니티가 직면하고 있는 자원 현실에 가장 잘 부합할 수 있게 지속적인 노력을 기울여야 한다고 믿고 있다. Wright 등(2007)이 실시한 연구와 같은 돌봄기반 선별의 대안의 진단적 효율성에 관한 연구는 선별의 민감도와 특이도 모두를 증가시킬 수 있는 잠재력을 갖고 있다. 따라서 돌봄을 필요로 하는 사람들을 위한 돌봄을 촉진하는 데 도움이 될 수 있는 잠재력을 갖고 있다.

이를 염두에 두었을 때, 현재의 선별만큼 또는 그보다 더 효과적인 군대 내 돌봄기반 선별에 대한 다른 대안들이 있을 수 있다. 예를 들면, 현재의 선별 노력들은 불면증이나 수면장애를 강조하지는 않는다. 하지만 수면장애는 전투에서 돌아온 군인들이 자주 보고하는 증상이다. 뿐만 아니라 군인들은 수면장애가 행동상의 건강 낙인이 거의 찍히지 않는 것이기 때문에 수면장애를 기꺼이 보고하는 경향이 있는 것으로 보인다.

마지막으로, 우리 연구진의 종단적 연구를 보면 수면장애는 인과적으로 우울이나 PTSD와 같은 문제들에 선행된다는 증거가 있다. 이러한 배경을 염두에 두었을 때, 조기 돌봄기반 선별이나 수면 문제의 치료가 행동건강 돌봄을 촉진할 수 있는 아주 훌륭한 방법이 될 수 있다.

연구가 지속되어야 할 다른 분야는 선별과 관련된 의원성 영향iatrogenic effect을 검사하고, 그 가능성을 줄이는 것이 될 것이다. 예를 들면, 선별 프로그램은 회복탄력성 훈련 프로그램에 통합되어 파병 후 정신건강에 관한 긍정적 기대를 분명하게 진술하는 것, 개입이 필요하지 않은 전투가 건강에 미치는 정상적인 영향에 대한 기술, 건강한 대처 기법에 관한 정보 등을 포함시킬 수 있다. 이러한 긍정적인 선별 접근방식은 이송률과 장기 정신건강 문제의 비율에 차이가 있는지를 판단하는 현재의 방법들과 대비를 이룰 수 있다.

결론적으로 중요한 공중건강 문제를 다루는 데 있어 심리적 선별의 역할에 관한 논쟁은 아주 가치가 있다(예를 들어 Wright 등, 2005). 그러한 논쟁은 특정 조직 문화 및 분위기 내에서 실용적인 개선을 유도하는 데 사용될 수 있는 비판적 사고를 촉진할 수 있다.

그리고 논쟁 그 자체는 세계적 수준의 건강 돌봄을 군인들에게 제공해 줄 책임이 있는 군대의 필요와도 일치한다. 이러한 맥락에서 ① 부주의하게 개인들에게 해를 입히지 않고 행동적 건강 자원을 압도하지 않는 것과 ② 전투에서 귀환한 군인들을 위한 돌봄에 조직이 노력하고 있음을 적극적으로 보여주는 프로그램을 시행하는 것 사이에 균형을 이루어야 할 것이다. 우리는 적절하게 시행, 유지되었을 경우에 돌봄기반 선별 프로그램은 행동건강 돌봄을 제공하는 데 중요한 역할을 담당할 수 있을 것으로 생각한다.

Adler, A. B., Wright, K. M., Bliese, P. D., Eckford, R., & Hoge, C. W. (2008). A2 diagnostic criterion for combat-related posttraumatic stress disorder. *Journal of Traumatic Stress*, 21, 301-308. doi:10.1002/jts.20336

Agency for Healthcare Research and Quality. (2002). Screening for depression: *Recommendations and rationale*. Retrieved from http://www.ahrq.gov/clinic/3rduspstf/depression/depressrr.htm

Appenzeller, G. N., Warner, C. H., & Grieger, T. A. (2007). Postdeployment health reassessment: A sustainable method for brigade combat teams. *Military Medicine*, 172, 1017-1023.

Berlien, I. C., & Waggoner, R. W. (1966). Selection and induction. In A. J. Glass & R. J. Bernucci (Eds.), *Neuropsychiatry in World War II: Zone of the interior*(pp. 153-191). Washington, DC: Office of the Surgeon General.

Bliese, P. D., Wright, K. W., Adler, A. B., Cabrera, O. A., Castro, C. A., & Hoge, C. W.(2008). Validating the Primary Care Posttraumatic Stress Disorder screen and the Posttraumatic Stress Disorder Checklist with soldiers returning from combat. *Journal of Consulting and Clinical Psychology*, 76, 272-281. doi:10.1037/0022-006X.76.2.272

Bliese, P. D., Wright, K. M., Adler, A. B., Thomas, J. L., & Hoge, C. M. (2004). *Research report 2004-001: Screening for traumatic stress among redeploying soldiers*. Heidelberg, Germany: U.S. Army Medical Research Unit—Europe.

Bliese, P. D., Wright, K. M., Adler, A. B., Thomas, J. L., & Hoge, C. M. (2007). Timing of postcombat mental health assessments. *Psychological Services*, 4, 141-148. doi:10.1037/1541-1559.4.3.141

Cardona, R., & Ritchie, E. C. (2006). Psychological screening of recruits prior to accession in the U.S. military. In B. L. DeKoning (Ed.), *Textbooks of military medicine: Recruit medicine* (pp. 297-309). Washington, DC: Office of the Surgeon General.

Dohrenwend, B. P., Turner, J. B., Turse, N. A., Adams, B. G., Koenen, K. C., & Marshall, R. (2006, August 18). The psychological risks of Vietnam for U.S. veterans: A revisit with new data and methods. *Science*, 313, 979-982. doi:10.1126/science.1128944

Egan, J. R., Jackson, L., & Eanes, R. H. (1951). A study of neuropsychiatric rejectees. *JAMA*, 145, 466-469.

Glass, A. J. (1966). Lessons learned. In A. J. Glass & R. J. Bernucci (Eds.), *Neuropsychiatry in World War II: Zone of the interior* (pp. 735-759). Washington, DC: Office of the Surgeon General.

Hacker Hughes, J., Cameron, F., Eldridge, R., Devon, M., Wessely, S., & Greenberg, N.(2005). Going to war does not have to hurt: Preliminary findings from the British deployment to Iraq. *The British Journal of Psychiatry*, 186, 536-537. doi:10.1192/bjp.186.6.536

Hoge, C. W., Auchterlonie, J. L., & Milliken, C. S. (2006). Mental health problems, use of mental health services, and attrition from military service after returning from deployment to Iraq or Afghanistan. *JAMA*, 295, 1023-1032. doi:10.1001/jama.295.9.1023

Hoge, C. W., & Castro, C. A. (2006). Posttraumatic stress disorder in U.K. and U.S. forces deployed to Iraq [Letter to the editor]. *The Lancet*, 368, 837. doi:10.1016/S0140-6736(06)69315-X

Hoge, C. W., Castro, C. A., Messer, S. C., McGurk, D., Cotting, D., & Koffman, R. L. (2004). Combat duty in Iraq and Afghanistan, mental health problems, and barriers to care. *The New England Journal of Medicine*, 351, 13-22. doi:10.1056/NEJMoa040603

Hotopf, M., Hull, L., Fear, N. T., Browne, T., Horn, O., Iversen, A., . . . Wessely, S. (2006). The health of U.K. military personnel who deployed to the 2003 Iraq war: A cohort study. *The Lancet*, 367, 1731-1741. doi:10.1016/S0140-6736(06)68662-5

Iversen, A. C., Fear, N. T., Ehlers, A., Hacker Hughes, J., Hull, L., Earnshaw, M., . . . Hotopf, M. (2008). Risk factors for posttraumatic stress disorder among U.K. Armed Forces personnel. *Psychological Medicine*, 38, 511-522. doi:10.1017/S0033291708002778

Lang, A. J., & Stein, M. B. (2005). An abbreviated PTSD checklist for use as a screening instrument in primary care. *Behaviour Research and Therapy*, 43, 585-594. doi:10.1016/j.brat.2004.04.005

Litz, B. T., & Gray, M. J. (2004). Early intervention for trauma in adults. In B. T. Litz(Ed.), *Early intervention for trauma and traumatic loss* (pp. 87-111). New York, NY: Guilford Press.

McFarlane, A. C., & Bryant, R. A. (2007). Posttraumatic stress disorder in occupational settings: Anticipating and managing the risk. *Occupational Medicine*, 57, 404-410. doi:10.1093/occmed/kqm070

Milliken, C. S., Auchterlonie, J. L., & Hoge, C. W. (2007). Longitudinal assessment of mental health problems among active and reserve component soldiers returning from the Iraq War. *JAMA*, 298, 2141-2148. doi:10.1001/jama.298.18.2141

Morrison, A. S. (1992). *Screening in chronic disease* (2nd ed.). New York, NY: Oxford University Press.

Niebuhr, D. W., Cavicchia, M. A., Bedno, S. A., Cowan, D. N., Datu, B. D., Han, W., . . . Weber, N. S. (2008). AMSARA: *Accession medical standards analysis & research activity 2008 annual report* (Defense Technical Information Center Report ADA494071). Retrieved from http://handle.dtic.mil/100.2/ADA494071

Rona, R. J., Fear, N. T., Hull, L., Greenberg, N., Earnshaw, M., Hotopf, M., & Wessely, S. (2007). Mental health consequences of overstretch in the U.K. Armed Forces: First phase of a cohort study. *British Medical Journal*. Retrieved from http://www.bmj.com/cgi/content/full/bmj.39274.585752.BEv1

Rona, R. J., Jones, M., French, C., Hooper, R., & Wessely, S. (2004). Screening for physical and psychological illness in the British Armed Forces: I: The acceptability of the programme. *Journal of Medical Screening*, 11, 148-152. doi:10.1258/0969141041732193

Rona, R. J., Hooper, R., Jones, M., French, C., & Wessely, S. (2004). Screening for physical and psychological illness in the British Armed Forces: III: The value of a questionnaire to assist a medical officer to decide who needs help. *Journal of Medical Screening*, 11, 158-161. doi:10.1258/0969141041732210

Rona, R. J., Hyams, K. C., & Wessely, S. (2005). Screening for psychological illness in military personnel. *JAMA*, 293, 1257-1260. doi:10.1001/jama.293.10.1257

Sheehan, D. V., Lecrubier, Y., Sheehan, K. H., Amorim, P., Janavs, J., Weiller, E., . . . Dunbar, G. C. (1998). The MINI-International Neuropsychiatric Interview(M.I.N.I): The development and validation of a structured interview for DSM-IV and ICD-10. *The Journal of Clinical Psychiatry*, 59(Suppl. 20), 22-33.

Terhakopian, A., Sinaii, N., Engel, C. C., Schnurr, P. P., & Hoge, C. W. (2008). Estimating population prevalence of posttraumatic stress disorder: An example using the PTSD Checklist. *Journal of Traumatic Stress*, 21, 290-300. doi:10.1002/jts.20341

U.S. Department of Defense Task Force on Mental Health. (2007). An achievable vision: *Report of the Department of Defense Task Force on* Mental Health. Falls Church,

VA: Defense Health Board.

Warner, C. H., Appenzeller, G. N., Jullen, K., Warner, C. M., & Grieger, T. A.(2008). Soldier attitudes toward mental health screening and seeking care upon return from combat. *Military Medicine*, 173, 563-569.

Weathers, F. W., Litz, B. T., Herman, D. S., Huska, J. A., & Keane, T. M. (1993, October). *The PTSD Checklist (PCL): Reliability, validity, and diagnostic utility.* Paper presented at the annual meeting of the International Society for Traumatic Stress Studies, San Antonio, TX.

Wright, K. M., Adler, A. B., Bliese, P. D., & Eckford, R. D. (2008). Structured clinical interview guide for postdeployment psychological screening programs. *Military Medicine*, 173, 411-421.

Wright, K. M., Bliese, P. D., Adler, A. B., Hoge, C. W., Castro, C. A., & Thomas, J. L. (2005, July). Screening for psychological illness in the military [Letter]. *JAMA*, 294, 42-43. doi:10.1001/jama.294.1.42-b

Wright, K. M., Bliese, P. D., Thomas, J. L., Adler, A. B., Eckford, R. D., & Hoge, C. W. (2007). Contrasting approaches to psychological screening with U.S. combat soldiers. *Journal of Traumatic Stress*, 20, 965-975. doi:10.1002/jts.20279

8장

신체 부상을 당한 군인들의 심리적 회복

8장

신체 부상을 당한 군인들의 심리적 회복

Michael J. Roy And Jennifer L. Francis

"스미스 선임하사는 28세의 군인으로 2회에 걸친 이라크 파병기간에 총 6번의 중요한 폭발경험을 보고하였다. 폭발로 인해 그의 차량이 파괴된 적이 2회 있었다. 한 번의 폭발에서 그는 일시적으로 의식을 잃기도 했다. 그의 오른쪽 팔에는 파편이 박히기도 했다. 스미스 선임하사는 사제폭발물로 그의 오른쪽 정강이뼈와 대퇴부가 부러지고 오른쪽 발의 족근골이 골절되는 부상을 입어 10개월 전에 이라크에서 의가사 제대를 했다. 그는 오른쪽 다리를 지키기 위해 뼈를 치료하고 외상을 없애기 위해 9번의 수술을 받았지만, 현재 정형외과 의사들은 그에게 최선의 선택은 무릎 아래를 절단하는 것이라고 말하고 있다. 스미스 선임하사는 수개월 동안 다리에 지속적인 통증을 느끼고 있으며, 그는 전투경험과 관련된 악몽도 꾸고 있다. 스미스 선임하사는 PTSD로 진단받았고, 그가 현재 투여하고 있는

이 장은 미국 정부에 의해 고용된 연구진에 의해 공무의 일환으로 작성된 것으로 공유 저작물에 해당한다, 여기에 제시된 어떤 내용도 반드시 미국 정부의 입장을 대변하지 않으며, 저자들이 연구에 참여했다고 해서 이 내용이 공식적인 입장을 제시하는 것도 아니다.

약물에는 세트랄린, 쿼티아핀, 프라조신, 졸피뎀, 모르핀, 가바펜틴과 나프록센 등이 있다."

— 주요 군 병원에서의 한 부상 미군 병사의 사례

외상Trauma이라는 단어는 신체 부상을 뜻하는 그리스어에서 비롯된 것이다. 외상 후 스트레스 장애Post-Traumatic Stress Disorder, PTSD 및 기타 심리적 후유증들은 신체 부상이 치유된 이후에도 지속되는 경우가 많아, 많은 수의 군인들의 행복한 삶을 방해하고 있다. 비록 일부 연구자들은 심리적 상처와 신체적 부상을 별도의 것으로 보고 있지만, 군인과 민간인 집단에서 신체 부상의 회복은 우울, PTSD 및 기타 정신과적 질환에 의해 극적으로 그리고 부정적으로 영향을 받는다는 증거가 상당히 많이 있다.

이 장에서 우리는 신체적 부상을 당한 군인들의 심리적 회복을 다룬 문헌들을 개관할 것이며, 특히 PTSD 위험성에 절단과 외상성 뇌 손상Traumatic Brain Injury, TBI이 미치는 영향에 주의를 기울일 것이다. 그 이유는 이러한 이슈들이 현재 이라크와 아프가니스탄에서 가장 중요한 이슈가 되고 있기 때문이다. 그 다음 우리는 절단 과 TBI 이후 심리적 회복에 영향을 미치는 요인들에 대해 논의할 것이며, 마지막으로 신체 부상을 당한 군인들이 그들의 가족의 기능에 미치는 영향에 대해 다룰 것이다.

전투 장면에서 신체적 부상의 심리적 후유증

우울, PTSD 및 기타 불안장애의 전체적인 발병률이 이라크 또는 아프가니스탄 파병 이후 급속하게 증가했다는 것은 분명한 사실이다(Hoge, Auchterlonie & Milliken, 2006; Hoge 등, 2004; Smith 등, 2008). 하지만 아직도 전투 장면에서 PTSD 위험성에 신체적 부상이 미치는 영향에 관한 논쟁이 진행되고 있다. 한편 몇

몇 사람들은 신체적 부상이 PTSD의 위험성을 줄여준다고 말한다. 그 이유는 신체적 부상이 불안에 집중할 수 있게 하고, 다른 사람으로부터 더 많은 공감을 얻으며, 때로 어두운 곳에서 빠져 나와 부상자가 향후 위험이나 외상을 경험하는 일을 방지해주는 역할을 하기 때문이라고 한다(Koren, Hemel & Klein, 2006). 부상을 당한 군인들에게서 PTSD의 비율이 상대적으로 더 낮다는 사실을 발견한 연구들은 이러한 견해를 지지하고 있다(Merbaum & Hefez, 1976).

한편 중요한 신체적 부상은 군인들이 직면한 삶을 위협하는 환경이 될 수도 있다. 많은 연구들은 부상당한 민간인 외상 생존자에게서 PTSD의 비율이 높다는 사실을 발견했다(Korean, Arnon & Klein, 1999; Michaels 등 , 1999; Shaleve, Peri, Cannetti & Schrieber, 1996; Ursano 등 , 1999). 부상당한 베트남 전쟁 제대군인들은 부상을 입지 않은 동료에 비해 PTSD 비율이 2~3배 더 높은 것으로 보고되고 있다(Pitman, Altman & Macklin, 1989). 보다 최근에는 이스라엘 연구자들이 60명의 부상자와 40명의 부상당하지 않은 전투 제대군인들을 직접 비교한 사례 통제연구를 실시하였다. PTSD는 부상당한 제대군인의 경우 16.7%에게서 보고되었고, 이에 비해 부상당하지 않은 제대군인에게서는 2.5%가 보고되었다. 모든 PTSD 하위척도 점수는 부상집단이 유의미하게 더 높았다(Korean, Norman, Cohen, Berman & Klein, 2005). 이 저자들은 신체적 부상으로 인해 PTSD 위험이 8배나 더 높은 것은 과소 추정치일 수 있다는 사실을 지적했다. 그 이유는 부상당한 병사의 35%(그리고 부상당하지 않은 병사의 0%)가 연구 참여를 거부하는 행동을 보였기 때문이었다. 또한 기분과 관련된 장애도 부상당한 병사의 36.4%에서 확인되었다(부상당하지 않은 병사는 3.4%).

Koren 등(2006)은 왜 신체적 부상이 PTSD의 가능성을 높이는지를 설명할 수 있는 3개의 잠재적 병리생리학적 기제들을 가설로 제시하였다. 첫째, 신체 부상이 PTSD에 직접적인 영향을 미칠 수 있는데, 이 경우 신체 부상은 시상하부-뇌하수체-부신(HPA) 축 또는 다른 내분비 경로의 활성화를 촉진시키기 때문이라는 가설이다. HPA 축은 PTSD 환자 중 많은 사람들에게서 변형되어 있는데, 비록 추가연구가 필요한 실정이지만, 현재 많은 연구들이 매우 낮은 기저 코티졸 수준을 증거로 제시하고 있다(Marshall & Garakani, 2002; Simeon 등, 2007). 둘째, 신체 부상은 신체 부상과 PTSD 간의 연결을 담당하고 있는 매개체를 활성화시킬 수 있다. 즉 신체 부상은 외상에 의해 처음 자극을 받은 경로 외의 다른 경로를 활성화시킬 수 있다. 예를 들어 물질 P, 내인성 아편, 염증성 사이토키네 등이 신체적 외상이 심리적 안녕에 미치는 영향을 중재하는 잠재적 매개체일 수 있지만, 여기서도 신체적 외상과 심리적 외상 및 그러한 변수들 간의 구체적 관계를 입증하기 위해서는 추가연구가 더 필요하다. 셋째, 부상은 외상에 의해 그러한 경로가 처음의 혼란에서 회복하려는 신체적 노력을 차단할 수 있다. 예를 들면, 신체 부상과 PTSD와 관련되어 나타나는 악몽은 수면을 방해하고, 이는 신체적 회복 및 심리적 회복 둘 모두에 부정적 영향을 미칠 수 있다.

이러한 세 가지 병리생리학적 설명 외에도, 대처방식 또한 신체 부상과 PTSD 간의 연결을 이해하는 데 중요한 변수이다. 민간 자동차 사고 피해자들을 대상으로 한 흥미로운 한 연구에서는 기준 측정치로 진단적 면담을 사용했으며 이후 1개월, 6개월 및 12개월 후에 PTSD 증상 발전의 독립적 예측변수들을 평가했다(Dougall, Ursano, Posluszny, Fullerton & Baum, 2001). 1개월 후에 PTSD 증상을 보인 사람들은 PTSD 증상이 없는 사람에 비해 심각한 부상 수가 적은 반면, 6개월과 12개월 이후 부상의 심각도와 PTSD 증상 간에는 아무런 관련성이 없었다. 인구학적 변수들 중에, 유일한 관련성을 보인 것은 여성이 1개월과 6개월에 PTSD 증상을 보일 가능성이 더 컸다는 점이었지만, 이러한 차이도 회귀분석을 통해 1개월에서만 유의미한 것으로 나타났다. 사고와 관련된 위협의 정도를 높게 지각하는 것이 PTSD의 독립적 예측변수였지만, 무엇보다 가장 강력한 독립 예측변수는 소망적 사고wishful thinking를 활용한 대처방식이었다. 이 연구자들에 따르면 소망적 사고를 하는 사람들은 기적이 일어날지도 모른다는 소망, 일어난 일이나 자신들이 이 일에 대해 느끼는 방식을 바꿀 수도 있다는 생각, 그리고 이 상황이 사라져 없어져버릴 수도 있다는 생각을 더 자주 보고하였다. 이 연구자들은 이 사람들이 보다 긍정적인 대처기제를 개발해 내는 대신 생각이나 상상하는 것에 사로잡혀 있다고 지적하였다. 대처기제는 다른 장면에서 전투 제대군인을 대상으로 평가해 그러한 발견이 반복적으로 나타나는지 살펴볼 필요가 있다.

심리적 장애가 결과에 미치는 영향

부상 후 PTSD와 다른 심리적 장애가 기능에 미치는 부정적 영향을 제시한 문서들은 많다. 가장 눈에 띄는 것은 외상 회복 프로젝트Trauma Recovery Project이다. 이 프로젝트는 대규모의 전염병 연구로서, 중요한 신체적 외상 이후 심리적 결과 및 기능적 결과를 평가하기 위한 연구이다. 부상 후 우울증 및 PTSD는 심각한 사지 부상과 병원 입원 기간과 더불어 부상 후 6개월 시점에서 허약한 기능 상태와 관련이 있는 것으로 나타났다. 이러한 관련성은 외상을 입은 1,048명의 환자를 대상으로 한 이 연구에서 부상 후 12개월과 18개월 후에도 지속되었다(Holbrook, Anderson, Sieber, Browner & Hoyt, 1999).

또 다른 연구진들은 PTSD의 발병은 타당도 검증이 잘 되어 있는 Short Form 36(Michaels 등, 1999)으로 평가했을 때 6개월 후의 일반적인 건강 결과와 독립적, 반비례적으로 관련되어 있다는 사실을 발견했다. 1년 동안 외상이 있는 환자들을 추적한 결과, 이 연구진들은 또한 PTSD, 우울 또는 약물남용의 발생은 열악한 직업 상태, 좋지 않은 일반 건강, 부족한 전반적 회복 만족도 등과 관련이 있다는 것을 발견하였다(Michaels 등, 2000). 이렇듯 비록 Grieger 등(2006)은 신체적 부상이 심리적 건강에 부정적 영향을 미친다는 사실을 보여주었지만, 그 반대도 마찬가지이다. 심리적 부상은 신체 건강과 전체적인 기능 상태에 부정적 영향을 미친다. 의사들이 이러한 관계를 인식하고, 복귀한 군인들의 치료 과정 전체에 걸쳐 신체와 정신 둘 모두를 다루어 주는 것이 중요하다.

최근 군사 작전과 관련해 두 가지 신체 부상의 범주들이 군인들의 심리적 안녕에 미치는 영향과 관련해 특별한 관심을 끌고 있다. 즉 TBI와 절단의 문제가 그것이다. 비록 이러한 조건들은 보통 공존하는 경우가 흔하지만, 우리는 현재까지의 의학문헌에서 TBI와 절단의 질병 공존율comorbidity을 보고한 연구를 찾을 수 없었기 때문에, 각각을 따로 검토하였다.

외상성 뇌 손상

TBI는 광범위해서 커다란 부위의 두부 손상과 장기간의 코마에서부터 일시적인 의식상실이나 어지럼증만 있고 의식상실은 없는 상태, 또는 폭발 후 잠시 혼란을 겪는 상태에 이르기까지 다양하다. TBI의 심각도를 감별하는 것은 상당한 논쟁이 있는 문제이지만, 한 가지 분류방법에는 경미한 TBI를 의식상실(LOC)이 30분 이내인 것, 중등도의 TBI는 30분 이상 24시간 이내의 의식상실, 심각한 TBI는 24시간 이상의 의식상실로 정의하고 있다. 안타깝게도 일부 연구와 연구 논문들은 샘플에 포함되어 있는 TBI의 심각도를 분명하게 기술하고 있지 않으며, 모든 범주를 하나로 뭉뚱그려 보는 경향이 있지만, 그 구분이 분명한 경우에는 그 심각도를 제시할 것이다.

사실 경미한 TBI에 대한 정의는 PTSD와 다른 심리학적 질병과의 연관성과 관련해 특히 문제가 많다. 아직 경미한 TBI의 정의 또는 진단을 위한 최고의 도구에 대해 분명하게 합의가 이루어지지 않고 있다. 이라크와 아프가니스탄에서 복귀한 2,235명의 미군을 대상으로 한 우편조사에서, 응답자의 12%는 경미한 TBI와 일치하는 병력을 보고한 반면, 11%는 PTSD 양성이었다(Schneiderman, Braver & Kang, 2008). 이 전체 전단에서 PTSD 점수에서 중복되는 증상을 제거했을 때에도 PTSD는 다른 요인보다 잔류 TBI 증상과 더 밀접한 관련을 보였다. 자동차 사고 생존자에게서도 비슷한 패턴이 발견되어, 경미한 TBI의 뇌진탕 후 증상들이 신경학적 요인들과 심리적 요인들의 상호작용에 의해 매개된다는 사실을 시사하고 있다(Bryant & Harvey, 1999). 현재 진행되고 있는 연구에서의 우리의 경험에 따르면 TBI 스펙트럼의 경미한 쪽은 특히 정의하기가 어렵다. 그 이유는 경미한 TBI로 볼 수 있는 지속적인 증상의 일부(여기에는 두통, 어지럼증, 기억 문제, 짜증 및 수면 문제 등이 포함)가 PTSD와 다른 심리학적 문제를 갖고 있는 사람들에게서 일반적으로 보고되고 있으며, PTSD나 다른 관련 심리학적 장애가 없을 때에 경미한 TBI가 확인되는 경우는 매우 드물다.

국방과 제대군인 뇌 부상 센터the Defense and veterans Brain Injury Center, DVBIC 선별도구는 두통, 어지럼증, 기억 문제, 균형 문제, 이명, 짜증 및 수면 문제 등과 같은 지속적인 증상들을 경미한 TBI에 포함시켰다. 비록 DVBIC 도구의 유용성을 이라크나 아프가니스탄에서 복무했던 현역 군인을 대상으로 한 소규모 연구에서 설명했지만(Schwab 등, 2006), 어지러움을 느끼는 것이나 혼란을 느끼는 것 또는 부상을 기억하지 못하는 것의 중요성을 어떻게 정할 것인가는 아직도 문제가 많은 부분이다. 로켓에 의해 작동되는 수류탄이나 IED에 의해 맞았을 때 놀라는 것과 뇌진탕 부상을 대표하는 중요한 혼란과 구분하는 분명한 기준점을 정하는 것은 질문은 단순해도 어려운 문제이다. 뿐만 아니라 수면이나 기억 문제와 같이 지속적인 증상이 폭발노출과 일시적으로 관련이 있다면, 그러한 증상들은 TBI의 증상인가 아니면 PTSD의 증상인가? 현재로서는 이를 확실하게 구분할 수 있는 방법은 없다. 뿐만 아니라 군인들이 폭발의 힘으로 자신들이 땅바닥에 내던져졌는지 아니면 보호를 위한 반사로 자발적으로 땅에 내던져졌는지를 구분하기가 어려운 경우가 많으며, 때로는 그들이 언제 의식을 잃었는지도 알기 어렵고(예를 들어 어떤 사람은 폭발시에 자고 있었던 경우도 있다), 언제 의식을 잃었는지 알고 있다고 하더라도 얼마나 오래 의식을 잃었는지 알기 어렵다. 전투 중간이나 폭발이 있었을 때 가장 시급한 일은 임무를 수행하는 것과 자신과 자신의 동료들을 보호하는 것이다. 따라서 어떤 증상을 경험했고, 얼마나 경험했는지를 사고 후 수개월 이후 또는 몇 년 후에 질문하는 것이 어리석다는 것은 그리 놀랄 만한 일이 아니다. 이로 인해 이라크와 아프가니스탄 파병 후의 TBI 유병률 추정치는 모든 군인의 몇 퍼센트에서 1/3까지 크게 다르다.

TBI는 현장에서 일어난 일에 기초한 부상 시점의 진단인 반면, 심리적 장애는 대부분 시간 경과에 따른 증상의 지속성에 기초한 것이다. 이러한 측면에서 뇌진탕 후 장애Post-Concussional Disorder, PCD와 뇌진탕 후 증후군Post-Concussional Syndrome, PCS이라는 두 장애를 언급할 필요가 있다. 그 이유는 이 두 장애가 심리적 장애와 유사한 지속적 증상을 보이고 있기 때문이다. PCD는 DSM-IV(American Psychiatric Association, 1994)에서 현재의 증거로는 진단적 실체로 인정하기는 증거가 부족하여 추가연구가 필요한 분야로 정하였다. PCD에 대해 DSM-IV가 제안한 기준에서는 두상 외상의 병력과 외상 전에는 없던 다음 증상 중 최소한 3개의 증상이 발병해야 하며, 최소한 3개월 이상 이 증상들이 지속되어야 한다. 그러한 증상으로는 피로, 두통, 수면장애, 어지럼증, 짜증, 불안 또는 우울, 성격 변화, 무관심 등이다.

이와 비교해 WHO 국제 질병 분류체계(ICD-10; WHO, 1993)에서는 PCS 진단 기준을 포함시키고 있다. 이 기준에서는 TBI와 다음 8개의 증상 중 3개 이상의 증상만을 요구하고 있다. 즉 두통, 어지럼증, 피로, 짜증, 불면증, 주의집중의 곤란, 기억문제, 스트레스를 참지 못하는 것, 정서 또는 알코올 등의 증상 중 3개의 증상만 있으면 된다. DSM-IV는 두부 외상이 기억이나 주의의 상당한 손상과 함께 뇌진탕을 유발하는 TBI 진단을 요구하고 있기 때문에, 경미한 TBI에 대한 이 두 가지 진단 기준을 직접 비교한 연구에서 ICD-10 기준이 DSM-IV 기준에 비해 3배나 더 많이 충족된다는 사실은 그리 놀랄 일은 아닐 것이다. 하지만 두 세트의 기준 중 어느 기준도 추가연구 없이는 임상적으로 사용할 수 없다. WHO(1992)는 PCS에 대한 기술에서 다음과 같은 사실을 인정하고 있다.

> 이러한 증상들에는 자존감의 상실이나 영구적인 뇌 손상에 대한 공포 같은 것에서 비롯되는 우울 또는 불안과 같은 감정이 동반될 수 있다. 이러한 감정들은 원래의 증상들을 더 강화시키고, 결과를 악순환시키게 만든다. 일부 환자들은 건강염려증을 보이기도 하며, 진단과 치료를 찾아 여기저기 다니게 되고, 영구적인 환자 역할을 하게 될 수도 있다. 이러한 증상의 원인은 분명하지 않으며, 기질적 요인들과 심리적 요인들이 이들을 설명하는 요인들로 제안되어 왔다. 따라서

이 장애의 분류는 아직 불확실하다 할 수 있다. 하지만 이 증후군이 일반적이고 환자들에게 스트레스를 준다는 것은 의심의 여지가 없다. (p.67)

아마도 이로 인해 대부분의 연구자들은 PCS나 PCD를 사용하기보다는 잘 정의되어 있지는 않지만 전체적으로 TBI 범주로 부르는 것일 수도 있다.

중등도의 심각한 수준의 TBI는 중풍이나 심근경색과 같은 다른 심각한 의학적 질병과 유사한 영향을 미치는 것 같다. 우울이나 다른 정신과적 장애의 위험성이 유의미하게 높다. 몇몇 연구들은 최소한 1/4~1/2의 TBI 환자들이 주요 우울증을 가지고 있다고 보고하고 있다(Jorge 등, 2004; Kennedy 등, 2005; Seel 등, 2003). 하지만 중등도의 심각한 TBI는 최소한 처음에는 외상적 사건에 대해 잘 기억하지 못하게 만듦으로써 PTSD의 발병을 막아주는 역할을 하기도 한다. TBI의 심각도와 PTSD의 위험성 간의 관계를 보다 잘 기술하기 위해서는 추가평가가 필요하다. 또한 중등도의 심각한 TBI를 가진 환자들에 있어 재활이 진행되고 기억이 개선되면서 PTSD 증상에 대한 잠재적 변화에 대한 면밀한 주의와 반복적인 평가가 중요하다는 것을 강조할 필요가 있다. 일련의 신경심리학적 테스트와 임상가가 실시하는 PTSD 척도(Blake 등, 1995), Beck 우울증 척도(Beck, Steer & Brown) 또는 우울증을 위한 환자 건강 질문지(Kroenke, Spitzer & Williams, 2001)와 같이 검증된 도구를 사용함으로써 TBI의 치료와 심리적 장애의 발병을 구분할 것을 권장한다.

우리는 현재 이라크와 아프가니스탄에서 복귀한 군인들 중에 경미한 TBI만 보이는 군인, PTSD만 보이는 군인, 그리고 둘 모두를 보이는 군인, 둘 모두 보이지 않는 군인을 구분하기 위해 기능적 MRI 기법을 사용하려는 노력을 기울이고 있다. 하지만 현재로서는 이러한 접근방식이 결실을 맺을 수 있을지 말하기 이른 시점이다. 현재까지 우리가 알고 있는 것은 경미한 TBI는 PTSD가 없는 경우가 매우 드물어서 일시적인 의식상실 외의 다른 증상을 초래하지 않은 폭발노출 이후 중요한 지속적 증상을 경험한 사람들은 PTSD와 다른 심리적 후유증에 대한 철저한 평가를 받아야 한다는 것이다. 이는 특히 개인 환자에게 유익할 수 있다. 그 이유는 반드시 경미한 TBI 사례가 아닌 PTSD, 우울 및 다른 관련 장애에 대해 증거에 기초한 치료가 가능하기 때문이다. 최근의 한 연구에서는 이러한 해석을 뒷받침하는 결과를 제시했는데, 이 연구에서는 의식상실을 경험한 사람들 40%이상에게서 경미한 TBI와 PTSD를 포함한 정신과 증상을 확인할 수 있었다(Hoge 등, 2008). 사실 이 연구자들은 병사들이 보고하는 신체적 증상 중 상당히 높은 비율이 PTSD와 우울증에 의한 것으로 볼 수 있으며, 이러한 의학적 조건들을 분석에 포함시켰을 경우, 경미한 TBI와 신체적 건강 문제 간에 직접적인 관련성이 없다는 사실을 발견하였다(두통이 있는 사람과 의식상실이 있는 사람 간의 관련성은 예외). 또한 경미한 TBI 기준을 충족하는 연구 대상자의 2/3의 경우, 진단은 이들이 부상 당시 어지럼증을 느꼈는지 아니면 혼란을 느꼈는지를 묻는 질문에 대한 반응에 기초해 진단이 내려진 것이었다.

우리가 현재 진행 중인 연구에서 발견한 내용도 비슷하다. 부상 당시 어지럽거나 혼란스러운 것을 느꼈는지에 대한 질문은 폭발과 관련된 PTSD와 우울을 경험한 많은 수의 사람들을 확인할 수 있는 질문으로 보인다. 하지만 최소한 현재로서는 이러한 질문이 신체적 부상이 있는지의 여부와 관계없이 PTSD나 우울증과 구분될 수 있는 경미한 TBI를 지닌 환자들을 구분해 줄 수 있다는 증거는 없다. 더 흥미로운 점은 입원한 민간인 외상 피해자들을 대상으로 한 연구에서, 처음에 경미한 TBI로 진단된 90명의 환자와 외상이 있지만 뇌 손상은 없는 85명의 환자를 비교한 결과, 두 집단 모두에서 동일한 PCS 비율을 발견했다는 점이다(Meares 등, 2008). 이러한 결과는 실제 뇌 손상과 이후의 증상 간에 관계가 없다는 사실을 시사하고 있다. 뿐만 아니라 PCS의 강력한 예측변수는 사실 이전의 기분이나 불안장애로서, 그 승산비(odd ratio)는 5.76이다.

경미한 TBI에서의 회복을 평가하려는 연구들에서는 전체적으로 이 회복과정은 점진적인 과정이며, 인지적 회복 대부분은 첫 6개월에 일어나고, 약 70~80%의 사람들은 부상 후 문제들이 거의 없는 것으로 나타났다(Veterans Health Institute, 2004). 하지만 남은 20~30%는 잔류 증상이 있으며, 정신과적 증상과 관련된 기능 손상을 보이고 있다(Veterans Health Institute, 2004). 비록 우울, 불안 및 행동 문제들이 TBI 이후 일반적으로 관찰되지만(Hoofien, Gilboa, Vakil & Donovick, 2001; Kim 등, 2007), 지속적인 정서적 증상과 행동 증상들이 신경학적 손상과 부상에 의한 인지적 결손에 대한 2차 반응 또는 외상 그 자체의 심리적 합병증과 직접적으로 관련되어 있는지를 구분하기는 매우 어렵다(Prigatano, 2005).

다양한 인지적 영역에 걸쳐 경미한 TBI가 미치는 영향에 대한 의학적 문헌들을 대상으로 메타분석을 한 결과, 지속적인 어려움들은 직접적으로 경미한 TBI의 영향에 의한 것일 가능성이 있다는 의문이 제기되었다(Belanger, Curtiss, Demery, Lebowitz & Vanderploeg, 2005). 이 연구자들은 선택되지 않았거나 전향적prospective 샘플과는 반대로 소송에 관련되어 있는 사람들뿐만 아니라 클리닉 기반 전체 집단(즉 편의 샘플이나 증상 때문에 의료 서비스를 찾는 사람들)에서 경미한 TBI의 인지적 합병증이 더 많다는 사실을 발견했다. 특히 소송은 시간이 지남에 따라 인지적 기능이 안정적이 되거나 악화되는 것과 관련이 있었는데, 이는 아마도 놀랄 만한 일은 아닐 것이다(잠재의식적이든 아니든, 기능의 개선은 연금 소송으로부터 받는 보상금이 줄어들게 되는 결과를 낳아 회복에는 유인가가 없다).

이와는 대조적으로 연구자들은 또한 선택되지 않은 전체 집단이나 전향적 디자인을 사용한 연구에서 부상 후 3개월 이후에 신경심리학적 손상의 증거를 찾지 못했다는 사실을 발견했다. 그 예외로, 제대군인을 대상으로 한 종단적 연구에서 자동차 사고 이후 경미한 TBI(자기 보고)를 보이는 사람들의 장기적인 신경심리적 결과를 자동차 사고를 당했지만 경미한 TBI를 보이지 않은 사람, 그리고 사고를 당하지 않은 사람과 비교하였다. 이러한 비교는 사고 발생 후 평균 8년이 지난 시점에서 이루어졌다(Vanderploeg, Curtiss & Belanger, 2005). 종합적인 신경심리학적 검사를 통해 이 세 가지 집단 간에 유의미한 차이를 발견하지 못했다 [비록 저자들은 Paced Auditory Serial Learining Addition Test(Gronwall, 1977)와 California Verbal Learning Test(Delis, Kramer, Kaplan & Ober, 1987)상의 미세한 경계선적 차이는 경미한 TBI 집단에서 약간의 주의 문제를 시사하는 것이라 주장하고 있지만]. 비록 이러한 결과는 경미한 TBI에 있어 장기적으로 부정적인 신경심리학적 영향을 시사하는 것이지만, 그러한 차이는 전적으로 정신과적 공존 질병률에 의한 것일 수 있다. 따라서 TBI의 영향을 평가하는 연구에서는 이를 면밀히 평가해보아야 한다. 병인론과는 무관하게, 남아 있는 정서적 변화 및 행동 변화는 고용이나 사회적 관계를 포함해 적응에 중대한 영향을 미친다(Draper, Ponsford & Schonberger, 2007). 여러 요인들이 이러한 적응에 영향을 미칠 수 있는데, 여기에는 부상의 심각도(Tate & Broe, 1999), 사회적 지지(Pelletier & ALfano, 2000), 이전 기능(Godfrey & Smith, 1995) 및 대처 방식(Kendall & Terry, 1996) 등이 포함된다. 예를 들어 회피, 소망적 사고, 걱정, 자기비난 등과 같은 대처 전략들은 TBI 환자에 있어 더 높은 수준의 우울과 불안과 관련이 있었다(Anson & Ponsford, 2006; Curran, Ponsford & Crowe, 2000; Finset & Andersson, 2000). 대처 전략들은 치료 개입을 목표로 할 수 있는 분야일 수 있다(Anson & Ponsford, 2006).

경미한 TBI 치료에 관한 최근의 체계적 검토에서 부상 이후 교육적 개입이 유익할 수 있다는 사실을 시사하는 몇 가지 증거가 발견되었다. 특히 예상되는 증상에 대한 정확한 정보를 제공해 주는 것에 초점을 둔 개입이 유익할 수 있다는 증거가 발견되었다(Freguson, MIttenberg, Barone & Schneider, 1999). 이렇듯 비록 TBI의 진단과 치료 둘 모두에 있어 추가연구의 여지가 아직도 상당히 많이 남아 있지만, 군대 장면에서 치료 개입의 효과성을 귀환 병사들을 대상으로 살펴보아야 할 필요가 있다(Lew 등, 2008). 얼핏 보면 군대는 주의집중이나 기억 곤란 문제를 겪고 있는 병사들을 도와주기에 훨씬 좋은 구조를 갖추고 있는 것 같다. 하지만 일상적인 것이라 하더라도, 파병 후 문제를 겪고 있는 사람에게는 모든 것이 이상하게 느껴질 수 있다. 군대 구조는 상대적으로 실수나 망각 또는 세부적인 것에 대한 주의집중 곤란 등을 용서하지 않는 분위기이며, 병사들은 자신의 증상으로 인한 위반에 대해 상담을 받으라는 권고(즉 경고로 간주될 수 있는 인사파일상의 행정 문서)나 15조(즉 비사법적인 군사 제재)의 조치를 받을 수 있다. 이러한 처벌적 대응은 심리적 스트레스를 증가시키고, 이는 다시 기존 증상의 악화를 가져오고 TBI 증상이 계속 유지되는 결과를 초래할 수 있다. 계급 구조는 또 다른 문제가 될 수 있는데, 그 이유는 군대의 위계질서는 계급이 높을수록 더 많은 것을 요구하기 때문이다. 일부 고위급 장병은 자신의 자존심을 지킬 수 있고, 자신에게 기대되는 것들을 충족시킬 수 있으면 그냥 넘기려 한다고 보고하였다. 치료개입 연구는 또한 군대 리더들을 위해 병사들이 자신의 업무에 복귀했을 때 TBI 증상을 다루는 방법을 교육시키는 것도 포함시킬 수 있을 것이다.

사지절단

하나 이상의 사지를 외상으로 잃는 경우가 자주 있고, 일부는 테러를 상대로 한 글로벌 전쟁의 훈장이라고 말하는 사람도 있다. 이는 부분적으로는 IED 성격에 의한 것이지만, 상대적으로 몸통을 상처를 입지 않게 해주는 보호 조치에 의한 것이기도 하고 또한 의료 서비스의 질에 의한 것이기도 하다. 과거의 전쟁으로 인해 전체적으로 사회에 도움이 될 수 있는 의학적 발전이 일어났던 것과 같이, 절단 수술을 받은 사람들에게 최대한 기능과 이동성을 제공해 주려는 노력의 결과로 인해 절단 수술을 받은 사람들을 돌보는 것과 인공기구의 질이 극적으로 개선되었다. 절단 수술을 받은 사람들도 계속 복무를 하면서 이전 전쟁에서는 생각할 수 없었던 방법으로 전쟁에 기여하고 있는 경우도 있다. 하지만 사지를 잃는 것은 그럼에도 불구하고 개인의 자아상에 심대한 영향을 미치며, 심리적 후유증과 연관될 수 있다.

우울증은 절단 이후 흔하게 발생하는 질병이며, 문헌 연구를 통해 두 가지 최빈치가 있다는 사실을 발견하게 되었다(Horgan & MacLachlan, 2004). 절단 후 2년 내에 우울증 비율은 30~58%의 범위에 이르게 되는데, 이러한 유병률은 심장발작이나 중풍과 같은 심각한 의료 합병증을 경험한 사람들에게서 찾아볼 수 있는 유병률에 견줄 수 있는 수준이다. 비록 절단 후 2~10년이 지났을 때 우울증 비율은 일반 집단보다 높지 않지만, 절단 후 10~20년이 지났을 때에 우울증 비율이 높은 것(22~28%)을 볼 수 있다. 불안은 절단 후 분명하게 평가되고 있지 않지만, 이용 가능한 증거들에 따르면 절단 후 2년 내에 감소하지만 최초에는 높은 비율을 보이는 것으로 나타나고 있다. 최근 연구에서는 절단 후 우울과 불안 유병률이 높다는 사실을 다시 한 번 확인시켜 주고 있으며(Atherton & Robertson, 2006), 특히 환상통이나 잔류 사지통이 있는 사람들에게서 높은 것으로 확인되고 있다(Desmond & MacLachlan, 2006). 요약하면 비록 심리적 증상들이 절단 이후 일반적으로 나타나는 반응인 것으로 보이지만, 횡단적 설계나 자기보고 결과 측정치와 같은 방법론적 단점이 신뢰도를 제한하고 있어, 잘 설계된 종단적 연구가 필요하다.

Horgan과 MacLachlan(2004)은 환상통과 심리적 질환 간의 관계에 관해 상반된 결과를 확인했다. 일부 증거는 보다 지속적인 통증을 갖고 있는 사람들에게서는 우울증이 보다 더 흔하다는 사실을 시사해 주고 있다. 이러한 관련성은 우울증과 다양한 원인을 지닌 만성 통증 간에 알려진 관련성과 유사한 것이라 할 수 있다. 하지만 절단의 원인(일반적으로 외상 대 혈관 질환)과 특정 심리적 후유증 간의 관련성에 대한 확실한 증거는 없다. 또한 연령과 성별과 같은 인구학적 요인들이 절단에 대한 심리적 적응에 영향을 미친다는 증거도 없다.

절단이 적응에 영향을 미치는 여러 인지적 요인들이 확인되고 있다. 신체 이미지는 가장 두드러진 요인 중의 하나이다. Rybarczyk, Nyenhuis, Nicholas, Cash 및 Kasier(1995)는 절단 수술을 받은 사람들에 있어 신체 이미지를 측정하기 위해 절단 관련 신체 이미지 척도(ARBIS)를 개발하였다. ARBIS에는 '내 의족을 보지 않으려 했다', '나는 내 의족이 추하다고 생각했다'와 같은 질문들이 포함되어 있다. 이 도구를 사용해 연구자들은 절단에 대한 적응과 우울 증상 간의 관련성을 발견하였다. 또한 절단 수술을 받은 사람들의 전체적인 신체 이미지는 삶의 질, 우울, 자기가 평가한 건강 등을 예측하였다. 자의식이나 낙인에 대한 지각과 같이 신체 이미지와 밀접한 관련이 있는 차원들 또한 적응에 중요한 역할을 하였다. 보다 공적인 자의식을 갖고 있는 사지절단 환자들은 스트레스를 더 많이 받는 경향이 있었으며(Atherton & Robertson, 2006), 기능상 장애를 보일 위험성이 더 높았다(Williamson, 1995). 낙인의 지각(장애로 인해 타인이 자신에 대해 부정적 태도를 갖고 있을 것이라는 믿음) 또한 우울 증상과 관련이 있었다(Rybarczyk 등, 1995). 실험 연구에서는 장애가 없는 사람들이 장애가 있는 사람과 상호작용할 때 행동 회피를 보이는 것으로 나타났다(Snyder, Kleck & Strenta, 1979).

신체 부상을 당한 군인들이 민간인 사지절단 수술을 받은 사람들과 같은 지각을 보이는지의 여부를 판단하기 위한 향후 연구가 필요하다. 외상의 예민함과 심각도, 흔히 즉각적인 지속적 위험 제거 및 장거리 대피의 필요와 관련되어 있는 즉각적인 의료 처치의 필요, 복수의 수술 절차에 대한 필요와 같은 변수들 모두가 적응의 초기 단계 동안 신체상에 집중하는 것을 줄여 줄 수 있다. 또한 군대 의료 장면에서 다른 절단 수술을 받은 사람과의 근접성도 신체상에 대한 걱정을 중화시킬 수 있고, 적응 초기 단계에서 낙인의 지각 가능성을 줄여 줄 수 있다.

군인들의 절단에 대한 적응을 이해하는 데 중요한 다른 변수들에 대해서는 알려진 바가 거의 없다. 예를 들어 독립성과 신체적 능력에 대한 관심이 신체상보다 더 중요할 수도 있다. 가상현실의 사용을 포함해 인공기구와 재활에서의 기술적 진보를 통해 이전 기능 수준을 보다 더 근사하게 추정할 수 있으며, 이를 통해 계속 복무를 하는 것을 포함해 더 광범위한 활동들을 고려해 볼 수 있다. 군대 환경에 내재해 있는 전우애와 군인 정신의 도움을 받아 이러한 목표들을 추구하는 것이 외모에 대한 걱정을 극복하게 할 수 있다.

하지만 군인들은 또한 신체상에 대한 우려를 인정하려 들지 않을 수 있는데, 그 이유는 죄책감이나 낙인 때문이다. 연구를 통해 우선 절단의 적응과정에 관련되어 있는 복잡한 요인들의 중요성을 더 잘 이해해야 할 것이며, 그런 뒤에 해당 치료적 개입을 개발하고 평가해야 할 것이다.

TBI에서와 같이 대처 방식이 정서적 스트레스의 매개변인 역할을 하며, 절단 후 복지의 증진 및 심리사회적 적응 증진과 유의미하게 관련되어 있다(Desmond, 2007; Desmond & MacLachlan, 2006). Livneh, Antonak 및 Gerhardt(2000)는 3차원 모델을 주장하였다. 이 모델에서는 첫 번째 축 상에서 적극적·대면적 접근방식과 수동적·회피적 대처 방식이 서로 대조를 이루고 있고, 두 번째 축에서는 낙천적·긍정적 대처 대 비관적·부정적 대처가 대조를 이루고 있으며, 세 번째 축에서는 사회·정서적 대 인지적 대처가 대조를 이루고 있다. 각 축은 일종의 스펙트럼으로 볼 수 있으며, 다른 축과는 구분되는 특징들을 지니고 있다.

첫 번째 축이 가장 자세하게 기술되어 있기 때문에, 우리는 절단으로부터의 회복을 이해하기 위해 적극적 대처 대 수동적 대처 방식의 중요성에 초점을 둘 것이다. 적극적 대처, 계획, 긍정적 틀로 바꾸기 및 수용 등이 적응적인 특성이며, 알코올, 약물 사용, 비관여, 자기 비난 및 사회적 고립 등은 부적응적인 특성이다. 문제를 적극적으로 다루는 것은 심리사회적 성과의 증진과 관련이 있는 반면(Livneh 등, 2000), 회피는 심리적 스트레스의 증가 및 적응력이 부족과 관련이 있다(Desmond, 2007). 대처의 긍정적 측면을 파악할 필요에 대해 Dunn(1996)이 강조하였다. Dunn(1996)은 3가지 인지적 대처 방식을 연구하였는데, 절단에서 긍정적 의미를 찾는 것과 절단에 대한 통제력을 지각하는 것 그리고 긍정적 관점을 채택하는 것 등이다. 이 세 가지 모두 우울 증상의 수준과는 반비례 관계가 있었다. 이 아이디어를 재활 전략에 연결시키는 것이 도움이 될 수 있다.

절단에 대한 적응은 여러 단계로 이루어져 있다(Livneh & Sherwood, 1991). 사지의 손실을 상실감에 비유하기도 했고(Parkes, 1975), 처음에는 자신의 예후를 알게 되었을 때 임종을 앞두고 있는 환자가 겪는 과정을 개념화하기 위해 제시되었던 Kubler-Ross(1969)의 상실감의 5단계를 절단 수술을 받은 사람이나 다른 부상 환자에게도 적용할 수 있는 소지가 있다.

첫 번째 단계는 부인 단계로서, 이 단계에서는 자신의 상태를 인정하려 들지 않는다. 두 번째 단계는 분노 단계로서, 이 단계에서는 언어나 다른 방식으로 주변에 있는 사람들에게 자신의 상태에 대한 좌절감을 퍼붓는 단계이다. 세 번째 단계는 타협의 단계로서, 이 단계에서는 자신의 상태 해결이나 호전에 대한 보답으로 더 나은 것을 하겠다고 약속하는 단계이다. 네 번째 단계는 우울 단계로서, 이 단계에서는 어느 정도 희망을 포기하고, 자신의 상태에 보다 더 수동적이 되는 단계이다. 마지막 단계는 수용 단계로서, 이 단계에서는 자신의 상태를 인정하고, 보다 생산적인 다음 단계로 나아갈 준비를 하는 단계이다. 의사들과 심리학자들은 절단 수술을 받은 모든 사람들이 이러한 단계 전부를 겪거나 일정한 순서로 겪는다고 생각하지는 않으며, 이러한 단계를 잠재적인 반응으로 이해하는 것이 절단 수술을 받은 사람들이 자신의 사지를 잃은 것에 대처하는 데 더 좋은 도움을 줄 수 있는 것이라 생각하고 있다.

미국 절단자 모임The Amputee Coalition of America(2005)은 절단 후 회복 과정을 6단계로 설명하고 있는데, 견디기, 고통을 겪기, 예상하기, 타협하기, 일반화하기 및 살아남기 단계로 나누고 있다. 견디기는 수술과 통증을 겪으면서 일어난다. 고통을 겪기 단계는 잃어버린 것과 관련된 감정을 경험하고 그러한 감정에 의문을 제기하는 단계이다. 예상하기 단계는 잃어버린 것의 의미를 깨닫는 단계이다. 마지막 세 가지 단계들(즉 타협하기, 일반화하기 및 살아남기)은 변화의 긍정적 측면을 나타내는 단계로서, 여기에는 손실을 받아들이고 우선순위를 재설정하고, 완전하게 다시 삶을 살아나가는 것 등이 포함된다.

다시 한 번 강조하지만, 모든 환자들이 이 모든 단계들을 경험하는 것은 아니며, 일부 환자들은 1단계 이상을 동시에 겪을 수도 있다. 군인집단에서 이러한 모델들이 타당한지의 여부를 평가할 향후 연구가 필요하지만, 이 모델들은 부상당한 군인들을 치료할 때 임상가들이 사용할 수 있는 유용한 틀이 될 수 있을 것이다. 미국 절단자 협회 모델의 긍정적 측면 중 한 가지는 이 모델이 적응적 기능에 중점을 두고 있으며, 적응에 있어 구체적인 행동적 기술을 제공하고 있다는 점이다. 이 모델은 절단 수술을 받은 사람들이 정서경험을 이해하고, 더 큰 어려움을 겪고 있는 사람들에게는 개선의 희망을 줄 수 있는 메커니즘을 제시해 주고 있다는 것이다. 하지만 이는 너무 광범위하고, 절단 수술을 받은 개인들의 개성(신체적 개성 및 정서적 개성 둘 모두)도 구체적이고 현실적이며 달성 가능한 목표를 설정할 때 고려해야 할 것들이다.

신체적 부상을 입은 군인들이 가족에게 미치는 영향

비록 부상 군인을 돌보는 것이 가족에 미치는 커다란 영향에 대해서는 잘 알려져 있지만, 복귀 병사들이 가족에게 미치는 정서적 영향을 다룬 경험적 연구는 많지 않다. 여러 요인들이 군인가족들에게 스트레스 반응을 증가시키고 대처 자원에 영향을 미칠 수 있는 잠재력을 갖고 있다. 가족 역동의 붕괴는 이미 파병과 함께 시작되며, 어린 나이의 군인들과 그 배우자(기혼인 경우), 그리고 군대 환경 및 문화의 상실 등도 있을 수 있다(Collins & Kennedy, 2008). 비록 군대 가족들에게만 국한된 것은 아니지만, 아버지가 PTSD인 것이 다른 가족들에게 미치는 영향에 대한 연구가 최근에 보스니아와 헤르체고비나 등과 같이 대부분의 남성들이 내전에 참가했던 장소에서 실시되었다(Zalihic, Zalihic & Pivic, 2008). 통제집단의 가족들과 비교했을 때, PTSD 가족의 아내에게서 우울이 더 많았다. PTSD를 앓고 있는 아버지가 자녀들에게 미치는 영향 또한 심각해서, 아이들은 학교에 더 자주 빠졌고, 보다 쉽게 흥분했으며, 더 많이 먹고, 호흡 문제도 있었으며, 더 많은 복부통을 호소했다.

실제로 PTSD 증상은 전쟁지역으로의 파병 이후 가족 적응에 심각한 어려움을 유발한다는 사실은 잘 알려져 있는 사실이다(Evans, McHugh, Hopwood & Watt, 2003; Galovski & Lyons, 2004). 또한 신체적 부상을 입은 군인들이 경험하는 신체적, 인지적, 정서적 및 행동적 변화는 가족에 직접적인 영향을 미친다. 예를 들어 기능 변화로 인한 가족의 역할 변화, 재정적 부담의 증가, 친밀감의 상실 및 실업 등의 문제들이 있다(Curtiss, Klemz & Vanderploeg, 2000). 일부 군사문화의 독특한 측면들도 PTSD가 가족에 미치는 효과에 영향을 미치기도 한다. Bragg기지나 노스캐롤라이나 텍사스의 Hood기지 등과 같은 대규모 군사 커뮤니티는 파병과 관련된 스트레스가 미치는 영향을 이해하고 있는 다른 가족들로 구성된 자체 지지 구조를 제공할 수도 있지만, 여기에도 단점은 있다. 그 이유는 기지가 가족들의 출신지와는 거리가 너무 멀어 그러한 지지기반의 가능성을 약화시키기 때문이다. 사실 캔사스의 Riley기지와 같이 멀리 떨어져 있는 기지에서 온 많은 가족들은 군부대가 이라크에 일 년 동안 파병되는 경우 출신지로 돌아가는 선택을 하는 경우가 많았으며, 귀국한 이후 1년 후에 다시 파병될 것이라는 사실을 알고 있는 경우가 많았다. 그로 인해 장기간 멀리 떨어져 있게 됨으로써 군인들은 3년 동안 1개월간의 휴가기간에 가족들을 볼 수 있게 됨에 따라 가족 내 갈등이 크게 악화될 수 있고, 가족들이 신체적 또는 심리적 부상이 군인들의 삶에 미치는 영향을 이해하는 것을 더욱 어렵게 만들 수 있다. 따라서 이러한 경우 자연스럽게 이혼율도 유의미하게 더 높아진다. 중등도의 심각한 수준의 TBI나 사지절단과 같은 중대한 신체 부상은 입원 기간이 장기화되거나 반복적인 수술이 필요한 경우, 특히 멀리 떨어져 있는 시설에서 그러한 치료를 해야 하는 경우, 문제는 더욱 악화된다. Fisher House를 포함해 군대 의료 센터에는 특별히 이러한 용도의 가족들을 위한 주거시설이 마련되어 있지만, 집과 학교에서 오랜 시간 동안 떨어져 있어야 한다는 것 그리고 고용의 문제로 인해 이러한 조치는 많은 가족들에게 그리 현실적이지 못할 수 있다.

중등도의 심각한 수준의 TBI를 다루는 것은 특히 어려움이 큰 문제이다. 보다 심각한 수준의 TBI를 가진 환자를 돌봐주는 사람들은 외상적 부상에 대해 유의미한 정서적 스트레스를 보이는 것으로 나타났다(Brooks, 1991; Florian, Katz & Lahav, 1991; Kreutzer, Marwitz & Kepler, 1992). 일부 가족들은 이미 정서적 스트레스의 경험이 있으며, 중등도의 심각한 수준의 TBI의 영향이 있기 전에 부적응적인 가족 기능을 보인 경험이 있다(Sander, 2005). 그럼에도 불구하고 가족 적응에 중점을 두는 것이 중요한데, 그 이유는 가족 기능에 중점을 두는 것은 부상으로부터의 회복 기간과 정도와 관련이 있기 때문이다(Serio, Kreutzer & Gervasio, 1995). 뇌 손상에 관한 기본적인 교육과 중등도의 심각한 수준의 TBI의 정서적, 행동적 결과에 대한 이해, 이들을 다루는 방법에 관한 이해 등이 매우 중요하며, 특히 장기적 관리에 있어 매우 중요하다(Lardi, 2003; Rotondi, Sinkule, Balzer, Harris, & Moldovan, 2007). 아동들을 대상으로 한 구체적인 교육적 요소들도 고려해야 하며, 색칠 공부를 하는 책 등과 같은 요소들이 이미 군대에서 시행되고 있다(비록 이들의 효과를 연구해 보는 것이 유용하겠지만). 적절한 교육 없이는 가족들이 TBI를 갖고 있는 사람이 보이는 피로, 동기 저하, 기억 손실 및 분노 폭발 등과 같은 증상에 대해 그 사람 개인의 탓을 돌리고 비난하는 일이 발생할 수 있다.

결혼 관계에서 중등도의 심각한 수준의 TBI 이후의 이혼율과 별거 비율이 높아지는 것으로 보고되고 있으며(Wood & Yurdakul, 1997), 앞에서도 언급했던 것과 같이 부부 문제는 군인가족에게는 이미 하나의 문제가 되고 있다. 다양한 요인들이 관계 만족도와 관련되어 있는데, 여기에는 부상의 심각도, 관계 지속기간, 부상 후 시간 등이 포함된다. 심각한 TBI가 있는 경우의 관계를 살펴본 한 연구에서 환자의 기분 변화는 관계 와해를 예측하는 강력한 예측 변수이었다(Wood, Liossi & Wood, 2005). 가족들을 대상으로 한 치료개입은 일반적으로 교육적 개입, 지지적 개입 또는 치료기반 개입이지만, 이러한 접근방식의 효과성을 지지하는 증거는 거의 없다(Sander, 2005). 일부 제한적인 데이터가 중등도의 심각한 수준의 TBI에 관해 가족들을 교육시키는 것이 유익하다는 사실을 지지하고 있으며, 부상 군인이 사용할 수 있는 행동관리 기법을 가르치는 것이 효과적일 수 있다는 사실을 지지하고 있다(Sander, 2005). 하지만 가족 치료개입을 알아보는 향후 연구가 필요하다. 우리는 현재 사전 및 사후 테스트를 이용해 효과를 평가하면서 가족들의 지식 증진과 행동 변화를 유도할 목적의 교육적 요소들을 갖춘 인터넷 기반 치료개입을 연구하고 있는 중이다.

향후 연구 방향

우울, PTSD 및 기타 불안장애 등과 같은 심리적 질환이 전투 장면에서 신체 부상을 당한 후에 일반적으로 나타나고 있다. 군병원이나 제대군인 시설, 기타 장소에서 전투 참가 제대군인을 치료하는 의사들은 심리적 질환이 존재하는 경우 신체적 결과가 유의미하게 더 나쁠 수 있기 때문에 그러한 질환들을 인식하고 이를 선별할 필요가 있다. 효과적인 심리 치료들을 이용할 수 있으며, 치료를 통해 환자의 기능 상태를 최대한 빠르고 효과적으로 개선시키기 위해서는 의학적 질환을 다룰 때까지 심리적 장애에 대한 치료를 미루는 대신 전쟁으로 인한 신체적 증상들을 치료하면서 심리적 장애를 함께 치료해 나가야 할 것이다. 대처 전략이 TBI, 절단 및 기타 신체 부상에서 중요하다는 점을 고려할 때, 보다 효과적인 대처 전략을 파악하고 시행하기 위한 방안의 일환으로 인지행동치료Cognitive Behavior Therapy, CBT가 특히 유용할 수 있다. CBT는 심리적 장애가 같이 공존하는 다양한 의학적 질환에 효과적인 것으로 알려져 있지만, 군인 집단을 대상으로 CBT의 효과를 구체적으로 연구해 볼 필요가 있다. 부상을 입은 군인을 돌보는 여러 측면을 다루고 있는 문헌들이 점점 더 늘고 있지만, 진단적 방식과 치료적 방식을 타당화 하고 개선시키는 것을 목적으로 하는 잘 설계된 연구들에 대한 필요가 증가하고 있다.

이 장의 초점은 신체적 부상을 입은 환자들의 심리적 회복에 있었지만, 전쟁이 복귀 군인에게 어떤 의미였는지를 완전히 이해하기는 어렵다. Walter Reed Army Medical Center의 임상가들과 같이, 우리는 흔히 병사들이 처음으로 정신건강과 관련해 대면하게 되는 사람들이며, 이들의 의학적, 정신과적 치료를 담당하고 있는 사람들이다. 전쟁의 결과는 전장을 떠난다고 해서 끝나지 않는다는 것은 분명한 사실이다. 파편에 구멍이 뚫린 사지를 보존하기 위해 수술진이 사투를 벌이는 과정에서 수술실까지 가기 위해서는 10번, 20번 혹은 그 이상의 이동이 필요할 수도 있다.

하지만 전쟁의 심리적 영향과 실제 사지의 손실 또는 사지가 손실될 수도 있다는 위협, 직업, 생계 등은 그 영향력이 훨씬 더 크며, 지속기간도 더 길기 때문에, 심리적 회복을 지원해 주기 위해서는 정신건강 전문가를 훨씬 더 많이 찾아가야 할 필요가 있다는 점은 그리 놀랄 일이 아닐 것이다. 군인들과 그의 부상의 전체적인 맥락을 고려하며, 그 가족과 부대 구조를 포함시킨 잘 통합되어 있고, 전체적이며, 여러 전문 분야에 걸쳐 돌봄을 제공하는 것이 성공적인 결과를 얻기 위해 중요한 요소라 할 수 있다.

스미스 선임하사 사례의 재고: 부상 결과와의 싸움

개인의 사생활 보호를 위해 이름과 다른 세부사항을 바꾸기는 했지만, 스미스 선임하사와 비슷한 환자가 평가를 위해 우리에게 의뢰되었고, PTSD라는 진단이 확정되었다. 스미스 선임하사가 지속적으로 통증을 느끼고 목발을 사용할 때마다 그가 이라크에서 경험한 치명적인 IED 폭발 사건이 떠올랐다. 그가 잠에서 깨어난 순간부터 잠자리에 들 때까지, 이러한 생각들은 그에게서 떠나지 않았다. 민간인들은 그의 다리가 어떻게 된 것이냐고 거리낌 없이 물었다. 일상생활의 하루 중 여러 번 스미스 선임하사는 자신이 똑같은 대답을 반복하고 있으며, 화나는 것을 피하고 후회할 만한 말을 하는 것을 피하기 위해 진실과 농담을 적절히 섞어가면서 대답을 하고 있는 자신의 모습을 발견할 수 있었다. 때로 그는 자신이 이라크에서의 경험에서부터 자신의 절단에 관한 질문에 이르기까지 여러 가지 생각에 사로잡혔다. 그런 생각들을 피하기 위해 침대 밖으로 나오지 않는 것이 더 나은 날이 많았다.

스미스 선임하사는 활동 스케줄, 인지 재구조화, 상상 및 실제 노출 및 가상 이라크 환경에 놓이는 것 등을 포함해 다양한 인지행동적 기법들이 포함되어 있는 프로토콜에 따른 가상현실 노출치료를 받았다. 스미스 선임하사는 그의 증상과 외상, PTSD, 그리고 우울 간의 관계에 대해서도 배웠다. 스미스 선임하사는 또한 인지적 기법들을 사용해 그의 사고 패턴을 살펴보는 법도 배웠다. 그의 생각 중 많은 생각들이 절단에 관한 걱정과 관련되어 있었다. 그는 이러한 생각을 없애고, 절단이 가지는 장단점을 평가하는 법을 배웠다. 그는 궁극적으로 절단 수술을 받기로 결정하였고, 이 결정 후에 편안해졌다고 하였다. 90분 동안의 치료 회의 상담을 4회 거친 후에 그는 PTSD 증상에 유의미한 호전을 보였으며, 다리를 잃었음에도 불구하고 그는 차도를 보였다. 스미스 선임하사의 치료는 그의 신체적 부상에 직접 초점을 두는 노출 및 인지 작업에 중점을 두었다. 이라크 자유 작전(이라크 전쟁)과 항구적 자유 작전(아프가니스탄 전쟁)에서 병사들이 입은 부상은 그들의 외상 증상과 밀접한 관계가 있었고, 이는 간과할 수 없는 것이다.

참고문헌

American Psychiatric Association. (1994). *Diagnostic and statistical manual of mental disorders* (4th ed.). Washington, DC: Author.

Amputee Coalition of America. (2005). First step: *A guide for adapting to limb loss*. Retrieved from http://www.amputee-coalition.org/aca_first_step.html

Anson, K., & Ponsford, J. (2006). Coping and emotional adjustment following traumatic brain injury. *The Journal of Head Trauma Rehabilitation*, 21, 248-259. doi:10.1097/00001199-200605000-00005

Atherton, R., & Robertson, N. (2006). Psychological adjustment to lower limb amputation amongst prosthesis users. *Disability and Rehabilitation*, 28, 1201-1209. doi:10.1080/09638280600551674

Beck, A. T., Steer, R. A., & Brown, G. K. (1996). *Beck Depression Inventory* (2nd ed.). San Antonio, TX: Psychological Corporation.

Belanger, H. G., Curtiss, G., Demery, J. A., Lebowitz, B. K., & Vanderploeg, R. D. (2005). Factors moderating neuropsychological outcomes following mild traumatic brain injury: A meta-analysis. *Journal of the International Neuropsychological Society*, 11, 215-227. doi:10.1017/S1355617705050277

Blake, D. D., Weathers, F. W., Nagy, L. M., Kaloupek, D. G., Gusman, F. D., Charney, D. S., & Keane, T. M. (1995). The development of a clinician-administered PTSD scale. *Journal of Traumatic Stress*, 8, 75-90. doi:10.1002/jts.2490080106

Brooks, D. (1991). The head-injured family. *Journal of Clinical and Experimental Neuropsychology*, 13, 155-188. doi:10.1080/01688639108407214

Bryant, R. A., & Harvey, A. G. (1999). Postconcussive symptoms and posttraumatic stress disorder after mild traumatic brain injury. *Journal of Nervous and Mental Disease*, 187, 302-305. doi:10.1097/00005053-199905000-00006

Collins, R. C., & Kennedy, M. C. (2008). Serving families who have served: Providing family therapy and support in interdisciplinary polytrauma rehabilitation. *Journal of Clinical Psychology*, 64, 993-1003. doi:10.1002/jclp.20515

Curran, C. A., Ponsford, J. L., & Crowe, S. (2000). Coping strategies and emotional outcome following traumatic brain injury: A comparison with orthopedic patients. *The Journal of Head Trauma Rehabilitation*, 15, 1256-1274. doi:10.1097/00001199-200012000-00006

Curtiss, G., Klemz, S., & Vanderploeg, R. D. (2000). Acute impact of severe traumatic brain injury on family structure and coping responses. *The Journal of Head Trauma Rehabilitation*, 15, 1113-1122. doi:10.1097/00001199-200010000-00005

Delis, D. C., Kramer, J. H., Kaplan, E., & Ober, B. A. (1987). California Verbal Learning Test (rev. ed.). New York, NY: Psychological Corporation.

Desmond, D. M. (2007). Coping, affective distress, and psychosocial adjustment among people with traumatic upper limb amputations. *Journal of Psychosomatic Research*, 62, 15-21. doi:10.1016/j.jpsychores.2006.07.027

Desmond, D. M., & MacLachlan, M. (2006). Affective distress and amputation-related pain among older men with long-term, traumatic limb amputations. *Journal of Pain and Symptom Management*, 31, 362-368. doi:10.1016/j.jpainsymman.2005.08.014

Dougall, A. L., Ursano, R. J., Posluszny, D. M., Fullerton, C. S., & Baum, A. (2001). Predictors of posttraumatic stress among victims of motor vehicle accidents. *Psychosomatic Medicine*, 63, 402-411.

Draper, K., Ponsford, J., & Schonberger, M. (2007). Psychosocial and emotional outcomes 10 Years following traumatic brain injury. *The Journal of Head Trauma Rehabilitatio*n, 22, 278-287. doi:10.1097/01.HTR.0000290972.63753.a7

Dunn, D. S. (1996). Well-being following amputation: Salutary effects of positive meaning, optimism, and control. *Rehabilitation Psychology*, 41, 285-302. doi:10.1037/0090-5550.41.4.285

Evans, L., McHugh, T., Hopwood, M., & Watt, C. (2003). Chronic posttraumatic stress disorder and family functioning of Vietnam veterans and their partners. *The Australian and New Zealand Journal of Psychiatry*, 37, 765-772.

Finset, A., & Andersson, S. (2000). Coping strategies in patients with acquired brain injury: Relationships between coping, apathy, depression, and lesion location. *Brain Injury*, 14, 887-905. doi:10.1080/026990500445718

Florian, V., Katz, S., & Lahav, V. (1991). Impact of traumatic brain damage on family dynamics and functioning: A review. *International Disability Studies*, 13, 150-157.

Freguson, R. J., Mittenberg, W., Barone, D. F., & Schneider, B. (1999). Postconcussion syndrome following sports-related head injury: Expectation as etiology. *Neuropsychology*, 13, 582-589. doi:10.1037/0894-4105.13.4.582

Galovski, T., & Lyons, J. A. (2004). Psychological sequelae of combat violence: A review of the impact of PTSD on the veteran's family and possible interventions. *Aggression and Violent Behavior*, 9, 477-501. doi:10.1016/S1359-1789(03)00045-4

Godfrey, H. P., & Smith, L. M. (1995). *Family support programs and rehabilitation*. New York, NY: Plenum Press.

Grieger, T. A., Cozza, S. J., Ursano, R. J., Hoge, C., Martinez, P. E., Engel, C. C., & Wain, H. J. (2006). Posttraumatic stress disorder and depression in battle-injured soldiers. *The American Journal of Psychiatry*, 163, 1777-1783. doi:10.1176/appi.ajp. 163.10.1777

Gronwall, D. (1977). Paced Auditory Serial Addition Test: A measure of recovery from concussion. *Perceptual and Motor Skills*, 44, 367-373.

Hoge, C. W., Auchterlonie, J. L., & Milliken, C. S. (2006). Mental health problems, use of mental health services, and attrition from military service after returning from deployment to Iraq or Afghanistan. *JAMA*, 295, 1023-1032. doi:10.1001/jama.295.9.1023

Hoge, C. W., Castro, C. A., Messer, S. C., McGurk, D., Cotting, D. I., & Koffman, R. L. (2004). Combat duty in Iraq and Afghanistan, mental health problems, and barriers to care. *The New England Journal of Medicine*, 351, 13-22. doi:10.1056/NEJMoa040603

Hoge, C. W., McGurk, D., Thomas, J. L., Cox, A. L., Engel, C. C., & Castro, C. A. (2008). Mild traumatic brain injury in U.S. soldiers returning from Iraq. *The New England Journal of Medicine*, 358, 453-463. doi:10.1056/NEJMoa072972

Holbrook, T. L., Anderson, J. P., Sieber, W. J., Browner, D., & Hoyt, D. B. (1999). Outcome after major trauma: 12-month and 18-month follow-up results from the trauma recovery project. *The Journal of Trauma*, 46, 765-773. doi:10.1097/00005373-199905000-00003

Hoofien, D., Gilboa, A., Vakil, E., & Donovick, P. J. (2001). Traumatic brain injury(TBI) 10-20 years later: A comprehensive outcome study of psychiatric symptomatology, cognitive abilities, and psychosocial functioning. *Brain Injury*, 15, 189-209. doi:10.1080/026990501300005659

Horgan, O., & MacLachlan, M. (2004). Psychosocial adjustment to lower-limb amputation: A review. *Disability and Rehabilitation*, 26, 837-850. doi:10.1080/09638280410001708869

Jorge, R. E., Robinson, R. G., Moser, D., Tateno, A., Crespo-Facorro, B., & Arndt, S. (2004). Major depression following traumatic brain injury. *Archives of General Psychiatry*, 61, 42-50. doi:10.1001/archpsyc.61.1.42

Kendall, E., & Terry, D. J. (1996). Psychosocial adjustment following closed head injury:

A model for understanding individual differences and predicting outcome. *Neuropsychological Rehabilitation*, 6, 101-132. doi:10.1080/713755502

Kennedy, R. E., Livingston, L., Riddick, A., Marwitz, J. H., Kreutzer, J. S., & Zasler, N. D. (2005). Evaluation of the neurobehavioral functioning inventory as a depression screening tool after traumatic brain injury. *The Journal of Head Trauma Rehabilitation*, 20, 512-526. doi:10.1097/00001199-200511000-00004

Kim, E., Lauterbach, E. C., Reeve, A., Arciniegas, D. B., Coburn, K. L., Mendez, M. F., . . . Coffey, E. C. (2007). Neuropsychiatric complications of traumatic brain injury: A critical review of the literature (a report by the ANPA Committee on Research). *The Journal of Neuropsychiatry and Clinical Neurosciences*, 19, 106-127. doi:10.1176/appi.neuropsych.19.2.106

Koren, D., Arnon, I., & Klein, E. (1999). Acute stress response and posttraumatic stress disorder in traffic accident victims: A one-year prospective, follow-up study. The *American Journal of Psychiatry*, 156, 367-373.

Koren, D., Hemel, D., & Klein, E. (2006). Injury increases the risk for PTSD: An examination of potential neurobiological and psychological mediators. *CNS Spectrums*, 11, 616-624.

Koren, D., Norman, D., Cohen, A., Berman, J., & Klein, E. M. (2005). Increased PTSD risk with combat-related injury: A matched comparison study of injured and uninjured soldiers experiencing the same combat events. *The American Journal of Psychiatry*, 162, 276-282. doi:10.1176/appi.ajp.162.2.276

Kreutzer, J. S., Marwitz, J. H., & Kepler, K. (1992). Traumatic brain injury: Family response and outcome. *Archives of Physical Medicine and Rehabilitation*, 73, 771-778.

Kroenke, K., Spitzer, R. L., & Williams, J. B. W. (2001). The PHQ-9. Validity of a brief depression severity measure. *Journal of General Internal Medicine*, 16 , 606-613. doi:10.1046/j.1525-1497.2001.016009606.x

Kubler-Ross, E. (1969). On death and dying. New York, NY: Macmillan.

LarØi, F. (2003). The family systems approach to treating families of persons with brain injury: A potential collaboration between family therapist and brain injury professional. *Brain Injury*, 17, 175-187. doi:10.1080/0269905021000010140

Lew, H. L., Vanderploeg, R. D., Moore, D. F., Schwab, K., Friedman, L., Yesavage, J., . . . Sigford, B. J. (2008). Guest editorial: Overlap of mild TBI and mental health conditions in returning OIF/OEF service members and veterans. *Journal of Rehabilitation Research and Development*, 45(3), xi-xvi.

Livneh, H., Antonak, R. F., & Gerhardt, J. (2000). Multidimensional investigation of the structure of coping among people with amputations. *Psychosomatics*, 41, 235-244. doi:10.1176/appi.psy.41.3.235

Livneh, H., & Sherwood, A. (1991). Application of personality theories and counseling strategies to clients with physical disabilities. *Journal of Counseling and Development*, 69, 525-538.

Marshall, R. D., & Garakani, A. (2002). Psychobiology of the acute stress response and its relationship to the psychobiology of posttraumatic stress disorder. *The Psychiatric Clinics of North America*, 25, 385-395. doi:10.1016/S0193-953X(01)00005-3

Meares, S., Shores, E. A., Taylor, A. J., Batchelor, J., Bryant, R. A., Baguley, I. J., . . . Marosszeky, J. E. (2008). Mild traumatic brain injury does not predict acute postconcussion syndrome. *Journal of Neurology, Neurosurgery, and Psychiatry*, 79,300-306. doi:10.1136/jnnp.2007.126565

Merbaum, M., & Hefez, A. (1976). Some personality characteristics of soldiers exposed to extreme war stress. *Journal of Consulting and Clinical Psychology*, 44, 1-6. doi:10.1037/0022-006X.44.1.1

Michaels, A. J., Michaels, C. E., Moon, C. H., Smith, J. S., Zimmerman, M. A., Taheri, P. A., . . . Peterson, C. (1999). Posttraumatic stress disorder after injury: Impact on general health outcome and early risk assessment. *The Journal of Trauma*, 47, 460-467. doi:10.1097/00005373-199909000-00005

Michaels, A. J., Michaels, C. E., Smith, J. S., Moon, C. H., Peterson, C., & Long, W. B. (2000). Outcome from injury: General health, work status, and satisfaction 12 months after trauma. *The Journal of Trauma*, 48, 841-850. doi:10.1097/00005373-200005000-00007

Parkes, C. M. (1975). Psychosocial transitions: Comparison between reactions to loss of a limb and loss of a spouse. *The British Journal of Psychiatry*, 127, 204-210. doi:10.1192/bjp.127.3.204

Pelletier, P. M., & Alfano, D. P. (2000). Depression, social support, and family coping following traumatic brain injury. *Brain and Cognition*, 44, 45-49.

Pitman, R. K., Altman, B., & Macklin, M. L. (1989). Prevalence of posttraumatic stress disorder in wounded Vietnam veterans. *The American Journal of Psychiatry*, 146, 667-669.

Prigatano, G. P. (2005). Therapy for emotional and motivational disorders. In W. M. High, A. M. Sander, M. A. Struchen, & K. A. Hart (Eds.), *Rehabilitation for traumatic brain injury* (pp. 118-130). New York, NY: Oxford University Press.

Rotondi, A. J., Sinkule, J., Balzer, K., Harris, J., & Moldovan, R. (2007). A qualitative needs assessment of persons who have experienced traumatic brain injury and their primary family caregivers. *The Journal of Head Trauma Rehabilitation*, 22, 14-25. doi:10.1097/00001199-200701000-00002

Rybarczyk, B., Nyenhuis, D. L., Nicholas, J. J., Cash, S. M., & Kaiser, J. (1995). Body image, perceived social stigma and the prediction of psychosocial adjustment to leg amputation. *Rehabilitation Psychology*, 40, 95-110. doi:10.1037/0090-5550.40.2.95

Sander, A. M. (2005). Interventions for caregivers. In A. S. W. M. High, M. A. Struchen,&K. A. Hart (Eds.), *Rehabilitation for traumatic brain injury* (pp. 156-175). Oxford, England: Oxford University Press.

Schneiderman, A. I., Braver, E. R., & Kang, H. K. (2008). Understanding sequelae of injury mechanisms and mild traumatic brain injury incurred during the conflicts in Iraq and Afghanistan: Persistent postconcussive symptoms and posttraumatic stress disorder. *American Journal of Epidemiology*, 167, 1446-1452. doi:10.1093/aje/kwn068

Schwab, K., Baker, G., Ivins, B., Sluss-Tiller, M., Lux, W., & Warden, D. (2006). The brief traumatic brain injury screen (BTBIS): Investigating the validity of a self-report instrument for detecting traumatic brain injury (TBI) in troops returning from deployment in Afghanistan and Iraq. *Neurology*, 66, A235.

Seel, R. T., Kreutzer, J. S., Rosenthal, M., Hammond, F. M., Corrigan, J. D.,&Black, K. (2003). Depression after traumatic brain injury: A national institute on disability and rehabilitation research model systems multicenter investigation. *Archives of Physical Medicine and Rehabilitation*, 84, 177-184. doi:10.1053/apmr.2003.50106

Serio, C., Kreutzer, J., & Gervasio, A. (1995). Predicting family needs after traumatic brain injury: Implications for intervention. *The Journal of Head Trauma Rehabilitation*, 10, 32-45. doi:10.1097/00001199-199504000-00005

Shalev, A. Y., Peri, T., Canetti, L., & Schreiber, S. (1996). Predictors of PTSD in injured trauma survivors: A prospective study. *The American Journal of Psychiatry*, 153, 219-225.

Simeon, D., Knutelska, M., Yehuda, R., Putnam, F., Schmeidler, J., & Smith, L. M. (2007). Hypothalamic-pituitary-adrenal axis function in dissociative disorders, posttraumatic stress disorder, and healthy volunteers. *Biological Psychiatry*, 61,

966-973. doi:10.1016/j.biopsych.2006.07.030

Smith, T. C., Ryan, M. A., Wingard, D. L., Slymen, D. J., Sallis, J. F., & Kritz-Silverstein, D. (2008). New onset and persistent symptoms of posttraumatic stress disorder self-reported after deployment and combat exposures: Prospective population based U.S. military cohort study. *British Medical Journal*, 336, 366-371. doi:10.1136/bmj.39430.638241.AE

Snyder, M. L., Kleck, R. E., & Strenta, A. (1979). Avoidance of the handicapped: An attributional ambiguity analysis. *Journal of Personality and Social Psychology*, 37, 2297-2306. doi:10.1037/0022-3514.37.12.2297

Tate, R. L., & Broe, G. A. (1999). Psychosocial adjustment after traumatic brain injury: What are the important variables? *Psychological Medicine*, 29, 713-725. doi:10.1017/S0033291799008466

Ursano, R. J., Fullerton, C. S., Epstein, R. S., Crowley, B., Kao, T. C., Vance, K., . . . Baum, A. (1999). Acute and chronic posttraumatic stress disorder in motor vehicle accident victims. *The American Journal of Psychiatry*, 156, 589-595.

Vanderploeg, R. D., Curtiss, G., & Belanger, H. G. (2005). Long-term neuropsychological outcomes following mild traumatic brain injury. *Journal of the International Neuropsychological Society*, 11, 228-236. doi:10.1017/S1355617705050289

Veterans Health Initiative. (2004). *Traumatic Brain Injury*. Retrieved from U.S. Department of Veterans Affairs website: www1.va.gov/vhi/docs/TBI.pdf

Williamson, G. M. (1995). Restriction of normal activities among older adult amputees: The role of public self-consciousness. *Journal of Clinical Geropsychology*, 1, 229-242.

Wood, R. L., Liossi, L., & Wood, L. (2005). The impact of head injury neurobehavioral sequelae on personal relationships: Preliminary findings. *Brain Injury*, 19, 845-851. doi:10.1080/02699050500058778

Wood, R. L., & Yurdakul, L. (1997). Change in relationship status following traumatic brain injury. *Brain Injury*, 11, 491-502.

World Health Organization. (1993). *The ICD-10 classification of mental and behavioral disorders: Diagnostic criteria for research*. Geneva, Switzerland: Author.

Zalihiç, A., Zalihiç, D., & Pivic, G. (2008). Influence of posttraumatic stress disorder of the fathers on other family members. *Bosnian Journal of Basic Medical Sciences*, 8, 20-26.

9장

직업재해로서의 전투 관련 PTSD의 재개념화

9 장

직업재해로서의 전투 관련 PTSD의 재개념화

Carl Andrew Castro And Amy B. Adler

"파병을 마치고 집으로 돌아왔을 때, 나는 벼랑 끝에 서 있는 나 자신을 발견하였다. 큰 소음을 들어 조마조마할 때나 누군가 나를 매우 화나게 할 때, 나는 실제로 매우 빨리 방어적으로 반응한다."

— 이라크에서 15개월간의 파병을 마치고 복귀한 무명병사

전투에 뒤따르는 외상 후 스트레스 장애post-Traumatic stress disorder, PTSD는 상대적으로 흔하다. 그러나 문헌에서는 일반적으로 PTSD가 전투 제대군인의 1/4 이하에게만 영향을 미친다고 알려져 있다. 이러한 비율은 특정한 임무와 전투경험에 대하여 고려하지 않은 채 모든 군 복무 인원을 포함한 계산에 근거한다. 이러한 추정의 기초가 되는 가정은 배치된 모든 군 복무 인원이 PTSD를 발달시킬 동일한 위험에

이 장은 미국 정부에 의해 고용된 연구진에 의해 공무의 일환으로 작성된 것으로 공유 저작물에 해당한다, 여기에 제시된 어떤 내용도 반드시 미국 정부의 입장을 대변하지 않으며, 저자들이 연구에 참여했다고 해서 이 내용이 공식적인 입장을 제시하는 것도 아니다.

처해 있다는 것이다. 실제로 이라크와 아프가니스탄에 배치되었던 미군 병력에 대한 조사는 전투 작전을 수행하기 위해 기지 밖에서 많은 시간을 소모하는 병사들과 해병대가 가장 극심한 위험에 처해 있음을 보여주었다(Mental Health Advisory Team[MHAT] IV, 2007; MHAT V, 2008). 이러한 표본에 근거한 비율은 전형적인 추정치의 2배를 뛰어넘는다. 기지 밖에서 1주일에 40시간 이상을 보내는 병사들과 해병대의 대략 40% 이상이 중요한 PTSD 증상을 보고하였다. 동일한 부대에 있으면서 기지 밖에서의 임무를 부여받지 않은 병사들은 해외파병된 경험이 없는 병사들과 같은 낮은 수준의 비율을 보고하였다(7~8%). 이러한 결과는 병사와 해병대원들이 동일하게 전투에 노출된 것이 아니므로, 그들이 PTSD를 발달시킬 동일한 위험에 처해 있는 것이 아니라는 사실을 강조한다. 파병 자체는 PTSD 발달의 위험요인이 아니다. 장애의 발달을 만드는 것은 파병 중의 전투경험이다. 그럼에도 불구하고, 높은 수준의 전투에 노출된 병사와 해병대의 1/3에게 PTSD 증상은 전형적인 반응이다.

전투는 명백하게 정신건강에 직접적인 영향을 가진 직업재해이다. 군대의 경우에 임무는 장병들이 얼마나 자주 기지를 떠나고, PTSD를 유발할 수 있는 전투 상황에 노출되는지를 지시한다. 소방관이나 경찰관과 같이 다른 직업에 속해 있는 사람들도 또한 위험한 환경에 직면한다. PTSD와 관련 있는 직업적 위험에 관한 이러한 이슈는 장애의 진단적 개념화에 관련된 것처럼 폭넓게 인식되지 못해왔다. 불행하게도, 현재의 PTSD 진단 준거는 직업 건강모델occupational health model을 채택하지 않는다. 대신, 준거는 희생자 기반 의학모델victim-based medical model에 근거한다. 직업적 위험과 피해자를 혼합한 이러한 결정은 둘 사이의 결정적 차이를 모호하게 하고, 그들의 독특한 진단과 예후의 경로에 대한 조사를 제한한다. 이 장의 목적은 전투 관련 외상 후 스트레스 장애 Post-Traumatic Stress Disorder, PTSD의 재개념화를 제안하는 것이다. 이러한 재개념화는 외상의 정의, 증상의 맥락, 그리고 기능적 손상에 대한 이해의 역할을 개관한다.

직업모델 안에서 PTSD 보기

PTSD에 대한 현재의 접근은 외상성 사건에 대한 결과로 PTSD가 발달한 개인들과 훈련받은 직업의 일부분으로써 장애가 있는 개인을 구분하는 데 실패한다. 그래서 자연재해, 개인적 폭력(예를 들어 강간, 신체 공격), 그리고 사고(예를 들어 자동차 사고)의 희생자는 전투에 노출된 장병들과 동일한 진단 범주에 놓이게 된다. 희생자기반 PTSD는 PTSD에 대한 직업 건강 접근과 일치하지 않는 몇 가지의 근본

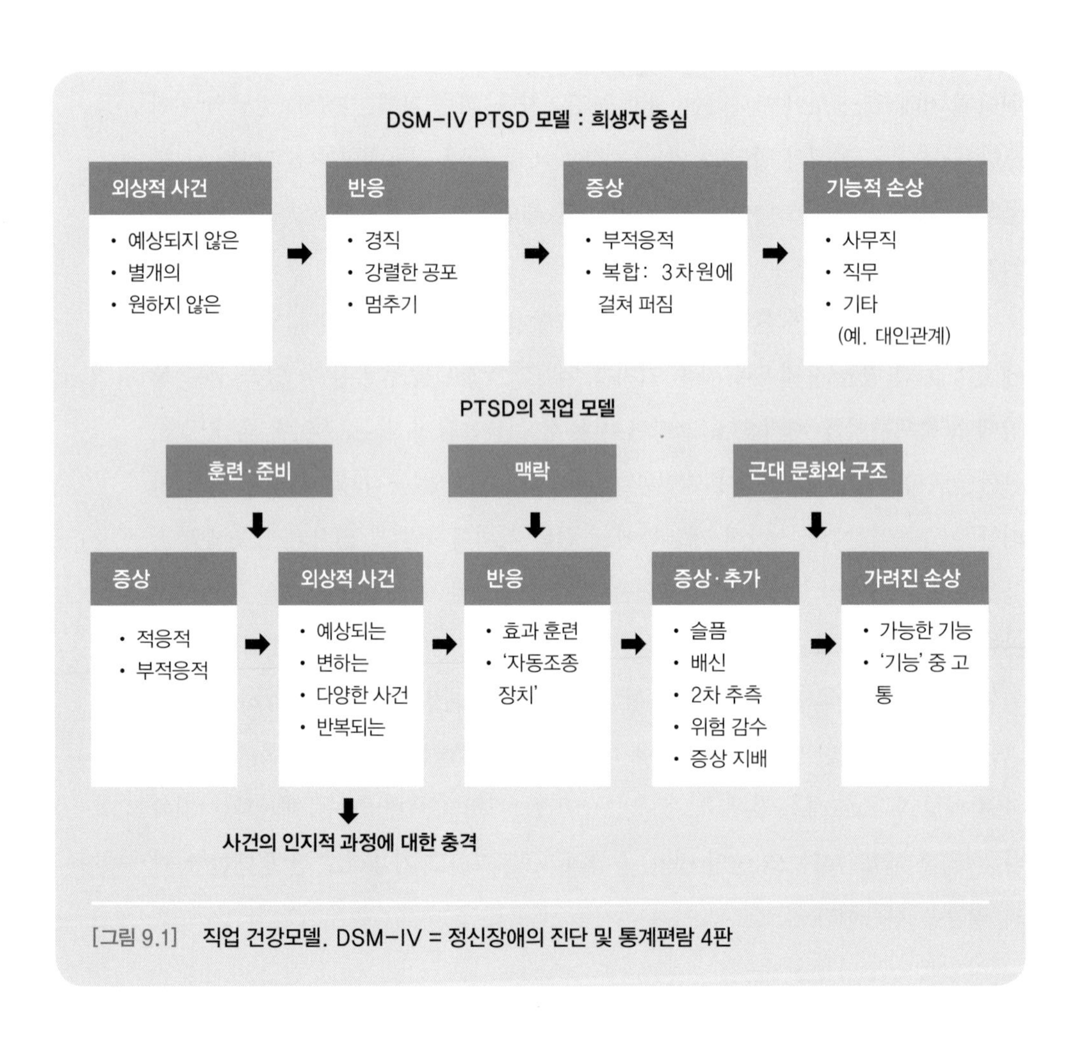

[그림 9.1] 직업 건강모델. DSM-IV = 정신장애의 진단 및 통계편람 4판

적인 가정이 있다. 그림 9.1은 PTSD의 현재의 희생자기반 접근과 직업기반 접근 간의 중요한 차이점을 묘사하고 있다.

첫째, 희생자 모델은 개인을 잠재적인 외상성 사건의 수동적인 희생자로 간주하는 반면, 직업모델은 잠재적인 외상성 사건을 일의 일부분으로 간주한다. 직업모델은 개인을 사건에서의 능동적 참여자로 간주한다. 이러한 전문가들은 그들이 경험할지도 모르는 잠재적인 외상성 사건에 대하여 훈련받고, 그들은 이러한 종류의 사건이 발생하리라는 점을 예상한다. 군 복무와 관련된 직업에는 위험을 야기하는 많은 형태가 존재한다. 예를 들어 군대에서 전투병이나 해병대의 가장 중요한 일은 적을 사살하는 것이다. 또한 병사와 해병대는 적이 그들을 죽이려고 노력하는 점도 이해한다. 훈련에서 그들이 하는 모든 것들은 이러한 만일의 사태에 직면하기 위함이다. 그리고 군 복무자들은 그들의 조국을 위해 목숨을 바칠 것을 요구받을지도 모른다는 제도적 인식을 가지고 있다. 이러한 인식은 축소되지 않는다. 이는 실제로부터 개념에 이르기까지 군대 사회에 퍼져 있다. 직업적 위험에 대한 인식은 군의 생명보험 체계, 개인적 존재의 식별을 가능하게 하기 위한 개인 DNA의 의무적 적립, 전사자에 대한 추도, 그리고 충혼 정신에 통합되어져 있다. 군 복무 중인 장병은 위험을 예상하며, 위험에 대비하고, 행동을 취함으로써 위험에 반응하도록 훈련받는다. 이러한 모든 점들이 희생자 모델에서는 빠지게 된다. 그래서 장병들은 잠재적인 외상성 사건에 대한 지각과 발생 가능한 증상의 본질을 근본적으로 변화시킬 수 있는, 다른 태도와 다른 수준의 각오로 잠재적인 외상성 사건에 임한다.

둘째, 정신장애의 진단 및 통계편람 4판(DSM-IV; 미국 정신건강 의학회, 1994)에 기술된 희생자기반 접근은 한 시점에서 단일한 사건에 노출된다는 점을 가정한다. 반대로, 직업모델은 파병이 오랜 시간에 걸쳐 다양한 잠재적인 외상성 사건에의 노출을 포함할 수 있다는 사실을 설명한다. 위험한 환경에 있는 장병들은 기지를 떠날 때 매 시간 끊임없이 죽음이나 심각한 부상의 위험에 노출된다. 예를 들어 전투에서 병사들은 총격전, IED로부터의 공격, 유해 처리, 동료 장병의 죽음의 목격 등과 같은 폭넓은 잠재적인 외상성 사건들을 경험한다고 보고한다(예를 들어 Hoge 등, 2004; Killgore 등, 2008; MHAT V, 2008). 이러한 끊임없는 맹공격은 다양한 전투경험에 직면할 때 회복탄력성 있는 상태를 유지하는 장병들의 능력에 영향을 미친다. 다양한 전투 사건이 있다는 사실은 또한 전형적인 대부분의 노출치료에서처럼, 치료 계획이 하나의 특정한 사건에 집중하기보다는 몇 개의 사건을 포함하는 것으로 조정할 필요가 있다(예: Bryant, Moulds, Guthrie, Dang, & Nixon, 2003; Ehlers, Clark, Hackmann, McManus, & Fennell, 2005).

셋째, DSM-IV는 외상성 사건의 사회적 맥락을 무시한다. 직업모델에서, 이러한 사회적 맥락은 결정적이다. 군대의 경우에, 외상성 사건들은 단지 개인들에게 발생하는 것이 아니라 서로 강력한 개인적 관계를 형성하는 장병들의 팀에게 발생한다. 팀들은 어떠한 외상성 사건들이 발생하기 전에 몇 개월 동안 보통 함께 훈련을 받으며, 가까운 막사에서 함께 거주한다. 결과적으로, 외상성 사건들은 개인적 수준뿐만 아니라 집단 수준에서도 진행된다. 이러한 집단과정은 외상성 경험들이 개인에 의해 어떻게 간주되는지에 영향을 끼친다. 팀은 경험에 의미를 부여하고, 누가 비난받을지를 결정하고, 개인과 팀 수행을 평가하고, 경험에 대한 이야기의 맥락을 제공하면서 암묵적이면서도 명백하게 외상성 사건들에 반응한다. 다른 팀 구성원들이 유사한 증상과 반응을 표현하는 것을 인식하는 것은 외상성 사건에 대한 반응을 정상적인 것으로 만드는 데 기여한다. 그러므로 이러한 사회적 맥락은 외상 후 반응이 어떻게 치료적으로 강조될 수 있는지에 대해 영향을 미친다.

직업모델을 적용하지 않은 개입은 개인이나 증상을 공유하는 관계없는 개인들의 집단에 초점을 두는 경향이 있다. 직업모델에서, 초기개입은 자연적인 지지와 외상성 경험의 공통된 이해의 장점을 취하고, 팀 전체에서 적응적 행동을 강화하는데 팀구성원을 사용하기 위해, 팀을 중심으로 형성될 수 있다(3장 참조). 추가적으로, 팀과 부대의 리더는 팀구성원의 정신건강과 그들이 외상성 전투 사건에 어떻게 반응하는지에 있어서 중요한 역할을 담당한다. 수많은 연구들이 개인적 안녕에 영향을 미치는 부사관과 장교의 중요성을 증명하고 있다. 그래서 초기개입들은 전투 배치에 직면했던 장병들의 건강을 촉진하는 데 있어서 조직적 구조를 이용해야 한다.

넷째, DSM-IV 모델은 모든 증상이 외상성 사건 노출에 뒤따른다고 가정한다. 이는 개인이 미처 준비하지 못한 외상성 사건에 놀라는 것을 의미하는 희생자기반 접근의 경우에는 타당하다. 그러나 군대 파병의 맥락 안에서, 많은 PTSD 증상들은 특정한 외상성 사건의 발생 이전에 존재한다. 예를 들어 파병 맥락에서 지나친 경계는 정상적인데, 장병들이 위험의 신호를 지속적으로 탐지하도록 명백하게 훈련받고 현실에 안주하지 않도록 경고받기 때문이다. 수면장애는 파병 맥락에서 또 다른 정상적인 반응인데, 야전상태, 소음, 사생활의 부족, 지루한 일상 등이 수면을 방해하기 때문이다. 전투 작전에서 군사 전문성을 유지하기 위해 정서를 억제하도록 하는 문화적 강조 때문에, 제한된 범위의 정서 또한 군대 맥락에서 정상적인 반응이다. 그래서 DSM-IV는 PTSD 진단과 관련 있는 증상과 반응을 유도할 수 있는 직업적 환경을 무시한다. 이러한 차이는 치료에 중요한 영향을 미친다. 장병들이 보이는 많은 증상들과 반응들은 독립적이거나 외상성 사건의 경험과 관련 없는 대신 군대의 직업적 환경의 요소를 반영하기 때문이다. 치료 접근은 이러한 직업적 맥락을 고려할 필요가 있고, 증상들은 외상성 사건에 대한 특이한 반응이라기보다는 파병에 대한 폭넓은 반응의 일부분으로 강조되도록 한다.

전투 관련 PTSD를 이해하기 위한 직업모델의 관련성을 고려할 때, PTSD의 진단적 개념화는 다시 조사될 필요가 있다. PTSD 진단 준거가 정밀하게 고려된 것은 처음이 아니다. DSM에 PTSD가 포함되기 이전에, 임상가들은 PTSD에 대한 현재의 이해만큼 장애를 기술해 왔다. 역사적 맥락에서, 이러한 장애는 참호열trench fever, 포탄충격shell shock, 전투 피로증combat fatigue 등과 같은 다른 용어로 불려졌다(역사적 개관을 위하여 Jones & Wessely, 2001; McFarlane & Girolamo, 1996; van der Kolk, Weisaeth, & van der Hart, 1996 참조).

무엇이 PTSD를 구성하는지에 대한 이해는 정신장애의 진단 및 통계편람 3판(DSM-III; 미국 정신건강 의학회, 1980)에 나타난 진단이 보편적으로 수용되기 전까지 수십 년 동안 다듬어졌다. 그때의 PTSD 진단 준거는, 외상성 사건이 거의 모든 사람들에게 중대한 고통 증상을 일으키는, 일상적인 인간 경험의 범위를 벗어나는 것들을 요구하였다. 이러한 준거에 대한 비판은 세 가지 이슈에 중점을 두고 있었다(Breslau & Davis, 1987; McFarlane & Girolamo, 1996). ① 그러한 경험들은 사실은 상대적으로 빈번하며, 필수적으로 일상의 경험 범위를 벗어나지는 않는다. ② 삶에 대한 위협을 포함하는 사건들은 다른 종류의 잠재적인 외상성 사건들보다 안녕에 더 큰 충격을 준다. ③ 증상의 발달을 예언하는 데 있어서 개인이 잠재적인 외상성 사건에 어떻게 반응하는지에 대한 상대적인 중요성. 그래서 뒤이은 DSM에서는 위협과 관련된 사건들과 공포, 무력감, 고통의 주관적인 반응을 포함하는 것으로 준거가 변경되었다.

DSM의 각 버전은 외상의 후유증을 다루는 개인의 경험을 다듬고 설명하고자 하는 시도이다. 이 장에서는 현재의 PTSD에 대한 이해가 그 유용성을 설계된 중요 집단에 한정하는 방식을 강조하고 있다. 우리가 이러한 전체적인 진단 하에서 전투 제대군인을 포함하는 것의 적절성에 대한 의문을 던진 최초의 사람은 아니라는 것을 주목할 필요가 있다. 다음 절의 목적은 직업적 건강의 틀, 특히 전투에 적용되는 틀 안에서 PTSD 준거를 재개념화하는 것이다.

외상노출의 개념 다시 세우기

현재의 진단 준거는 6개의 부분으로 나뉘어져 있다. 첫 번째는 외상성 사건 자체에 관해 언급된, 2개의 요소로 이루어져 있다. 첫 번째 준거(A1)는 외상성 사건으로 정의하고, 두 번째 준거(A2)는 그러한 사건(또는 사건들)에 대한 개인의 반응으로 정의하였다. 이러한 2개의 준거는 PTSD 진단을 받은 개인에게 나타나야만 한다.

A1 준거

사건 자체는 DSM-IV에 '자신이나 타인의 실제적이거나 위협적인 죽음이나 심각한 상해 또는 신체적 안녕에 대한 위협'을 포함하는 것으로 정의되어 있다(p. 427). DSM-IV는 하나의 별개의 사건이 이어지는 증상들에 대한 책임이 있음을 암시하지만, 전투에서는 몇 주 또는 몇 달 간격으로 분리된 많은 외상성 사건들이 있을 수 있다. 다른 사건에 대한 이러한 반복된 노출은 외상성 경험들과 이어지는 증상 간의 연결을 결정하기 어렵게 만든다. 전투 맥락에서, 특정한 외상성 사건에 대한 노출과 특정한 종류의 PTSD 증상 발달 간의 일대일의 대응이 필수적인 것은 아니다. 예를 들어 한 장병은 첫 사건 전에는 수면, 두 번째 사건 이후에는 악몽, 다섯 번째 사건 이후에는 회상 문제가 있었을 수도 있다. 이러한 증상의 축적은 전투 관련 PTSD에 대한 이해의 복잡성을 반영하며, 전투경험의 전체적인 숫자가 PTSD 증상의 보고와 관련되어 있다는 것을 발견한 연구를 반영한다(Bliese, Adler, Castro, Thomas, & Hoge, 2008).

이러한 발견은 또한 장병들이 전투 작전을 수행하기 위해 기지 밖에서 많은 시간을 보낼수록, PTSD를 발달시키는 위험에 더 많이 처하게 된다는 직업 건강 논거를 강조한다. 충분한 전투 노출을 고려할 때, 장병들은 진단을 받든 그렇지 않든 간에 결국에는 PTSD에 부합되는 증상들을 발달시킬 것이다(Milliken, Hoge, & Auchterlonie, 2007). 이는 모든 병사가 PTSD 진단을 받을 것이라는 점을 의미하는 것이 아니라, 대다수가 PTSD에 부합하는 증상을 보일 것이며, 아마도 매우 기능적인 상태를 유지할 것임을 의미한다. 그러므로 전투PTSD의 외상성 사건 준거는 다양한 스트레스원과 그러한 스트레스원들이 경험되는 전투의 전체적인 맥락의 관점에서 조명될 필요가 있다.

'위협적'이라는 DSM-IV의 A1 준거는 파병 그 자체의 사실을 포함할 수 있을 정도로 충분히 광의적이라고 생각할 수 있다. 파병된다는 것은 박격포 공격을 받을 수 있는 기지에 있거나, 순찰임무와 같이 어떤 종류의 잠재적인 위험에 노출될 수 있기 때문에 어느 정도의 위협을 포함한다. 그러나 현재 상태 그대로 만약 위협적인 상태에 놓이는 A1 준거가 이러한 식으로 해석된다면, 고속도로에서 운전하는 것도 A1 준거를 만족시킨다는 논쟁이 발생할 수 있다. 왜냐하면 사고의 위험이 존재하기 때문이다. 그와 같은 A1에 대한 광의의 조작적 정의는 도움이 되지 않으며, 어떤 것이 위험하다고 간주되는지를 알려주지 않는다. 여전히 A1을 정의하는 이슈는 중요한데, 이는 A1 사건이 증상의 출현에 대한 원인이 된다는 기대, 즉 전투 관련 PTSD에 부합되지 않는 가정을 만들기 때문이다.

A2 준거

두 번째 PTSD 사건 관련 준거는 외상성 사건에 대한 주관적 반응과 관련 있다. DSM-IV에서, 이러한 반응은 공포, 무력감, 또는 고통을 일으킨다. 그러나 A2 준거에 대한 과거 연구의 결과에 기초해서 볼 때, 주관적 반응을 이러한 세 반응으로 한정하는 것은 PTSD 증상을 발달시킨 장병이 전투에서 경험한 것을 묘사하는 데에는 적절하지 못한 것으로 보인다.

A2의 보고가 잠재적인 외상 사건들의 희생자들에게 진단적으로 유용할 수 있을지라도(예를 들어 Breslau & Kessler, 2001; Brewin, Andrews, & Rose, 2000; Creamer, McFarlane, & Burgess, 2005), A2 준거는 잠재적으로 외상성 직업 스트레스원에 반응하도록 훈련받은 사람들에게 적용할 때에는 유용성이 떨어지는 것으로 나타났다. 실제로 Creamer 등(2005)이 밝힌 바와 같이, 직업적 역할의 일부분으로써의 A1 사건을 경험하는 것은 초기 반응에 영향을 미친다. 이러한 직업과 관련된 초기의 반응은 정서적 반응의 발달이나 PTSD 증상들의 발달을 반드시 배제하는 것은 아니다. 그럼에도 불구하고 직업인의 반응은 피해자들의 반응과 매우 다를 수 있다. 왜냐하면 직업인들은 직업과 관련된 잠재적인 외상성 사건들을 경험할 것으로 기대하기 때문이다. 그들은 그들의 기술을 사용하고, 그들 자신을 테스트하며, 다른 이들에게 의미 있는 도움을 제공할 기회를 원한다.

연구는 이러한 가정을 확인해 주었다. 이라크에서 1년간의 전투를 마치고 복귀한 202명의 병사들에 대한 연구에서, A1전투 사건을 보고한 대다수는 A2 반응을 보고하지 않았다(Alder, Wright, Bilese, Eckford, & Hoge, 2008). 비록 A2 반응을 보고하는 것이 일련의 측정에서 PTSD 증상 점수가 높은 것과 관련이 있기는 하였지만, PTSD 절단점 준거를 만족시키는 피험자의 비율에서 유의미한 차이를 보이지 않았다. 인터뷰에서, A2 반응을 시인하지 않은 병사들은 그들이 어떻게 반응하였는지를 질문받았다. 질문받은 159명 가운데, 98명(62%)은 군사훈련을 반영하는 방식으로 반응하였다고 응답하였다. 이러한 직업에 기반한 반응은 "훈련이 효과가 나타났다"와 "나는 내가 훈련받은 대로 했다"와 같은 진술로 요약되었다. 병사들에 의해 보고된 두 번째로 많은 반응은 분노였다(Adler 등, 2008).

장병들이 처음에 직업에 기반한 반응을 보였다는 사실은 그들의 훈련 수준이나 분노 외에 정서적 반응에 대한 직업의 문화적 편견을 반영할지도 모른다. 그러나 그들의 즉각적인 직업과 관련된 반응은 PTSD 증상의 발달을 배제하지 않았다. 탐색적 분석들이 분노에 대한 반응이 PTSD의 재경험과 과각성 증상의 증가된 비율과 관련 있다는 점을 발견한 것은 주목할 만하다. 유사하게, 경찰관 연구들에서도 직업의 일부분으로써 외상성 사건들을 경험한 경찰관들은 훈련과 관련된 반응들과 분노 반응을 보고한다는 점을 발견하였다(Brunet 등, 2001; Sims & Sims, 1998).

종합해 볼 때, 이러한 연구들은 군 복무자와 같은 직업적 집단들에 있어서의 A2 반응을 요구하는 PTSD 준거는 구조적으로 이러한 전체 집단에서의 PTSD를 과소평가하고 있다. 현재의 A2 준거는, 개인이 예상하지 못한 사건에 의해 자연적으로 공포에 떨거나 충격을 받는 PTSD의 희생자 중심 모델에는 적절하다. 그러나 A2 준거는 장병의 주관적 경험에는 적절하지 않으며, 전투에서 외상성 사건들을 경험하는 장병들의 주관적 경험을 잘못 판단한다. 병사들은 그들을 희생자로 보지 않는다. 그들은 그들 자신을 행동의 주체로 보며, 그들은 반응하고, 응사하며, 주어진 상황에서 행해야만 하는 것에 초점을 맞추도록 훈련받는다. 가끔은 그들은 그들 자신을 잘못된 리더십이나 정책의 희생자로 간주할 수 있음에도 불구하고, 전투에서 외상성 사건과 마주할 때, 그들 자신을 반드시 희생자로 본다라고만 할 수는 없다. 그것이 나중에 개인이 PTSD와 유사한 정서적 어려움을 발달시킬지도 모르는 가능성을 배제하지 않은 채, 개인의 초기 반응이 훈련된 행동에 초점을 두는 것을 가능하게 하는 직업적 접근을 사용하는 것이 왜 중요한지에 대한 이유이다.

외상성 사건에 대한 준거를 만족시키는 것 외에, PTSD의 DSM-IV에서 진단을 하는 데 반드시 나타나는 3개의 주요한 증상 군집을 개관한다: A 군집, 또는 증상의 재경험은 사건의 재경험과 관련 있다; B 군집, 또는 자극의 회피는 외상성 사건과 정서의 마비와 관련이 있다; 그리고 C 군집, 또는 과각성 증상.

전투 후 증상의 재구성

각각의 PTSD 증상 군집은 직업적 건강 틀 안에서 고려되어질 필요가 있다. 이러한 군집을 해체하는 것은, PTSD의 증상으로 간주되는 많은 반응들이 사실은 전투에서 정상적이며, 적응적인 반응들임을 명백하게 만든다. 그래서 증상들 자체는 즉각적인 개입을 요구하는 병리적 행동이라기보다는 정상적인 행동의 본보기가 된다. 정신건강 전문가들이 이러한 증상들을 이해하는 데 있어서 직면하는 어려움은, 전투환경에서는 증상들이 정상적이며 적응적이지만, 민간인 환경에서는 증상들이 파괴적이며 병리적으로 나타날 수 있다는 점이다. 그러므로 이러한 증상을 이해하는 것은 전투파병 동안, 전투파병에서 복귀한 후, 그리고 전투환경으로 복귀하기 전에 의미 있는 개입을 발전시키는 시작점이 될 수 있다. 이러한 분석은 또한 전투에 대한 심리적 반응을 이해하는 데 있어서, 증상이 다른 것보다 더 중요할지도 모른다는 점을 식별하는 데 기여할 수도 있다.

재경험

재경험reexperiencing 군집에서, DSM-IV에서는 5개의 증상이 있으며, PTSD의 진단 준거를 만족시키기 위해서 개인은 최소한 1개 이상의 증상을 가지고 있어야만 한다. 이러한 5개의 증상은 외상성 사건에 대한 반복적이고 집요하게 떠오르는 고통스러운 회상, 외상성 사건에 대한 반복적이고 괴로운 꿈, 마치 외상성 사건이 재발하고 있는 것 같은 행동이나 느낌, 그리고 개인으로 하여금 외상성 사건을 기억나게 하는 단서에 대한 심각한 심리적 고통과 생리적 재반응 등을 포함한다.

단서에 대한 재반응을 나타내는 마지막 2개의 증상은 반드시 병리적인 것은 아닌 사건과 유사하다. 장병들은 다시 한 번 직업적 틀 안에서 이러한 반응을 이해하는 것의 중요성을 강조하는, 잠재적으로 위험(즉 외상성 사건)을 유도할 수 있는 환경적 단서들을 탐지하도록 훈련받는다. 이러한 직업적 반응은 정상적이며, 북돋워지며, 전투 파병에서 생존하는 데 필수적이다. 예를 들어 장병들은 IED가 숨겨져 있을 수 있는 장소를 탐지하며, 순찰 중에 위험의 신호가 될 수 있는 평범하지 않은 어떤 것들을 탐지한다. 장병들이 그들의 첫 전투 관련 외상성 사건에 노출되기 전에 이러한 단서들에 심리적으로, 생리적으로 반응할 것이라는 점을 기억하는 것은 중요하다. 특정한 단서와 관련된 실제적 위험을 경험하는 것은 단서와 심리적, 생리적 반응 간의 연결을 강화할 것이다. 심지어는 사건의 강렬한 기억들은 개인들로 하여금 전투 관련 위험들을 더 잘 알아채도록 도울지도 모르고, 미래에 그와 같은 위험한 상황을 회피할 수 있는 전략을 발달시킬지도 모른다. 중요한 사건들로부터 배우는 것에 초점을 두는 것은 사후 강평과 같은 군사적 절차에 의해 제도적으로 지지받는다. 사후 강평에서 부대는 무엇이 잘못되었는지를 조사하고, 다음에 비슷한 사건이 발생할 때 올바른 행동을 고안하기도 한다.

비록 심리적, 생리적 재반응과 강력한 기억이 전투에서는 적응적일 수 있기는 하지만, 재경험 군집에서의 몇몇 PTSD 증상은 부적응적일 수 있다. 특히, 사건에 대한 심각하고 괴로운 기억들, 꿈, 회상(일반적으로 알려진 대로)은 부적응적일 수 있다. 괴로운 기억은 파괴적이며, 전투 작전 간에 기억과 회상에 의해 혼란스러워진 장병을 위험에 빠뜨릴 수 있다. 재경험 증상들이 촉발될 때를 고려해 보면, 전형적으로 다양한 전투 관련 외상성 사건이 존재함을 기억하는 것은 중요하다. 이러한 다양한 사건들은 다양한 단서들을 만들지도 모르고, 또는 단일 단서는 다양한 기억을 촉발할지도 모른다. 그래서 그 결과 재경험 증상이 발생하는 방식에 관한 더 복잡한 이해를 이끌어 낸다.

재경험 증상은 또한 장병들이 전투를 위해 두 번째나 세 번째 파병을 준비할 때 촉발될 수도 있다. 이러한 파병 전 시기는 이미 전투를 경험했던 사람들에 의해 다르게 경험될 수 있다. Killgore, Stetz, Castro와 Hoge(2006)는 재파병을 준비하는 전투 제대군인들이 처음 파병가는 병사들과 비교하여 PTSD 관련 증상을 더 많이 보고한다고 제시하였다. 반대로, 처음 파병가는 병사들은 이미 파병 경험이 있는 사람들보다 신체적 증상을 더 많이 보고한다. 그래서 파병 전 예상anticipation의 경험은 이 두 집단에서 다르게 표현되었다. 왜 이러한 차이가 발생하는지는 분명하지 않다. 제대군인에게 전투로 되돌아가는 파병의 예상은 기억들과 동반되는 PTSD 증상들을 촉발할지도 모른다. 또는 제대군인들이 심리적으로 다시 되돌릴 기회를 갖지 못했을지도 모른다. 일화적으로, 부대는 다시 파병가기 전에 행동 치료 서비스를 찾는 제대군인의 수가 급증하는 점을 발견한다고 보고한다. 비록 일부 사람들은 이러한 지연된 도움 찾기를 다시 파병 가는 것을 회피할 목적으로 볼 수도 있겠지만, PTSD 증상들이 전투의 예상에 의해 촉발되어졌다는 것도 꽤 가능한 설명이다. 지금까지 이러한 현상은 연구되지 않았지만 포괄적인 조사를 해볼 가치가 있다.

회피

DSM-IV에서 두 번째 주요한 증상 군집은 회피Avoidance이다. 7개의 회피 증상이 있으며, DSM-IV에 따르면 이 군집에 대한 준거를 만족시키기 위해서는 7개 중 세 가지 이상이 나타나야 한다. 이러한 증상은 ① 외상과 관련되는 생각, 느낌, 대화를 회피하려는 시도 ② 외상이 회상되는 행동, 장소, 사람을 회피하려는 시도 ③ 외상의 중요한 부분을 회상할 수 없음 ④ 개인적 활동에 대한 흥미의 저하 ⑤ 타인으로부터 소외되거나 멀어지는 느낌 ⑥ 정서의 범위가 제한됨, 그리고 ⑦ 미래가 단축된 느낌 등이다(미국 정신건강 의학회, 1994).

DSM-IV는 이러한 증상들이 진단 자격을 얻기 위해서는 '외상 이전에 나타나지 않아야' 한다고 요구한다(미국 정신건강 의학회, 1994, p. 428). 그러나 재경험 증상에서처럼 회피 증상의 몇몇 증상은 장병들이 전투 관련 외상성 사건에 노출되기 전에 나타날 수 있다. 이러한 증상 가운데 3개는 직업적 상황에서는 적응적인 요소로 고려될 수 있다. 특히, 파병된 장병들은 외부의 주의분산을 배제하고 파병의 요구에 집중하기 위해 그들의 관심을 좁힐 것으로 예상된다. 이러한 좁혀진 관심사는 중요한 활동에서의 감소된 흥미에 관한 회피 증상의 한 측면으로 보일 수 있으나, 사실은 항시 주기 24/7 직무주기의 반영일 수 있다. 파병에서는 집과 연락할 수 있는 수단이 제한되며, 오락에 집중할 수 있는 시간이 적고, 오락을 위한 배출구가 제한되며, 문화적으로 임무에 집중 상태를 유지할 것을 요구한다.

외상성 사건에 노출되기 전에 발생할 수 있는 다른 증상은 다른 사람들로부터 소외되거나 멀어지는 느낌이다. 지리적 이격, 가족과 친구와의 물리적 접촉의 부족, 가족과 친구와의 제한된 소통 등 때문에, 이러한 소외는 정상적이다. 장병들은 오랫동안 가족과 친구들로부터 기능적으로 떨어져 있고, 축적된 공유 경험의 부족 등 때문에 소외감은 파병의 정상적 측면이다. 이러한 감정은 특정한 외상성 사건이 없이도 발생할 수 있다. 이러한 분리는 또한 각각의 장병들이 전투에서 살아남는 것을 도울 수 있는 작은 팀의 중요성에 더 집중하는 것과 일치한다. 그래서 다른 사람들로부터의 분리는 장병들이 그들의 모든 관심과 에너지를 전투 임무에 집중할 수 있게 하는 수단이 된다. 비록 집과 접촉하는 것이 가능하더라도, 양가감정을 느낄 수 있다. 차를 고치거나 재정적 문제를 해결하는 것과 같이, 장병들이 가족문제를 돌볼 수 없을 때, 장병들은 때때로 가족에게 일어난 사건을 듣는 것이 부담스럽거나 고통스럽다는 것을 발견한다(MHAT IV, 2007).

어떠한 외상성 사건에 대한 노출 이전에 존재하는 회피의 세 번째 증상은 제한된 정서적 범위를 가지는 것이다. 군대문화에서는 명백하게 파병 중인 장병들이 그들의 정서를 통제하도록 장려한다. 일반적인 장병은 이러한 통제를 분노 외의 정서는 표현하지 않는 것으로 해석한다. 망연자실이나 기껏해야 화내는 것은 받아들여질 수 있는 반면, 다른 감정들은 중요한 상황에서 판단을 발휘할 수 있는 능력을 제한하는 주의분산으로 간주된다. 외상성 사건에 대한 생각, 느낌, 대화를 회피하고자 노력하는 것은 매우 위험해서 직무수행에 집중할 것이 요구되어지는 직업적 상황에서는 적응적일 수 있다. 그러나 미래에 발생 가능한 위험을 감소시키기 위해 사건의 세부사항에 어느 정도의 주의를 기울이는 것은 필요하다. 군대는 사후 강평을 통해 이러한 인식을 강화하여, 기억 전체를 차단하거나 외상성 사건의 특정한 측면을 기억하지 못하도록 하는 것은 부적응적일 수 있다. 명백하게, 외상성 사건을 기억나게 하는 활동을 회피하고자 노력하는 것은 군사적인 관점에서는 부적응적이다. 장병들은 외상성 사건에 노출된 직후에 임무에 복귀할 것을 요구받을 수 있다. 이는 동료가 전사한 직후 그 지역을 순찰하는 것을 포함할 수 있다.

DSM-IV에 따르면, 이러한 군집에서 회피의 마지막 증상은 미래가 단축된 느낌이다. 이 가정에 따르면, 이러한 감정은 외상성 사건에 대한 병리적, 비합리적 반응으로 보인다. 그러나 군사적인 맥락에서 미래가 단축된 느낌은 꽤 합리적이다. 장병들이 그들의 동료가 전사하거나 부상당한 것을 본다면, 이러한 경험은 그들이 매우 위험한 직업에 있다는 현실을 깨닫도록 해준다. 그들이 어느 때나 전사하거나 부상당할 수 있어서 삶이 단축될 수 있다는 믿음은 비합리적이거나 반드시 병리적이지는 않다는 것을 깨닫게 된다. 어떤 면에서, 미래가 단축된 느낌은 숙명론적인 믿음을 반영한다. 장병들은 종종 생존은 행운의 문제이며, 할 수 있는 일은 거의 없다고 느낀다. 이러한 믿음은 "이젠 끝이다"와 "삼세 번만의 행운"과 같은 진술문에 반영되어 있다.

전투에서는 죽음이 무작위로 발생한다는 점을 이해하는 것은 사실은 적응적일 수 있다. 특히 장병들이 추가적인 위험이나 미래의 파병에 직면할 가능성이 있다면 더욱 그러하다. 이러한 숙명론은 광의의 맥락에서 이해될 필요가 있다. 숙명론이 무모한 행동이나 위험을 알리는 단서에 주의를 기울이지 못하도록 한다면, 확실히 부적응적이다.

그러나 기지 밖에서 시간을 보내는 장병들이 직면하는 실제의 위험을 수용하게 한다면, 죄책감과 사후 비판을 줄일 수 있도록 할지도 모른다. 맥락이 누군가의 통제 하에 있지 못할 때 통제하기를 원하는 것은 문제가 있는 것처럼, 군 직무에 시달리고 있는 장병들로 하여금 너무 업무 부담을 주는 것은 더 많은 건강 증상을 이끈다(Britt, Castro, & Adler, 2005). 즉 여전히 적극적인 대처전략을 사용하면서 장병들이 얼마나 많은 통제 불가능한 스트레스에 몰두할 수 있는지에 대하여 제한점이 있을 것이다. 숙명론은 장병들로 하여금 전투의 요구에 대처하도록 돕는 데 역할을 담당할지도 모른다.

과각성

DSM-IV에서 PTSD 증상의 세 번째 군집은 증가된 각성increased arousal 또는 과각성hyperarousal과 관련이 있다. 이러한 5개의 증상은 잠들기 어려움, 자극에 과민한 상태 또는 분노의 폭발, 집중의 어려움, 지나친 경계, 그리고 악화된 놀람 반응 등이 포함된다. 이러한 군집에 대한 준거를 만족시키기 위해서는 이러한 증상 중 최소한 두 가지 이상이 나타나야 하며, 이러한 증상들은 외상성 사건 이전에는 나타나지 않았어야만 한다.

다른 증상 군집과 유사하게, 이러한 증상 중 적어도 세 가지는 해외파병과 같은 직업적 환경에서 외상 이전에 나타날 수 있다. 주지한 바와 같이, 잠들기가 어렵다는 점은 물리적 조건 때문에 해외파병에는 흔한 일이다. 추가적으로, 지나친 경계와 악화된 놀람 반응 또한 전투환경의 전술적 인식을 증가시키므로 적응적인 것으로 보일 수 있다. 그래서 이러한 세 가지의 증상은 특정한 전투 관련 외상성 사건 이전에 발생할 수 있을 것이다. 이러한 차원에서의 몇몇 증상은 전투에서 장병들의 정상적인 상태를 대표하기 때문에, 전투환경에서 문제가 있는 것으로 평가되기 어렵다는 점은 주목해 볼 만하다. 유사하게, 이러한 많은 증상들은 장병들에게 정상적이다. 왜냐하면 그들이 고향으로 돌아왔을 때, 각성이 낮은 상태에 그들의 신체가 적응하는 데 시간이 필요하기 때문이다. 이것이 파병 후 적응 어려움을 가지고 있는 장병들을 구별하는 데 있어서 왜 이러한 증상이 유용하지 않은지에 대한 이유이다.

해외파병 동안과 그 후에 장병들이 경험하는 중심적인 회피 증상 가운데 하나는 분노이다. 만연한 분노는 현저한 정서이며, 장병들이 제한된 정서적 범위를 가지고 있다고 하더라도, 이러한 범위는 확실히 분노를 포함한다. 장병들은 종종 그들이 화가 났다고 표현한다(Adler 등, 2008; Wright 등, 2005). 그들의 분노는 어떠한 가지에 집중되지 않는다. 이는 비특정적이며, 장병들은 모든 것에 대해 화가 난다(또는 신경질적이 된다)고 보고한다(6장 참조). 이와 같은 만연한 분노는 화가 나는 것을 포함할 수 있다. 왜냐하면 해외파병의 결과로 몇 년간의 삶을 잃어버리고, 그들의 리더들이 그들의 요구를 만족시켜 주지 않은 것에 화가 나고, 삶에서의 작은 것들에 쉽게 과민해지기 때문이다. 확실히, 쉽게 분노하고 매우 신경질적이 되는 것은 관계의 문제, 직업상의 어려움, 삶을 즐기는 데 있어서의 어려움을 유도할 수 있다. 분노는 전투 관련 PTSD의 진단에 필요한 증상으로 포함될 만하다.

세 가지의 증상 군집 외에, PTSD 진단 준거는 또한 기간과 기능 손상 준거를 포함하고 있다. 즉 증상은 최소한 1개월 이상 지속되어야 하며, 일상의 기능에 있어서 중요한 고통이나 문제를 야기할 필요가 있다. 비록 희생자 모델 관점에서 DSM-IV가 PTSD의 강력한 설명을 제공하지만, 일부 증상은 직업 맥락에서 잘못 적용되고 있을 뿐만 아니라 현재 모델에서 놓치고 있는 몇몇 관련 범주가 존재한다.

전투에 대한 정신건강 반응 이해하기

외상성 사건에 대한 반응을 이해하기 위한 직업모델을 이용하는 것은 강조될 필요가 있는 몇몇의 새로운 이슈들을 이끌어 낸다. 이러한 이슈들은, 시간이 지남에 따른 증상의 발달, 외상성 사건에의 노출이 장병의 사고방식을 변화시키는 방식, 비탄, 죄책감, 후회와 같은 다른 정서들의 역할, 그리고 장병의 적응이 직무수행과 미래의 해외파병에 대한 준비에 영향을 미치는 방식 등을 포함한다.

증상 발달의 시간 과정

현재의 DSM은 외상성 사건에 대한 증상 반응이 상대적으로 선형적이라고 가정한다. 그러나 전투 해외파병의 직업적 맥락에서, 사건에 노출되기 이전에 시작하는 이러한 반응은 해외파병 순환에 의해 영향을 받으며, 미래의 해외파병에 대한 재설정을 위한 요구에 의해 형성된다. 그래서 전투 관련 PTSD의 발달의 전반적인 과정이 영향을 받는다.

첫째, 직업적 모델에서 장병들은 그들이 외상성 사건을 경험할 수 있으며, 증상은 특정한 외상성 사건 경험 이전에 발달할 가능성이 있음을 훈련받는다. 주지한 바와 같이, 이러한 증상은 주어진 맥락에서 적응적일 수 있거나(예를 들어 지나친 경계) 이해될 수 있다(예를 들어 잠들기 어려움). 그래서 전투 관련 PTSD의 발달을 위해 만들어진 시간 과정은 해외파병의 시작과 함께 시작된다.

둘째, 장병들이 해외파병으로부터 돌아올 때, 그들의 삶의 고통 수준은 실제로 최소화될 것이다. 그들은 망연자실할지도 모르며, 또는 집에 안전하게 도착한 것에 안도하면서 불편함을 거의 경험하지 않을지도 모른다. 그러므로 장병들은 의도적이지 않게 그들의 증상의 범위와 심각도를 축소할지도 모른다. 그들은 또한 그들의 증상을 고향에 있는 동안 빨리 사라질 파병환경의 찌꺼기로 무시할지도 모른다. 이러한 초기의 행복감은 부적응적 반응이 존재하는 것을 확인하기 어렵게 하는 파병 후 낙관주의의 일종이다. 그러므로 효과적인 해외파병 후 평가 프로그램은 장병들이 집으로 돌아온 초기에는 증상을 거의 보고하지 않는다는 사실을 고려할 필요성이 있다.

그러나 이러한 증상은 몇 달 후에는 더 넓게 퍼지게 될 것이고, 공식적인 평가는 이러한 시간 프레임을 포함해야만 한다(Bliese 등, 2008). 이러한 전형적인 파병 후 시간 프레임은 전투 관련 PTSD의 지연된 발생의 표시로 간주될 수도 있다. 전투 관련 PTSD의 덜 일반적인 형태는 전투환경 안에서나 파병 후 1개월 이내에 발생한다. Milliken 등(2007)은 파병 후반부나 초기 재파병 시간 프레임 동안 증상을 보고한 장병들은 추후조사follow-up에서 더 많은 증상을 보고한 점을 발견하였다. 이는 초기 발병 PTSD 증상이 더 다루기 어렵다는 점을 시사한다. 장병에 대한 PTSD의 재개념화는 평가 목적, 시간에 따른 과정의 예측, 치료 등에 대한 이러한 일반적인 지연을 고려할 필요성이 있다.

빠른 성숙

전투 파병 후에 장병의 관점은 두 가지 방식으로 변화할 수 있다. 첫 번째 변화는 개인이 빨리 성숙할지도 모른다는 점이다. 비록 이러한 빠른 성숙rapid maturation은 역기능적이라는 의미에서의 징후로 나타나지는 않겠지만, 개인이 그의 동료들과 보조를 맞추지 못하고 있다는 느낌을 야기할 수 있다. 전투 제대군인들은 파병된 적이 없는 친구와 단절된 느낌을 묘사한다. 이러한 단절은 우선순위에서의 차이를 반영한다. 파병된 장병들에게 집에 있는 친구들에 대한 염려는 상대적으로 사소한 것으로 간주된다. 이러한 성숙은 장병들이 삶을 다르게 평가하거나 가치를 둔다는 점에서 긍정적인 요소를 가지고 있으나, 그들의 동년배의 동료들과 보조를 맞추지 못하게 한다.

이와 같은 성숙은 신체적으로 그들이 걷는 방식, 신체 자세와 자기 보고된 신체적 불평에서 보일 수 있다. 그들의 보행과 그들 자신을 유지하는 방식은 노인들의 운동 스타일과 비슷하게 될 수 있다. 우리는 이러한 신체적 성숙을 묘사하는 일화적인 데이터를 갖고 있지만, 다양한 신체적 문제에 더 노출된 베트남전 제대군인에 관한 Boscarino의 연구(1997)는 이러한 관점과 부합한다. 유사하게 Hoge, Terhakopian, Castro, Messer, 그리고 Engel(2007)은 전투 제대군인의 신체에 대한 염려와 PTSD 간의 연결을 발견하였다. 이 책의 6장에서 기술된 전투에서 집으로의 전환척도combat-to-home transition scale에서, 복귀한 65%는 이라크로 파병 갔던 경험이 그들을 성숙하게 만들었다고 보고하였다. 이러한 주관적 성숙감sense of aging은 연구에서 직접적으로 조사될 수 있으며, 전투 관련 PTSD의 진단적 서술에 포함되는 것이 고려되어져야만 한다.

위험 감수하기

전투 파병에 뒤따르는 관점의 두 번째 변화는, 장병들이 위험 감수하기에 대해 다른 태도를 취할 수 있다는 점이다. Killgore와 동료들이 2008년 논문에서 밝힌 바와 같이, 강렬한 전투노출을 보고한 장병들은 위험을 감수하는 경향을 더 보고할 가능성이 있다. 다른 연구에서 Adler 등(2008)은 또한 강렬한 전투노출이 불필요한 무기를 옮기고 싸움을 시작하기를 기대하는 등 위험한 행동에 관여할 가능성이 증가하는 것과 연관되어 있음을 발견하였다. 그래서 전투에 장기간 노출되는 것은 장병들이 정서적 경험을 처리하는 방식을 변경시키는 생리학적 변화를 야기할 수도 있다.

비록 Killgore 등(2008)의 연구에서 직접적으로 강조되지는 않았지만, 장병들은 세 가지의 기제를 통하여 증가된 위험을 감수하도록 만들어진다. 첫째, 그들은 보통 '고양된 아드레날린adrenaline high'으로 불리는 것을 추구할지도 모른다. 안전한 활동들은 총체적인 망연자실에 대한 돌파구를 찾기에 충분하지 않을지도 모른다. 오직 높은 위험 활동을 통해서만 개인이 만족할 만한 정서적 반응을 경험할 수 있다. 둘째, 전투의 위험으로부터 살아남은 장병들은 무적의 감정을 느낀다. 그래서 다른 이들이 위험하다고 간주하는 것을 그들은 단지 흥미로운 것으로 생각할지도 모른다. 이러한 관점은 "만약 전투가 나를 죽이지 못하면, 이것은 아무것도 아니다."와 같은 진술에 의해 대표된다. 셋째, 장병들은 숙명론적 태도를 발전시킬지도 모른다. 즉 그들의 운명은 그들이 통제할 수 없는 요인에 의해 결정되며, 위험한 활동에 참여하는 것은 그들로 하여금 어떤 통제를 제공한다고 느낄지도 모른다. 위험 감수하기를 증가시키는 정확한 기제는 더 잘 이해될 필요가 있으며, 전투 관련 PTSD에 대한 진단 준거에 포함되도록 고려되어야만 한다.

비탄, 죄책감, 그리고 사후 비판

장병들이 전투에 의해 영향을 받는 세 번째 방식은, 그들이 종종 비탄, 죄책감, 사후 비판second-guessing의 정서적 무게를 다루어야만 한다는 점이다. 비록 많은 연구자들이 이러한 영역이 매우 중요하다고 확인하였음에도 불구하고, 이러한 주제들은 현재의 PTSD 재개념화에 있어서 확연하게 빠져 있다(예를 들어 Brunet 등, 2001; Henning & Frueh, 1998; Kubany, 1994; Sims & Sims, 1998; Weathers & Keane, 2007).

군사적인 맥락에서, 부대 동료의 죽음이나 심각한 부상에 의한 충격은 장병들이 서로 매우 잘 알거나 심지어는 친구일지도 모른다는 사실에 의해 악화된다. 장병들은 종종 존경받는 리더나 친구의 죽음과 연관된 고통을 묘사한다. 그들은 다른 이들과 어떻게 일할지, 함께 훈련할지, 살아갈지, 개인적 이야기를 나눌지에 대해서 다시 생각한다. 이러한 죽음은 추상적이지 않고 친숙하다.

동료 장병의 죽음을 슬퍼하는 것은 몇 가지 방식에 의해 표현될 수 있다. 전장에서 애도에 할당된 시간은 몇 날 몇 주가 아닌, 몇 시간 동안 주어진다. 추도식은 간단하며, 바로 전투 임무로 초점이 돌아온다. 장병들은 종종 추도식 후에 즉각적으로 정찰 임무를 다시 수행하였다고 보고한다. 그래서 회상을 위한 시간은 제한되며, 불완전한 경향이 있다. 슬픔을 표현하는 대신, 비탄감은 분노로 표현될 수 있다. 이러한 분노는 부대의 리더에게 향해지거나, 더 극단적인 경우에는 적 전투원과 죄없는 민간인에게 향할 수 있다(예를 들어 Castro & McGurk, 2007; MHAT IV, 2007). 고향으로 복귀한 후, 이러한 분노는 더 일반적으로 표현되며, 사회적, 직업적 기능의 붕괴를 가져올 수 있다. 이는 전투 관련 PTSD의 핵심적인 증상이 되며, 회복 과정에서 중요한 도전이 된다.

죄책감과 사후 비판 또한 정서적 대가를 치르게 할 수 있다. 군대에서 개인은 책임을 지며, 무엇이 발생하였는지 설명하고, 결함을 식별하고 수정하도록 훈련받는다. 이러한 강력한 의무감은 장병의 직업적 정체감의 필수적인 부분이다. 부대원이 부상당하거나 전사할 때, 이는 전투의 위험성 가운데 하나이며, 이러한 동일한 의무감이 죄책감과 사후 비판에 빠뜨리는 결과를 초래할 수 있다. 장병들은 전투는 혼란스러우며, 전투에서의 전사와 부상은 무작위로 발생한다는 점을 인식한다. 생존은 운에 달려 있다. 그러나 역설적인 점은, 장병들은 또한 혼란스러운 환경에서 장병들의 행동이 모든 전사와 부상을 방지할 수 있다는 듯이 그들의 행동과 활동을 통제하도록 훈련받는다는 점이다. 사후 비판과 죄책감은 장병들이 누군가의 전사나 부상에 기여했다고 생각하는 어떤 행동이나 행동의 부족으로부터 그들 자신을 용서할 수 없게 만드는 결과를 초래할 수 있다. 게다가 현재의 PTSD 개념화에는 빠져 있지만, 다른 PTSD 연구자들은 죄책감의 중요성을 확인해 왔다(예를 들어 Henning & Frueh, 1998; Kubany, 1994).

기능성과 손상

현재의 PTSD 개념화는 개인의 기능 손상을 평가하는 데 있어서 직업적 환경을 고려하지 않는다. 이러한 개념화는 진단 준거가 직업적 기능의 파괴뿐만 아니라 사회적, 대인간 관계의 파괴를 포함하고 있음에도 불구하고, 외상성 사건 이후의 개인의 적응은 직업적 맥락에 달려 있다고 가정한다. 군대문화의 구조는 보편화되어 있기 때문에, 전투 관련 PTSD 증상을 가지고 있을지도 모르지만 높은 기능을 유지하려고 노력하는 장병을 은연중에 지탱해 줄 수 있다. 이러한 구조는 차림새, 신체 적성, 제복에 관한 특정한 금지를 포함한다. 완고한 위계는 사회적 행동과 사회적 상호작용을 지시하거나 영향을 미친다. 직무는 예측 가능한 매일의 일상을 제공한다. 이러한 구조는 직무 수행과 사회적 상호작용의 관점에서 기대를 충족하기 쉽게 만듦으로써 구조적 지지를 제공한다.

장병이 군대를 떠날 때, 그들은 이러한 구조를 잃게 되고, 이와 같은 상실은 기능의 감소를 촉발시킬 수 있다. 극단적인 경우에, 이러한 구조의 손실은 노숙자가 되도록 만들 수도 있다. 우리는 덜 구조화된 민간 사회로의 전환이 제대군인 건강돌봄 시스템Veterans Affairs health care system에서 더 높은 수준의 치료를 추구하는 결과를 초래할지도 모른다고 가정한다. 그래서 구조의 손실은 PTSD의 몇몇 사례가 왜 늦게 발병하는지를 설명할 수 있다. 장병들은 복무 중에는 PTSD 증상이 있지만, 군대 구조를 떠날 때까지는 현저한 기능의 손상을 보이지 않을 수 있다. 이러한 이슈에 대한 예방적인 반응은 제대군인들이 제대군인 의료시설을 찾을 때까지 기다리는 대신, 그들이 제대 3~6개월 후에 전투 관련 PTSD를 평가받아야 한다고 제안한다.

군대문화에 의해 제공되는 지지의 이면은 어떠한 행동들(예를 들어 음주, 관계 문제)은 군대 생활의 정상적인 부분으로 간주될 수 있기 때문에 PTSD 증상이 묵살될 수 있다는 점이다. 역설적이게도, 증상이 있는 장병을 기능하게 만들 수 있는 이러한 군대 구조는 그들이 더 외상적인 위험에 놓일 수 있는 해외파병에 다시 뽑힐 자격이 되도록 한다. MHAT IV(2007)와 MHAT V(2008)에서 중복 해외파병 효과multiple deployer effect로 명명된 증거는, 첫 전투 해외파병 중인 병사들이 두 번째 전투 해외파병 중인 병사들에 비해 더 적은 PTSD 증상을 보고한다는 점을 보여주었다. 확실히 각각의 추가적인 전투 해외파병은 개인이 더 많은 PTSD 증상을 보고할 가능성을 증가시켰다. 기능에 관한 이러한 이슈들은 복잡하지만 그것들은 전투 관련 PTSD의 직업적 모델 안에서 설명되어져야만 한다. 구조의 이슈 또한 전투로 돌아가는 것이 무엇을 의미하는지 이해하는 것에 대한 시사점을 가지고 있다.

앞으로의 길과 결론

잠재적으로 외상적인 사건에 대한 심리적 반응을 이해하기 위해 직업모델을 사용하는 것은 PTSD가 개념화되는 방식을 변경시킬 수 있다. 이러한 재개념화는 PTSD와 관련된 각각의 증상들을 재조사해야 할 필요성을 만들며, 진단 준거가 다시 정의될 수 있는 토대를 제공한다. 구조적으로 우리는 PTSD 증상이 잠재적인 외상성 사건에 노출된 결과로부터 예상된다는 융통성 없는 연속선상으로부터 심리학자들이 물러설 필요성이 있다는 점을 주장하고 있다. 직업모델을 채택하는 것은 예기 반응과 증상의 개념과 전투에서 이러한 증상의 적응적인 본질을 소개한다. 그러나 일단 전투 관련 외상성 사건에 노출되면 이러한 증상들이 악화되거나 개인이 더 비협조적일 수 있다는 점을 주의해야 한다. 이러한 직업모델은 또한 전투 관련 PTSD의 예방, 초기개입, 치료에 대한 시사점을 가진다. 전투 관련 PTSD 이슈를 연구하는 전문가들은 전투 관련 PTSD를 개념화하거나 다루기 위한 가이드로써의 희생자기반 개인에만 전적으로 의존하지 않는다. 마지막으로 이러한 직업모델은 전투 관련 PTSD를 이해하기 위해 디자인된 추후 연구 노력에 대하여 시사점을 가지고 있다.

예방, 초기개입, 치료에 대한 시사점

잠재적인 외상성 사건에 노출된 후에 PTSD를 발전시킬 개인들을 미리 식별하려는 시도는 두르러지게 실패하였다(Rona, Hyams, & Wessely, 2005). 예를 들어 제2차 세계대전 동안, 전투 관련 정신건강 문제의 위험이 있는 사람들을 선별하기 위해 정신과적 면접이 사용되었다. 이러한 시도는 특이도specificity와 민감도sensitivity가 모두 부족하였으며, 결국에는 수십 만 명이 불필요하게 군 복무로부터 배제되는 결과를 낳았다. 이러한 배제에도 불구하고, 전투 소진combat exhaustion은 제2차 세계대전 동안 사상자의 중요한 부분을 차지하였다(Ginzberg, 1959; Harris, Mayer, & Becker, 1955).

PTSD를 발달시킬 위험에 처한 개인을 선별하고자 한 초기의 시도는 심리사회적 지표에 집중하였다. 현재 초점은 생체지표를 식별하는 것으로 이동하였다. 이 장의 초반에 언급했듯이, 전투가 직업적 위험으로 간주되면, 심각한 PTSD 증상의 발생수는 40%에 달하며, 다른 20~35%는 최소한 중간 정도의 PTSD 증상을 보고한다. 그래서 중간 정도나 심각한 PTSD 증상을 발전시켜 나가는 개인들을 선별하기 위한 시도는 군 복무에 흥미가 있는 전체 집단의 3/4을 실질적으로 탈락시켰다.

만약 전투 관련 외상성 사건에 직면했을 때, 75%가 중간 정도나 심각한 PTSD 증상을 발전시켜 나간다면, 문제는 선별 이슈가 아니라 전체 집단의 이슈가 된다. 즉 75%는 개인들의 대부분을 대표하며, 전투 관련 PTSD를 발달시키는 현저한 위험요인은 사실은 전투라는 점을 강화한다. 이러한 관점은 어떻게 예방과 초기개입 노력이 발전되었는지에 관한 결과이다. 선별도구로써 심리사회적, 생화학적 지표와 같은 개인 수준의 위험요인을 발전시키는 데 집중하는 것은, 우리가 가용한 인력의 25%만을 선별할 준비가 되어 있지 않다거나, 심리사회적, 생화학적 소인을 극복할 수 있는 효과적인 예방 전략을 발전시키지 못한다면, 전투에 노출된 장병에게서 PTSD 증상을 예방하는 데 도움이 되지 않을 것이다.

실제로, 우리는 이러한 개인을 전투에 보내고, 유의미한 PTSD 증상을 발달시키는 것으로부터 위험에 처한 개인을 예방하는 효과적으로 복잡한 개입 전략을 가지고 있지 않다. 그래서 현재 시점에서는 개인 수준의 위험요인을 식별하는 것은 예방 노력의 초점이 아니다.

개인 수준의 위험요인을 반박하는 데 사용될 수 있는 개입 노력의 부족 이외에, 개인 위험요인을 식별하는 연구 노력에 초점을 맞추는 것은 또 다른 문제가 있다. 이러한 종류의 연구는 PTSD 증상의 문제는 전투와 관련 있는 직업적 위험보다는 개인에게 있다는 의도하지 않은 암묵적인 메시지를 보낸다. 이러한 메시지는 통제 밖에 있는 것 때문에 장병들을 비난하는 것으로 보이는데 이는 자기비난, 오명, 실망감을 높이기 때문에 그들의 어려움을 악화시킨다.

전체 집단 수준에서 문제를 개념화하는 것은, 사회가 개인을 돕는 데 초점을 두는 것처럼 우리가 직업적 위험을 다루는 방식을 근본적으로 변화시킨다. 우리는 이러한 문제들을 전체 집단의 관점에서 강조하는 것은 3단계의 개입을 포함한다고 믿는다. 첫째, 매우 많은 개인들이 위험에 처해 있기 때문에, 정신건강 훈련은 직업적 위험 전뿐만 아니라 후에도 제공될 필요성이 있다. 직업적으로 관련된 외상성 사건에 노출될 위험이 있는 모든 개인은 이러한 종류의 훈련을 받아야 한다. 이와 같은 정신건강 훈련은 적절한 직업 관련 반응, 지나친 경계와 고요함의 상태를 옮겨가는 방식, 그리고 전투 관련 사건에 대한 정상적 반응으로써 분노를 다루는 방식과 같은 주제를 강조하여야 한다. 이러한 행동들은 냉정하고 실제적인 훈련환경 안에서 교육되고, 동료와 리더들로부터 강화되며, 군대문화를 위하여 만들어질 필요가 있다.

예방은 또한 리더 훈련을 포함해야 한다. 이를 통해 그들이 빠른 시간 내에 긍정적 리더십 행동을 보이고, 부정적인 리더십 행동을 피하며, 부대 기능에 대한 그들의 영향을 이해하는 것을 배울 수 있다. 이러한 리더들은 또한 인지적 재구조화, 지나친 경계로부터 회복되는 기회의 제공, 그리고 효과적으로 듣는 방법의 학습 등과 같은 기법을 이용하여 그들의 부대에서 스트레스 반응을 관리할 수 있도록 훈련받아야 한다. 이러한 훈련은 전통적인 리더십 과정뿐만 아니라 실제적인 훈련에 융화되어야 한다.

둘째, 해외파병 전 정신건강 훈련 이외에 위험 수준에 따라 전체 집단, 부대, 그리고 개인에 근거한 효과적인 초기개입 전략이 존재한다. 전체 집단에 근거한 접근은 대다수의 장병들이 해외파병 후 어느 정도 적응 문제를 가지고 있고, 훈련으로부터 혜택을 받을지도 모른다는 점을 인식한다. 예를 들어 해외파병으로부터 돌아온 모든 장병들은 전투로부터 고향으로의 전환에 따른 정상적인 스트레스를 어떻게 다루는지에 대한 훈련을 제공받을 수 있다. 이러한 종류의 기술을 전체 집단에게 훈련하는 것은 전반적인 PTSD 증상의 수를 포함한 적응 문제들을 감소시킬 수 있을지도 모른다. 이러한 훈련을 통하여, 문제를 가지고 있지 않은 개인들조차 그들의 부대 동료들이 경험할지도 모르는 문제를 인식하게 됨에 따라 이익을 얻을 수 있고, 전환하는 과정에서 부대 동료들을 더 잘 지지할 수 있게 한다. 미 육군에서 이러한 훈련 시스템은 전투정신 훈련Battlemind Training의 영향을 받는다(1장 참조). 전투정신 훈련에서, 장병들은 그들이나 다른 장병들이 경험할지도 모르는 반응들을 배우고, 전환의 어려움의 조짐이 무엇인지 배우게 되고, 그들 자신과 다른 사람들을 위해 주의하도록 격려받는다.

전체 집단에 근거한 훈련 이외에, 위험에 처한 부대는 또한 추가적인 훈련을 제공받을 수 있다. 위험에 처한 부대를 목표로 하는 것은 모든 부대가 동일한 수준의 전투에 노출되지 않는다는 현실을 인정한다. 예를 들어 매일 순찰 임무를 수행한 부대는 기지에서 일한 부대보다 더 큰 위험에 처했을지도 모른다(Castro & McGurk, 2007). 이러한 부대에 근거한 훈련은 구조화된 집단 상호작용으로부터 더 전통적인 수업에 이르기까지 다양한 형태를 취할 수 있다. 예를 들어 전투정신 심리적 경험보고Battlemind Psychological Debriefing는 소규모 부대 내에서 해외파병과 관련된 경험의 어려움과, 이러한 경험에 대한 반응을 어떻게 다루는지를 토의하기 위해 해외파병 동안과 그 후에 사용될 수 있다(Adler, Castro, & McGurk, 2009). 다른 개입들이 추가적인 정신건강 훈련 모듈을 가지고 높은 위험에 처한 부대를 목표로 할 수 있다. 예를 들어 위험에 처한 부대는 간단한 수용 치료 연습을 통하여 침입적 사고를 다룰 수 있는 훈련을 받을 수 있다(예를 들어 Shipherd & Salters-Pedneault, 2008). 동료들 또한 부대의 동료를 지지하기 위해 정신건강 평가와 교육에 대한 특별 훈련을 받을 수 있다. 영국의 TRiM 프로그램(3장 참조)과 의무병을 위한 심리적 응급처치의 형태인 미국의 전투정신 전사 회복탄력성 훈련Battlemind Warrior Resiliency Training은 이러한 개입모델의 두 가지 예이다.

셋째, 추가적인 도움을 필요로 하는 개인들이 치료의 대상이 될 수 있다. 예방적인 심리적 평가 프로그램은 증상이 있는 장병을 식별하고 추후 치료를 맡기는 하나의 메커니즘이다. 비록 평가의 시기가 중요하고, 평가는 해외파병 주기 동안 몇몇 다른 시점에서 행해질 필요가 있기는 하지만, 이러한 종류의 평가는 또한 오명과 치료에 대한 잠재적인 장애물을 감소시키는 데 사용될 수 있다. 예를 들어 장병들이 정신건강 지원이 제공되지 않은 채 귀향할 때까지 기다리는 것보다는 그들을 지지하기 위해 필요한 정신건강 지원을 제공하는 것을 목표로 해외파병 동안 일상적인 정신건강 평가를 하는 것이 더 유익한 것으로 증명되었다.

치료 자체는 여기에서 제안된 직업모델을 고려하여 적용하는 것이 필요하다. 왜냐하면 PTSD 관련 증상의 발달과 유지는 직간접적으로 직업적 맥락에 의해 영향을 받기 때문이다. 예를 들어 전통적 치료모델들은 PTSD 발달의 순차적인 본질을 가정한다. 즉 개인은 명백한 사건에 노출되고, 노출은 이어지는 증상의 원인이 된다. 전투 관련 외상성 사건이 장기적인 생리적 스트레스에 앞선다는 점을 인식하는 것에 의해, 치료는 이러한 생리적 요소를 강조할 필요성이 있다. 추가적으로 치료모델은 치료가 진행 중인 전투 해외파병의 중간에 제공된다는 점을 고려하여 발달될 필요가 있다. 그래서 치료는 조정될 필요가 있다. 장기치료 회의 상담, 과제, 이완 기법은 전투 상황에서는 반드시 적절하거나 건강하지 않을 수도 있다. 다음으로 전투 해외파병에 뒤따라 제공되는 치료는 치료가 지연되었다는 점과 잠재적인 회상적 전투 관련 사건들이 해외파병 중에 발생했을지도 모른다는 점을 고려할 필요가 있다(2장 참조). 장병들은 또한 다시 전투로 돌아갈 수 있다는 것을 예상하게 되며, 그래서 안전에 대한 걱정과 정서의 회피가 중요한 기능을 할지도 모른다. 그리고 인지행동치료와 연장된 노출치료와 같은 전통적으로 받아들여지는 PTSD 치료는 전투환경의 전반적인 측면이 아니라 일반적으로 특정한 사건들에 초점을 둔다. 이러한 염려를 강조하기 위해 치료는 어떻게 최적으로 설계될 수 있는지 또는 PTSD 제대군인의 직업적 실제를 다루기 위해 존재하는 치료모델을 어떻게 조정해야 하는지에 대해서는 알려진 것이 많지 않다.

언제 제대군인의 반응의 역기능에 초점을 맞출지와 언제 전투의 환경적 맥락에 초점을 맞출지에 대한 어려움이 밝혀지고 있다. 이와 같은 차이를 만듦으로써, 전투 맥락에서 장병들과 함께 일하는 정신건강 전문가들은 개입을 팀에 기초한 지지에 지향할 수 있을 뿐만 아니라 어떤 반응들이 사실은 전투환경에 적응적일 수 있을지, 그리고 어떤 반응이 지장을 주는지를 이해할 수 있다. 예를 들어 전투환경에서 지나친 경계는 적응적이고 치료되지 않아도 된다. 그러나 수면장애는 정상적이고 이해할 만하더라도 수행을 손상시킬 수 있으며, 그렇기 때문에 어떤 의미에서는 군사적 수행을 손상시키지 않을지라도 치료되어야 한다.

세 가지 유형의 지지, 예방, 초기개입과 치료 전체에 걸쳐 조직의 정책은 이러한 지원의 전달을 제도화하고 촉진하는 방향으로 만들어질 필요가 있다. 이 장의 범위를 벗어나기는 하지만 이러한 정책들은 해외파병, 의무적인 정신건강 훈련, 그리고 심리적 적격심사 간의 적절한 시간을 만드는 것을 포함한다(정책들이 정신건강 서비스의 제공에 어떻게 영향을 줄 수 있는지에 대한 논의는 2장 참조). 추가적으로, 개입의 경험적인 타당도를 지지하는 정책들은 전투 관련 PTSD를 줄이는 효과적인 전략의 발달을 지지할 수 있다. 그러한 연구는 직업적 맥락에서 강조될 필요가 있는 아젠다와 이러한 전체 집단에 대한 증거에 기반한 최상의 해결책을 수립하는 데 사용될 수 있다.

추후연구

전투 관련 PTSD 영역의 연구는 몇몇의 핵심 의문점을 강조한다. 첫째, 전투경험이 어느 정도까지 성격에 영향을 미치는가? 만약 전투가 성품 발달character development을 이끌어 낼 수 있다고 가정한다면 전투는 또한 성품 손상을 이끌어 내기에도 충분할 만큼 영향력이 있다고 볼 수 있다. 성격장애가 전투 해외파병 이전에 존재해 왔다고 하더라도, 전투에의 노출은 사실상 성격을 변화시킬 수 있을지도 모른다. 전투는 긍정적이거나 부정적인 방향 모두에서 성품과 성격을 변경시킬 수 있는 영향력 있는 삶의 변화 경험으로 간주될 수 있다. 성격이론과 성격장애 진단에 중요한 영향을 끼칠 수 있음에도 불구하고, 현재까지 이러한 영역은 과학적 관심을 거의 받지 못했다. 또한 이러한 영역은 보상 청구를 해결하는 데에도 중요한 영향을 미친다. 성격장애는 군에 입대하기 전부터 존재하였다고 추정되기 때문에, 군에서 성격장애 진단을 받은 개인은 장애 보상에 대한 권리가 없다. 그러므로 이러한 영역은 실제적 함의를 가지고 있고, 전투 해외파병이 어떻게 장병에게 영향을 미치는지에 대한 이해를 확장한다는 측면에서 중요하다.

강조되어야 할 두 번째 연구영역은 전투 관련 PTSD 증상이 언제 장애의 일부분이 되는지의 여부와 언제 PTSD 증상이 직업에 적응적인지의 여부를 정의하는 것이다. 역설적으로, 주지한 바와 같이, 동일한 PTSD 증상이 어떤 맥락(예를 들어 전투)에서는 적응적일 수 있는 반면, 다른 맥락(예를 들어 주둔지)에서는 부적응적일 수 있다. 이러한 증상들이 기능의 파괴를 유도하는지의 여부는 맥락에 달려 있다. 연구는 장병들에 대하여 적응적인 PTSD 증상을 주둔지 환경으로 전환하는 최적의 방법을 이해할 필요가 있다.

세 번째 연구영역은 지연된 전투 관련 PTSD 발병에 관한 이슈를 강조한다. 군 구조와 사회적 지지는 장병들에게 그들이 PTSD 증상을 가지고 있을 때조차 기능을 잘 유지할 수 있는 맥락을 제공한다. 그러나 일단 이러한 장병들이 군대를 떠나면, 이러한 동일한 증상들이 손상을 유도할 수 있다. 그래서 군대를 떠난 이후에 제대군인을 진단하는 것은, 장병들이 군대를 떠난 이후에 손상이 표현된다는 사실을 고려해 볼 때, 반드시 군 복무 동안 장병을 진단하기 위한 군대 의료 시스템의 실패를 나타낸다고 볼 필요는 없다. 그래서 연구는 장병들이 군 복무 동안 지지받을 수 있고, 어떻게 이러한 동일한 지원이 민간인으로서의 적응을 연결하는 데 사용될 수 있는지에 대한 길을 이해할 필요가 있다. 매우 많은 제대군인들이 노숙자가 되고, 범죄에 연루되며, 높은 자살 위험에 처해진다는 점을 고려할 때, 이러한 강조는 특히 중요하다.

우리는 직업모델을 전투 관련 PTSD의 진단과 치료에 포함시키는 것이 복잡하다고 평가한다. 이 장의 목표는 이러한 개념화가 시작될 수 있는 기초를 제공하는 데 있다. 현재 이해되고 있는 것처럼 PTSD 영역이 전투 제대군인의 요구를 강조하지 않는다는 인식이 존재하지 않는다면, 전투 제대군인에 대한 적절한 진단, 초기 개입, 그리고 치료 전략은 발생할 수 없다. 전투 제대군인과 함께 일하고 있는 많은 전문가들은 암묵적으로 진단의 한계를 인식하고, 이에 따라 그들의 일을 조정한다. 그러나 끊임없이 전투 관련 PTSD의 이해를 개선하는 것은 전체적으로 의료 커뮤니티에 달려 있다.

Adler, A. B., Castro, C. A., & McGurk, D. (2009). Time-driven Battlemind psychological debriefing: A group-level early intervention in combat. *Military Medicine*, 174, 22-28.

Adler, A. B., Wright, K. M., Bliese, P. D., Eckford, R., & Hoge, C. W. (2008). A2 diagnostic criterion for combat-related posttraumatic stress disorder. *Journal of Traumatic Stress*, 21, 301-308. doi:10.1002/jts.20336

American Psychiatric Association. (1980). *Diagnostic and statistical manual of mental disorders* (3rd ed.). Washington, DC: Author.

American Psychiatric Association. (1994). *Diagnostic and statistical manual of mental disorders* (4th ed.). Washington, DC: Author.

Bliese, P. D., Adler, A. B., Castro, C. A., Thomas, J. L., & Hoge, C. W. (2008, August). The impact of combat experiences on mental health over time. In A. B. Adler & C. A. Castro (Chairs), *Managing the psychological impact of combat: Soldiers, units, and leaders*. Symposium conducted at the meeting of the American Psychological Association, Boston, MA.

Boscarino, J. A. (1997). Diseases among men 20 years after exposure to severe stress: Implications for clinical research and medical care. *Psychosomatic Medicine*, 59, 605-614.

Breslau, N., & Davis, G. C. (1987). Posttraumatic stress disorder: The etiologic specificity of wartime stressors. *The American Journal of Psychiatry*, 144, 578-583.

Breslau, N., & Kessler, R C. (2001). The stressor criterion in DSM-IV posttraumatic stress disorder: An empirical investigation. *Biological Psychiatry*, 50, 699-704. doi:10.1016/S0006-3223(01)01167-2

Brewin, C. R., Andrews, B., & Rose, S. (2000). Fear, helplessness, and horror in posttraumatic stress disorder: Investigating DSM-IV criterion A2 in victims of violent crime. *Journal of Traumatic Stress*, 13, 499-509. doi:10.1023/A:1007741526169

Britt, T. W., Castro, C. A., & Adler, A. B. (2005). Self-engagement, stressors, and health: A longitudinal study. *Personality and Social Psychology Bulletin*, 31, 1475-1486. doi:10.1177/0146167205276525

Brunet, A., Weiss, D. S., Metzler, T. J., Best, S. R., Neylan, T. C., Rogers, C., . . .

Marmar, C. R. (2001). The peritraumatic distress inventory: A proposed measure of PTSD criterion A2. *The American Journal of Psychiatry*, 158, 1480-1485. doi:10.1176/appi.ajp.158.9.1480

Bryant, R. A., Moulds, M. L., Guthrie, R. M., Dang, S. T., & Nixon, R. D. V. (2003). Imaginal exposure alone and imaginal exposure with cognitive restructuring in treatment of posttraumatic stress disorder. *Journal of Consulting and Clinical Psychology*, 71, 706-712. doi:10.1037/0022-006X.71.4.706

Castro, C. A., & McGurk, D. (2007). The intensity of combat and behavioral health status. *Traumatology*, 13, 6-23. Retrieved from http://tmt.sagepub.com/cgi/content/abstract/13/4/6

Creamer, M., McFarlane, A. C., & Burgess, P. (2005). Psychopathology following trauma: The role of subjective experience. *Journal of Affective Disorders*, 86, 175-182. doi:10.1016/j.jad.2005.01.015

Ehlers, A., Clark, D. M., Hackmann, A., McManus, F., & Fennell, M. (2005). Cognitive therapy for posttraumatic stress disorder: Development and evaluation. *Behaviour Research and Therapy*, 43, 413-431. doi:10.1016/j.brat.2004.03.006

Ginzberg, E. (1959). *The lost divisions*. New York, NY: Columbia University Press.

Harris, F. G., Mayer, J., & Becker, H. A. (1955). *Experiences in the study of combat in the Korean theater: I. Psychiatric and psychological data*. Washington, DC: Walter Reed Army Institute of Research.

Henning, K. R., & Frueh, B. C. (1998). Combat guilt and its relationship to PTSD symptoms. *Journal of Clinical Psychology*, 53, 801-808. doi:10.1002/(SICI)1097-4679(199712)53:8〈801::AID-JCLP3〉3.0.CO;2-I

Hoge, C. W., Castro, C. A., Messer, S. C., McGurk, D., Cotting, D. I., & Koffman, R. L. (2004). Combat duty in Iraq and Afghanistan, mental health problems, and barriers to care. *The New England Journal of Medicine*, 351, 13-22. doi:10.1056/NEJMoa040603

Hoge, C. W., Terhakopian, A., Castro, C. A., Messer, S. C., & Engel, C. C. (2007). Association of posttraumatic stress disorder with somatic symptoms, health care visits, and absenteeism among Iraq war veterans. *The American Journal of Psychiatry*, 164, 150-153. doi:10.1176/appi.ajp.164.1.150

Jones, E., & Wessely, S. (2001). Psychiatric battle casualties: An intra and interwar comparison. *The British Journal of Psychiatry*, 178, 242-247. doi:10.1192/bjp.178.3.242

Killgore, W. D. S., Cotting, D. I., Thomas, J. L., Cox, A. L., McGurk, D., Vo, A. H., . . . Hoge, C. W. (2008). Postcombat invincibility: Violent combat experiences are associated with increased risk-taking propensity following deployment. *Journal of Psychiatric Research*, 42, 1112-1121. doi:10.1016/j.jpsychires.2008.01.001

Killgore, W. D., Stetz, M. C., Castro, C. A., & Hoge, C. W. (2006). The effects of prior combat experience on the expression of somatic and affective symptoms in deploying soldiers. *Journal of Psychosomatic Research*, 60, 379-385. doi:10.1016/j.jpsychores.2006.02.012

Kubany, E. S. (1994). A cognitive model of guilt typology in combat-related PTSD. *Journal of Traumatic Stress*, 7, 3-19. doi:10.1002/jts.2490070103

McFarlane, A. C., & Girolamo, G. D. (1996). The nature of traumatic stressors and the epidemiology of posttraumatic stress reactions. In B. A. van der Kolk, A. C. McFarlane, & L. Weisaeth (Eds.), *Traumatic stress: The effects of overwhelming experience on mind, body and society* (pp. 129-154). New York, NY: Guilford Press.

Mental Health Advisory Team IV. (2007). *Mental Health Advisory Team (MHAT) IV Operation Iraqi Freedom* 05-07. Retrieved from http://www.armymedicine.army.mil/reports/mhat/mhat_iv/mhat-iv.cfm

Mental Health Advisory Team V. (2008). *Mental Health Advisory Team (MHAT) V Operation Iraqi Freedom 06-08: Iraq, Operation Enduring Freedom 8: Afghanistan.* Retrieved from http://www.armymedicine.army.mil/reports/mhat/mhat_v/mhat-v.cfm

Milliken, C. S., Hoge, C. W., & Auchterlonie, J. L. (2007). Longitudinal assessment of mental health problems among active and reserve component soldiers returningfrom the Iraq War. JAMA, 298, 2141-2148. doi:10.1001/jama.298.18.2141

Rona, R. J., Hyams, K. C., & Wessely, S. (2005). Screening for psychological illness in military personnel. JAMA, 293, 1257-1260. doi:10.1001/jama.293.10.1257

Shipherd, J., & Salters-Pedneault, K. (2008). Attention, memory, intrusive thoughts, and acceptance in PTSD: An update on the empirical literature for clinicians. *Cognitive and Behavioral Practice*, 15, 349-363.

Sims, A., & Sims, D. (1998). The phenomenology of posttraumatic stress disorder:A symptomatic study of 70 victims of psychological trauma. *Psychopathology*, 31, 96-112. doi:10.1159/000029029

van der Kolk, B. A., Weisaeth, L., & van der Hart, O. (1996). History of trauma in psychiatry. In B. A. van der Kolk, A. C. McFarlane, & L. Weisaeth (Eds.),

Traumatic stress: The effects of overwhelming experience on mind, body, and society(pp. 47-74). New York, NY: Guilford Press.

Weathers, F. W., & Keane, T. M. (2007). The criterion A problem revisited:Controversies and challenges in defining and measuring psychological trauma. *Journal of Traumatic Stress*, 20, 107-121. doi:10.1002/jts.20210

Wright, K. M., Thomas, J. L., Adler, A. B., Ness, J. W., Hoge, C. W., & Castro, C. A.(2005). Psychological screening procedures for deploying U.S. forces. *Military Medicine*, 170, 555-562.

10장

제대군인의 PTSD 강조하기

제대 이후 정신건강 지원의 문제점

10장

제대군인의 PTSD 강조하기

제대 이후 정신건강 지원의 문제점

Terence M. Keane, Barbara L. Niles, John D. Otis, And Stephen J. Quinn

"군에서 제대한 후에 나는 보스턴에 있는 집으로 돌아왔지만 군대나 동료 병사들 모두로부터 직접적인 공공적, 구조적 지원을 받지 못했다. 몇 주 지나자 나는 5년간 이라크에 두 번 파병됐었던 경험으로 인해 심리적 충격을 심하게 받고 있다는 것을 깨달았다. 나는 화나고, 우울해지고, 불안으로부터 고통 받았으며, 고향에서 가족, 친구, 직장 동료들 등, 그 누구와도 연결되어 있지 않다고 느꼈다. 치료의 첫 단추를 꿰기가 가장 힘들었다. 즉 ① 나는 심리적으로 영향을 받아왔고 ② 나는 내가 느끼는 것을 통제할 수 없었다는 점을 인정한다. 그리고 나는 골치 아픈 생각과 정서를 다룰 도구가 부족했다. 제대군인국(Veterans Affairs; VA)에서의 일대일 회의 상담을 통해 내가 지금 매일 싸우고 있는 많은 이슈들을 다루게 되었다. 나는 지금 이 길이 매우 길고, VA와 같이 외상 후 스트레스 장애

이 장은 미국 정부에 의해 고용된 연구진에 의해 공무의 일환으로 작성된 것으로 공유 저작물에 해당한다, 여기에 제시된 어떤 내용도 반드시 미국 정부의 입장을 대변하지 않으며, 저자들이 연구에 참여했다고 해서 이 내용이 공식적인 입장을 제시하는 것도 아니다.

(PTSD)를 전문으로 다루는 시설이 도움이 되며, 우리의 경험에도 불구하고 다른 제대군인들은 행복하고, 건강한 삶을 살고 있다는 것을 안다."

— 미국 제대군인

현재의 아프가니스탄과 이라크에서의 무력 충돌은 베트남전에 개입한 이래 미국의 가장 큰 군사작전이다. 전장에서 매우 잘 훈련되고 경험을 쌓은 인원들에 대한 수요를 고려할 때, 병사들은 수차례의 해외파병이나 현재의 해외파병 기간을 연장하도록 요구받고 있다. 비록 이러한 접근이 경험이 풍부한 전투집단을 만들어 낼 수는 있지만, 병사들의 전투 참여 시간을 확대하는 것은 병사들과 그 가족들에게 더 많은 스트레스를 줄 것이며, 이렇게 추가된 스트레스는 미래에 정신건강 문제와 관련된 심리사회적 문제를 낳을 것이라는 우려가 증가하고 있다. 항구적 자유 작전Operation Enduring Freedom, OEF과 이라크 자유 작전Operation Iraqi Freedom, OIF의 제대군인들에게서 PTSD, 우울, 알코올 남용 장애 등과 같은 정신건강 장애의 비율이 높다는 점은 문헌에서 명백하게 드러나고 있다(Hoge 등, 2004; Seal, Bertenthal, Miner, Sen, & Marmar, 2007). 과거 분쟁에서의 제대군인을 치료하면서 얻어진 이러한 통계치와 지식을 고려하여, VA는 정신건강 장애에 대한 증거기반 치료를 보급하고, 전국적인 OEF/OIF 제대군인들이 이러한 치료들을 용이하게 접근하도록 만드는 데 노력을 집중해 왔다.

이 장의 목표는 해외파병에서 돌아온 제대군인들이 직면하는 정신건강 이슈들, 특히 외상 후 스트레스 장애Post-Traumatic Stress Disorder, PTSD를 조사한 문헌들의 중요한 개관과 종합을 제공하는 것이다. 이 장은 PTSD와 관련 있는 진단 준거, 유병률, 위험요인과 회복요인의 제시로부터 시작한다. 그리고 기술된 증거기반 평가와 치료의 실제뿐만 아니라 정신건강 관리를 필요로 하는 OEF/OIF 제대군인을 식별하고 개입하기 위해 노력하는 연구들을 제시한다. 성폭행을 당한 제대군인의 특별한 요구가 강조되며, 신체적 손상의 충격, 특히 외상성 뇌 손상Traumatic Brain Injury, TBI과 만성적 통증의 회복을 개관한다. 마지막으로, 이 장은 치료에 대한 미래의 방향뿐만 아니라 현존하는 치료의 개선을 위한 지속적인 연구의 요청에 대한 내용으로 끝맺는다.

PTSD의 진단 준거

PTSD는 한 사람의 안녕이나 다른 사람의 안녕에 위협을 가하거나 위협을 가하는 것으로 지각되는 사건에 노출된 후에 발생할 수 있다. PTSD 증상의 독특한 프로파일은 ① 죽음이나 심각한 상해의 위협을 포함하는 외상성 사건에의 노출(준거 A) ② 외상성 사건에 대한 집요하게 떠오르는 생각, 악몽, 회상, 그리고 외상성 사건의 단서에 대한 정신생리학적 반응의 형태로 사건을 재경험하기(준거 B) ③ 외상성 사건을 닮은 생각, 사람, 장소의 회피, 정서적 망연자실, 그리고 정서적 애착의 부재(준거 C), 그리고 ④ 고양된 놀람 민감성, 수면문제, 집중의 어려움, 지나친 경계, 과민한 상태와 분노의 폭발을 포함하는 과각성 증상들이다(준거 D; 미국 정신건강 의학회, 1994).

전투에서 교전을 경험했던 개인들은 외상성 사건에의 노출과 이어지는 PTSD가 발달할 위험이 매우 높다. 전미 베트남 제대군인 재적응 연구National Vietnam Veterans Readjustment Survey, NVVRS는 베트남전 제대군인의 PTSD 유병률과 효과를 추정하였다. 1986년 11월부터 1988년 2월 사이에 수행된 NVVRS는 베트남전 기간 동안 군대에 복무하였던 3,016명을 표본으로 미국의 제대군인을 표본으로 이들을 인터뷰한 내용으로 구성되었다. 전체적으로 1,632명의 베트남 전역의 제대군인Vietnam theater veterans, 716명의 베트남전 시대의 제대군인Vietnam era veterans, 그리고 668명의 민간인 비교 피험자들이 연구에 참여하였다. 분석에 의하면 모든 남성 베트남 전역 제대군인의 15.2%가 현재 PTSD 준거를 만족시키는 것으로 나타났다. PTSD는 전투와 다른 전쟁지역 스트레스원에 노출된 적이 있는 참가자들에게서 유의미하게 높았다. 7,200명의 여성 베트남 전역 제대군인들 중 8.5%가 현재 PTSD 준거를 만족시켰다. 또한 NVVRS 분석은 1/3 이상(30.6%)의 남성 베트남전 시대 제대군인(96만 명 이상)과 1/4 이상(26.9%)의 베트남 전역에서 복무한 여성(1,900명 이상)이 PTSD에 대한 평생 준거를 만족시켰다(Kulka 등, 1990a, 1990b).

더 최근에, 수많은 연구들이 OEF/OIF 제대군인들의 PTSD 유병률과 다른 정신건강 장애들을 조사하였다. Hoge 등(2004)은 아프가니스탄이나 이라크에서 복무한 후 제대한 3,671명의 OEF/OIF 제대군인에 대한 연구를 수행하였다. 결과는 전투경험의 수(예를 들어 사격을 받은 경험)와 PTSD 유병률 간에 강력한 상관관계가 존재함을 시사하였다. Seal 등(2007)은 정신건강 또는 심리사회적 진단을 받은 VA 시설의 제대군인의 비율을 평가하기 위해 10만 3,788명의 OEF/OIF 제대군인을 연구하였다. 전체적으로, 25%(2만 5,658명)가 하나 또는 그 이상의 특별한 정신건강 진단을 받았으며, 중위수median는 3이었다. 단일의 가장 흔한 정신건강 진단은 PTSD였다. 이는 정신건강 진단을 받은 사람들의 52%이며, 연구 대상자 중 모든 OEF·OIF 제대군인의 13%에 달한다. 우울증은 5%의 제대군인에게 나타났으며, 물질사용 장애는 다른 연구 대상자의 5%에게서 보였다.

위험요인과 회복요인들

비록 많은 사람들이 인생에서 외상성 사건을 경험할 수는 있지만, 대부분의 사람들은 사건의 결과로써 PTSD가 발병하지는 않는다. PTSD의 발달을 설명하기 위해 Keane와 Barlow(2002)는 불안의 3요소 취약성 모델(triple vulnerability model of anxiety; Barlow, 2000, 2002)에 기초한 PTSD 모델을 묘사하였다. 불안의 3요소 취약성 모델에 따르면, 3개의 취약성들의 통합된 세트는 불안장애를 발달시키는 데 중요 요소이다. 일반화된 생물학적 취약성, 현저한 사건에 대한 통제 부족의 초기 경험에 근거한 일반화된 심리학적 취약성, 그리고 불안을 특정한 상황에 초점을 맞추도록 학습하는 더 특정한 심리학적 취약성. 비록 3요소 취약성 모델은 일반적으로 불안의 발달에 적용되지만, Keane과 Barlow(2002)는 이 모델을 PTSD의 발달로 확장하였다. 그들의 모델에 따르면, PTSD나 다른 불안장애를 더 잘 발달시키는 경향이 있는 사람들은 불안장애를 발달시키는 생물학적 또는 유전적 취약성을 타고났다(Ozer, Best, Lipsey, & Weiss, 2003). 사람들이 외상성 사건(예를 들어 삶과 죽음의 상황)에 노출될 때, 그들은 종종 '진짜 경고'로 분류될 수 있는 기본적이고 강렬한 정서적 반응을 경험한다. 그러나 '경고' 또는 다른 강렬한 정서의 경험은 PTSD의 발달에 충분하지 않다. 어떤 외상성 사건의 본질을 고려할 때, '학습된 경고'는 외상성 사건의 측면을 닮은 상황에서 발달할 수 있다. PTSD로 발병하기 위해서, 사람은 정서적 반응을 포함한 상황들이 예측 불가능하고 통제 불가능한 방식으로 진행된다는 불안이나 감각이 발달된다. 그래서 부적 정동과 통제 불

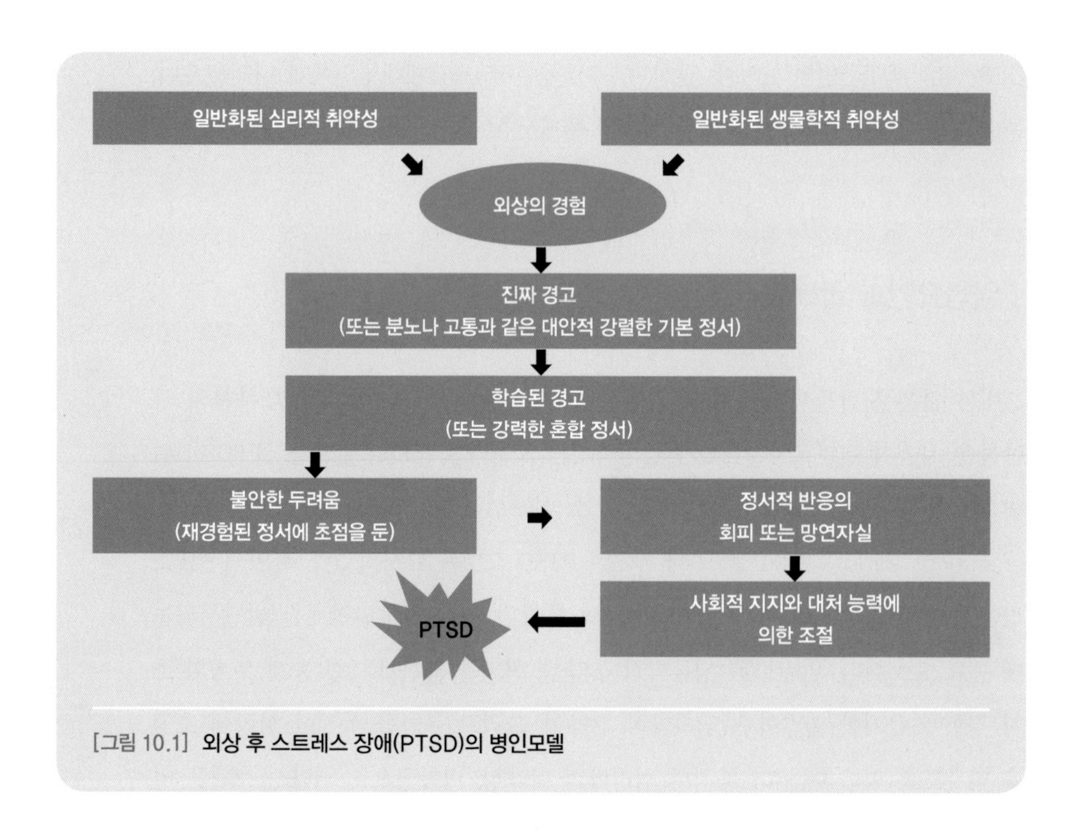

[그림 10.1] 외상 후 스트레스 장애(PTSD)의 병인모델

가능감이 발달할 때, PTSD가 나타날 수 있다(그림 10.1 참조). 비록 이 모델이 장애를 발달시키기 위한 심리적, 생물학적 취약성이 존재한다는 점을 암시한다고 하더라도, 불안은 언제나 사회적 지지의 가용성과 적절한 대처 기술의 존재와 같은 변수들에 의해 어느 정도 조절된다(Keane & Barlow, 2002).

또한 상당한 연구들이 PTSD를 발달시키는 데 증가된 위험이나 회복과 관련된 다른 요인들을 식별해 왔다. 세 가지 유형의 위험요인이 존재한다. 외상 전, 주변 외상성, 그리고 외상 후. PTSD의 발병과 관련 있는 한 인구통계학적 요인은 연령이다. OEF/OIF 제대군인의 연구에서, Seal 등(2007)은 현역복무의 제대군인 가운데, 어린 사람들(18~24세)은 정신건강과 PTSD 진단의 위험이 유의미하게 증가하였다. 이러한 결과의 한 이유는 어린 병사들이 더 낮은 계급에 있고, 더 많은 전투 노출을 경험했을 가능성이 있기 때문이다. NVVRS의 결과를 되풀이한 이러한 결과는 어린 병사들에게 PTSD가 발병될 가능성이 더 높음을 시사한다.

PTSD의 위험요인에 관한 다른 연구에서, Breslau, Chilcoat, Kessler, Peterson과 Lucia(1999)는 외상의 유형이 고려되었을 때조차 여성이 PTSD가 발병할 위험이 남성의 2배임을 밝혔다. 기제의 본질이 알려지지 않았음에도 불구하고, 성차에 관한 그와 같은 결과는 불안과 정동 장애mood disorders에 걸친 많은 결과와 일치한다(Barlow, 2002). 주변 외상성 요인peritraumatic factors은 외상성 사건의 본질과 이에 대한 반응과 관련 있다. 예를 들어 전투 노출의 강도와 경험한 외상성 스트레스원의 수는 PTSD를 예측하는 것으로 나타났다(Hoge 등, 2004; Ozer 등, 2003). 외상 후posttraumatic로 분류될 수 있는 요인들 가운데, 외상성 사건을 경험한 사람들에게 회복탄력성resiliency을 제공할 가능성에 대해 사회적 지지의 가용성과 개인적 강건함hardiness이 가장 중요한 것으로 나타났다(Friedman, Keane, & Resick, 2007; King, King, Fairbank, Keane, & Adams, 1998). 그래서 위험요인, 특히 심리적 강점과 사회적 지지의 가용성에 대한 평가는 모든 PTSD 진단 인터뷰의 일부분이어야 한다.

PTSD의 평가

군대와 제대군인 의료시스템에서 일하는 임상가들은 PTSD 환자의 정확한 평가 assessment에 흥미가 있다. 왜냐하면 그들은 많은 환자들이 외상성 사건을 경험하였고, 우선적 또는 이차적 진단으로 PTSD 증상을 나타낼 수 있다고 인식하기 때문이다. 명백하게, PTSD는 많은 다른 목적으로 평가되고, 특정한 평가의 목표는 임상가에 의해 선택된 접근법을 결정한다. 많은 정신건강 임상가들의 목적은 평가를 실시함으로써 환자를 진단하는 것이다. 이러한 평가에는 감별 진단, 기능적 평가, 사례 개념화와 치료 계획에 도움이 될 수 있는 다른 관련 자료의 수집이 포함된다. 다른 의사들은 진단의 정확성이 매우 중요한 법의학적 평가나 보상 평가에 관여할지도 모른다. 분명하게, 다른 평가 맥락은 전문가의 특별한 평가 목표에 따라 다른 평가 접근을 요구한다(다양한 맥락 안에서 PTSD 평가를 위해 가용한 기법에 관한 개관은 Wilson & Keane, 2004 참조).

정신장애의 진단 및 통계편람(Diagnostic and Statistical Manual of Mental Disorder, 미국 정신건강 의학회, 1994)에 PTSD가 포함된 이래, 성인의 외상 증상과 PTSD를 평가하기 위한 측정의 발전에 있어서 훌륭한 진전이 있어왔다(Keane & Barlow, 2002; Keane, Weathers & Foa, 2000; Weathers, Keane, & Davidson, 2001). 우리는 우리의 임상 프로그램과 연구 프로그램이 시작된 이래로, PTSD의 평가에 대한 다양한 방법적 접근을 추천해 왔다(Keane, Fairbank, Caddell, Zimering, & Bender, 1985). 이와 같은 다양한 방법은 ① PTSD와 다른 공존질환 comorbidities을 평가하기 위한 구조화된 진단면접structure diagnostic interview ② 자기보고식 심리 설문지, 그리고 ③ 심리생리학적 측정 등이 포함될 수 있다.

구조화된 진단면접들은 PTSD 증상을 평가하는 데 매우 가치 있는 도구로 여겨지고 있다(Keane 등, 1998). 구조화된 진단면접을 사용하는 것이 연구 장면에서는 널리 쓰이기는 하지만, 임상적 법의학의 실제를 제외하고는 임상적 장면에서 구조화된 면접을 사용하는 것은 드물다(Keane, 1995; Keane, Buckley, & Miller, 2003).

이는 시간과 비용 부담뿐만 아니라 이러한 면접을 다수 실시하는 데 특별한 훈련이 필요하기 때문이다. 그럼에도 불구하고 임상적 장면에서 PTSD에 대한 구조화된 진단면접의 사용은 진단의 정확성을 향상시키고 치료계획을 돕기 위해 추천되고 있다(Litz & Weathers, 1994). 여기에, 우리는 포괄적인 진단 평가 도구의 모듈로써 또는 독립적인 PTSD 측정으로써 PTSD 증상을 측정하기 위해 개발된 몇몇의 구조화된 면접에 대한 정보를 제공하고자 한다.

자기보고식 측정은 PTSD의 존재 또는 부재, 외상 증상들과 증상들의 심각도에 대한 정보를 제공한다. 몇몇 측정은 PTSD 진단의 지표가 되는 특정 절단점을 제공하는 반면, 대부분은 증상 심각도의 연속적인 지표들을 포함한다. 일반적으로, 자기보고식 측정은 진단면접보다 시간과 비용 면에서 더 효과적이고, 구조적 면접이 편리하거나 실제적이지 않은 임상적 장면에서 특정한 실용성이 있다. 임상가들에게는 정확성과 효과성을 극대화하기 위해 사용되어지는 집단에 규준화되어 있는 척도를 사용하도록 장려하고 있다(Keane & Barlow, 2002). 또한 우리는 우리가 실제에서 추천한 자기보고식 측정을 강조한다.

지난 20여 년간 생물학에 기초한 PTSD의 측정연구는 PTSD의 심리생물학적 기술에 대한 근거를 마련해 왔다(Orr, Metzger, Miller, & Kaloupek, 2004). 연구자들은 PTSD가 생리학적 기능의 폭넓은 범위를 변경하며(Yehuda, 1997), 뇌의 구조적 성분(특히 해마; Bremner 등, 1995)에 영향을 미칠 수 있다는 점을 발견하였다. 전체적으로 PTSD에 대해 가장 일관된 신경생물학적 발견은 외상-특정적 단서에 대한 심리생리학적 반응이 PTSD를 가진 개인에게는 고양되지만 PTSD가 없는 외상에 노출된 개인에게는 그렇지 않다는 점이다(개관을 위해 Orr 등, 2004; Prins, Kaloupek, & Keane, 1995 참조). 비록 심리생물학적 평가가 독특한 정보를 제공해 줄 수 있더라도 임상적 환경에서 이러한 접근의 광범위한 사용이 예상되지는 않는다. 왜냐하면 이는 비용이 많이 들고, 장비와 임상가의 측면에서 특별한 훈련을 필요로 하기 때문이다. 대부분의 경우에 진단면접이나 자기보고식 측정과 같이 시간과 비용 면에서 효과적인 측정 방법들이 더 적절하다. 심리생리학적 방법들이 대부분의 임상가들에게 접근 가능하지 않음에 따라, 우리는 탁월한 개관을 위해 흥미 있는 독자들에게 Orr 등(2004)을 읽어볼 것을 제안한다.

그리고 임상가들은 특히 자기보고의 정확성이 의심되거나 꾀병에 대한 의심(예를 들어 보상 평가 동안)이 있을 때, 환자의 행동과 경험에 관한 의료 기록과 부수적인 인터뷰 근거를 검토하기를 원할 수 있다. 이 장에서 우리는 PTSD의 측정과 진단 목적, 사례 개념화, 치료 계획, 그리고 치료 모니터링과 결과 등의 유용성을 개관한다.

PTSD의 전반적인 평가

PTSD 증상을 가진 환자들을 잘 진단하고 평가하기 위한 노력은, 의료 기록을 살펴보고, 부수적인 근거에 접근하며, 면밀한 개인력을 조사하는 것과 더불어 표준화된 평가 도구의 사용을 포함한다. PTSD 평가의 가장 좋은 표본은 구조화된 면접인 임상가용 PTSD 척도Clinician Administered PTSD Scale, CAPS이다(Blake 등, 1995). CAPS는 탁월한 심리측정적 특성을 가지고 있으며, 널리 사용되는 믿을 만한 척도이다. 보조적으로 또는 구조적 면접을 실시하는 것이 편리하거나 실제적이지 않을 경우에, 우리는 자기보고식 측정의 사용을 권장한다.

치료 요구의 초기 식별

의료 요구에 대하여 VA 서비스를 받을 자격이 있는 이라크와 아프가니스탄 군 복귀자의 수는 전투 전역에서 복무한 남녀 제대군인이 제대함에 따라 점진적으로 증가하고 있다. VA 보고서는 2008년 2월 현재, 테러와의 전쟁에서 복무했던 170만 명 중 반 이상이 제대하였으며, OEF/OIF로서 제대군인의 혜택에 접근할 수 있음을 밝혔다(Veterans Health Affairs Office of Public Health and Environmental Hazards, 2008). 2008년 1월 1일 현재, 이와 같은 새로운 제대군인의 오직 39%만이 의료 또는 정신건강 문제에 대하여 VA를 통해 치료를 받았다. 이미 VA시스템에 있는 제대군인들이 그곳에 남아 있고, VA 서비스를 아직 이용하지 않은 61%가 VA 서비스를 이용하기 시작함에 따라, OEF/OIF 제대군인의 의료 요구를 만족시키기 위한 VA에 대한 요구는 점차 증가할 것이다.

PTSD나 다른 외상 관련 심리장애를 가지고 있는 제대군인들은 VA에 대하여 독특한 도전장을 내고 있다. 왜냐하면 그들은 통상 심리적 문제로 서비스를 받는 것을 회피하기 때문이다. 비록 외상과 PTSD의 존재가 제대군인과 민간인 표본 모두에서 의료 사용의 증가와 관련이 있기는 하지만(Elhai, North, & Frueh, 2005; Hidalgo & Davidson, 2000; Kartha 등, 2008; Kessler, 2000; Solomon & Davidson, 1997), 외상의 충격을 받은 환자들은 단기적으로는 정신건강 치료를 받지 않는 경향이 있다. 귀향한 제대군인에게서 심리적 장애와 정서적 고통의 유의미한 증상에 대한 보고가 있기는 하지만, 연구들은 PTSD를 가지고 있는 귀향 제대군인들의 반이나 되는 사람들은 정신건강 도움을 받지 않음을 보여준다(Hoge 등, 2004; Tanielian & Jaycox, 2008). Hoge와 동료들(2004)은 치료에 접근하기 어려움과 정신건강 치료를 받는 것과 관련된 낙인을 포함하여, 현역 복무 중인 군인에게 제공되는 정신건강 도움의 낮은 비율에 기여하는 많은 수의 지각된 장애물들을 식별하였다.

PTSD 증상을 가진 제대군인 사이에서 치료를 받는 것과 관련된 특정한 우려는 다음을 포함한다.

- 어떤 종류이건 심리적 또는 대인관계 문제를 가지고 있음을 인정하는 것은 낙인과 관련된 정신장애의 진단을 유도할 수 있다는 공포. 정신과적 장애나 전문가 도움의 필요성에 대한 반응으로 일반적으로 표현되는 감정은 '나는 미치지 않았다' 또는 '나는 내 자신의 문제를 잘 처리할 수 있어' 등이 있다.
- 치료와 관련된 정신건강 기록은 직장을 잃거나, 직장을 얻을 수 없다거나, 승

진을 방해할 것이라는 공포

- 법적인 영향이 있고, 의료 자료에 기록될 수 있는 어떤 사건이 토의될 때, 법적인 기소에 대한 공포

대부분의 경우에, 어떤 사람이 도움을 얻기 위해 한 발을 내딛는다면, 낙인과 비밀보장의 이슈들은 교육을 통해 쉽게 처리할 수 있지만, 이러한 이슈들은 도움을 구하는 것을 가로막는 장애물이 될 수도 있다.

새로 귀향한 제대군인들이 치료에 대한 많은 장애물을 직면함에도 불구하고, 현재 VA체계 안에 있는 32만 5,000명의 OEF/OIF 제대군인의 상당한 비율이 PTSD를 가지고 있다. 이러한 제대군인의 20% 이상이 VA 관리 제공자에 의해 PTSD 진단을 받았다. 만약 이러한 증상들이 치료되지 않고 방치된다면, 제대군인들의 심리사회적 기능에 대한 PTSD의 부정적 영향은 증가하게 될 것이다. PTSD는 종종 우울, 불안, 물질 남용, 만성적 통증과 같은 공존장애comorbid disorders의 증가된 비율을 동반할 것이다.

현재의 보훈 프로그램과 지원 활동

외상을 경험한 많은 제대군인들이 최초에는 비정신건강 문제로 서비스를 찾을 것이라는 점을 인정하는 VA는, PTSD의 우울이나 물질남용과 같은 공통의 공존질환의 치료 위탁이 필요한 OEF/OIF로부터 복귀한 제대군인들을 식별하기 위해 다양한 개입을 도입하고 있다. 각각의 VA는 지정된 복귀 제대군인 코디네이터를 가지고 있다. 심리적 문제를 가지고 있는 모든 새로 복귀한 제대군인은 그들이 시스템에 편입됨에 따라 코디네이터에게 보내진다. 코디네이터는 정신과적 또는 재적응 문제, 우려, 증상을 검진하고, 혜택을 논의하며, 치료 위탁을 할 수 있는 임상가이다. Veterans Health Administation(VHA)의 Uniform Mental Health Services Plan(Department of Veterans Affairs, 2008)에 근거하여, 각각의 VA는 또한 부대(국

경수비대와 예비군 제대군인이 파병으로부터 돌아오고 민간인 생활로 돌아갈 준비를 할 때)와 복무 중인 군인들, 특히 삶의 변화로 인한 손상을 가진 군인들에 대한 지원활동을 하는 임무를 부여받는다.

일차적인 의료진료소를 통해 시스템에 편입된 제대군인들은 최초 방문 동안 PTSD, 우울, 알코올 남용, 외상성 뇌 손상을 검진하기 위한 VA의 전자 의료기록에 의해 단서를 얻은 의료 전문가를 접촉하게 된다. 모든 VA 의료센터는 또한 OEF/OIF 특별 팀이나 PTSD 프로그램을 통하여 복귀한 OEF/OIF 제대군인의 치료에 있어서 전문가를 보유한 진료소를 지정한다.

이와 같은 초기 접촉을 통하여 임상가들의 역할은, 민간인으로 돌아가는 변화에 대한 회복탄력성과 예상되는 적응을 지원하는 동안, 최초의 정신건강 관리를 제공하는 것이다.

NVVRS(Kulka 등, 1990b)의 결과들이 복귀한 베트남 전역 제대군인에게서 높은 PTSD 유병률을 보임을 확인하였기 때문에, VA 의료시설들은 심리치료와 약물치료를 통하여, PTSD 치료를 목적으로 하는 특별 프로그램을 갖추어 왔다. 2007년 이래로, VA의 PTSD에 특화된 치료 프로그램은 122개의 외래환자 치료팀과 41개의 집중(주간 병원 또는 입원) 치료 프로그램으로 구성되어 있다(Fontana, Rosenheck, Spencer, & Gray, 2008). 추가적으로, Vet Centers(Department of Veterans Affairs, 2008)라 불리는 재적응 상담센터의 AV 병렬시스템은 미국 전역에 걸쳐 232개의 치료팀으로 구성되어 있다. Vet Center 시스템은 정신건강 치료를 꺼리는 일부 제대군인을 감소시키기 위해 1979년 베트남전의 여파로 만들어졌다. 이는 Vet Centers를 의료진료소로부터 소규모 진료소로 이동함으로써 달성되었다. 오늘날 제대군인에게 이러한 증가된 분리감과 사생활은 중요하게 여겨진다.

군대의 성적 외상

1991년 발생한 해군의 Tailhook 사건을 계기로, 군대 내에서의 성희롱과 성폭력에 대한 문제는 대중들에게 공개되어 토론이 벌어졌다. 몇몇 연구들은 군대 집단에서 성폭력과 성희롱의 비율이 높으며, 심지어는 VA 환자들 사이에서도 그러한 결과를 확인하였다(Bastian, Lancaster, & Reyst, 996; Coyle, Wolan, & Van Horn, 1996; Skinner 등, 2000). VA의 2002년 감사 자료 결과에 따르면, 군대의 성적 외상military sexual trauma, MST은 여성에게 더 일반적이지만, VA 전체 집단에서의 남성과 여성의 기저비율을 고려했을 때, VA에서 식별된 MST 사례의 50% 이상이 남성이다(Veterans Health Initiative, 2004).

종종 성적 외상sexual trauma의 숨겨진 본질 때문에, 제대군인들은 비용을 지불할 필요 없이, 폭력이 있었다는 점을 증명할 필요 없이, VA 병원, 진료소, 또는 Vet Centers에 치료를 요청할 수 있다. 만약 제공기관들이 의료적 또는 심리적 증상이 MST에 부합된다고 결론 내리면, 그와 같은 문제들은 무료로 치료된다. 모든 제대군인들은 정신건강 또는 일차 진료접촉을 통하여 MST 검진을 받으며, 각 시설들은 식별된 환자들이 치료 위탁되고, 그들이 그와 같은 서비스에 비용을 지불하지 않는 것을 확인하기 위해 지정된 MST 코디네이터를 보유하고 있다. 430만 명 이상의 VA 환자들을 다루는 2003년 데이터는 환자의 70%에 대해 작성된 검진을 보여주는데, MST에 양성으로 검진된 사람들에 대한 모든 범주의 정신건강 동종질환에서 비율이 증가했음을 보였다(Kimerling, Gima, Smith, Street, & Frayne, 2007).

자살 예방

PTSD의 지원활동과 치료는 자살사고와 행동의 관리에 주의를 요구한다. 일반인구의 거의 5%가 어떤 시점에서 자살시도를 한다. 추가적인 17.5%가 자살사고를 가지고 있고, 3.9%는 그것을 실행하는 계획과 수단을 가지고 있다고 할 정도로 진전한다(Kessler, Borges, & Walters, 1999). 또한 우려스러운 점은 제대군인 집단에서의 자살률인데, 이는 일반 집단에서의 자살률보다 약 2배에 가깝다(Kaplan, Huguet, McFarland, & Newsom, 2007). VA에서 우울로 치료받은 제대군인들의 자살 사망률에 대한 최근의 연구는, 일반 집단과 다르게 젊은 나이일수록 증가된 위험요인을 가지고 있다. 이는 새롭고 더 젊은 무리의 제대군인들이 이라크와 아프가니스탄으로부터 돌아오기 때문에 유의미한 중요성이 있는 결과이다(Zivin 등, 2007).

PTSD를 가지고 있는 제대군인들은 우울, 무망감, 물질 남용, 사회적 지지로부터의 멀어짐, 불안과 분노, 직업적 또는 재정적 어려움 등과 같은 자살 생각과 자살 시도 가능성을 증가시키는 몇몇 위험요인들을 표현할 가능성이 있다(Chiles & Strosahl, 2005). 각각의 VA는 필요한 진료에 접근하는 것을 보장하기 위해 알려진 자살 위험의 사례를 추적할 수 있는 자살 예방 코디네이터를 보유하고 있다.

증거기반 치료와 보급 노력

VA에서 높은 우선사항은 효율성에 대한 강력한 증거기반을 가진 치료를 제공하는 것이다. 2008년 6월, 정신건강 서비스에 대한 VA의 지시에 언급되기를, 전국적인 VA 의료 센터와 의료환자 진료소는 "환자들에게 증거기반 심리치료를 제공하기 위한 적절한 직업 능력을 제공해야 한다"(U.S. Department of Veterans Affairs, 2008, p. 29). 중요한 이슈에 대한 간결한 개관과 VA의 PTSD 치료 기술의 현재 상황은 다음과 같다.

PTSD 치료 문헌

외상성 스트레스 연구 국제학회International Society for Traumatic Stress Studies, ISTSS가 2000년도

에 실행 지침을 발표한 이래, 20개가 넘는 PTSD 심리치료의 통제된 임상적 시도가 발표되었다(Foa, Keane, & Friedman, 2000; 최근의 개관을 위하여 Resick, Monson, & Gutner, 2007 참조). 이러한 연구들은 단기 목표지향적 인지행동치료cognitive behavior therapy가 비특정적 치료나 치료하지 않는 것보다 더 효과적임을 증명하였다. 2개 이상의 단기 집중치료를 비교한 연구들은 다양한 인지행동치료 가운데 효용성 측면에서 소수의 명백한 차이가 존재함을 나타냈다. 더 정교하고 잘 다듬어진 최근의 치료 결과 연구들은 PTSD 치료에서 능동적 요인이나 특정한 변화기제를 식별하는 데 초점을 두고 있으며, 인지 재구조화(Resick, Galovski, Uhlmansiek, Scher, Clum, & Young-Xu, 2008)와 노출(Bryant, Moulds, Guthrie, Dang, & Nixon, 2003; Foa 등, 2005)이 성공적인 치료의 중요한 요소임을 시사하였다.

모든 인지행동치료의 필수적인 요소인 인지 재구조화는 부적응적 사고 패턴을 변경하기 위한 학습과정이다. 인지행동치료에서, 이는 체계적인 방법으로 수행된다. 내담자는 그들의 역기능적 사고를 식별하고, 그것들을 적으며, 그것들의 타당성을 논박하는 '사고 기록' 숙제를 부여받는다. PTSD가 있는 내담자에게 식별되고 도전받는 전형적인 역기능적 사고는 '나는 이것이 발생하리라는 것을 알았어야만 했고, 그것을 막았어야만 했다'거나 '모두 내 잘못이야' 등이 있다.

지속노출은 공포와 불안을 감소시키기 위한 기법인데, 내담자는 그가 피해 왔던 공포스러운 상황, 대상, 기억에 직면한다. PTSD 치료에서 치료자는 내담자로 하여금 회의 상담 내에 공포와 관련된 것을 적극적으로 상상하거나(즉 상상노출) 회기 내에서 또는 밖에서 그것을 기록하도록 하는 것 등을 통하여 통제된 상황 하에서 외상성 사건을 기억하도록 유도한다. 외상성 기억에 대한 반복된 노출은 공포의 기억을 감소시키고, 그러한 기억의 회피에 대한 감소를 가져온다(Keane, Fairbank, Caddell, & Zimering, 1989; Keane & Kaloupek, 1982).

지난 수십 년간, 노출은 효과적인 PTSD 치료의 중요한 요소로 간주되어 왔다. 1999년에 PTSD에 대한 전문가 컨센서스 패널은 끈질기게 떠오르는 사고, 회상, 외상 관련 공포, 공황 발작, 회피, 범불안 등이 포함된 다양한 PTSD 증상의 치료에 대한 노출기반 심리치료를 추천하였다. 노출치료는 가장 빠른 행동이며, PTSD에 대한 가장 효과적인 심리치료 중의 하나로 간주되었다.

보급의 도전

경험적으로 타당화된 치료를 의사에게 보급하는 것은 최근 PTSD 문헌에서 중요한 초점이 되어 왔다. 왜냐하면 임상적 연구에서 임상적 실제로 이행하는 것은 예전에 가정했던 것보다 훨씬 어렵다는 점이 명백해졌기 때문이다(Cook, Schnurr, & Foa, 2004). 이는 노출기반 치료뿐만 아니라 모든 일반적인 심리치료에 대한 문제이다. 노출기반 심리치료에서 치료자들은 내담자가 직접적으로 그들의 공포 기억에 직면하도록 요구하는 것을 종종 꺼리고, 내담자를 겁먹게 만들 수 있는 노출을 염려하였다. 경험적으로 지지된 치료에 대한 미국정신건강의학회의 실행 지침이 발표되었을 때(심리적 절차의 홍보와 보급에 관한 미국정신건강의학회 대책위원회, 1995), 많은 반대가 있었다. 가장 현저한 것은 의사결정에서 임상 전문지식의 지각된 감소에 관한 염려였다.

특히, 심리치료에서 증거기반 매뉴얼의 사용 반대자들은 진찰실에서 나타나는 환자 치료에 대한 도전은 서술된 치료에서 허락하는 것보다 더 복잡하다고 주장하였다(Seligman, 1995). 또한 반대자들은 만약 그들이 매뉴얼을 따라야 한다면, 치료를 이끌어 가는 그들의 역할은 매우 감소할 것이라고 불평하였다. 그들은 특정한 기법들이 이론적 토대를 대신하고, 진단 분류에의 의존은 사례의 복잡성을 포착하는 것을 실패하게 만들 것을 두려워하였다(Addis & Krasnow, 2000). 그래서 PTSD에 대한 인지행동치료의 경험적 증거가 명백함에도 불구하고, 치료자들이 인지행동치료를 사용하도록 어떻게 격려할 것인지는 덜 분명했다.

의료 학자들은 최근의 PTSD 치료 연구에서 매뉴얼화된 치료에 대한 몇몇 반대의 타당성을 연구하였다. 노출치료의 일상적인 사용에 대한 공통의 반대는, 노출치료가 증상을 증가시키고, 치료로부터 내담자 - 특히 가장 깨지기 쉬운 것으로 비쳐질 수 있는 동종질환을 가지고 있는 내담자 - 를 탈락시키는 원인이 될 것이라는 염려를 포함한다. 이러한 문헌의 개관에서, Hembree 등(2003)은 25개의 통제된 연구에서 노출치료와 다른 인지행동치료 개입을 비교하였을 때, 탈락률의 차이가 없음을 밝힌다. 그리고 보통 다양한 치료의 어려움을 나타내는 것으로 간주되는 경계선 성격장애의 특징을 가지고 있는 환자의 치료(Linehan, 1993)는 더 높은 탈락이나 치료 혜택의 감소를 가져오지 않았다(Clarke, Rizvi, & Resick, 2008).

일시적 증상 악화 또한 PTSD에 대한 노출기반 치료의 예측가능하고 예상된 측면으로 기술되어져 왔다(Nishith, Resick, & Griffin, 2002). 왜냐하면 보통의 회피 전략은 계획적으로 좌절되었기 때문이다. 몇몇 연구는 노출치료가 일부 내담자에게 잘 견디지 못하게 하거나 심지어는 해로울 수 있다는 점과, 아무도 노출기반 개입을 사용할 때 중요한 문제점을 식별하지 못했을 것이라는 가능성을 밝히기 위해 부정적인 결과와 치료 탈락을 조사하였다(Chard, 2005; Foa 등, 2005; Monson 등, 2006). 일부 연구결과들은 기대했던 것보다 적은 배제 준거exclusion criteria를 가진 지역사회로부터 표본을 추출하였다. Chard(2005)는 PTSD를 가진 아동학대 생존자에 대한 연구에서, 약물학적 개입, 약물 남용, 성격장애, 전생에 걸친 다양한 외상, 자살 생각, 자기피해적 행동(이것이 삶을 위협하는 것으로 간주되지 않는 한) 등이 포함된 선정 준거를 이용하였다. PTSD를 가진 여성 폭행 생존자 표본의 치료에서, Foa 등(2005)은 표본의 1/3이 직장이 없거나 장애를 가지고 있었고, 참가자의 거의 반이 연평균 소득이 1만 5천 달러 이하였으며, 표본의 2/3가 최소한 1개의 동종질환 축I장애comorbid Axis I disorder로 진단받았다고 밝혔다. 제대군인에 대한 인지과정치료cognitive processing therapy, CPT를 사용한 연구에서, Monson 등(2006)은 인지과정치료를 받은 무리의 반이 연구 시점에서 PTSD에 대한 VA 장애 지불금(disability payment, 역자 주: 장애가 있고 일할 수 있는 능력이 없는 사람에게 매달 지급되는 돈)을 수령하고 있었으며, 장애 상태는 결과와 관련이 없는 것으로 나타났다고 보고하였다.

VA 임상가들이 실제에서 노출치료를 사용하도록 PTSD에 대한 노출치료를 성공적으로 보급하는 도전은, PTSD를 가지고 있는 제대군인에게 최고의 치료를 제공하는 데 있어서 VA가 직면하고 있는 가장 큰 도전 중의 하나일 것이다. 비록 VA가 노출치료의 발달에 대한 최첨단에 서 있기는 하지만(Keane & Kaloupek, 1982; Keane 등, 1989), 전반적으로 VA 임상가들은 그들의 진료소에서 그것을 수용하고 있지는 않다. 한 조사(Rosen 등, 2004)는 자신을 PTSD 전문가라고 여기는 VA 임상가들 사이에서, 20% 미만이 외상성 기억에 반복적인 노출을 사용하고, 10% 미만이 일상적으로 그렇게 하고 있음을 밝혔다. 임상가들이 노출치료를 사용하는 것에 대하여 계속 의구심을 표현함에 따라, 특정적으로 치료자들이 노출을 사용하도록 목표를 두는 개입이 필요하다(Cook 등, 2004). VA는 ① 새로 돌아온 PTSD를 가진 제대군인의 요구에 역점을 두어 수백 명의 새로운 정신건강 임상가들을 고용하고 ② 다음에 논의될, VA '공개'를 통해 2개의 증거기반 노출치료에 대하여 모든 VA 정신건강 임상가들에게 면밀한 훈련과 계속되는 지지를 제공하여 이러한 도전에 맞서기 시작하였다.

증거기반 치료의 VA 공개

최근에 출판된 정신건강 서비스에 관한 VA 지침은, VA 시스템 안의 모든 제대군인은 노출 요소가 포함된 경험적으로 지지되고 매뉴얼화된 인지행동치료(인지과정치료 또는 장기 노출prolonged exposure, PE 치료 중 하나 또는 2개에 접근할 수 있다는 권고와 함께, PTSD에 대한 증거기반 치료를 요구한다(Department of Veterans Affairs, 2008). 단순히 VA 치료자들에게 매뉴얼만을 제공하기보다는, 인지과정치료와 장기노출치료 모두에 대하여 광범위한 훈련과 함께 정교한 공개가 만들어졌고 시행되었다. Davis 등(1999)에 의해 개관된 것처럼, 과학을 실제로 옮기기 위한 투쟁은 심리학에만 나타나는 것이 아니라 의학 전반에 걸쳐 공통된다. 교육적 재료의 제공과 같이, 전통적으로 지속적인 교육 활동은 상대적으로 실제에 적은 영향을 미친다. 몇몇의 성공적인 지역사회 시행 프로젝트를 개관함에 있어서, Cook 등(2004)

은 효과적인 전략은 임상가와 치료 전문가 간의 접촉, 치료에 대한 조직적 지원, 개입의 적응성, 그리고 성공에 대한 자료의 제공을 포함하고 있다는 점에 주목하였다. VA의 장기 노출치료와 인지과정치료 공개는 지식의 전달뿐만 아니라 이러한 자극적인 치료에 대한 임상가와 내담자의 동의를 최대화하기 위하여 이러한 요소들을 가지고 설계되었다.

원래 인지과정치료는 PTSD를 가진 여성 강간 피해자를 치료하기 위하여 Resick과 동료들에 의해 발달되었으며(Resick & Schnicke, 1993), 그러한 집단에서 그 효용성에 대한 강력한 경험적 지지가 있다(Resick, Jordan, Girelli, Hutter, & Marhoefer-Dvorak, 1998; Resick, Nishith, Weaver, Astin, & Feuer, 2002). 더 최근에 인지과정치료는 전투 관련 PTSD를 가진 제대군인에게도 사용되고 있으며, 최근의 한 연구는 이러한 집단에 대한 효과 또한 나타냈다(Monson 등, 2006). 이 12회기 치료는 글로 쓰여진 노출 요소를 포함하고 있다. 내담자들은 그들의 외상에 대한 설명을 적고, 치료자에게 그것을 읽으며, 그것을 매일 다시 읽을 것을 요구받는다. 인지 재구조화 또한 치료의 중요한 부분이며, 치료자는 내담자와 함께 안전, 신뢰, 힘과 통제, 존중, 친밀감과 같은 주제의 잘못된 신념에 도전한다.

노출치료는 Keane와 그의 동료들에 의해 전투 제대군인의 PTSD에 적용되었다(Black & Keane, 1982; Fairbank & Keane, 1982; Keane & Kaloupek, 1982). 그들은 또한 PTSD를 치료하는 데 있어서 노출치료의 효과를 시험하는 첫 번째 무작위 임상실험을 수행하였다(Keane 등, 1989, 1985). 그 임상실험에서 PTSD 증상과 관련 조건들은 노출치료 사용에 따라 매우 향상되었다. 다음으로 Foa와 Rothbaum(1998)은 이 치료를 성폭력과 강간 다음에 오는 PTSD에 적용하였다. 이러한 연구자들은 PTSD 증상들을 성공적으로 치료하는 노출치료 효과를 입증하는 다양한 임상실험을 완성하였다(예를 들어 Foa, Riggs, Massie, & Yarczower, 1995; Foa 등, 2005). 외상을 기억나게 하는 것에 대한 실제 노출법In vivo exposure 또한 이러한 9~12회기 치료에서 강조되었다.

인지과정치료와 장기 노출치료는 훈련된 임상가들로 구성된 전문가들에 의해 주도된 VA 체계의 3~5일 워크숍을 통해 전례 없는 전국적인 교육 캠페인에 의해 보급되었다. 전문가들은 미국 전역을 돌며, 이러한 치료를 어떻게 수행하는지를 지도하였다. 교육, 기술 훈련, 치료 순응도, 충실도 이슈 등을 강조하기 위해, 두 치료법은 추후 수퍼비전과 토론회 등을 포함한 집중적인 훈련 방식으로 제공되었다. 장기 노출치료 훈련은 5일간의 교수법과 역할연기에 이어, 치료 테이프의 개관을 포함한 2개의 장기 노출치료 사례에 대한 상담으로 구성되어 있다(National Center for PTSD, n.d.).

인지과정치료 훈련은 비슷한 구조로 되어 있는데, 2~3일 동안의 개인 및 집단 인지과정치료에 대한 훈련 회기, 그리고 4명의 개인 사례 또는 2개의 집단에 관한 전화상담으로 구성되어 있다(National Center for PTSD, n.d.). 워크숍 방식의 집중적인 훈련 이후에는 일주일에 25시간 동안 가용한 전화상담 사례가 뒤따랐다. 또한 기술의 유지를 촉진시키기를 원하는 임상가들에게 다른 지원이 제공되었다(예를 들어 고급 강의, 토론 게시판, 다운로드 가능한 재료들).

전투 제대군인 치료의 독특한 도전

좋은 소식은 노출치료에서 무엇이 작동하는지에 대한 식별된 차이가 없다는 점이다. 비록 강간 대 전투, 자동차 사고 또는 허리케인과 같이 다양한 종류의 외상에 걸쳐 중요한 차이가 있다고 종종 가정되었지만, 이러한 주장을 지지할 만한 경험적 증거는 없다. 사실상, 노출치료는 장기 노출치료와 인지과정치료의 대단위 치료 연구가 수행되기 전에 전투 제대군인에게 효과적인 것으로 비쳐졌다(Keane 등, 1989; Keane & Kaloupek, 1982). 긍정적인 결과를 보인 최근의 PTSD 치료 연구들은 수십 년 동안 만성적인 PTSD를 가진 전쟁 제대군인의 표본을 사용한 연구들(Monson 등, 2006)뿐만 아니라 다양한 방식으로 희생되었고, 삶에 걸친 그리고 잠재적인 외상성 사건들을 포함한 폭력적 경험을 가진 여성 표본을 사용한 연구들

(Chard, 2005; Foa 등, 2005; Resick 등, 2008)이 포함된다. VA의 치료 공개의 한 장점은, 치료자에 대한 훈련과 지속적인 지원이 장기 노출치료와 인지과정치료에 관한 통상적인 오해를 강조할 수 있고, 또한 PTSD의 성공적인 치료에 필요한 기술 세트를 강조할 수 있다는 점이다. 순진한 치료자들은 종종 실제로, 모든 증거가 하나 또는 2개의 사건을 치료한 후에 긍정적인 일반화 효과가 기대된다는 점을 보일 때, 모든 잠재적인 외상성 사건은 치료 효과가 보이도록 개인적으로 치료되어야만 한다고 가정할 것이다.

복귀한 군인들을 치료하는 데 있어서 VA 임상가들이 직면하게 되는 다른 이슈는 그들의 내담자들이 주방위군이나 예비군에서 복무했을 수도 있고, 가까운 미래에 다시 해외파병을 갈 수도 있다는 점이다. 내담자들이 전장에서 복무했던 부대에서 상호작용하고 훈련할 때, 한 달 동안의 예비 또는 보초 임무는 PTSD 증상을 악화시키는 강력한 촉발자가 될 수 있다. 내담자들은 전투에서 전사하거나 전장에서의 심각한 손상으로부터 회복 중인 전우에 대한 갑작스런 손실을 느낄 수도 있다. 그러나 이러한 사건은 또한 실제 노출법과 심리적 성장의 기회로 작용할 수도 있다. 왜냐하면 이러한 군 복무 인원들은 생생한 기억을 촉발하는 것에 노출되기도 하고, 치료에서 촉발된 강력한 정서에 대처할 수 있는 적응적인 방식을 찾기 위한 노력을 할 수도 있기 때문이다.

잠재적인 또는 확실한 재해외파병에 직면한 내담자들은 또한 VA 치료자들에게 색다른 도전을 제기한다. 어떤 경우에, 임상가들은 지휘관들로부터 임무에 적합한 정보를 제공해 줄 것을 요구받을 수도 있다. 이는 내담자들이 그들의 증상의 심각성을 드러내는 것을 꺼리거나 원하는 결과를 얻기 위해 그들의 어려움을 확대하는 경향이 있을 수 있기 때문에, 치료적 동맹에 부정적인 효과를 가져올 수 있다. 재해외파병의 시기 또한 노출치료 사용 여부에 영향을 줄 수 있는데, 임상가들은 프로토콜을 끝낼 시간이 부족할 때 그것을 시작하기를 꺼릴 수 있기 때문이다.

PTSD에 대한 최근의 치료

안전 추구seeking safety는 PTSD와 보통의 동종질환 문제(물질 남용 또는 의존) 모두를 강조하기 위해 발달된 치료법이다(Najavits, 2002). 인지행동치료에 기반한 이 치료는 인지적, 행동적, 대인관계 영역에서의 25개의 다른 주제를 다룬다. 각각의 주제에 대하여 새로운 대처 기술은 물질 남용과 다른 파괴적인 행동에 대한 대안을 격려하도록 진행된다. 소수의 참가자를 대상으로 한 연구결과들은, 이 치료의 결과로 환자가 PTSD 증상과 물질 남용의 측면에서 향상되었음을 나타냈다(예를 들어 Hien, Cohen, Miele, Litt, & Capstick, 2004; Najavits, Schmitz, Gotthard, & Weiss, 2005). 역사적으로 VA에서, 현재의 물질 남용 장애는 환자로 하여금 PTSD에 대한 인지행동치료나 노출치료로부터 자주 배제되도록 하는 원인이 되었다. 그러나 환자들은 대신 통상 집중적 물질 남용 치료를 받도록 지시된다. 안전 추구에서, 이러한 두 장애는 치료 과정의 초기에 외상 증상을 다루기 위한 대처 기술의 발달을 강조하는 동안 함께 더 연속적인 관리를 받도록 강조된다.

PTSD 치료를 보장해 줄지도 모르는 발달 중인 다른 치료는 인지행동치료와 결합된 명상과 마음챙김의 동양적 전통 치료에 의해 영향을 받았다. 경계선 성격장애를 가진 만성적인 자살 내담자에 대한, Linehan(1993)에 의해 발달된 변증법적 행동 치료는 더 전통적인 인지행동치료(예를 들어 인지 재구조화, 정서를 조절하도록 돕는 기술들)의 요소들을 포함하고, 부정적 정서에 대한 수용을 강력하게 강조한다. 유사하게, 다른 치료적 접근법인 수용과 전념치료(acceptance and commitment therapy, ACT; Hayes, Strosahl, & Wilson, 1999)는 회피되어서는 안 되는 인간 조건의 일부분으로서 고통스러운 개인적 경험의 수용을 촉진한다. 또한 수용과 전념치료는 인지행동치료의 원칙을 전제로 한다. 비록 이러한 치료법과 다른 마음챙김 접근들이 PTSD에 적절하게 시험되지는 않지만, 그것들은 증거기반 노출치료에 대한 중요한 보조물이 될 것이다. 마음챙김 접근들은 내담자들로 하여금 외상노출로부터 발생되는 유쾌하지 않은 정서를 견디도록 유용하게 준비시킬 것이다.

추가적으로, 안구운동 민감 소실 및 재처리요법(eye movement desensitization and reprocessing, EMDR; Shapiro, 1995)은 PTSD치료에 있어서 무작위 임상 실험으로부터 명백한 지지를 받고 있는 치료법이다(Spates, Koch, Cusack, Pagoto, & Waller, 2009). 이 접근법은 또한 PTSD의 증상(즉 외상성 사건의 사고와 이미지)에 직접적으로 작용하며, 그래서 인지행동치료의 다른 형태와 유사성이 있다. EMDR과 노출치료 간의 중요한 차이점은, 누군가가 외상성 사건의 이미지와 노출 그 자체의 상대적 간결성을 회상하는 동안에 촉진된 안구운동을 사용하는 것이다. 또한 EMDR은 사건 그 자체에 대한 식별과 대안적인 인지적 믿음의 사용을 강조한다. 결과적으로, EMDR은 본래 PTSD 치료에 효과적인 최소한 두 가지의 치료 요소를 사용하는 것 같다. 군복무로 인해 PTSD를 가지게 된 현역 군인과 전쟁 제대군인에게 적용됨에 따라 EMDR에 대한 더 많은 연구들이 필요하다.

회복에 있어서 손상의 충격

보호장비의 발전을 감안할 때, 더 높은 비율의 군인들이 과거에는 치명적이었던 신체 손상으로부터 살아남는다(Okie, 2005; Warden, 2006). 그러나 만성적 통증은 부상당한 OEF/OIF 제대군인들에게 중요한 문제이다. 보통 보고되는 통증 위치는 머리, 다리, 어깨 등이 포함된다(Clark, Bair, Buckenmaier, Gironda, & Walker, 2007). 비록 IED와 자살폭탄에 의한 폭발 손상이 볼 수 있는 손상(즉 신체적 손상)을 초래하기도 하지만, 그것들은 시각적으로 덜 명백하지만 동일하게 약화시킬 수 있는 손상(즉 가벼운 외상성 뇌 손상, PTSD)의 원인이 될 수도 있다. 외상성 뇌 손상과 같은 머리와 목 손상은 이라크와 아프가니스탄을 떠나 온 유의미하게 많은 숫자의 제대군인에게서 보고되고 있다(Tanielian & Jaycox, 2008; Xydakis, Fravell, Nasser, & Casler, 2005). 만성적 통증, PTSD, 외상성 뇌 손상과 관련된 증상들 간의 중복은 증상을 정확하게 어떤 조건 대 다른 조건의 탓으로 돌리는 것을 어렵게 만들 수 있다. 그러나 그와 같은 차이를 만들 수 있는 능력은 복귀한 제대군인의 치료와 기대되는 결과에 중요한 영향을 미친다. 그래서 다음에서는 이러한 공통적으로 함께 발생하는 3개의 조건 간에 잠재적인 상호작용의 이해에 대한 간단한 개관을 제공한다.

PTSD와 통증

통증은 전형적으로 일시적인 경험이기는 하지만, 일부 사람들에게서는 갑작스런 손상에 대해 적응적으로 여겨지는 시점을 지나쳐서 통증이 지속되며, 정서적 고통과 의료 시스템 자원의 사용을 증가시키는 결과를 초래한다. 질병의 생물심리사회적 모델과 부합하여, 만성통증을 가진 개인들은, 종종 통증이 직업, 사회, 여가 활동에 참여할 수 있는 능력을 방해한다고 보고한다. 이러한 활동에 참여하는 것에 대한 불가능은 증가된 소외감, 부정적인 감정(예를 들어 쓸모없음의 느낌과 우울), 신체적 상태 악화에 기여할 수 있다. 이러한 것들은 결국 통증의 경험을 악화하거나 통증의 경험에 기여할 수 있다.

통증은 질병 과정을 동반하거나, 신체 손상과 관련 있는 확장된 기간(즉 몇 달 또는 몇 년) 동안 지속되며, 오랜 시간 동안 해결되지 않는 통증은 만성통증으로 언급될 수 있다(International Association for the Study of Pain, 1994). 통증은 일차 진료 제공자가 경험하는 가장 흔한 고통 호소 중의 하나이고(Gureje, Van Korff, Simon, & Gater, 1998; Otis, Reid, & Kerns, 2005), 진료 비용에 중요한 영향을 미친다. 사실상, 국립보건원National Institute of Health은 만성통증을 미국에서 가장 비용이 많이 드는 의학 문제로 식별하고 있는데, 거의 1억 명의 개인에게 영향을 미친다(Byrne & Hochwarter, 2006).

만성통증과 PTSD의 동시 발생은 외상성 전투 사건을 경험한 OEF·OIF 제대군인의 적응적 기능에 매우 부정적인 영향을 미칠 수 있다. 연구는 만성통증과 PTSD를 가진 환자들이 둘 중 하나만 가진 환자들보다 집중적인 통증과 정서적인 고통(Geisser, Roth, Bachman, & Eckert, 1996), 더 높은 수준의 삶의 방해(Turk & Okifuji, 1996), 그리고 더 많은 장애(Sherman, Turk, & Okifuji, 2000)를 더 경험한다는 점을 시사한다. 비록 비율이 변하기는 하지만, PTSD 치료를 보고한 환자의 45~85%가 유의미한 만성통증 상태임이 보고되어 왔다(Beckham 등, 1997; Shipherd 등, 2007). 통증과 PTSD 간의 관련성은 베트남전 시대의 제대군인보다 OEF/OIF 제대군인에게 더 강력한 것 같다. 왜냐하면 외상성 사건과 통증상태가 더 최근에 시작되었고, 더 동일한 사건과 관련 있는 것처럼 보이기 때문이다. 통증과 PTSD 간의 높은 동종질환에 대한 이유에 관한 이론 중심의 연구가 현재 진행 중이다.

Otis, Keane, Kerns(2003)는 불안의 3요소 취약성 모델(Barlow, 2000, 2002)이 집단에서 만성통증의 높은 비율을 설명하는 데 사용될 수 있다고 제안하였다. Otis 등은 불안과 PTSD의 발달과 유사하게, 만성통증의 발달과 관련 있는 잠재적인 생물학적, 심리적, 전문적인 심리적 취약성이 있을 수 있다는 점을 시사하였다. 예를 들어 통증은 생물학적 기초를 가질 수 있으며, 사람들은 두통과 같이 어떤 통증 상태를 발전시키기 위한 유전적 소인을 가질 수 있다(Larsson, Bille, & Pedersen, 1995; Russell, 2008). 또한 통증은 신체적 손상이나 오랜 시간 동안 조직의 점진적인 악화의 결과일 수 있다. 그러나 신체적 병리 측면의 존재와 정도 자체가 통증의 보고를 설명하기에는 종종 충분하지 않다. 예를 들어 비정상적인 자기공명영상(MRI)과 통증 보고와 기능적 손상 간에는 낮은 상관관계가 존재한다(Wood, Garvey, Gundry, & Heithoff, 1995).

그래서 생물학적 취약성이 불안의 발달에 있어서 한 위험요인이지만 아직 불안장애의 원인이라고 하기에는 충분하지 않은 것처럼, 통증 역시 생물학적 기초를 가질 수 있으나, 구조적 병리의 존재 단독으로 만성통증 상태의 원인이 되기에는 충분하지 않다. 불안과 PTSD에 대한 3요소 취약성 모델과 유사하게, 일반화된 심리학적 취약성 또한 만성통증 상태의 발달 이전에 존재할 수 있다. 많은 연구들이 만성통증을 가지고 있는 많은 환자들이 낮은 사회적 지지의 지각, 좋지 않게 발달된 대처 기술, 스트레스 생활사건(예를 들어 직업 스트레스원, 결혼 스트레스원)에 대한 과거의 실패한 시도, 그리고 생활사건에 대한 통제 부족의 지각을 경험한다고 지적한다(DeGood & Tait, 2001). 더 구체적으로, 어떤 사람들은 만성통증 상태를 발전시킬 수 있는데, 그들은 또한 통증이 예측할 수 없고 통제할 수 없는 방식으로 나아간다는 믿음을 발전시켜야만 한다. 과거에 고통스러운 상태에 잘못 대처한 경험과 결합되었을 때, 이것은 자기효능감을 감소시키고 미래의 통증 경험에 적응적으로 대처하리라는 기대를 낮게 만드는 데 기여할 수 있다. 이것은 만성통증이 발달하는 데 있어서 특정한 심리적 취약성을 만들지도 모른다.

많은 연구들이 만성통증을 가진 많은 개인들은, 사실은 전형적으로 그들의 통증에 대한 개인적 통제감의 부족을 지각한다는 점을 보여준다(Turk & Rudy, 1988). 지각된 통제감과 통증 간의 관계에 대한 몇 가지 예만 들면, 편두통(Mizener, Thomas, & Billings, 1988), 낮은 요통과 류마티스성 관절염(Flor & Turk, 1988) 등을 포함한 다양한 만성통증 증상에서 나타난다. 사람이 그의 통증을 통제할 수 없는 것으로 지각할 때, 부정적 정서와 함께 낮은 자기효능감을 가지게 된다. 그래서 공포는 상황에 들어가는 것이나 활동 수행을 발전시킬 수도 있는데, 일상사의 상황에 대한 회피를 유도하면서 통증이 발생할 수도 있다. 이러한 회피는 부정적 정서, 비통제감, 낮은 자기효능감을 불러일으킬 것이고, 장애를 증가시키는 결과를 가져올 것이다. PTSD 문헌에서 발견된 것과 유사하게, 고통은 적절한 대처 기술과 사회적 지지의 존재와 같은 변인들에 의해 어느 정도 조절된다는 점이 발견되었다(Kerns, Otis, & Wise, 2002; Kerns, Rosenberg, & Otis, 2002). 그래서 경고가 외상이나 통증을 기억나게 하는 것이든 아니든 간에, 비통제감의 발달은 두 장애의 발달에 선행할지도 모른다. 이러한 만성통증과 PTSD 발달모델에 기초하여, 강력한 대처 기술을 발달시키고, 스트레스원에 직면하여 그것을 효과적으로 사용하는 것을 현역 복무 중인 사람들에게 가르치는 노력과 지지적인 작전환경을 만들도록 격려하는 노력은 타당한 것으로 나타났다.

동종질환의 만성통증과 PTSD를 가진 복귀 군인들에 대한 더 효과적인 치료를 발달시키기 위한 노력에서, Otis와 Keane은 만성통증과 PTSD를 가진 제대군인들에 대한 통합 치료의 무작위 임상 실험을 수행하였다(Otis, Keane, Kerns, Monson, & Scioli, 2009). 통증 관리(Otis, 2007)와 PTSD(Resick 등, 2002)에 대한 증거에 기반한 인지행동적으로 지향된 치료에 근거하여, 치료 요소의 일부가 이러한 실험에서 사용되도록 선택되었다. 그 결과로 만들어진 11회기 치료 매뉴얼과 워크북은 목표 설정과 환자의 활동 수준 증가, 그리고 환자에게 스트레스에 대처하는 법과, 통증과 PTSD에 관련된 부적응적 사고와 신념에 도전하는 법을 가르칠 것을 강조한다. 연구의 결과는 지금까지는 긍정적이다. 3개의 모든 능동적 치료 조건에서 참가자들이 자기보고한 통증과 PTSD 증상에 있어서 임상적으로 유의미한 감소를 표현하였지만, 초기 데이터는 통합치료를 받은 사람들이 치료 전에 비해 치료 후에 가장 실질적인 변화를 보였다. 이러한 연구에 뒤따라, 추후연구는 간단하고 집중적인(즉 3주) 치료 버전의 효과성을 탐구하고 있다. 많은 OEF/OIF 복귀 제대군인들이 유의미한 통증과 PTSD를 가지고 있기 때문에, 집중적이고 통합적인 치료 접근은 그러한 제대군인들이 가능한 한 빨리 건강한 기능을 회복하는 것을 돕는 데 특히 유익할 수 있다. 유사한 연구들이 시작되고, 치료 전략들이 동종질환의 통증과 PTSD를 가진 환자들에게 시험됨에 따라, 우리는 현존하는 치료 프로토콜을 개선하기 시작할 것이다.

PTSD와 외상성 뇌 손상

외상성 뇌 손상 진단은 손상의 심각도에 따라 가벼운 것부터 심각한 것까지 다양하다. 가벼운 외상성 뇌 손상과 뇌진탕은 과민성, 기억 문제, 집중하기 어려움, 또는 변경된 정신상태 등을 포함한 증상으로 특징지을 수 있다. 종종 뇌진탕 후 증후군(postconcussive syndrome, PCS; Lew 등, 2008)으로 언급된다. 머리에 외부의 타격을 경험했거나, 폭발에 근접한 거리에 있었거나, 또는 다른 전투 위험을 경험한 많은 수의 손상된 군인들을 고려할 때, 가벼운 외상성 뇌 손상은 이라크와 아프가니스탄 전쟁에서의 특징 손상signature injury이라고 불린다(Defense and Veterans Brain Injury Center, n.d.). 가벼운 외상성 뇌 손상은 빠르게 회복될 수 있지만(종종 손상 후 한 달 이내; Belanger, Curtiss, Demery, Lebowitz, & Vanderploeg, 2005), 일부 사람들에게는 증상이 몇 달간 또는 몇 년간 지속될 수 있다. 임상 양상을 더 복잡하게 만드는 것은 PTSD와 같은 정신과적 상태가 정상적인 인지적 기능과 보통의 뇌진탕 후 증후군을 간섭할 수 있다는 사실이다. 추가적으로, 가벼운 외상성 뇌 손상은 PTSD와 같은 정신과적 상태를 발달시키는 위험을 증가시킬 수 있다(Lew 등, 2008).

RAND 연구소에서 최근에 실시된 연구는 우울, PTSD, 외상성 뇌 손상과 관련된 OEF/OIF 제대군인의 건강 관련 요구의 관점에서 VA 의료 시스템이 몇 년 내에 직면할 것으로 예상되는 문제의 범위에 대한 통찰을 제공하였다. 1,965명의 OEF·OIF 제대군인에 대한 연구는 14%가 PTSD에 양성으로 검진되었으며, 14%는 우울, 그리고 19.5%는 해외파병 동안 가벼운 외상성 뇌 손상과 부합하는 증상을 보고하였음을 밝혔다.

외상성 뇌 손상을 경험한 사람들 중, 1/3 이상(37.4%)은 또한 PTSD나 우울과 중복되었다. 이 연구에서 발견된 유병률이 2007년 10월 현재 OEF·OIF에 파병된 170만 명의 군인에 대한 대표성이 있다고 가정할 때, 이러한 연구결과는 대략 30만 명의 복귀한 복무 인원이 현재 PTSD나 주요 우울증을 경험하고 있으며, 약 32만 명이 해외파병 동안 가벼운 외상성 뇌 손상을 경험했을 수 있음을 시사한다 (Tanielian & Jaycox, 2008).

Hoge 등(2008)은 해외파병 동안 전투 관련 가벼운 외상성 뇌 손상과 PTSD를 포함한 파병 후 건강과 관련 있는 결과 간의 관계에 새로운 실마리를 던졌다. Hoge 등은 이라크에 해외파병 후 3~4개월 된 2,225명의 미군 보병군인들을 대상으로 조사하였다. 124명(4.9%)의 군인은 의식의 손실과 관련된 손상을 보고하였으며, 43.9%는 PTSD 준거를 만족시켰다. 분석을 보면 가벼운 외상성 뇌 손상을 가진 병사들은 일반적으로 좋지 않은 일반적 건강, 결근, 의료 방문과 같은 건강 관련 문제를 더 많이 보고하는 경향이 있었으며, 다른 손상을 가진 병사들에 비해 더 많은 수의 신체적, 뇌진탕 후 증상을 보고하는 경향이 있음을 알 수 있다. 그러나 PTSD와 우울을 조정한 후에는, 가벼운 외상성 뇌 손상은, 두통을 제외하고, 이러한 신체적 건강 결과나 증상과 더 이상 관련이 없었다. 이 연구는 매우 의미가 있다. 왜냐하면 가벼운 외상성 뇌 손상에 기인할 수 있는 손상과 비교하여 아마 더 정확하게 PTSD와 우울에 기인하는 손상에 관한 중요한 의문을 불러일으켰기 때문이다.

앞으로의 방향

테러와의 전쟁GWOT은 다양한 전장에 걸쳐 활발한 전쟁으로 남아 있으며, 미군이 앞으로 계속 이러한 전쟁에 참전하게 될 가능성은 매우 높다. 다양한 전장에 참여하는 사람들의 숫자가 증가하고 있으며, 이러한 증가는 외상성 스트레스원에 대한 노출과 PTSD와 다른 외상 관련 조건의 획득 가능성을 높일 것이다. 이러한 전쟁 다음의 진짜 PTSD 유병률은 알려져 있지 않다. 지금까지 연구는 단지 PTSD에 대한 검사 측정만을 사용하고 있다. 우리는 지금까지 인용된 통계치가 최선의 추정치라고 간주한다. 그러나 많은 환자들이 국방부 의료 시스템과 제대군인국 의료 시스템으로부터 심리적 문제에 대한 치료를 구하고 있다. 이러한 도움 구하기는 계속될 것이다.

공공정책과 임상적 실제에 정보를 제공하기 위한 중심적 질문들이 남겨져 있으며 연구를 기다리고 있다. 예를 들어 PTSD와 외상성 뇌 손상 환자들이 심리적 치료에 접근할 수 있는가? 그리고 그들의 결과는 외상성 뇌 손상이 없는 사람들에

필적하는가? 만성통증과 PTSD 환자들이 가용한 증거기반 치료에 일관되게 반응하는가? 정신약리학자들이 어떻게 PTSD, 외상성 뇌 손상, 만성통증 환자를 치료하는 데 유용할 수 있는가? 강조되어야 할 중요한 질문들이 존재한다.

그러나 정신건강 치료에 접근하는 것은 현재의 사회에서 낙인의 문제를 불러온다. 개입들이 이러한 낙인을 줄이는 데 사용되어, 개인들이 그들 상태의 초기에 치료를 획득할 수 있고, 그와 같은 증상들이 그들의 삶의 궤적에 미치는 충격을 완화할 수 있을까? 이 분야에 대한 더 많은 연구가 필요하다. 예방을 위한 열쇠는 서비스에 일찍 접근할 수 있는 개인들의 능력에 기초할 것이다. 시스템, 지역사회, 개인 안에서 낙인을 완화하기 위해 설계된 개입들은 가장 환영받을 것이다.

유사하게, 인터넷의 가용성은 치료 전달에 믿을 수 없는 기회를 제공하지만, 또한 도전이기도 하다. 확실히 웹은 개인에게 그들이 필요한 때와 장소에서 치료를 받을 수 있는 다면적인 노력의 한 요소가 될 수 있다. 9·11 공격 이후 미국 국방부 직원의 PTSD를 다루기 위한 인터넷 기반의 치료에 대한 평가는, 이러한 방식의 치료가 증상을 감소하는 데 큰 가능성을 제공한다는 점을 나타낸다(Litz, Engel, Bryant, & Papa, 2007). 그리고 웹은 정신건강 치료가 종종 관련되는 낙인을 완화한다.

중요한 질문은 어떤 개입의 정보적, 교육적 모델들이 긍정적 적응을 촉진하는가이며, 다른 형태의 개입(예를 들어 대화방)이 종종 행동 변화에 필수적인 것으로 여겨지는 정서적 과정을 촉진하는 데 유용할 수 있는지 여부이다. 어떤 경우에 웹은 전쟁 제대군인들에게 유사한 전쟁 외상(심리적이든 신체적이든 간에)을 경험한 다른 사람들에게 처음으로 닿을 수 있는 독특한 기회를 제공한다. 그와 같은 지원은 재활 활동에 참여하게 하는 동기를 유지하는 데 중요한 역할을 하여, 폭넓은 장애를 가진 제대군인들이 그들의 회복을 최적화할 수 있다.

마지막으로, 군대와 제대군인 조직에 의해 채택된 정책과 절차들은 병에 걸린 제대군인들의 삶을 향상시키는 중요한 개입이 될 수 있다. 양질의 보상과 전국적인 연금 조사를 표준화하는 것은 이러한 어려움과 스트레스를 주는 과정에 직면한 제대군인과 군복무자들의 경험을 향상시킬 수 있는 하나의 정책이다. 유사하게, 미 국방부와 VA와 관련된 의료체계의 통합을 향상시키는 정책은 부상자들이 VA 의료로 이행할 때 받게 되는 최초 진료를 획기적으로 향상시킨다. 이러한 것들은 모두 대단히 중요한 업무들이다. 그것들은 책임 있는 모든 관리자들에게 확실히 중요하다.

참고문헌

Addis, M. E., & Krasnow, A. D. (2000). A national survey of practicing psychologists' attitudes toward psychotherapy treatment manuals. *Journal of Consulting and Clinical Psychology*, 68, 331-339. doi:10.1037/0022-006X.68.2.331

American Psychiatric Association. (1994). *Diagnostic and statistical manual of mental disorders* (4th ed.). Washington, DC: Author.

American Psychiatric Association Task Force on Promotion and Dissemination of Psychological Procedures. (1995). Training in and dissemination of empirically validated psychological treatments: Report and recommendations. *Clinical Psychologist*, 48, 3-23.

Barlow, D. H. (2000). Unraveling the mysteries of anxiety and its disorders from the perspective of emotion theory. *American Psychologist*, 55, 1247-1263. doi:10.1037/0003-066X.55.11.1247

Barlow, D. H. (Ed.). (2002). *Anxiety and its disorders*. New York, NY: Guilford Press.

Bastian, L., Lancaster, A., & Reyst, H. (1996). Department of Defense 1995 Sexual harassment survey (Report No. 96-014). Arlington, VA: Defense Manpower Data Center.

Beckham, J. C., Crawford, A. L., Feldman, M. E., Kirby, A. C., Hertzberg, M. A.Davidson, R. J. T., & Moore, S. (1997). Chronic posttraumatic stress disorder and chronic pain in Vietnam combat veterans. *Journal of Psychosomatic Research*, 43, 379-389. doi:10.1016/S0022-3999(97)00129-3

Belanger, H. G., Curtiss, G., Demery, J. A., Lebowitz, B. K., & Vanderploeg, R. D. (2005). Factors moderating neuropsychological outcomes following mild traumatic brain injury: A meta-analysis. *Journal of the International Neuropsychological Society*, 11, 215-227. doi:10.1017/S1355617705050277

Black, J. L., & Keane, T. M. (1982). Implosive therapy in the treatment of combat related fears in a World War II veteran. *Journal of Behavior Therapy and Experimental Psychiatry*, 13, 163-165. doi:10.1016/0005-7916(82)90061-1

Blake, D. D., Weathers, F. W., Nagy, L. M., Kaloupek, D. G., Gusman, F. D., Charney, D. S., & Keane, T. M. (1995). The development of a clinician-administered PTSD scale. *Journal of Traumatic Stress*, 8, 75-90. doi:10.1002/jts.2490080106

Bremner, J. D., Randall, P. K., Scott, T. M., Bronen, R. A., Seibyl, J. P., Southwick, S.

M., . . . Innis, R. B. (1995). MRI-based measurement of hippocampal volume in patients with combat-related posttraumatic stress disorder. *The American Journal of Psychiatry*, 152, 973-981.

Breslau, N., Chilcoat, H. D., Kessler, R. C., Peterson, E. L., & Lucia, V. C. (1999). Vulnerability to assaultive violence: Further specification of the sex difference in posttraumatic stress disorder. *Psychological Medicine*, 29, 813-821. doi:10.1017/S0033291799008612

Bryant, R. A., Moulds, M. L., Guthrie, R. M., Dang, S. T., & Nixon, R. D. V. (2003). Imaginal exposure alone and imaginal exposure with cognitive restructuring in treatment of posttraumatic stress disorder. *Journal of Consulting and Clinical Psychology*, 71, 706-712. doi:10.1037/0022-006X.71.4.706

Byrne, Z. S., & Hochwarter, W. A. (2006). I get by with a little help from my friends: The interaction of chronic pain and organizational support and performance. *Journal of Occupational Health Psychology*, 11, 215-227. doi:10.1037/1076-8998.11.3.215

Chard, K. M. (2005). An evaluation of cognitive processing therapy for the treatment of posttraumatic stress disorder related to childhood sexual abuse. *Journal of Consulting and Clinical Psychology*, 73, 965-971. doi:10.1037/0022-006X.73.5.965

Chiles, J. A., & Strosahl, K. D. (2005). *Clinical manual for assessment and treatment of suicidal patients*. Washington, DC: American Psychiatric Publishing.

Clark, M. E., Bair, M. J., Buckenmaier, C. C., Gironda, R. J., & Walker, R. L. (2007). Pain and combat injuries in soldiers returning from Operations Enduring Freedom and Iraqi Freedom: Implications for research and practice. *Journal of Rehabilitation Research and Development*, 44, 179-194. doi:10.1682/JRRD.2006.05.0057

Clarke, S. B., Rizvi, S. L., & Resick, P. A. (2008). Borderline personality characteristics and treatment outcome in cognitive-behavioral treatments for PTSD in female rape victims. *Behavior Therapy*, 39, 72-78. doi:10.1016/j.beth.2007.05.002

Cook, J. M., Schnurr, P. P., & Foa, E B. (2004). Bridging the gap between posttraumatic stress disorder research and clinical practice: The example of exposure therapy. Psychotherapy, 41, 374-387. doi:10.1037/0033-3204.41.4.374

Coyle, B. S., Wolan, D. L., & Van Horn, A. S. (1996). The prevalence of physical and sexual abuse in women veterans seeking care at a Veterans Affairs Medical Center. *Military Medicine*, 161, 588-593.

Davis, D., Thomson-O'Brien, M. A., Freemantle, N., Wolf, F. M., Mazmanian, P., &

Taylor-Vaisey, A. (1999). Impact of formal continuing medical education: Do conferences, workshops, rounds, and other traditional continuing education activities change physician behavior or health care outcomes? JAMA, 282, 867-874. doi:10.1001/jama.282.9.867

Defense and Veterans Brain Injury Center. (n.d.). *Understanding traumatic brain injury*. Retrieved from http://www.dvbic.org/Providers/DVBIC-Educational-Materials.aspx

DeGood, D. E., & Tait, R. C. (2001). Assessment of pain beliefs and pain coping. In D. C. Turk & R. Melzack (Eds.), *Handbook of pain assessmen*t (pp. 320-345). New York, NY: Guilford Press.

Elhai, J. D., North, T. C., & Frueh, B. C. (2005). Health service use predictors among trauma survivors: A critical review. *Psychological Services*, 2, 3-19. doi:10.1037/1541-1559.2.1.3

Fairbank, J. A., & Keane, T. M. (1982). Flooding for combat-related stress disorders: Assessment of anxiety reduction across traumatic memories. *Behavior Therapy*, 13, 499-510. doi:10.1016/S0005-7894(82)80012-9

Flor, H., & Turk, D. C. (1988). Chronic back pain and rheumatoid arthritis: Predicting pain and disability from cognitive variables. *Journal of Behavioral Medicine*, 11, 251-265. doi:10.1007/BF00844431

Foa, E. B., Hembree, E. A., Cahill, S. E., Rauch, S. A. M., Riggs, D. S., Feeny, N. C., & Yadin, E. (2005). Randomized trial of prolonged exposure for posttraumatic stress disorder with and without cognitive restructuring: Outcome at academic and community clinics. *Journal of Consulting and Clinical Psychology*, 73, 953-964. doi:10.1037/0022-006X.73.5.953

Foa, E. B., Keane, T. M., & Friedman, M. J. (2000). *Effective treatments for PTSD, practice guidelines from the International Society for Traumatic Stress Studies*. New York, NY: Guilford Press.

Foa, E. B., Riggs, D. S., Massie, E. D., & Yarczower, M. (1995). The impact of fear activation and anger on the efficacy of exposure treatment for posttraumatic stress disorder. *Behavior Therapy*, 26, 487-499. doi:10.1016/S0005-7894(05)80096-6

Foa, E. B., & Rothbaum, B. O. (1998). *Treating the trauma of rape: Cognitive-behavioral therapy for PTSD*. New York, NY: Guilford Press.

Fontana, A., Rosenheck, R., Spencer, H., & Gray, S. (2008). The long journey home XVI: Treatment of posttraumatic stress disorder in the Department of Veterans

Affairs: Fiscal Year 2007 Service Delivery and Performance. In M. J. Friedman, T. M. Keane, & P. A. Resick (Eds.), *Handbook of PTSD: Science and practice* (pp. 540-561). New York, NY: Guilford Press.

Friedman, M. J., Keane, T. M., & Resick, P. A. (Eds.). (2007). *Handbook of PTSD: Science and practice*. New York, NY: Guilford Press.

Geisser, M. E., Roth, R. S., Bachman, J. E., & Eckert, T. A. (1996). The relationship between symptoms of posttraumatic stress disorder and pain, affective disturbance, and disability among patients with accident and nonaccident related pain. *Pain*, 66, 207-214. doi:10.1016/0304-3959(96)03038-2

Gureje, O., Van Korff, M., Simon, G. E., & Gater, R. (1998). Persistent pain and well-being: A World Health Organization study in primary care. *JAMA*, 280, 147-151. doi:10.1001/jama.280.2.147

Hayes, S. C., Strosahl, K., & Wilson, K. G. (1999). Acceptance and commitment therapy: *An experimental approach to behavior change*. New York, NY: Guilford Press.

Hembree, E. A., Foa, E. B., Dorfan, N. M., Street, G. P., Kowalski, J., & Tu, X. (2003). Do patients drop out prematurely from exposure therapy for PTSD? *Journal of Traumatic Stress*, 16, 555-562. doi:10.1023/B:JOTS.0000004078.93012.7d

Hidalgo, R. B., & Davidson, J. R. T. (2000). Posttraumatic stress disorder: Epidemiology and health-related considerations. *The Journal of Clinical Psychiatry*, 61, 5-13.

Hien, D. A., Cohen, L. R., Miele, G. M., Litt, L. C., & Capstick, C. (2004). Promising treatments for women with comorbid PTSD and substance use disorders. *The American Journal of Psychiatry*, 161, 1426-1432. doi:10.1176/appi.ajp.161.8.1426

Hoge, C. W., Castro, C. A., Messer, S. C., McGurk, D., Cotting, D. I., & Koffman, R. L. (2004). Combat duty in Iraq and Afghanistan, mental health problems, and barriers to care. *The New England Journal of Medicine*, 351, 13-22. doi:10.1056/NEJMoa040603

Hoge, C. W., McGurk, D., Thomas, J. L., Cox, A. L., Engel, C. C., & Castro, C. A. (2008). Mild traumatic brain injury in U.S. soldiers returning from Iraq. *The New England Journal of Medicine*, 358, 453-463. doi:10.1056/NEJMoa072972

International Association for the Study of Pain. (1994). Forensic Psychological Assessment in PTSD. In H. Merskey & N. Bogduk (Eds.), IASP *Task Force on Taxonomy* (pp. 209-214). Seattle, WA: IASP Press.

Kaplan, M. S., Huguet, N., McFarland, B. H., & Newsom, J. T. (2007). Suicide among male veterans: A prospective population-based study. *Journal of Epidemiology and Community Health*, 61, 619-624. doi:10.1136/jech.2006.054346

Kartha, A., Brower, V., Saitz, R., Samet, J. H., Keane, T. M., & Liebschutz, J. (2008). The impact of trauma exposure and posttraumatic stress disorder on healthcare utilization among primary care patients. *Medical Care*, 46, 388-393. doi:10.1097/MLR.0b013e31815dc5d2

Keane, T. M. (1995). Guidelines for the forensic psychological assessment of posttraumatic stress disorder claimants. In R. I. Simon (Ed.), *Posttraumatic stress disorder in litigation: Guidelines for forensic assessment* (pp. 99-115). Washington, DC: American Psychiatric Association.

Keane, T. M. (2008). Posttraumatic stress disorder: Future directions in science and practice. *Journal of Rehabilitation Research and Development*, 45, vii-ix.

Keane, T. M., & Barlow, D. H. (2002). Posttraumatic stress disorder. In D. H. Barlow(Ed.), *Anxiety and its disorders* (pp. 418-453). New York, NY: Guilford Press.

Keane, T. M., Buckley, T. C., & Miller, M. W. (2003). Part 1. Topics and codes. In R. I. Simon (Ed.), *Posttraumatic stress disorder in litigation: Guidelines for forensic assessment* (2nd ed., pp. 119-140). Washington, DC: American Psychiatric Publishing.

Keane, T. M., Fairbank, J. A., Caddell, J. M., & Zimering, R. T. (1989). Implosive(flooding) therapy reduces symptoms of PTSD in Vietnam combat veterans. *Behavior Therapy*, 20, 245-260. doi:10.1016/S0005-7894(89)80072-3

Keane, T. M., Fairbank, J. A., Caddell, J. M., Zimering, R. T., & Bender, M. E. (1985). A behavioral approach to assessing and treating posttraumatic stress disorder in Vietnam veterans. In C. R. Figley (Ed.), *Trauma and its wake: Vol. I. The study and treatment of posttraumatic stress disorder* (pp. 257-294). New York, NY: Brunner/Mazel.

Keane, T. M., & Kaloupek, D. G. (1982). Imaginal flooding in the treatment of posttraumatic stress disorder. *Journal of Consulting and Clinical Psychology*, 50, 138-140. doi:10.1037/0022-006X.50.1.138

Keane, T. M., Kolb, L. C., Kaloupek, D. G., Orr, S. P., Blanchard, E. B., Thomas, R. G., . . . Lavori, P. W. (1998). Utility of psychophysiology measurement in the diagnosis of posttraumatic stress disorder: Results from a department of Veterans Affairs cooperative study. *Journal of Consulting and Clinical Psychology*, 66, 914-923. doi:10.1037/0022-006X.66.6.914

Keane, T. M., Weathers, F. W., & Foa, E. B. (2000). Diagnosis and assessment. In E.

B. Foa, T. M., Keane, & M. J. Friedman (Eds.), *Effective treatments for PTSD: Practice guidelines from the International Society for Traumatic Stress Studies*(pp. 18-36). New York, NY: Guilford Press.

Kerns, R. D., Otis, J. D., & Wise, E. (2002). Treating Families of Chronic Pain Patients: Application of a cognitive-behavioral transactional model. In R. J. Gatchel & D. C. Turk (Eds.), *Psychological approaches to pain management* (pp. 256-275).New York, NY: Guilford Press.

Kerns, R. D., Rosenberg, R., & Otis, J. D. (2002). Self-appraised problem-solving competence and pain relevant social support as predictors of the experience of chronic pain. *Annals of Behavioral Medicine*, 24, 100-105. doi:10.1207/S15324796 ABM2402_06

Kessler, R. C. (2000). Posttraumatic stress disorder: The burden to the individual and to society. *The Journal of Clinical Psychiatry*, 61, 4-12.

Kessler, R. C., Borges, G., & Walters, E. E. (1999). Prevalence of risk factors for lifetime suicide attempts in the National Comorbidity Survey. *Archives of General Psychiatry*, 56, 617-626. doi:10.1001/archpsyc.56.7.617

Kimerling, R., Gima, K., Smith, M. W., Street, A. E., & Frayne, S. M. (2007). The Veterans Health Administration and military sexual trauma. *American Journal of Public Health*, 97, 2160-2166. doi:10.2105/AJPH.2006.092999

King, L. A., King, D. W., Fairbank, J. A., Keane, T. M.,&Adams, G. (1998). Resiliencerecovery factors in posttraumatic stress disorder among female and male Vietnam veterans: Hardiness, postwar social support, and additional stressful life events. *Journal of Personality and Social Psychology*, 74, 420-434. doi:10.1037/0022-3514.74.2.420

Kulka, R. A., Schlenger, W. E., Fairbank, J. A., Hough, R. L., Jordan, B. K., Marmar, C. R., & Weiss, D. S. (1990a). *The national Vietnam veterans readjustment study: Tables of findings and technical appendices*. New York, NY: Brunner/Mazel.

Kulka, R. A., Schlenger, W. E., Fairbank, J. A., Hough, R. L., Jordan, B. K., Marmar, C. R., & Weiss, D. S. (1990b). *Trauma and the Vietnam War generation: Report of findings from the national Vietnam veterans readjustment study*. New York, NY: Brunner/Mazel.

Larsson, B., Bille, B., & Pedersen, N. L. (1995). Genetic influence in headaches: A Swedish twin study. *Headache*, 35, 513-519. doi:10.1111/j.1526-4610.1995. hed3509513.x

Lew, H. L., Vanderploeg, R. D., Moore, D. F., Schwab, K., Friedman, L., Yesavage, J., . . . Sigford, B. J. (2008). Guest editorial: Overlap of mild TBI and mental health conditions in returning OIF/OEF service members and veterans. *Journal of Rehabilitation Research and Development*, 45, xi-xvi.

Linehan, M. M. (1993). *Cognitive-behavioral treatment for borderline personality disorder*. New York, NY: Guilford Press.

Litz, B. T., Engel, C. C., Bryant, R. A., & Papa, A. (2007). A randomized, controlled proof-of-concept trial of an Internet-based, therapist-assisted self-management treatment for posttraumatic stress disorder. *The American Journal of Psychiatry*, 164, 1676-1684. doi:10.1176/appi.ajp.2007.06122057

Litz, B. T., & Weathers, F. W. (1994). The diagnosis and assessment of posttraumatic stress disorder in adults. In M. B. Williams & J. F. Sommer (Eds.), *Handbook of posttraumatic therapy* (pp. 19-37). Westport, CT: Greenwood Press.

Mizener, D., Thomas, M., & Billings, R. (1988). Cognitive changes of migraineurs receiving biofeedback training. *Headache*, 28, 339-343. doi:10.1111/j.1526-4610.1988.hed2805339.x

Monson, C. M., Schnurr, P. P., Resick, P. A., Friedman, M. J., Young-Xu, Y., & Stevens, S. P. (2006). Cognitive processing therapy for veterans with militaryrelated posttraumatic stress disorder. *Journal of Consulting and Clinical Psychology*, 74, 898-907. doi:10.1037/0022-006X.74.5.898

Najavits, L. M. (2002). *Seeking safety: A treatment manual for PTSD and substance abuse*. New York, NY: Guilford Press.

Najavits, L. M., Schmitz, M., Gotthard, S., & Weiss, R. D. (2005). Seeking safety plus exposure therapy: An outcome study on dual diagnosis men. *Journal of Psychoactive Drugs*, 37, 425-435.

National Center for Posttraumatic Stress Disorder. (n.d.). *Research and education on posttraumatic stress disorder*. Retrieved from http://www.ptsd.va.gov/index.asp

Nishith, P., Resick, P. A., & Griffin, M. G. (2002). Pattern of change in prolonged exposure and cognitive-processing therapy for female rape victims with posttraumatic stress disorder. *Journal of Consulting and Clinical Psychology*, 70, 880-886. doi:10.1037/0022-006X.70.4.880

Okie, S. (2005). Traumatic brain injury in the war zone. *The New England Journal of Medicine*, 352, 2043-2047. doi:10.1056/NEJMp058102

Orr, S. P., Metzger, L. J., Miller, M. W., & Kaloupek, D. G. (2004). Psychophysiological assessment of PTSD. In J. P. Wilson & T. M. Keane (Eds.), *Assessing psychological trauma and PTSD* (pp. 289-343). New York, NY: Guildford Press.

Otis, J. D. (2007). *Managing chronic pain: A cognitive-behavioral therapy approach*. New York, NY: Oxford University Press.

Otis, J. D., Keane, T. M., & Kerns, R. D. (2003). An examination of the relationship between chronic pain and posttraumatic stress disorder. *Journal of Rehabilitation Research and Development*, 40, 397-406. doi:10.1682/JRRD.2003.09.0397

Otis, J. D., Keane, T., Kerns, R. D., Monson, C., & Scioli, E. (2009). The development of an integrated treatment for veterans with comorbid chronic pain and posttraumatic stress disorder. *Pain Medicine*, 10, 1300-1311.

Otis, J. D., Reid, M. C., & Kerns, R. D. (2005). The management of chronic pain in the primary care setting. In L. C. James & R. A. Folen (Eds.), *Primary care clinical health psychology: A model for the next frontier* (pp. 41-59). Washington, DC: American Psychological Association. doi:10.1037/10962-003

Ozer, E. J., Best, S. R., Lipsey, T. L., & Weiss, D. S. (2003). Predictors of posttraumatic stress disorder and symptoms in adults: A meta-analysis. *Psychological Bulletin,* 129(1), 52-73. doi:10.1037/0033-2909.129.1.52

Prins, A., Kaloupek, D. G., & Keane, T. M. (1995). Psychophysiological evidence for autonomic arousal and startle in traumatized adult populations. In M. J. Friedman, D. S. Charney, & A. Y. Deutch (Eds.), *Neurobiological and clinical consequences of stress: From normal adaption to posttraumatic stress disorder* (pp. 291-314). Philadelphia, PA: Lippincott-Raven.

Resick, P. A., Galovski, T. E., Uhlmansiek, M. O., Scher, C. D., Clum, G. A., & Young-Xu, Y. (2008). A randomized clinical trial to dismantle components of cognitive processing therapy for posttraumatic stress disorder in female victims of interpersonal violence. *Journal of Consulting and Clinical Psychology*, 76, 243-258. doi:10.1037/0022-006X.76.2.243

Resick, P. A., Jordan, C. G., Girelli, S. A., Hutter, C. K., & Marhoefer-Dvorak, S.(1988). A comparative outcome study of behavioral group therapy for sexual assault victims. *Behavior Therapy*, 19, 385-401. doi:10.1016/S0005-7894(88)80011-X

Resick, P. A., Monson, C. M., & Gutner, C. A. (2007). Psychosocial treatments for PTSD. In M. J. Friedman, T. M. Keane, & P. A. Resick (Eds.), *Handbook of PTSD: Science and Practice* (pp. 330-358). New York, NY: Guilford Press.

Resick, P. A., Nishith, P., Weaver, T. L., Astin, M. C., & Feuer, C. A. (2002). A comparison of cognitive-processing therapy with prolonged exposure and a waiting list condition for the treatment of chronic posttraumatic stress disorder in female rape victims. *Journal of Consulting and Clinical Psychology*, 70, 867-879. doi:10.1037/0022-006X.70.4.867

Resick, P. A., & Schnicke, M. K. (1993). Cognitive processing therapy for rape victims: *A treatment manual*. Newbury Park, CA: Sage.

Rosen, C. S., Chow, H. C., Finney, J. F., Greenbaum, M. A., Moos, R. H., Sheikh, J. I., & Yesavage, J. A. (2004). Practice guidelines and VA practice patterns for treating posttraumatic stress disorder. *Journal of Traumatic Stress*, 17, 213-222. doi:10.1023/B:JOTS.0000029264.23878.53

Russell, M. B. (2008). Is migraine a genetic illness? The various forms of migraine share a common genetic cause. *Neurological Sciences*, 29, 52-54. doi:10.1007/s10072-008-0887-4

Seal, K. H., Bertenthal, D., Miner, C. R., Sen, S., & Marmar, C. (2007). Bringing the war back home: Mental health disorders among 103,788 U.S. veterans returning from Iraq and Afghanistan seen at Department of Veterans Affairs facilities. *Archives of Internal Medicine*, 167, 476-482. doi:10.1001/archinte.167.5.476

Seligman, Z. (1995). Trauma and drama: A lesson from the concentration camps. *The Arts in Psychotherapy*, 22, 119-132. doi:10.1016/0197-4556(95)00017-Y

Shapiro, F. (1995). Eye movement desensitization and reprocessing: *Basic principles, protocols, and procedures*. New York, NY: Guilford Press.

Sherman, J. J., Turk, D. C., & Okifuji, A. (2000). Prevalence and impact of posttraumatic stress disorder-like symptoms on patients with fibromyalgia syndrome. *The Clinical Journal of Pain*, 16, 127-134. doi:10.1097/00002508-200006000-00006

Shipherd, J. C., Keyes, M., Jovanic, T., Ready, D. J., Baltzell, D., Worley, V., . . . Duncan, E. (2007). Veterans seeking treatment for posttraumatic stress disorder: What about comorbid chronic pain? *Journal of Rehabilitation Research and Development*, 44, 153-166. doi:10.1682/JRRD.2006.06.0065

Skinner, K. M., Kressin, N., Frayne, S. M., Tripp, T. J., Hankin, C. S., Miller, D. R., & Sullivan, L. M. (2000). The prevalence of military sexual assault among female Veterans' Administration outpatients. *Journal of Interpersonal Violence*, 15, 291-310. doi:10.1177/088626000015003005

Solomon, S. D., & Davidson, J. R. T. (1997). Trauma: Prevalence, impairment, service use, and cost. *The Journal of Clinical Psychiatry*, 58, 5-11.

Spates, C. R., Koch, E., Cusack, K., Pagoto, S., & Waller, S. (2009). Eye movement desensitization and reprocessing. In E. Foa, T. Keane, M. Friedman, & J. Cohen (Eds.), *Effective Treatments for PTSD* (2nd ed., pp. 279-305). New York, NY: Guilford Press.

Tanielian, T., & Jaycox, L. H. (Eds.). (2008). *Invisible wounds of war: Psychological and cognitive injuries, their consequences, and services to assist recovery* (RAND Monograph MG-720-CCF). Santa Monica, CA: RAND Corporation.

Turk, D. C., & Okifuji, A. (1996). Perception of traumatic onset, compensation status, and physical findings: Impact on pain severity, emotional distress, and disability in chronic pain patients. *Journal of Behavioral Medicine*, 19, 435-453. doi:10.1007/BF01857677

Turk, D. C., & Rudy, T. E. (1988). Toward an empirically derived taxonomy of chronic pain patients: Integration of psychological assessment data. *Journal of Consulting and Clinical Psychology*, 56, 233-238. doi:10.1037/0022-006X.56.2.233

U.S. Department of Veterans Affairs. (2008). VHA Handbook 1160.01: *Uniform mental health services in VA medical centers and clinics*. Washington, DC: Author.

U.S. Department of Veterans Affairs. (2008, May 27). *Vet center: Keeping the promise*. Retrieved from http://www.vetcenter.va.gov/

Veterans Health Affairs Office of Public Health and Environmental Hazards. (2008). *May 2008 analysis of VA health care utilization among U.S. Global War on Terrorism (GWOT) veterans: Operation Enduring Freedom/Operation Iraqi Freedom*. Washington, DC: Author.

Veterans Health Initiative. (2004). *Military sexual trauma*. Washington, DC: Department of Veterans Affairs.

Warden, D. (2006). Military TBI during the Iraq and Afghanistan wars. *The Journal of Head Trauma Rehabilitation*, 21, 398-402. doi:10.1097/00001199-200609000-00004

Weathers, F. W., Keane, T. M., & Davidson, J. R. T. (2001). Clinician-Administered PTSD Scale: A review of the first ten years of research. *Depression and Anxiety*, 13, 132-156. doi:10.1002/da.1029

Wilson, J. P., & Keane, T. M. (2004). *Assessing psychological trauma and PTSD* (2nd ed.). New York, NY: Guilford Press.

Wood, K. B., Garvey, T. A., Gundry, C., & Heithoff, K. B. (1995). Magnetic resonance imaging of the thoracic spine: Evaluation of asymptomatic individuals. *Journal of Bone and Joint Surgery*, 77, 1631-1638.

Xydakis, M. S., Fravell, M. D., Nasser, K. E., & Casler, J. D. (2005). Analysis of battlefield head and neck injuries in Iraq and Afghanistan. *Otolaryngology—Head and Neck Surgery*, 133, 497-04.

Yehuda, R. (1997). Sensitization of the hypothalamic-pituitary-adrenal axis in posttraumatic stress disorder. In R. Yehuda & A. C. McFarlane (Eds.), *Psychobiology of posttraumatic stress disorder* (pp. 57-75). New York, NY: New York Academy of Sciences.

Zivin, K., Kim, M., McCarthy, J. F., Austin, K. L., Hoggatt, K. J., Walters, H., & Valenstein, M. (2007). Suicide mortality among individuals receiving treatment for depression in the Veterans Affairs health system: Associations with patient and treatment setting characteristics. *American Journal of Public Health*, 97, 2193-2198.

찾아보기

ㅅ

ㅇ

ㅈ

A

B

C

D

F

I

M

P

역자 소개

이정원 이화여자대학교 박사(목회상담 전공)
현재 서울사이버대학교 군경상담학과 교수, 대한군상담학회 이사, 육군리더십센터 자문위원,
인천경기병무청복무요원소집해제위원

강성록 연세대학교 석사(임상심리 전공)
오리건주립대학교 Human Development and Family Science 박사(스트레스 전공)
현재 육군사관학교 심리학과 조교수, 육군사관학교 리더십센터 생활지도연구실장

김완일 한양대학교 박사(상담심리 전공)
현재 상지대학교 평화안보·상담심리대학원 상담심리학과 교수, 한국상담심리학회 이사,
대한군상담학회 부회장, 국방부 병영문화혁신위원회 전문위원

심호규 서울여자대학교 박사(심리치료 전공)
현재 공군 보라매리더십센터 교수, 대한군상담학회 슈퍼바이저, 한국 학교상담학회 위원장

이현엽 서울대학교 석사(임상심리 전공)
오리건주립대학교 박사과정 중
현재 육군사관학교 심리학과 조교수

군 스트레스 심리학

군에서의 정신건강을 촉진시키기 위한 증거기반 전략

2014년 11월 10일 초판 인쇄 | 2014년 11월 17일 초판 발행

편저자 Amy B. Adler, Paul D. Bliese, Carl Andrew Castro
역자 이정원, 강성록, 김완일, 심호규, 이현엽
펴낸이 류제동 | **펴낸곳** 교 문 사

전무이사 양계성 | **편집부장** 모은영 | **책임편집** 하명란 | **디자인** 김재은
제작 김선형 | **홍보** 김미선 | **영업** 이진석·정용섭·송기윤
출력 현대미디어 | **인쇄** 동화인쇄 | **제본** 한진제본

주소 경기도 파주시 문발로 116
전화 031-955-6111(代) | **팩스** 031-955-0955
등록 1960. 10. 28. 제406-2006-000035호 | **홈페이지** www.kyomunsa.co.kr
E-mail webmaster@kyomunsa.co.kr | **ISBN** ISBN 978-89-363-1426-2(93180) | **값** 22,000원